华侨大学政治与公共管理学院丛书

■ 蔡振翔 主 编
■ 张赛群 著

本书为华侨大学"海上丝绸之路"专项研究重点课题："华侨华人在'海丝之路'中的作用及其运行机制研究"（HSZD2014-10）

华侨华人与"海丝之路"
——作用、机制与展望

经济日报 出版社

图书在版编目（CIP）数据

华侨华人与"海丝之路"：作用、机制与展望/张
赛群著．—北京：经济日报出版社，2018.1
ISBN 978-7-5196-0272-7

Ⅰ．①华… Ⅱ．①张… Ⅲ．①华侨 - 作用 - 海上运输
- 丝绸之路 - 研究 - 中国②华人 - 作用 - 海上运输 - 丝绸
之路 - 研究 - 中国　Ⅳ．① K203

中国版本图书馆 CIP 数据核字（2017）第 322339 号

华侨华人与"海丝之路"：作用、机制与展望

作　　　者	张赛群
责任编辑	张建国
出版发行	经济日报出版社
地　　　址	北京市西城区白纸坊东街 2 号 A 座综合楼 710
邮政编码	100054
电　　　话	010-63567683（编辑部）　010-63567692（发行部）
网　　　址	www.edpbook.com.cn
E – mail	edpbook@126.com
经　　　销	全国新华书店
印　　　刷	北京市金星印务有限公司
开　　　本	710×1000 mm　1/16
印　　　张	19.25
字　　　数	307 千字
版　　　次	2018 年 4 月第一版
印　　　次	2018 年 4 月第一次印刷
书　　　号	ISBN 978-7-5196-0272-7
定　　　价	66.00 元

《华侨大学政治与公共管理学院丛书》总序

蔡振翔

为了更好地交流研究成果，促进学术的进步与繁荣，华侨大学政治与公共管理学院研究决定，编辑出版《华侨大学政治与公共管理学院丛书》。经过一段时间的紧张筹备，《华侨大学政治与公共管理学院丛书》第一辑、第二辑一共八种学术专著，在 2017 年年初的几个月时间里，由经济日报出版社陆续出版，并且在社会上产生了比较大的影响，得到不少专家学者的好评，使我们深受鼓舞。经过一段时间的精心策划，《华侨大学政治与公共管理学院丛书》第三辑一共七种学术著作（内含六本学术专著，一本学术论文集）又将隆重推出，与广大读者见面。

作为一门综合类的学科，中国的公共管理学科起步于 20 世纪 80 年代，是在政府职能转变与机构改革的时代背景下，借鉴西方发达国家有关学科的经验而缓慢发展起来的。当时学术界普遍认为，公共管理学科能够促进公共利益的有效实现，能够促进政府公共决策的科学化系统化民主化。最初出现的是各种各样的公共管理研习班，进入 90 年代，一些高等院校陆续地开设了公共管理专业或者一些有关的课程，到了本世纪初期，中国的公共管理学科得到快速的发展，学科体系逐渐成熟。因此，尽管中国的公共管理学科目前仍然存在着学科理论体系有待进一步完善，学科队伍建设有待进一步加强，学科专业范围有待进一步界定等诸多问题，但是总的说来，中国的公共管理学科时间不长却发展很快、专业方向涵盖面宽、办学方式灵活，基本上形成了自己独特的学科体系与方法论，具有着很好的发展前景。

华侨大学政治与公共管理学院的历史悠久，前后经历过几个不同的发展阶段，具有几个不同的名称。在 2001 年，当时的人文社会科学系申报公共事业管理本科专业获得批准，次年开始招生。在 2004 年，当时的人文与公共管理学院申报行政管理本科专业获得批准，次年开始招生。到了 2006 年，当时的人文与公共管理学院获得行政管理二级学科硕士学位授予权和公共管理（MPA）专业学位授予权，次年开始招生。到了 2009 年，土地资源管理本科专业转入当时的人文与公共管理学院。2012 年，当时的公共管理学院申报城市管理本科专业获得批准，次年开始招生。包括 MPA 研究生在内，目前政治与公共管理学院的在校生将近 1500 人，建立了比较完整的公共管理学生培养体系。

我一直认为，一个学院的生存与发展，一共有三个关键问题。首先是环境。作为大学，通常有两大任务，一是培养人才，二是学术研究。学院工作也是如此，只不过是更加具体化而已。华侨大学政治与公共管理学院拥有政治学与公共管理两大学科，这样的学科背景，导致我们特别推崇据说是出自明代顾宪成的那幅名联："风声雨声读书声，声声入耳；家事国事天下事，事事关心"，把它作为座右铭，希望政管学院的师生都能有忧国忧民的人文关怀、自由开放的精神风貌，树立起应有的人生观和价值观；其次是制度。也就是说，一定要建立起一套规范的教学、科研及其管理制度。政管学院在学校有关规章制度的基础上，结合学院教学、科研及其管理工作的实际情况，陆续出台的十几份配套的规定或者措施，有的直接照搬学校的规定，有的比学校的宏观要求更加细化更有可操作性，有的比学校提出的要求还要更高一些，以便鼓励教师从事教学、科研和服务工作的积极性；最后是目标。换句话说，学院在做好日常性程序性的工作外，既要有着长期的发展战略，又要制定近年应当达到的几个具体目标并且设法做到。可以说，经过全院师生的不懈努力，在教学、科研和管理等方面，政管学院都取得了十分可喜的成绩。

特别值得一提的是，长期以来，政治与公共管理学院重视对学生综合素质的培养，重视对学生专业知识的学习，重视对学生专业技能的训练，使得学生在走出校门时，具备了比较高的适应能力，可以应付遇到的各种困难与问题，而这一切，有赖于政管学院拥有一支结构合理、富有创造力、以中青年占据绝大多数的教师队伍，使得科学研究工作一直保持着良好的发展态势，各级各类科学研究项目、论著、奖项在全校一直位居前列，形成了通过科学研究的深入开展，进而提高教学质量教学水平的政治与公共管理学院特色。

也正是因为这样，政治与公共管理学院的公共管理学科在发展过程中，慢慢地形成自己的重点与特色。归纳起来，主要有三个研究方向：第一，在作为公共管理专业基础的行政管理研究方向，关注的重点是国家治理中的政府管理问题，通过定量和定性的方法，对公共危机管理、环境治理、城市治理等领域展开具体研究；第二，在作为公共管理专业优势的社会保障研究方向，关注的重点则是社会养老保险、医疗保险等问题；第三，作为公共管理专业特色的侨务政策与闽台区域治理研究方向，立足于闽台地域特色，服务于区域发展，关注华侨华人的桥梁与纽带作用。政治与公共管理学院的大量成果，都与上述三个研究方向密切相关。

与《华侨大学政治与公共管理学院丛书》的前两辑一样，《丛书》第三辑收录的学术新著，同样具有观点新颖、内容丰富、论证翔实的特点，同样体现出政管学院的研究水平、研究重点及其研究特色。当然，《丛书》中恐怕还是会有这样或者那样的缺点与错误，敬请海内外专家学者予以批评指正。

蔡振翔

2016 年 10 月 22 日晚八时初稿于山阳馆

2017 年 10 月 5 日晚九时改定于山阳馆

【作者简介】

蔡振翔，华侨大学政治与公共管理学院院长、教授，兼任台湾民主自治同盟第八届、第九届中央委员会委员，福建省第十一届、第十二届人民代表大会常务委员会委员等职。

引　言

一、研究背景和研究意义

历史上，海上"丝绸之路"是古代中国与世界其他地区进行经济文化交流的海上通道，它将中国与世界连接起来，给中国和世界的发展带来了深远的影响。

2013年，中国国家主席习近平在出访印度尼西亚时，提出了建设"21世纪海上丝绸之路"的战略构想，强调相关各国要打造互利共赢的"利益共同体"和共同发展繁荣的"命运共同体"。此后，重建21世纪"海丝之路"就上升为中国的国家战略，也成为中国与相关国家交往中的重要议题。

21世纪"海丝之路"的共建，既需要中国政府和相关国家政府的积极筹划和认真参与，也需要各国民间力量的积极参与，包括沿线各国华侨华人①的广泛参与。这不仅因为丝路沿线的东南亚等地区是海外华侨华人最为集中且实力最为雄厚的地区，而且因为这些侨胞与中国地缘相近、人缘相亲、文化相通，完全有可能成为积极推动21世纪海上丝绸之路建设的桥梁和纽带。不仅如此，华侨华人是历史上"海丝之路"的参与者、建设者和见证者，他们曾经为古代"海丝之路"的建设做出了应有的贡献，并形成了他们独特的参与机制。

---

① "华侨"是指定居在国外的中国公民，"华人"是指"外籍华人"，即加入当地国籍但同时具有中华民族血统的人。由于1955年中国和印尼签订《关于双重国籍问题的条约》取消华侨的"双重国籍"身份之前，中国均是承认双重国籍的。因此，在1955年以前并无华侨、华人之分。

鉴于此，在当今中国新一代领导集体提出建设"21世纪海上丝绸之路"战略构想的背景下，考察华侨华人在"海丝之路"中的历史和现实作用及其运行机制，不仅从理论上有利于理清历史上"海丝之路"的民间参与机制，还原华侨华人的历史功绩，而且对于当今如何进一步发挥这一群体在新"海丝之路"建设中的作用具有重要的借鉴意义。

二、国内外研究现状和趋势

"海上丝绸之路"的概念最初是国外学者提出的。1903年，法国汉学家沙畹提出："丝路有陆、海二道，北道出康居，南道为通印度诸港之海道，以婆庐羯为要港"。① 首次提出海上丝绸之路的概念。1967年，日本学者三杉隆敏出版《探索海上丝绸之路》，在学术界产生较大影响。至20世纪80年代初，国内学者陈炎也开始致力于这方面的研究。此后，随着1990年联合国教科文组织开始进行海上丝绸之路考察活动，"海丝之路"及"海丝"文化研究开始在国内兴起，一系列相关学术研讨会也纷纷召开，如1994年2月泉州"海上丝绸之路与伊斯兰文化"国际学术讨论会，1999年3月澳门"澳门与海上丝绸之路"国际研讨会，2001年更是在昆明、宁波、湛江、广州四地举办了四场关于"海上丝绸之路"的学术研讨会等。有关"海丝之路"的研究成果，学界已进行了归纳，如龚缨晏《中国"海上丝绸之路"研究百年回顾》（2011）和纪云飞《中国"海上丝绸之路"研究年鉴（2013）》等，相关研究主要从"海丝之路"的历史、贸易、航路以及文化交流等方面展开。

由于历史上"海丝之路"因明清"海禁"而走向衰落，而华侨华人大规模出国是在1840年之后，因此，学术界较少将华侨华人与历史上的"海丝之路"联系起来进行考察。已有的研究成果主要有：郑山玉（1991）、郑一省（2016）肯定和强调了华侨华人对"海丝之路"的历史贡献；另肖北婴（2005）、周煦钊（2014）、廖大珂（2015）等，均肯定了中国古代移民与"海丝之路"的联系。

---

① 沙畹著，冯承钧译：《西突厥史料》，中华书局，2004年，第167页。

此外，一些研究成果强调了华侨华人对丝路沿线国家经济社会发展的贡献，从而间接探讨了华侨华人对"海丝之路"的历史贡献。这方面的研究成果主要表现在以下几个方面。

一是肯定了华侨华人对中国革命和现代化建设的贡献。这方面连国外学者都有所论述，王赓武先生被国内一些学者誉为"海外华人研究的奠基人和开拓者"，他重点考察了华侨华人与移居国、祖籍国之间的关系，其中也强调了华侨华人对中国经济发展的贡献。① 其他如日本华裔学者游仲勋（2002）、日本学者山岸猛（2010），等均对华侨华人与中国的经济联系或经济互动进行了研究，尤其对华侨华人于中国的贡献进行了较多描述。个别学者如新加坡学者刘宏（2012），也对中国发展于东南亚华人社会的多重影响进行了研究。

国内学术界这方面的成果更加丰富。如林金枝（1993）、福建省教育科学研究所课题组（2007）、任贵祥（2009）、张应龙（2009）等，他们或从局部或从整体考察了华侨华人对中国的贡献，其中一些学者还注意到了华侨华人从中获得的收益，如吴利富（2013）。一些研究者也注意到了华侨华人对中国企业和中华文化走出去的积极作用，如林勇（2015）对新时期与海外华商合作"走出去"有所思考。其他如王琳（2006），詹正茂（2012），陈衍德（2012），江苏省侨办（2013），潘一宁（2015）等。

二是关注了华侨华人与侨居国的互动，肯定了华侨华人对侨居国的贡献。此类成果以论文为主，如赵和曼（1993），廖小健（1996），尤建设（2005），廖永红（2011），曾丽虹（2014）等，这些成果均强调了华侨华人对侨居国建设的贡献。另王望波（1996），林勇（2008）等，也强调了侨居国政策对华侨华人经济地位的影响。

三是关注华侨华人在中外关系中的地位和作用。如廖小健（1989），邱文福（1996），李鸿阶（2005）等，这些成果肯定了华侨华人在中外关系尤其是中外经贸合作中的积极作用。另有一些研究者从国际关系的角度来关注华侨华人，如庄礼伟《（1999），周聿峨、龙向阳（2002），龙向阳、周聿峨（2011），这些文章在肯定华侨华人于中国外交积极意义的同时，也指出了国

----

① 王子昌：《问题与方法：略论王赓武先生的海外华人研究》，《东南亚研究》2013年第5期，第70—76页。

际关系中华侨华人被不同的国家利益所分割和利用的处境。

四是关注华侨华人群体的成长。华侨华人自身实力的增长是其在"海丝之路"中发挥作用的根基和源泉，不少学者对此予以关注，如陈永、游筱群（2004），廖小健（2008），原晶晶、杨晓强（2011）等。一些学者，如李洁（2008）还对华侨华人实力的国别差异及其原因做出分析。

至于重建"海丝之路"是一个全新的课题，因而目前将华侨华人与重建"海丝之路"联系起来进行论述的还比较少。但随着近两年"海丝之路"研究热潮的涌现，也有一批成果面世，并主要集中在探讨华侨华人于"海丝之路"的意义和对策方面，[①] 存在着题目宽泛，主题不明确；以建议对策为主，缺乏理论支撑和研究基础；可操作性不强等问题。[②]

综上所述，国内外学术界无论是对华侨华人与"海丝之路"的过去还是现在，均较少直接研究。但从目前的形势来看，自从中国高层领导人提出重建"海丝之路"后，政界对华侨华人在"海丝之路"重建中的作用作了诸多强调，各地由政界、学界联合召开的华侨华人与"海丝之路"的研讨会也此起彼伏，一股华侨华人与"海丝之路"的研究热潮正在掀起，将来，相关的成果必将大大增加。

但就目前而言，关于华侨华人与"海丝之路"的研究仍存在诸多不足：一是虽然学界对华侨华人与中国及侨居国的互动有较多关注，但将华侨华人与"海丝之路"直接联系起来进行研究的仍然非常缺乏；二是对华侨华人在"海丝之路"中的历史作用及其背后运行机制的关注还比较少，这就使华侨华人与新"海丝之路"的相关研究缺少历史基础及借鉴；三是虽然各界对华侨华人于重建"海丝之路"的意义有较多强调，但对其面临的阻力以及如何

---

① 此类成果主要有：林勇《释放华侨华人能量 促进海上丝绸之路建设》（《福建理论学习》2014 年第 7 期）；王子昌《"一带一路"战略与华侨华人的逻辑连接》（《东南亚研究》2015 年第 3 期）；盛毅、任振宇《发挥东盟国家华侨华人在"一带一路"中的桥梁作用》（《东南亚纵横》2015 年第 10 期）；赵健《华侨华人：建设 21 世纪海上丝绸之路的独特力量》（《玉林师范学院学报》2015 年第 3 期）；邓江年《海外华侨华人经济与"一带一路"战略的互动机制》（《华南师范大学学报》2016 年第 3 期）；刘益梅《华人经济在海上丝绸之路建设中的助推作用探讨》（《丽水学院学报》2017 年第 1 期）等。

② 吴元：《华侨华人与"海上丝绸之路"研究述评（1991—2015）》，《"'一带一路'与海外华人"国际学术研讨会论文集》，漳州，2016 年，第 101—102 页。

化解等很少提及；四是在华侨华人与各方互动研究中，学术界多侧重于从中国的角度去进行探讨，很少从侨居国甚至是华侨华人的角度来认识和探讨这一问题。因此，仍有进一步研究的必要。

三、研究思路和研究方法

21世纪"海丝之路"建设作为一个区域合作发展倡议，不仅关乎中国与丝路沿线各国的合作发展问题，也关乎沿线各国之间的合作发展问题。本书主要从中国与丝路沿线各国合作发展的视角出发，且重点关注"海丝之路"建设中华侨华人与中国的合作。在具体构思中，我们认为新"海丝之路"与古代"海丝之路"存在某种关联，这对于华侨华人而言也是如此。古代"海丝之路"是华侨华人社会及其综合实力得以形成的基础，而这些正是如今华侨华人参与新"海丝之路"建设的基石，因此有必要将古代"海丝之路"与新"海丝之路"结合起来进行考察。基于此，在先行分析华侨华人在古代"海丝之路"中历史作用及其运行机制的基础上，再分析华侨华人在新"海丝之路"中的积极意义，考察其背后的动力和运行机制、阻力及化解措施等，以期为当今条件下进一步发挥华侨华人群体在21世纪"海丝之路"建设中的积极意义提供借鉴。

在研究方法方面，由于本课题涉及到历史学、经济学、政策学、文化传播学等多学科的知识，因此，多学科研究是本课题研究的基本方法。具体而言，在资料收集方面，文献研究法和调查研究法是两种基本的方法，对于华侨华人在"海丝之路"的历史贡献方面主要运用前者，对于他们在21世纪"海丝之路"的现实意义和运行机制部分，则是结合文献资料和调查研究来进行考察。在分析时，有两种基本方法尤其值得一提，一是历史分析法，这是一种运用发展、变化的观点分析客观事物和社会现象的方法。此法对于分析华侨华人在"海丝之路"的历史作用十分必要。二是比较分析法。此法主要用于比较分析华侨华人在历史上"海丝之路"和21世纪"海丝之路"中发挥的作用以及其背后运行机理的差异。

四、主要研究内容

本课题共分为八章，第一、二章强调古代"海丝之路"与华侨华人之间的关系。其中，第一章主要强调古代"海丝之路"与华侨华人社会的关联；第二章为华侨在"海丝之路"中的历史作用分析，考察华侨对于古代"海丝之路"的历史贡献及其运行机制。第三章为后"海丝"时代华侨华人作用分析，分析"海丝之路"衰败之后，华侨华人对于"海丝"沿线各国的作用及其运行机制的变化。第四章为新"海丝之路"建设的意义、愿景和行动，主要从中国层面进行介绍。第五至八章强调新"海丝之路"建设中的华侨华人。其中，第五章为华侨华人在21世纪"海丝之路"建设中的作用，在对当代华侨华人资源进行分析的基础上，强调华侨华人在新"海丝之路"建设中的现实意义；第六章为21世纪"海丝之路"建设中华侨华人参与动因分析，先从各种历史和现实基础出发，论证各方参与新"海丝之路"建设的可能性，再从华侨华人自身的角度出发，论述其参与新"海丝之路"建设的必要性和可能性；第七章为21世纪"海丝之路"建设中华侨华人参与阻力分析，从外部和内部阻力两方面展开；第八章为华侨华人积极参与新"海丝之路"建设的策略研究，具体从三方面展开：一是改善华侨华人的生存环境，消除合作的外部阻力；二是从中国方面着手完善，创造更好的合作环境；三是从华侨华人自身出发，着眼于提升华侨华人参与积极性和参与能力。

目　录

第一章　古代"海丝之路"与华侨华人社会的形成

第一节　古代"海丝之路"及其思考

一、古代"海丝之路"及其争议

海上丝绸之路（简称"海丝之路"）是古代中国与世界其他地区进行经济文化交流的海上通道，是当时各大洋间一系列港口网点组成的国际贸易网和文化交流网。这条国际网络大致可分为东海航线和南海航线，东海航线主要是前往日本列岛和朝鲜半岛，南海航线主要是往东南亚、印度洋地区乃至西亚和非洲。经由这条国际通道，中国出口的大宗商品主要是丝绸（隋唐时）、陶瓷（宋元时），输入商品主要是香料，因此"海丝之路"又名"香料之路""陶瓷之路"，海上丝绸之路是约定俗成的统称。

但目前学界对于"海丝之路"还存在争议，对此，施存龙在《"海上丝绸之路"理论界定若干重要问题探讨》[①]及冯定雄《新世纪以来我国海上丝绸之路研究的热点问题述略》[②]等文中予以了介绍和评价。具体而言，相关学术争议涉及到"海丝之路"的概念、覆盖区域、分期、起落点、始发港、内涵等方面。如在覆盖区域上，大部分学者认为是指从中国东部和南部海港出发途径东

---

① 林立群：《"跨越海洋　海上丝绸之路与世界文明进程"国际学术论坛文选》，浙江大学出版社，2012年，第23—33页。

② 冯定雄：《新世纪以来我国海上丝绸之路研究的热点问题述略》，《理论参考》2014年第9期，第61—67页。

南亚、西亚、欧洲、非洲的海路。但也有一部分学者认为，"海丝之路"还有美洲航线，即主要从福建泉州出发，经菲律宾的马尼拉到达美洲的航线；[①] 在时期划分上，一般认为，最早记载于《汉书·地理志》，成型于唐中后期陆上丝绸之路受阻之后，在宋、元时期达到高峰，因明清海禁而陷于衰落。唐嘉弘、张建华则认为，唐代之前是形成阶段，唐宋两代是大发展时期，元明和清初发展达到鼎盛，到鸦片战争后进入衰落阶段。他们并认为，在中国各朝代，虽然有过政府的海禁，但包括官方和民间两种形式在内的海上丝绸之路从汉代开始后，就一直延续 2000 多年。[②] 可见，争议的焦点在于明清时期是属于鼎盛期还是衰落期，实质是衰落的主要原因是海禁还是鸦片战争。国内较早提出"海上丝绸之路"概念的学者陈炎也认同这一分期法，并认为除"古代海上丝绸之路"外，近代亦有"海上丝路"。[③] 因此，在"海丝之路"的起落点方面，争议主要是其下限是否延伸至近代。一般的说法是不涉及近代，如陈高华等认为，自 16、17 世纪起，西方殖民者纷纷东来，许多亚洲国家沦为殖民地，中国的海外贸易无论规模或范围都大为缩小，海上丝绸之路也就由盛转衰。到了清代更趋于停滞和没落了。1840 年爆发的鸦片战争，标志着中国进入半封建半殖民地社会，中国对外关系的性质发生了根本的变化，海上丝绸之路的历史至此也就终结了。"[④] 但如前所述，陈炎即认同近代也有"海上丝路"，并认为自鸦片战争至民国到新中国成立前夕为"海丝之路"的衰落时期。一些学者也认为，虽然近代以来，在列强武力强迫下，中国对外开埠较之传统时期的海上丝绸之路已有诸多不同，贸易关系由平等转为不平等，但基于历史连续性的考察，也应将近代纳入考察范围。[⑤] 也有一些学者把由西方人主导的"海丝之路"称之为"逆向海丝之路"[⑥]；在内容上，学界也存在争议。如赵春晨认为，海上丝绸之路"是以丝绸贸易为象征的、在中国古代曾长期存在的、中外之间的

---

① 陈炎：《略论海上"丝绸之路"》，《历史研究》1982 年第 3 期，第 174—175 页。

② 唐嘉弘、张建华：《海上丝绸之路疏证》，《南方文物》1997 年第 2 期，第 65—69 页。

③ 陈炎：《海上丝绸之路与中外文化交流》，北京大学出版社，1996 年，第 185 页。

④ 陈高华、吴泰、郭松义：《海上丝绸之路》，海洋出版社，1991 年，《前言》。

⑤ 徐文彬：《福建与海上丝绸之路的历史渊源及重要贡献》，建设 21 世纪海上丝绸之路学术研讨会论文汇编 2014 年 11 月，泉州，第 217 页。

⑥ 王键：《建设 21 世纪海上丝绸之路　开创两岸关系新局面》，《现代台湾研究》2014年第 5—6 期，第 35 页。

海上交通线及与之相伴随的经济贸易关系"。①但也有不少学者认为，丝绸之路作为地理空间概念，不仅代表中外经济贸易关系，还表现为中外政治文化交流，是依托该商道，古代中外友好关系的综合反映。②

我们无意对"海丝之路"本身进行深入考究，从华侨华人的研究便利出发，我们侧重于将"海丝之路"的重点考察区域放在东亚和东南亚；在内容上，本人赞同比较宽泛的解释，即因经贸往来而延伸至政治、文化交流、友好往来等各个方面；由于华侨华人集中出国的时间主要是在1840年鸦片战争之后，而我们也认为经济贸易有其自身的延续性，一般不因政治、外交等变动而中断或停止。而且在整个民国时期，生丝仍是中国出口的重要商品之一。其在当时最大的贸易港口上海总出口中所占比重，1936年～1938年分别为7.80%、8.54%、9.82%，1939年则猛增至22.89%，1940、1941年也分别有19.50%、9.94%，且在1939年～1941年间一直占居上海出口的首位。③因而以贸易关系的实际存在为基础将之延伸至近代。因此，本课题中，古代"海丝之路"之表述只是强调其起点，在时间上则延伸至近代。在分期上，笔者赞同"海丝之路"的传统分期方法，但将近代西方主导的"海丝之路"时期单列，并将新中国成立之后至21世纪"海丝之路"建设提出之前的这一段时间以"后海丝时代"来概括。

二、古代"海丝之路"之分期

由于古代"海丝之路"的分期与华侨华人的形成密切相关，因此这里有必要对此予以强调。按照传统看法，"海丝之路"的发展大致可分为以下几个历史阶段。

一是形成时期（唐代中期以前）。"海丝之路"的雏形在汉代便已存在，

---

① 赵春晨：《关于"海上丝绸之路"概念及其历史下限的考察》，《学术研究》2002年第7期，第90页。

② 徐文彬：《福建与海上丝绸之路的历史渊源及重要贡献》，建设21世纪海上丝绸之路学术研讨会论文汇编，2014年11月，泉州，第217页。

③ 上海社会科学院经济研究所编著：《上海对外贸易》下册，上海社会科学院出版社，1989年，第46页。

根据《汉书·地理志》，当时中国与南海诸国已有接触。此后，在隋唐以前，"海丝之路"主要作为陆上丝绸之路的补充形式而存在。

二是转型时期（唐中晚期）。此期，陆上丝绸之路因战乱受阻，加之同期中国经济重心转到南方，而海路又远比陆路运量大、成本低、安全系数高，海路便取代陆路成为中外贸易主通道，"海丝之路"因而得到发展。

三是极盛时期（宋元两代）。宋朝商业发达，指南针和水密封舱等航海技术的发明和之前牵星术、地文潮流等航海知识的积累，加上阿拉伯世界对海洋贸易热忱，使"海丝之路"空前繁盛。但期间也有一些小波折，主要是在1292年～1322年间，朝廷曾四禁四开海商贸易，这种做法一度使元代对外贸易陷于困境，国人出国亦不如前代方便。不过，因四次都属暂时性，因而整体上元代"海丝之路"还是畅通的。

四是衰落期（明清时期）。造成衰落的主要原因是明清统治者对海外贸易采取消极保守政策，在较长时期内实行海禁，甚至实行闭关锁国政策，这些政策阻碍着中外交往，也阻碍着"海丝之路"的发展。如为肃清元朝抗明残余势力，防止他们勾结海外诸国卷土重来，明太祖推翻元朝政权之后不久，即对海外贸易予以严格控制。洪武十四年（1381），明太祖下令"禁濒海民私通海外诸国"[①]。洪武二十三年（1390），再次"申严交通外蕃之禁"[②]。通过朝贡关系进行贸易的国家亦限制到10多个国家，对于私人海外贸易则一律禁止。还一度废除广州、泉州、宁波的市舶司，禁止国人买卖和使用海外的香料。这样闭关自守的海禁政策，使明初的海外贸易衰落下去，造成"诸番国使臣客旅不通"的现象。[③] 至永乐年间才得以解禁。永乐初年，不仅有郑和下西洋的壮举，而且恢复已废除的广州、泉州、宁波三个市舶司，还继续添置交趾、云南市提举司，一度使朝贡贸易和民间贸易再次繁盛起来。但至正德到嘉靖时期，由于"倭寇之患"和葡萄牙殖民者的入侵，又加强海禁。隆庆至崇祯年间，农民起义频发，边境又常告急，统治者对东南沿海有鞭长莫及

---

① 《明太祖实录》卷139，洪武十四年十月己巳，上海古籍书店1983年影印本，第2197页。

② 《明太祖实录》卷205，洪武二十三年二月乙酉，上海古籍书店1983年影印本，第3067页。

③ 朱杰勤著：《东南亚华侨史》（外一种），中华书局，2008年，第16页。

之感，只能放宽海禁。清兵入关以后，由于惧怕汉民内外勾结，规定"片板不许下海"，还下了迁海令，强制将山东、江浙一带及福建、广东滨海人民迁入内地，并设界防守。直到1681年平定"三藩"之乱和1683年招降了台湾郑氏之后，才稍驰海禁，但仍对商船出洋加以种种限制。康熙五十六年（1717）还下令禁止华商到南洋贸易，规定"南洋吕宋、噶剌吧（今雅加达）等处，不许前往贸易，于南澳地方截住，令广东、福建沿海一带水师各营巡查，违禁者治罪。"[①] 可见，海禁政策贯穿了明清大部分时期。期间虽有郑和下西洋的航海和贸易壮举，但实属"厚往薄来"的朝贡性质，终究难以为继。也曾有数度开禁，但均属权宜之策。整体来看，明清时期官方海外贸易被限制到极小的范围，民间海外贸易则多沦为走私贸易，"海丝之路"衰落。

五是西方主导之"海丝之路"时期（1840年~1949年）。鸦片战争之后，中国沦为半封建、半殖民地社会，"海丝之路"虽然继续存在，但却由西方殖民者控制和把持，其性质和内容都发生了根本的变化，"海丝之路"不再是和平、自愿自主之路，更不是中国主导之路。但基于经贸及各方面往来的延续性，仍可将其视为"海丝之路"时期，但属于西方主导之"海丝之路"时期。由于1949年中华人民共和国成立后，东南亚大多数国家和中国关系交恶，经贸、人员往来等受到极大限制，"海丝之路"互通有无、相互交流的宗旨已所剩无几，因而下限到1949年。

以上分期主要是以中外经贸往来来划分的，但事实上，伴随着中外贸易的开展，"海丝之路"又成为一条人员往来之路、科技文化交流之路、中外友好交往之路等。因为"海丝之路"的开辟，中外商业人士、政治宗教人士、文化教育人士、普通贫民乃者旅游者、航海家等群体往来于中外之间，除进行商业贸易外，也进行着中外友好关系的沟通、宗教文化的交流等各种活动，从而使"海丝之路"的内涵更加丰富和精彩。

三、对古代"海丝之路"的思考

对于历史上的"海丝之路"，我们可以作如下思考。

---

① 朱杰勤著：《东南亚华侨史》（外一种），中华书局，2008年，第42页。

1. "海丝之路"是一条功能多元之路

古代"海丝之路"虽然主要是作为商贸之路而闻名的，但同时又是一条和平外交之路、文化交流之路、人员往来之路。人员往来之路自不必说，但凡进行商业贸易，必然要有商人、船员等频繁往来。不仅如此，沿着"海丝之路"出去的，还有官方使者、僧侣、民间旅游者等，这使得外交行为和文化交流活动也随之发生。一般而言，各路并行存在，命运也"一荣俱荣，一损俱损"，如商贸繁荣建立在和平外交的基础之上，而商贸的繁荣又进一步促进了各国外交关系的发展，并使各国文化交流及人员往来更加频繁。

2. 古代"海丝之路"是一条官民共举之路

古代"海丝之路"主要是作为一条商贸之路而闻名的，而这条商贸之路的参与主体既有各国政府，又有各国普通民众。如对于中国而言，商贸之路可以分为朝廷主导的商贸之路及民间主导的商贸之路，在开放时期，两路并行不悖，命运相似。但在"海禁"时期，两者则可能相背而行。这主要是因为"海禁"时，朝廷采取外贸收缩战略，通商口岸十分有限，官方贸易自然有所衰退，而民间商贸虽受到压制但仍冒险进行。如嘉靖二年（1523）明政府重申禁海令，撤消闽、浙市舶司，但据《嘉靖实录》记载：嘉靖十二年九月，"浙福并海接壤，先年漳民私造双桅大船，擅用军器火药，违禁商贩"。十三年八月，"直隶、闽、浙并海诸郡奸民，往往冒禁入海，越境回易以规利，官兵追贼至海上"。[①]违禁下海的结果使得民间外贸港口得以增辟，其时外国商船载货，"福人导之，改泊海沧、月港；浙人又导之，改泊双屿"。同期广东的南澳地处闽广交界，也为中外互市之地。而清初"海禁"时期，不仅有郑氏势力控制下的海外贸易，也有藩王控制的官商贸易，还有私人海商冒死犯禁、非法从事的走私贸易。这其中原因，正如著名南洋史专家许云樵先生所言："中国与南洋之交通也，官民异趣：官方虽出政治作用，民间则受经济支配。"[②]况且，一些地方政府基于税收及民生立场出发，在"海禁"期间也对民间贸易睁一只眼，闭一只眼。因此，即便在"海禁"时期，"海

---

① 吴光耀：《明代市民反"海禁"斗争述略》，《江汉大学学报》（社会科学版）1984年第3期，第96—97页。

② 许云樵：《南洋史》（上卷），新加坡星洲世界书局，1961年，第13页。

丝之路"的民间商贸意义也不可小视,甚至可能因为官方贸易的缺失而更加繁荣。当然,"海丝之路"的意义不止于经济,在其他方面,如在文化交流方面,民间参与甚至还是主体。

3. 古代"海丝之路"是一条中外共建共荣之路

在"海丝之路"的发展史上,中国人、阿拉伯人、希腊人、埃及人、波斯人、印度人等在经营海上交通和东西方贸易上都发挥过重要的作用。因此,"海丝之路"不仅是中国的,也是世界的。事实上,历史上"海丝之路"的繁荣也与各国人民的积极作为是分不开的。如东南亚作为"海丝之路"的咽喉要道,一方面,"海丝之路"的开辟对东南亚地区的发展产生了重大的影响,东南亚沿海通商国家基本上都是伴随着东西方海上贸易的发展而登上历史舞台的;另一方面,东南亚国家也为"海丝之路"的开辟和繁荣做出了重要贡献。如东南亚国家的对外开放政策对"海丝之路"的畅通和繁荣起了重要作用。东南亚沿海通商国家大都重视发展对外贸易,以室利佛逝[1]为例,这一位于苏门答腊岛的东南亚海上强国建国于公元7世纪,在8~10世纪达到全盛,其统治势力曾达到爪哇西部、加里曼丹岛西部、邦加岛、勿里洞岛等广大地区,还占据马来半岛南部,控制了马六甲海峡,是东西方海上通商往来的必经之地。室利佛逝重视对外贸易,且非常积极主动。据《宋史》等相关史籍记载,仅在960年~1178年间,室利佛逝就先后33次遣使来华,与中国建立了密切的通商贸易关系。[2]而暹罗(今泰国)素可泰王朝第三位君主坤南甘杏大帝[3]也十分清楚对外贸易的重要性,不仅主动要求与中国通商,而且雇用华人率团挂帆出海贸易,以刺激和推进本国的商品生产。从此,暹罗华人成为中暹经济交流的主要媒介。除政府重视和主动作为外,东南亚民间海商在"海丝之路"的兴盛和繁荣时期(8~15世纪)也频繁参与丝路贸易。他们除了从事南海水域各港口以及中印之间的海上贸易以外,还将印度洋及西太平洋各国的物产运至波斯湾、非洲东海岸各港口,从阿拉伯商人、非洲商人那里换回西亚、非洲产品,转往印度、东南亚及中国等地,

---

[1] 从10世纪初开始,我国史籍改称为"三佛齐",今属于印度尼西亚。

[2] 桂光华:《室利佛逝王国兴衰试析》,《南洋问题研究》1992年第2期,第59页。

[3] 也译作"兰甘亨",元代典籍称"敢木丁"。

在东西方贸易中起着重要的中转作用。可见，没有其他各国的配合和努力，不会有古代"海丝之路"的繁荣。

4. 对"海丝之路"衰落的辩证思考

今天，我们更多的是从各国和平、自主、互利参与的层面来解读历史上的"海丝之路"或"海丝文化"。而晚清时期当殖民体系在"海丝"沿线主要国家扎根后，"海丝之路"仍然存在，但性质已发生转变，这一时期，商贸往、政治外交、人员往来等均带上不同程度的殖民色彩。如这一时期在国门被迫打开，部分主权丧失的情况下，晚清政府和其他国家的和平、自主外交和自由贸易等就无从谈起。换言之，明清之后，对中国而言，衰落下去的主要是和平外交之路，以及由中国政府主导的商贸之路，而外商主导的贸易、各国国民的对外移民等并未因此而衰落。典型如华侨华人的移民高峰就是在 1840 年之后的晚清时期才形成的。况且，古代"海丝之路"归根到底是一条从中国通往东亚、东南亚、南亚乃至印度洋、波斯湾及红海地区的海上通道，这条海上通道一旦开通之后，就不再只是一条中国与他国联系之路，同时也是一条他国与他国联系之路。因此，中国与他国联系之路可能因为"海禁"而暂时衰落下去，但他国与他国交往之路却仍在继续，仍在繁荣。从这个意义上讲，衰落只是局部的。

总之，古代"海丝之路"是开放的、和平的、共赢的，"海丝之路"并给"海丝"沿线国家洒播了商贸交往、人员往来和文化交流的传统和网络，这正是我们今天强调它的意义所在。

第二节　"海丝之路"与华侨华人社会的形成

作为一条交通要道，"海丝之路"同时也必然是一条人员往来之路。"海丝之路"开辟之后，中国沿海民众出于生计、安全、发展等需要，积极投入到"海丝之路"中的移民流中，并逐渐在当地形成了华侨华人社会。

一、"海丝之路"上华侨社会的形成和发展

虽然"华侨"概念出现较晚，但中国人向外移民由来已久。"徐福东渡"是中国史籍中最早记载的海外移民事件。据说，秦始皇曾派遣徐福率领一支载着数千名童男童女及"百工"的船队东渡日本寻找长生不老之药，并一去不返。其后前往日本的中国人络绎不绝，这些华侨经由朝鲜半岛或直接东渡日本。朝鲜也是华侨外出较早的国家。秦朝用法苛暴，徭役繁重，山东、河北、辽宁一带的老百姓纷纷逃居朝鲜，尤其是秦末农民大起义爆发后，因战乱逃居朝鲜的人更多。其中，山东半岛与朝鲜半岛隔海相望，齐地百姓多经海路前往，其路线大致是沿着山东半岛—庙岛群岛—辽东半岛—韩国西海岸航行，还有一些人自北南下，到达日本。[①] 除东亚外，也有一些华侨前往东南亚。汉朝时，华南沿海的越人（今广东人的祖先）在屈都乾（位于今泰国东南部）已形成一个华侨聚居群落。

从唐朝开始，中国商人留居海外、由行商转为住商者增多。这一时期，中国与东南亚各国贸易往来频繁。但其时主要的交通工具是帆船，故必须依赖季候风，所以双方商人因季候风向至隔年才返者较多，一些中国人便长留当地，成为华侨。如今在菲律宾礼智省的马亚辛还发现唐高宗龙朔元年（661）的中文墓碑，表明唐初已有中国人在菲律宾安家立业并终老当地。此期在暹罗也有一些航海者、商人留居当地，成为最早的旅暹华侨。除经商外，宗教因素也是此期重要的移民因素。如唐代著名僧人义净于公元671年从广州乘船前往室利佛逝，在当地停留半年后到印度研究佛经10年，后携带一些佛典返回室利佛逝，译成汉文。义净在室利佛逝前后共住了十二三年。还有一位高僧运期，精通古爪哇语，居住在爪哇和室利佛逝，终老于当地。[②] 同期，还有其他僧侣长居于印尼。战争也是重要的移民因素，唐末黄巢起义，不少人为躲避战乱而出逃海外，以致于当时在印尼爪哇和苏门答腊等地均可见到中国人的身影。据记载，"924年（唐同光六年）有中国大沙船一艘，在爪哇之三宝垄附近沉没，船客漂流至岸，其管舱者献宝物于直葛

---

① 晁中辰：《旅韩华侨华人历史分期初探》，北京大学韩国学研究中心编：《韩国学论文集》第八辑，民族出版社，2000年，第300—301页。

② 朱杰勤著：《东南亚华侨史》（外一种），中华书局，2008年，第10页。

王，得王之允许，召集余众，定居其地，受优良之待遇，是为中国人定居爪哇之始。"① 这是中国人成批移居印尼最早的史料。另据阿拉伯人马素提《黄金牧地》一书，他在公元943年经过苏门答腊的三佛齐时，看见"有多数中国人耕植于此岛，而尤以巴邻旁（室利佛逝）为多，盖避中国黄巢之乱而至者"。② 可见，唐末时期已有不少中国人为躲避战乱而移居到印尼各地。同期，马来西亚桑多邦、文莱等地因华侨众多而被称为"小中国"。此外，此期也有不少华侨前往日本。这主要是因为唐代中日交流频繁，唐朝船舶到日本，有史可查的就有数十次。在这种频繁交往中，有不少中国人包括学者、僧人移居日本。因此，至日本圣武天皇（701—756）时，居住在日本京畿的"秦人"就有1200多家。③ 可以说，大量中国海外移民始于唐代。

宋代中国手工业和商业均较为发达，航海和造船技术也得以大幅度提升，加之朝廷鼓励国人出海经商贸易，于是，许多无地或少地的农民赴海外谋生，部分赴南洋从事贸易的商人、水手也定居下来，形成初具规模的移民群体。宋末元初，一批宋朝遗老和旧臣避祸南洋，逃入安南、占城（今越南中部的古国）和暹罗。如宋末勤王抗元、崖山兵败后大量潮籍将士逃亡南洋，导致这一时期无论是中南半岛的安南、占城、暹罗，还是南洋诸岛的三佛齐，都有中国移民的身影。至南宋末年，移居东南亚的中国人约有十万。④ 在东亚，由于宋朝与高丽贸易的发展，也不断有华人因经商而在高丽长期居住。当时，高丽王城"有华人数百，多闽人因贾舶至者。密试其所能，诱以禄仕，或留，强之终身"⑤。此外，也有不少文人、僧侣、医师、画工、乐师等从海路到达朝鲜半岛南部。

元朝致力于拓展海外贸易，因经商移民南洋者陆续增加，分布南洋各地。元人汪大渊在《岛夷志》中记述汉人赴缅经商"贩其地者，十去九不还也"⑥。菲律宾马尼拉是"海丝之路"的重要枢纽之一，元代时，许多中国商贩、工匠和园艺工人从闽粤等地扬帆渡海，侨居于此。在真腊，"唐人之为

---

① 李长傅：《中国殖民史》，上海书店，1984年，第60页。
② 李长傅：《中国殖民史》，上海书店，1984年，第61页。
③ 华侨志编纂委员会：《华侨志》（总志），台湾海外出版社，1956年，第13页。
④ 建溪：《中国人何时开始侨居海外？》，《人民日报海外版》2006年8月22日第6版。
⑤ 《宋史·外国传三·高丽》。
⑥ 国务院侨办侨务干部学校编著：《华侨华人概述》，九州出版社，2005年，第68页。

水手者,利其国中不着衣裳,且米粮易求,妇女易得,屋室易办,器用易足,买卖易为,往往皆逃避于彼。"① 一些不甘接受元朝统治的宋朝遗民,也有不少辗转到达越南。据越史载:他们"以海船三小艘,装载财物妻子,浮海来萝葛原。至元十二月,引赴京,安置于街备坊"② 此外,元世祖于1293年发兵远征爪哇失败,流散在当地的士兵成为西加里曼丹岛和东爪哇最初的华侨。至明初,华侨已广泛分布于印尼爪哇各地,形成自己的聚居区。据马欢《瀛涯胜览》记载,在爪哇的杜板、新村、苏鲁马益、满者伯夷等地都有华人居住。除"王之居住处"满者伯夷外,每处都"约千余家",并且在新村"至今村主广东人也。"③ 而在苏门答腊岛的三佛齐国,华侨也有相当势力,"有梁道明者,雄视一方"④。此外,元朝末年爆发了以红巾军为首的农民大起义,山东民众为避战乱也有不少迁居至高丽各地。

　　明清时期的"海禁"政策,使沿海地区的移民活动受到打击。其时,凡商船出洋,要由官府登记人数,返回时如有减少,要追究法办。但"海禁"政策时紧时松,还是给国人出国留下了不少空间。如为便于往来朝贡,洪武二十五年(1392)明太祖还钦赐三十六姓善操舟者与琉球,这部分移民属于国家主导的政策移民。而至永乐年间,不仅海禁政策一度解除,1405年~1433年郑和下西洋更是极大地刺激了华侨移民。这不仅因为郑和下西洋开辟了沟通东南亚、南亚、西亚和东非等地的航线,大大扩展了华侨的移民空间,还因为郑和下西洋沉重地打击了华人海盗集团和锡兰山的海寇,并在东南亚各地(如印尼西加的三发、爪哇的锡顺、中爪哇的三宝垄和苏门答腊的旧港)设立了下西洋的转运站,作为船队休整、补给、收容疾病随员以及接待华侨华人的停留点,⑤ 从而在一定程度上改善了华人的移民环境。不仅如此,郑和下西洋也用其和平通好的实际行动,赢得了沿途各国的信任,并进而改善了华侨的生存环境。如郑和下西洋多次途经暹罗,赢得了暹罗王室和民众的信赖。而暹罗方面也给郑和船队和华侨许多"优惠政策"。例如,

---

① (元)周达观:《真腊风土记》,流寓。

② 《大越史记全书》卷5,《陈纪一》。

③ 马欢著,冯承钧校注:《瀛涯胜览校注》,中华书局,1955年,第7—15页。

④ 张燮《东西洋考》卷3下泥条,卷四。

⑤ 李鸿阶:《郑和下西洋对中国海外移民生存和发展的影响》,《侨务工作研究》2005年第4期。HTTP://jazzy.gqb.gov.cn/yjytt/125/290.shtml.

当时中国商人在暹罗经商享有特权，仅需缴纳 1/6 的税金，而其他外商则需缴纳 2/9 的税金；对西洋人与暹罗人通婚加以限制，而对中国人不但不限制，还十分欢迎。[1] 此外，郑和下西洋还使得中国国威远播，对所经各国尤其是东南亚各国形成强大的威慑力，从而为东南亚华侨的生存和发展创造了一个有利的国际环境。以至于在郑和下西洋之后的岁月里，一些郑和使团访问过的国家，如渤泥国，"凡见唐人至其国，甚有爱敬。有醉者则扶归家寝宿，以礼待之若故旧。"在真腊国，"其见唐人，亦颇加敬畏，呼之曰'佛'云。"[2] 实践中，郑和下西洋促使更多的中国人前往南洋等地经商和谋生。据有关资料记载，在马来西亚、印尼、菲律宾、泰国、越南和柬埔寨等地，均有不少华侨是随郑和船队而来，并久居当地不返。而在郑和下西洋的影响下，"闽广之民，造舟涉海，趋之若鹜，或竟有买田娶妇，留而不归者。"[3] 之后因民间贸易而著称的月港时代（1450—1627）也有不少出洋经商者留居当地。到了明代中后期，在南洋各地的华侨大约在 10 万人以上。[4]

清初政府在东南沿海地区实行禁海、迁海政策，使移民活动一度受阻，同时一些私商因惧怕朝廷的"海禁"政策而常住海外不归。康熙二十三年（1684）清廷下令开海贸易，准许东南沿海民众出海贸易。之后，康熙五十六年（1717）至雍正五年（1727）清廷又下令禁贩南洋，但时间较短，且暹罗、东洋等地不在禁航之列。这种时开时禁、此地禁而他处不禁的政策使国人仍得以前往海外。如 1684 年"海禁"解除后，潮州樟林港逐渐成为当时东南沿海重要的贸易海口。暹罗是与樟林港贸易的主要地区，起初因潮汕地区缺粮，中国商贩便前往暹罗贩运大米，后来又因暹罗木材价格低廉而前往造船。这些从事贩运的商人和航海水手中，有部分人便因商务关系或因当地有较好的居留环境而侨居海外。据清《嘉庆重修一统志》"暹罗"条

---

① 李洁：《东南亚华人政治经济地位的差异及其原因》，《八桂侨刊》2008 年第 1 期，第 63 页。

② 施雪琴：《郑和形象建构与中国—东南亚国家关系发展》，《海南师范大学学报》（社会科学版）2011 年第 5 期，第 48 页。

③ 李鸿阶：《郑和下西洋对中国海外移民生存和发展的影响》，《侨务工作研究》2005 年第 4 期，http://qwgzyj.gqb.gov.cn/yjytt/125/290.shtml.

④ 李鸿阶：《郑和下西洋对中国海外移民生存和发展的影响》，《侨务工作研究》2005 年第 4 期，http://qwgzyj.gqb.gov.cn/yjytt/125/290.shtml.

载："澄海县商民领照赴暹买米，接济内地民食，虽行之已阅四十余年，但此项米船，据称回棹者不过十之五六"。又由于暹罗国民不谙航运，因此该国与中国的贸易往来船只通常由潮州人代驾，这些人不少已是侨居几代的华侨。如雍正二年（1724），暹罗"来船梢目徐宽等九十六人，虽系广东、福建、江西等省民人，然住居该国历经数代，各有亲属"[①]。这些侨居暹罗的潮州商人或船民又不断招引其亲戚或乡人前往，这使得暹罗华侨以潮汕人为主。

此期，丰厚的预期回报也促使华侨铤而走险。如由于暹罗对外贸易倚重华人，因此不仅鼓励华人移入，而且对有功华人赐予官职和爵位，并给予其贸易上的种种便利。拍昭巴塞通统治时期（1642—1667），暹罗皇室设立通商部门垄断商品出口，并授权华人从事对外贸易，包括从事贸易商、船员、在外国充当暹罗商品的代理商以及进口外国商品的进口商。由于华商既获得代理政府垄断商品贸易的特权，有机会进入宦途，还可以从中牟取私利，因此每年都有大批华人涌入暹罗谋生。而在祖籍潮州澄海的郑昭王依靠华人武装击退缅军建立吞武里王朝（1769—1782）后，更是给予红头船潮州商人特殊恩惠，并对潮州人移居暹罗从事农业、手工业提供各种便利。于是，"潮州人移民暹罗络绎于途"[②]。在拉玛一世到三世时代（18世纪末到19世纪初），由华人驾驶的暹罗商船到中国买卖商品后，回程满载华人到暹罗寻求生路。这些华人居住在暹罗境内的各个地方，尤以大城、北大年、万佛春和宋卡等地最为集中。[③] 至拉玛三世时，暹罗总人口约有480万人，其中华人约23万。[④]

此外，西方殖民者的招徕和一系列专门移民机构的设立也使移民更加便利。事实上，从明朝中叶起，部分东南亚国家开始沦为西方的殖民地或贸易中转地，商业发展、农业垦殖和港口城镇的兴建都需要大量劳动力，因此对华工较为欢迎。如在印尼，1602年荷兰东印度公司成立，此后印尼逐步

---

① 《清世宗实录》卷25。

② 庄国土：《华侨华人与中国的关系》，广东高等教育出版社，2001年，第105页。

③ 薛君度、曹云华主编：《战后东南亚华人社会变迁》，中国华侨出版社，1999年，第90—93页。

④ 朱杰勤著：《东南亚华侨史》（外一种），中华书局，2008年，第89页。

沦为荷兰的殖民地。荷兰殖民者多次到中国东南沿海一带诱拐中国人到巴达维亚等地从事殖民开发，致使中国人移居印尼者大增，仅爪哇一地的华侨就有 20 万人。[①] 又如从 19 世纪开始，英国殖民者从中国东南沿海招募、诱骗大批廉价劳工到马来亚和沙捞越等地从事挖锡、种植等繁重的体力劳动。1805 年英国殖民者在槟榔屿建立招工移民机构以后，每年抵此的契约华工达五六百人甚至上千人；到 19 世纪三四十年代，每年的华工人数已增至二三千人，其中还有妇女和儿童。[②]

一些海盗和反清起义军也在政府的围剿下逃往南洋。如海盗林道乾活跃于潮汕与福建之间，后被戚继光、俞大猷等的兵力击溃，于是率舟师辗转进入越南和柬埔寨，约在 1578 年率部众 2000 余人扬帆而入北大年（今泰国西南部港口）。[③] 明隆万年间（1567—1620）广东饶平人林凤为避官兵进剿，率战舰 62 艘，5500 余人，扬帆向吕宋进发，在冯嘉施兰（现菲律宾中部）建立国家。而明末旧臣和反清起义军兵败后也多逃亡南洋。如 1660 年明将邓耀败走海康（今广东雷州），被清军水陆夹击，"遁走交趾（今越南北部）"。1679 年春，明将杨彦迪、黄进、高雷、陈上川、陈安平等率兵携眷 3000 人，战船 50 余艘，由海路投泊安南之思贤及沱诸海口。另有广东雷州人莫玖明末流亡安南南部，并广招华人流民于富国、芹渤、架溪、陇奇、香澳、哥毛等处，建立 7 社村。[④] 此外，16 世纪末，还有一些浙江、福建、广东等省沿海民众被倭寇掳至日本。

总之，自秦朝开始，国人就开始因种种原因移民海外。尤其自唐代以来，因经商或政治、避难等需要，国人留居海外日渐增多。至 1840 年鸦片战争爆发前，随着大量中国移民的到来，海外华侨已逾百万，华侨聚居区遍布于东南亚的交通贸易大港乃至中小城镇，如马尼拉、巴达维亚（今雅加达）、泗水、马六甲、槟榔屿、曼谷、河内、西贡等地都已形成万人以上华侨聚居区。在这些华侨聚居区，还保持着中国传统文化和生活方式，并产生

---

① 国务院侨办侨务干部学校编著：《华侨华人概述》，九州出版社，2005 年，第 29 页。
② 国务院侨办侨务干部学校编著：《华侨华人概述》，九州出版社，2005 年，第 40 页。
③ 朱杰勤著：《东南亚华侨史》（外一种），中华书局，2008 年，第 47 页。
④ 龙永行：《17—19 世纪越南华侨的移居活动与影响》，《东南亚研究》1997 年第 6 期，第 26 页。

了早期的社团组织和华侨领袖，因而初步形成了具有一定规模的海外华侨社会。相比以往，这时华侨的职业构成发生了较大变化。以往华侨多从事商业及相关行业，而此期从事手工业、矿业和种植业的华侨也占有相当比重。与此同时，华侨的经济实力也有了长足增长。如至18世纪中叶，爪哇的制糖业几乎全由闽侨经营，他们通过密布乡村的零售商业网点控制了全部蔗糖销售业。[①]

从1840年鸦片战争爆发到新中国成立的百余年间，是华侨剧增、华侨分布大扩散的时期。在这百余年间，由于南洋群岛的全面开发，1860年后华人移民的合法化[②]，以及战乱和各种天灾人祸，使得中国东南沿海及边境地区的贫苦民众大批前往海外谋生。如19世纪中叶马来半岛发现锡矿后，中国移民大批南来涌入各产锡州，到1881年，马来半岛的华侨已达17.4万人。[③]20世纪初，马来亚兴起橡胶种植后，中国人再陆续进入柔佛等橡胶种植大州，并逐渐扩散至马来亚各地，1911年新马华侨增加到91.6万。[④]此外，19世纪七八十年代后，轮船取代帆船，以及中国沿海各港口的开发，也大大便利了华侨出国。据估计，这100余年间，出国华侨累计达1000多万。仅1912年～1949年间就达600万，其中90%流向东南亚。[⑤]出洋华侨的激增使得东南亚一些城镇形成了一批人口达数万乃至数十万的华侨聚居区。不仅如此，华侨的足迹已遍布美洲、大洋洲、欧洲和非洲。如国人移民澳洲始于1840年，大多为农场放牧，1850年澳洲发现金矿后，移民倍增。在非洲，华侨成批移往是在清末。其中1800年～1910年间以契约劳工为主，兼有自由移民。1911年～1949年间，由于中国内战和日军侵华的影响，沿海数万居民出洋到非洲谋生。而一战开始后，华人也开始大量移民西欧。

不仅华侨数量急增，分布更为广泛，而且到19世纪末20世纪初，经过

---

① 廖大珂：《海上丝绸之路与华侨》，《海交史研究》2015年第1期，第107—108页。

② 1860年中国被迫与各国签订了《北京条约》，允许西方各国在华自由招工、自由从事契约劳工的招募活动。从此，华人出国由非法变为合法。1893年清朝正式废除"海禁"。

③ 陈里特：《中国海外移民史》，（上海）中华书局，1946年，第26页。

④ 林元辉、张应龙：《新加坡马来西亚华侨史》，广东高等教育出版社，2008年，第350页。

⑤ 中国侨务通论课题组编：《中国侨务通论》（试用版），暨南大学出版社，2012年，第131页。

一代或数代人的努力拼搏，华侨的经济地位已有明显改善，在东南亚地区已出现不少"聚资百万"的富侨，并出现诸如胡璇泽、张振勋、胡国廉、张煜南等一大批巨商富贾，北美等地的侨商有的也能"独树一帜"。

值得一提的是，相比以往，这一时期华人移民的主要形态是"华工"，还有不少是"猪仔华工"，这是资本主义全球经济扩张和殖民统治的结果。如据估计，从1860年汕头开埠到辛亥革命，潮汕地区海外移民人数大增，约有294万人出洋谋生，其中含有大量的"猪仔华工"。[①] 当然，由于"契约华工"有一定的期限，加之1893年后朝廷准许华侨回国，因此也有一部分华侨回流国内。如据1945年国民政府侨务委员会《侨务工作十三年》载，在太平洋战争爆发后的一年半时间里，由于南洋各地相继沦陷，约有135万余华侨回国。[②]

二、从华侨社会向华人社会的转变

华侨是定居在国外的中国公民，狭义的华人指的是外籍华人，即加入住在国国籍但具有中华民族血统的人。当然，在古代"海丝之路"时期，中国政府并无严格的国籍概念，即便是晚清政府1909年《国籍条例》出台之后，也是承认双重国籍的。根据1909年晚清政府颁布的《国籍条例》及《国籍条例施行细则》：生而父为中国人者；生于父死以后，而父死时为中国人者；母为中国人而父无可考或无国籍者，"不论是否生于中国地方均属中国国籍"[③]。这一以血统主义为主的国籍法原则从法律上明确了华侨的中国国民身份。直到1955年中国政府不承认双重国籍时，华侨华人才有严格的区分。因此，历史上在"海丝之路"沿线生存和发展的中国人均可视为华侨。

---

① 黄晓坚：《中泰民间关系的演进：以隆都镇为视域的研究》，《华侨大学学报（哲学社会科学版）》2013年第3期，第24页。

② 陈燕玲编著：《闽南文化概要》，厦门大学出版社，2013年，第235页。

③ 沈云龙主编：《近代中国史料丛刊续编》第二十五辑《宣统己酉大政记》第16—18册，文海出版社1964年，第1266页。

　　1949 年新中国成立后到改革开放前，出于对"共产主义"国家的防范，东南亚国家以及美洲和大洋洲等传统移民地区也基本拒绝接受来自中国大陆的移民。在中国国内，为了稳固新生政权，防止西方势力渗透，新中国政府也限制中国公民出境，在"文革"期间尤其如此。这就导致中国大陆海外人口迁移出现一个明显的低谷，1949 年～1978 年间，中国政府批准的因私出国者仅 21 万人，以归侨、侨眷出国探亲者居多；获批出境定居的中国大陆居民仅有 5 万多人。同一时期，台湾和港澳地区尚存一定数量的向外移民，总计大约 25 万。[①] 因此，1950 年代至 1970 年代末，华侨华人的人口数量虽然获得较大增长，但主要是当地华人人口的自然增长，而非新移民的加入。

　　与此同时，华人聚居的东南亚地区也纷纷建立了各自的民族独立国家。这些新独立的民族国家一方面严格限制外侨入境，另一方面也要求外侨在政治、经济、文化等方面归化于当地，并在此过程中发生了一些排华事件。为了处理与周边国家的关系，促进华侨在当地更好地生存和发展，1955 年新中国政府宣布不承认"双重国籍"，并鼓励华侨在自愿的基础上，加入住在国国籍。在双方的推动下，至 20 世纪 70 年代末，不仅大多数华侨加入当地国国籍变成华人，而且也开始真正立足于当地，扎根于当地，从而实现了华侨社会向华人社会的转变。

三、华侨华人社会与"海丝之路"的关联

　　应该说，海外华侨华人社会的形成与历史上"海丝之路"是存在一定联系的，这主要体现在以下几个方面。

　　一是不少华侨是经由"海丝之路"走出去的。自秦汉至鸦片战争前夕，历朝历代皆有不少中国人因经商、求经或逃避战祸等而流寓海外，成为华侨。虽然并非所有华侨都是沿着"海丝之路"走出去的，有相当一部分属于当地人口的再繁衍，也有一部分华侨是通过陆路出国的，但沿着"海丝之路"走出去的华侨也着实数量可观。正如有些学者所分析的，在公元 1000

---

　　① 中国侨务通论课题组编：《中国侨务通论》（试用版），暨南大学出版社，2012 年，第 133 页。

年以前的朝贡体系时代，华人移民多在东南亚的大陆国家及其沿海港口，移居东南亚海岛地区的相对较少；在公元 1000—1500 年代，中国人移民东南亚地区的路径主要有两种，一是陆上移民，二是海上移民。其中，华人移居海岛国家则多为海上移民，且多居住在商业贸易的港口城市里，特别是在中国通往印度和波斯的航道上。①事实上，在此之前，即有不少中国商人或僧侣经由海路走出国门。如仅据义净《大唐西域求法高僧传》记载，在 57 名前往印度和东南亚各国访问的僧人中，就有常愍禅师、明远法师、义朗律师、会宁律师等 37 人是取道海路。他们大多在东南亚和印度侨居数年、数十年，甚至未返中土，终老国外。至于义净本人，咸亨三年（672）十一月间，从广州搭乘波斯商船泛海南行前往印度访学，经历 30 余国，留居海外总计 25 年。②而自宋代之后，随着中国造船和航海技术的进步，从海路出国奔赴东南亚就更多。如在越南，国人大规模移居越南是在明末清初，路线有两种：广西和云南、四川等地的人经陆路跨界而来，闽粤则多走海路。以时间看，清初的移民以海路为主，之后则两者兼而有之，总体来讲大部分时间仍以海路为主。③经由海路到达的地方，一般是越南沿线港口如北部云屯、万宁，中部会安，南部西贡，甚至是最南端的河仙，这些港口逐渐成为"海丝之路"国际贸易网络中重要的沿海贸易网点。在暹罗，19 世纪上半叶华侨前往暹罗主要乘坐帆船。据学者统计，1820 年～1850 年间，由中国南部地区乘船前往暹罗的，每年达 1.5 万人。④19 世纪中期轮船开通后，国人出国更加便利。如在朝鲜半岛，自 1876 年以后，釜山、元山和仁川相继开港，海路取代陆路成为国人进入李氏朝鲜（韩国）的主要途径。尤其是山东半岛和朝鲜半岛隔海相望，海上交通便捷，许多山东人便搭乘船只去朝鲜半岛谋生。也正是由于这个原因，所以至今韩国华侨中多数是山东人。关于华侨经由海路走出去的例证还可以找到很多。如印尼是东南亚华侨华人最多的国

---

① 龙向阳：《世界体系中的华侨华人与国际关系——一种历史的分析与反思》，暨南大学 2003 博士学位论文，第 36—37 页。

② 廖大珂：《海上丝绸之路与华侨》，《海交史研究》2015 年第 1 期，第 94 页。

③ 邱普艳：《越南华侨社会的形成与发展》，《东南亚南亚研究》2012 年第 1 期，第 83 页。

④ ［苏］尼·瓦·烈勃里科娃著，王易今，裴辉、康春林译，《泰国近代史纲（1768—1917）》，（北京）商务印书馆，1974 年版，第 139—140 页。

家，且印尼是一个岛国，因此前往印尼的中国人必须经过海路前往；又如据学者研究，目前全世界主祀妈祖的妈祖庙有 135 座。[①] 而妈祖是海神，是护佑出海安全的，因此，妈祖在海外的广泛传播也表明不少华侨华人是从海路出去的。

一些华人的再移民也与"海丝之路"有关。1800 年 ~ 1900 年间，东南亚华人再移民的路线主要有三条：通过荷属东印度向非洲再移民，通过法属越南向非洲再移民，通过英属新加坡向澳洲再移民。[②] 当然，东南亚内部的再移民现象也很普遍。如历史上印尼华侨华人既有源自中国本土的华人移民，也存在着数量不斐的周边华社再移民，如新加坡、泰国及马来西亚的马六甲、槟城华人再移民。从移民的路线来看，在当时交通环境下，再移民也主要是通过"海丝之路"完成的。事实上，伴随着"海丝之路"的由近及远，中国移民分布也越来越广。

当然，应该说明的是，从华侨华人的发展史来看，"海丝之路"的成型期还只是华侨华人大规模移民的开始，中国沿海移民大批移居海外是在 1860 年清政府被迫与英法签订《北京条约》，允许国人出国务工之后，而此时已是传统意义上"海丝之路"的衰落时期。虽然如此，但有两点应该说明：（1）正因为有早期中国移民的流出，海外的华侨社会以及侨乡的移民文化才得以形成。因此，尽管早期移民规模不大，但其引领作用却极为关键。如这些早期华侨开阔了国人的视野，使国人了解到更多关于国外历史地理、政治经济、风土人情、语言文化等方面的知识，这为日后更多的中国人走出国门奠定了基础。不仅如此，通过长时间的移民，逐渐形成了包含商船、贸易机构、水客、掮客、港口等在内的通往相对固定区域的华人移民网络，这种移民网络的存在因有利于信息传递和减少移民风险而成为之后大规模移民的重要依托。（2）作为一条交通要道，"海丝之路"于贸易的意义与其于移民的意义是不一样的，作为一条和平、平等的贸易通道，1840 年之后其繁华不再，但作为一条移民通道，则 1840 年以后还蒸蒸日上。一批批"敢拼会赢"的中国沿海居民正是循着"海丝"印记，漂泊海外艰苦奋斗，并形成今天稍具规模和实力的华侨华人社会。也因此，"海丝之路"虽然主要不是

---

① 黄马金：《妈祖研究与民间信仰》，福建汀州妈祖文化交流协会，1996 年，第 133 页。
② 黄昆章：《澳大利亚华侨华人史》，广东高等教育出版社，1998 年，第 24 页。

因为移民之路而闻名的，但华侨华人的移民史也的确使"海丝之路"的内涵更加丰满。

二是华侨华人主要分布在"海丝之路"沿岸各国。东南亚是华侨华人最为集中的地区。这既因为东南亚与中国邻近，易于到达；也因为不少东南亚国家一度属于中国所建构的朝贡体系之内。其时，华侨不仅为当地带来先进的生产技术，促进了当地生产力的发展，同时也有利于所在国与中国的贸易交往和政治关系，有利于双边朝贡关系的维系。因此，中国移民在东南亚地区较受欢迎，尤其是在那些海岛国家或重商国家，由于国家的盛衰与贸易有着密切的关系，所以善于经商的华商移民在这里还受到格外的优待。例如，在当时的马六甲，华人的纳税率是 5%，且免港口税，而其他外来商人的纳税率是 7%；同期，在暹罗，华商的纳税率是 16.67%，而其他外来商人的纳税率为 20% ~ 22%。[①] 对于此时的中国移民来说，其中国身份就是最好的"通行证"。正因为如此，所以中国移民，包括朝代更替时期的遗臣遗民等难民也大多移往东南亚地区。这种移民趋势一直延续到近代。虽然改革开放以来随着其他移民渠道的开拓，以及由于东南亚吸引力的下降，华侨华人前往东南亚地区不如以前踊跃，但由于人口基数庞大，迄今东南亚地区仍聚集了绝大多数华侨华人。如目前旅居世界各地的闽籍华侨华人有 1512 万人，其中东南亚地区占 78%，有 1200 万。福建省重点侨乡泉州，华侨华人达 750多万人，其中 90% 以上分布在与"海丝"密切相关的东南亚国家。[②] 另一著名侨乡广东，有 2000 多万侨胞生活在丝路沿线的东南亚地区，并主要聚居在交通、贸易比较发达的东南亚各地港口。这表明"海丝"沿岸各国给他们提供了生存和发展的机会，而他们也为"海丝"沿岸各国的繁荣和发展做出了独特的贡献。

三是东南亚华人移民中华商较多。一般意义上讲，我们强调"海丝之路"，首先是强调其商贸意义。而与此较为吻合的是，华人移民的华商形态在东南亚地区最为突出。这表明，华侨华人不只是把"海丝之路"视作一条

---

① ［美］约翰·F·卡迪著：《东南亚历史发展》（上册），姚楠、马宁译，上海译文出版社，1988 年，第 203—204 页。

② 龙敏：《福建海外华侨华人达 1512 万人呈五方面特点》，2014-05-28，http://www.chinanews.com/zgqj/2014-05-28/6219672.shtml.

移民通道，而是积极参与到"海丝之路"的建设当中，为"海丝之路"的商贸繁荣做出了自己的贡献。实际上，在16世纪以前，中国移民的主要形态为华商。为扩大自己的海外经营或建立自己的商业网，一些中国人远赴海外发展，其中一些还在一些港口或贸易中心建立基地。到16～18世纪，国人移居东南亚之后仍然以商业贸易为主要职业，但在外部各种因素的刺激下，其他形态的移民方式尤其是华工也大量出现。19世纪东南亚地区最终融入到欧洲资本主义世界经济体系之后，华工越来越多，并后来居上，占据中国移民主体，而这已是传统意义上"海丝之路"的衰落时期了。

总之，不论是经由"海丝之路"走出去，还是走出国门之后定居在"海丝之路"沿线各国，并从事"海丝之路"引以为傲的商贸事业，均表明华侨与"海丝之路"密不可分的关联。

第二章　华侨在"海丝之路"中的历史作用及其运行机制

第一节　华侨在"海丝之路"中的历史作用

如前所述，在古代"海丝之路"时期，中国政府并无华侨华人之严格国籍区分，因此，历史上在"海丝之路"沿线生存和发展的华侨华人都可视为华侨。

华侨因为跨国生存的关系，在"海丝之路"中意义独特。对于"海丝"沿线的华侨而言，"海丝之路"不仅仅是一条移民之路，同时也是一条建设之路、商贸之路、文化交流之路及外交之路。在其中，华侨扮演了多种角色，发挥了多样功能。

一、"海丝之路"沿途国家和地区的建设者

移居海外之后，华侨秉承爱拼敢赢的优良传统，为侨居地和祖籍国的建设事业做出了杰出的贡献。

（一）华侨对于侨居国的贡献

在西方殖民者入侵以前，东南亚不少地方人烟稀少，生产较为落后。如

在马来半岛，18 世纪前全部人口估计不到 25 万，他们大都沿着海岸和河边建立村落，过着渔耕并重的生活。[①]而在明朝中叶以前，中国在科学技术和经济发展水平上曾经长期居于世界前列。因此，中国移民在东南亚定居后，给当地带去先进的技术、物种等，影响了当地的生产力水平，特别是铜器、铁器等生产工具的输入，对当地的农业生产有很大的推动作用。手工业方面，东南亚不少国家均从华侨身上受益颇多。如随着华人大量涌入暹罗，也将制瓷、冶炼、建筑、碾米、造船等先进技术传入。南宋后期，暹罗素可泰王曾慕名招来中国工匠，仅晋江磁灶吴氏族人就有多人"泛海传艺"；[②]而旅越华侨通过向越南民众传授手工业生产技术，有力地推动了越南手工业的发展，以至于越南陶器业、蚕丝业、印刷业、冶金业、纺织业、编织业、木器业、食品业等的发展中，无不凝聚着华侨的心血和汗水；在印尼，华侨也将中国的犁耕密植技术、养蚕制绢方法、蔗糖和酿酒技术传播至此，甚至使 16 世纪万丹的胡椒产量提高一倍，一跃而成为世界上最大的胡椒产地。此外，中国人所用的大秤，由于携带和使用方便，也在印尼广泛使用，对于印尼的度量衡制度产生了深远的影响；加里曼丹（婆罗洲）居民的砖瓦建筑技术、采矿技术、金属器皿的制造技术均由华人传授，穆律及杜生两族人并习得了中国的耕种方法，用水牛犁田，减轻了人力劳动并提高了生产效率。加里曼丹华侨还帮助当地民众改良了胡椒种植的方法；在缅甸，华侨带去了采矿和冶炼的技术，为缅甸利用这些自然资源做出了积极的贡献；在马来亚（今新加坡、马来西亚），唐代因华侨众多而被称为"小中国"的桑多邦发现有唐代泉州出产的黑瓷与白瓷。而马来亚橡胶树的试种成功和橡胶业的发展，也主要归功于华侨；在菲律宾，明初就有华侨林旺传授耕种技术，沈邦传授酿酒技术。现在菲律宾人仍使用当年从中国传来的犁、耙、水牛等，其叫法也和闽南人一样。印刷术也是华侨对菲律宾最重要的贡献之一，菲律宾最早的三本书是华侨龚容于 1593 年印刷的。

在物种方面，中国有不少蔬菜、果品和花卉传入东南亚地区。如加里

---

① 林水檺、骆静山：《马来西亚华人史》，马来西亚留台校友会联合总会，1984 年，第236 页。

② 庄秋贵：《泉州华侨史略》，http://cn.netor.com/m/yuanqu/yq/2004/38202/sys/adlist.asp?joursid=41431

曼丹的木瓜、柑、橘、石榴、柚、荔枝、芭蕉、洋桃等都是由中国输入种子，再由华侨推广种植的；1810 年前后，广东潮州籍移民将甘蔗作为一种经济作物传入暹罗东南部。大约 10 年时间内，蔗糖就成为暹罗重要的出口商品。[①] 此外，白菜、韭菜、荔枝、龙眼、肉桂、茶叶等也相继传入东南亚。

除技术、物种的传入外，广大华侨也与当地民众并肩劳作，拓荒垦殖，修桥造路，建立村镇，兴办文化教育事业等，为当地经济社会的发展贡献了力量。在马来亚，19 世纪末期的锡矿工全部都是华工；在荷属东印度，其锡矿开采和烟草种植也几乎全由中国移民承担。可以说，东南亚一些地区的迅速发展与中国移民的辛劳是分不开的。甚至于华侨在当地的聚居也促使一大批城市尤其是一些贸易港口的兴起，从而为早期东南亚的开发和发展做出不可磨灭的贡献。如在马来亚，19 世纪中叶的沙捞越本是一块草莽丛生的处女地。华侨到达后，用他们勤劳的双手把这片土地开辟成肥沃的田园和种植园。典型如 1900 年后华侨黄乃裳组织福州人向沙捞越诗巫大移民，在诗巫建立了新福州垦场。如今，素有"新福州"之称的诗巫，已与侨领黄乃裳的名字永远地联系在一起；吉隆坡百余年前也是一片荒野，华侨叶亚来最早率领一批华人来这里开采锡矿，才逐渐使吉隆坡形成后来繁华的都市。在印尼，不少交通贸易中心的繁荣与华侨有着密切的关联，如华侨对爪哇新村和苏门答腊旧港的兴起功不可没；在印尼杜板，爱尔郎卡王朝为表彰华人对这座城市的贡献，还以华语"杜板"命名该城；对于万丹、泗水的早期建设，华侨也做出了杰出的贡献。在越南，华侨对于南部的开发做出了重大的贡献。

华侨于东南亚的经济贡献还可用一些数据来说明。如华人资本在 1926 年～1930 年间暹罗大米出口贸易中占有 60%，在消费品进口贸易中占有 40%；华人资本占马来亚 1925 年锡矿开采总资本的 56%，而 1928 年马来亚的橡胶种植、加工和出口基本为华人资本所经营；在 1941 年以前，华人资本占菲律宾零售业总额的 44%，在大米加工业中占有 75%。[②]

---

① John Crawfurd, *Journal of an Embassy from the Governor-General of India to the Courts of Siam and cochin-china*, vol.2, p.177.

② 龙向阳：《世界体系中的华侨华人与国际关系———种历史的分析与反思》，暨南大学博士学位论文 2003 年，第 72 页。

　　华侨对当地社会经济发展的贡献也为当政者所承认。印尼前总理阿里·沙斯特罗·阿米佐约在谈到古代华侨对印尼的贡献时，曾经指出："中国的帆船不仅带来了货物，随之而来的还有许多中国商人、工人、手工业者等，他们在我国定居下来，带来了中国的技术和古老的文化。"[①] 菲律宾代理总督安东尼奥·德莫尔加博士（A·demorga）在 1609 年曾写道"要是没有中国人充当各行各业的工匠，并且如此勤恳地为微小工资而劳动，这个殖民地就不能存在，这是确实的。"[②] 对华人为马来亚所做的贡献，马来亚殖民官员泼赛尔（Victor Pucell）曾这样描述："假如没有中国人，就不会有现代的马来亚。"[③] 总之，广大华侨为侨居国的开拓和发展做出了不可磨灭的贡献。

　　他们甚至与侨居地民众荣辱与共，积极支持、参与当地人民反抗殖民统治、争取民族独立的斗争，为居住国的民族解放事业做出了重大的贡献。如公元 1766 年，缅甸军队围困暹罗军队，形势危急。6000 名华人报名充当志愿军，奋力抵抗。吞武里王朝（1769—1782）奠基人达信（即郑信，又名郑昭）击退缅军、收复大城的时候，他的麾下就有几百名英勇善战的华人。而郑信本人即华裔，祖籍广东澄海；在缅甸仰光，1906 年"佛教青年协会"成立，该组织后来逐渐演变成一个带有民族主义倾向的团体——"缅甸人民团体总会"，积极参加争取民族独立的斗争。旅缅著名华商吴明发不仅参加了佛教青年协会，而且还参加了其机关报《太阳报》的编辑工作。在英国殖民统治时期，华侨张成清撰写了《缅甸亡国史》一书，以唤起缅甸人民的觉醒。1919、1920 年，华侨李忠和李明分别举行武装起义，反对英国殖民统治。1930 年，不少旅缅华侨参加了缅甸历史上规模最大的农民起义——塞耶山起义。之后，在抗击日本法西斯的斗争中，旅缅华侨组成了"缅甸华侨战时工作队"，以各种方式反对日本法西斯。战后，英国人占领了缅甸，旅缅华侨又积极投身到 1946 年的缅甸全国总罢工中，并最终与缅甸人们一起迎来了1948 年缅甸国家的独立；在菲律宾，华侨王彬在反抗西班牙殖民统治中表现突出，如今其铜像也被立在唐人街——"王彬街"街口，受到各界人士的缅怀。

---

① 国务院侨办侨务干部学校编著：《华侨华人概述》，九州出版社，2005 年，第 11 页。
② 陈碧笙：《世界华侨华人简史》，厦门大学出版社，1991 年，第 76 页。
③ 陈瀚笙：《华工出国史料汇编》第 1 辑第 1 册，中华书局，1985 年，第 17—18 页。

此外，1917 年中国加入"协约国"，对德国及其盟国宣战。中国采取"以工代兵"的方式，提供 10 万华工做战地服务，约万名华工牺牲在当地。战时华工为一战的胜利做出了独特的贡献。

（二）华侨对于祖籍国的贡献

对于祖籍国，出国华侨除有效缓解家乡庞大的人口生存压力外，还以侨汇、捐赠、投资、参加革命等方式回报祖籍国。

早期华侨多只身出国，侨汇是其与亲人、与祖籍地的一种主要联系方式。福建省石狮市大仑《蔡氏族谱》记载了在明朝嘉靖年间（1522—1566年）非律宾华侨汇款回家的情况。该谱记载："思叔弟也……娶妇后，遂往吕宋求货，叠寄润于兄弟，二兄景超全家赖之，修理旧宇，稗有宁居。"[1] 此处"润"即为款项，这是目前有关侨批的最早记载，但大量有据可查的侨汇记载始于 19 世纪中叶。据统计，1862 年～1949 年，侨汇总数达 35 亿美元。[2] 侨汇成为了一些侨眷家庭的主要收入。对国家而言，侨汇则是重要的外汇收入。据统计，在 1868 年～1936 年期间，中国对外贸易入超总额累计为 74 亿海关两，折合 50 亿美元；而同一时期，中国侨汇总数达 24.4 亿美元，相当于外贸入超额的近 50%，[3] 有效地缩小了中国的对外贸易逆差。与此同时，华侨的汇款也催生了一个特殊的行业——侨批业。侨批是指海外侨胞通过民间渠道及后来的金融邮政机构寄回国内、连带家书或简单附言的汇款凭证，侨批业大约形成于 19 世纪。最早的侨批局是广东澄海籍侨胞于 1835 年创办的致成批局。而影响最为深远者，当属郭有品于 1880 年创办的漳州首家侨批局——天一批郊，主要经营吕宋与闽南侨乡之间的侨批银信汇兑。鼎盛时期在国内设有漳州、泉州、同安、上海及香港等 9 家分局，在菲律宾、印尼、马来西亚、缅甸等国设有 24 家分局，雇佣职员 556 人。[4] 办

---

① 林金枝、庄为玑：《近代华侨投资国内企业资料选辑》（福建卷），福建人民出版社，1985 年，第 24 页。

② 庄国土：《华侨华人与中国的关系》，广东高等教育出版社，2001 年，第 234 页。

③ 国务院侨办侨务干部学校编著：《华侨华人概述》，九州出版社，2005 年，第 25 页。

④ 中国银行泉州分行行史编委会编：《闽南侨批史纪述》，厦门大学出版社，1996 年，第 176 页。

理的批款占闽南一带侨汇总额的 1/3。[①] 在当时交通和金融不发达、进出国不自由的条件下，侨批业的形成一定程度上沟通了华侨与其家乡亲人的经济和感情联系。

1860 年华人出国的合法化及 1893 年华侨回国的合法化进一步促进了华人和祖籍地的联系。自晚清以来，华侨华人就开始在家乡投资办厂、兴学育人或捐资兴办慈善公益事业，推动了中国经济社会的发展。华侨投资国内以 1862 年秘鲁华侨黎某在广州经营进出口商为最早，1872 年南洋华侨陈启源在广州南海创办机器缫丝厂开华人回国投资工业之先声，带动了中国近代民族资本主义的形成和发展。从 19 世纪末到 20 世纪中叶，政府均实行吸引侨资政策，华侨大量参与到祖国经济建设中来，筑铁路、开矿山、办工厂等。据统计，1862 年～1895 年间，华侨投资国内企业共 67 家，投资金额 447 万元（人民币，以下未注明者均同），年均投资额 13.55 万元；1895 年～1911 年间，投资企业 284 家，金额 5068.76 万元，年均 298.16 万元。[②]1919 年～1927 年，华侨投资企业 5904 家，金额 1.67 亿元，年均 2100 万元；1927 年～1937 年，华侨投资企业 12253 家，金额 2.50 亿元，年均 2500 万元。[③] 侨资企业的创办不仅有效促进了中国民族工业的发生和发展，对于侨乡而言意义尤其重大。如自民国初年到 1949 年，泉州公路、汽车运输公司和电灯公司等与城市发展有关的公共事业几乎都是泉籍华侨投资倡办或创办的。在此过程中，他们也会将国外先进技术传至祖籍国。如 19 世纪下半期，南洋华侨陈启源看到安南及暹罗丝厂法国式"器械制丝，产品精良"，而当时中国的生丝质量正在下降，遂决定于 1872 年回国创办继昌隆缫丝厂。建厂过程中，他不但投资 7000 多银两，还自行制造缫丝机器，称其为"新制缫丝之器"。[④] 陈氏的成功带动了珠江三角洲一带机器缫丝业的发展。

不仅如此，华侨还曾协助中国商品"走出去"。大帆船贸易时期

---

① 林芳惠、吴凤娇：《论海丝文化中的契约精神——由侨批金融业引发的思考》，泉州"建设 21 世纪海上丝绸之路学术研讨会论文汇编"，2014 年 11 月，第 300 页。

② 林金枝：《近代华侨投资国内企业史的几个问题》，《近代史研究》1980 年第 1 期，第 201 页。

③ 林金枝：《华侨华人与中国革命和建设》，福建人民出版社，1993 年，第 94 页。

④ 林金枝主编：《华侨华人与中国革命和建设》，福建人民出版社，1993 年，第 405、414 页。

（1593—1821），经过菲律宾华商的悉心经营，中国的产品通过马尼拉中转运送到墨西哥，再从墨西哥销售到西班牙等欧洲国家。之后，华侨也为中国商品的外销尽心尽力。如 1910 年在南京举办的南洋劝业会就是由海外华侨提供经费、协助展陈，并承担着参会的亏空，而南洋劝业会是中国历史上第一次以官方名义主办的旨在推销商品、开拓市场的国际博览会。这之后，鉴于中国工业虽逐渐发达，但销路不广，他们又协助政府在侨居地以国货展览、行销国货等方式开展国货推销运动。如暹罗中华总商会于 1933 年在该会右侧设立国货陈列馆，并派人回国向各地国货工厂征求货品装运赴暹，于1934 年初进行为期 5 天的展览；1933 年 10 月，新加坡中华总商会也决定由该会集资征求国货样本陈列展览，且兼行批发零售。后于 1934 年冬派专人回国分赴国内各大商埠搜罗名土产精美国货运往新加坡；荷属东印度也在泗水和巴城分别举行了国货展览。[①]

　　教育强则国家强，华侨对于家乡教育事业十分关注。福建华侨捐资办学最早是在道光七年（1827），泉州惠安县后海村华侨郭用锡父子捐 2000 银元在家乡捐建惠安文峰书院兼考棚。不过，其时还属私塾性质。1872 年留美学生容闳在广东香山县南屏乡兴办的"甄贤社学"是中国第一所严格意义上的侨校。之后，闽粤两省先后出现了一批由华侨捐资、集资创办或助办的书院和学塾。从 19 世纪后期开始，华侨开始在家乡创办西式启蒙教育。到 1912年民国建立，福建泉州的新式教育已初具规模，各级各类学校有 101 所，这中间很多是由华侨捐助的。在广东，台山县从清末到 1911 年间新办学校 47所，其中大多数得到了海外侨胞的捐助。另一侨乡梅县，同期 80% 的中小学校都由华侨捐资创办或助办。[②] 另据 1935 年晋江县政府统计，全县教育经费为 47.4 万元，县政府负担了 3 万元，占 6.3%，其余 44.4 万（93.7%）由华侨捐助。[③] 华侨对侨乡教育的资助由此可见一斑。华侨还极为关注家乡的公益慈善事业，致力于济世救民。在广东台山，1880 年前后，海外乡亲即开始集资在广海城创建"乐善堂"赠医施药，并设大德堂收殓死者遗骸。此后台山华侨继续捐建医院，并赠送救护车、医疗器械，为改善台山人民的医

---

①　陈春圃：《一年来的中国侨务》，《民族杂志》1935 年第 1 期，第 95—96 页。

②　王钊、广焕：《华侨华人与梅州文化教育》，《嘉应文史》（创刊号），1988 年。

③　蔡仁龙：《福建侨办教育发展初探》，《华侨历史论丛》1986 年第 3 期，第 279 页。

疗条件做出了贡献。

此外，自晚清以来，华侨的民族主义情绪逐渐被调动起来，他们中的一些人对中国国内的各项政治变革也积极参与。不过，由于清末华侨多是被国内改革势力或革命力量所发动，因此东南亚华侨多以清政府的对立面出现。1894 年 11 月 24 日，以孙中山为首的 20 名华侨在美国檀香山建立了兴中会，点燃了中国资产阶级革命的火种。以后在孙中山领导的历次武装起义中，均有不少华侨参与。其中 1911 年广州起义（即黄花岗之役），南洋华侨回国参加的不下 500 人，壮烈牺牲者约 30 余人。1911 年武昌起义爆发，华侨回国参加战斗者更多，为缔造民国做出宝贵的贡献。除直接回国参战外，也有不少华侨加入同盟会等革命组织，或积极捐输军饷，支持革命。之后，他们也倡导或积极参与家乡的各项社会变革。如发生在 20 世纪二三十年代的闽侨救乡运动，即是由旅居菲律宾的闽籍华侨发起的一项旨在进行政治革新、建设新福建的爱国爱乡运动。在抗击外国侵略者的过程中，华侨的表现尤其突出。如全面抗日战争时期，华侨华人不仅在捐款献物、购买公债方面贡献颇多，而且在宣传抗日、抵制日货、回国参战等方面也表现突出。如据广东省侨务委员会 1946 年的统计，抗战期间由东南亚华侨选派回国抗战的粤籍华侨有 4 万人之多。[1] 他们除直接参战外，还参加工程建设、战地救护、运输等为战争服务的工作。又如在南侨筹赈祖国难民总会主席陈嘉庚先生的号召下，1939 年 3200 余名南洋华侨机工分 9 批回国服务，其中约有 1/3 牺牲在滇缅公路上。

不仅如此，他们在海外也配合政府政策，为政府外交提供便利，并开展了种种旨在维护祖籍国尊严和形象的活动。如他们经常为出洋考察的政府官员提供食宿方面的帮助，各地商会也经常开展一些迎来送往之事。如光绪三十三年（1907）杨士琦南下，宣统二年（1910）刘钦差经过新加坡，当地商会会董均着长衫马褂，赴邮船迎接，并在会中设筵招待。宣统三年（1911）农工商部郎中赵从蕃到南洋宣抚华埠，当地商会也派员赴舰欢迎，并设筵款待。[2] 这也有利于清廷的颜面。而当中国主权或尊严受到侵犯之时，华侨华人也以各种方式积极抗争。还在 1919 年 1 月巴黎和会召开之

---

① 朱杰勤著：《东南亚华侨史》（外一种），中华书局，2008 年，第 191 页。

② 庄国土：《中国封建政府的华侨政策》，厦门大学出版社，1989 年，第 302 页。

时，中日代表团因山东问题发生争执，日本驻华公使于 2 月初向中国外交部施压，引起华侨的极大愤慨。2 月 8 日，美国中华会馆召开会议，决定"致电在欧洲之美总统请转致各国代表，主持公理"①。5 月 4 日，巴黎和会上中国外交失败的消息传来，北京学生举行大规模的游行示威，中国留日学生和华侨也予以响应。5 月 7 日下午，千余名留日学生和华侨分头向各国驻日使馆进发，将呼吁收回山东主权及国际友人主持正义的宣言书呈递给美、英、法等十几个国家的驻日公使馆。旅法华工和留法的中国学生则在巴黎直接宣传，开展拒签和约的斗争。7 月，美国中华会馆、同源会、耶教联会等华侨社团，分别致电巴黎和会、美国总统、各国代表以及美国国会议员，反对和会决定。其他各地的华侨也以游行、抵制日货等方式予以抗议。在其他类似事件中，华侨和华侨团体也以种种方式予以抗争。如 1925 年"五卅"惨案发生后，美国华侨和留学生通过揭露帝国主义残杀中国人民的真相，争取到了一部分美国舆论界和进步力量的支持。美国费城还成立了"中美劳工联合会"，使"美国政府遂不敢公然帮助英、日"②；在 1928 年日本制造"济南惨案"之后，旅美华侨组织了国民政府外交后援会，分别致电国民政府、美国外交部、瑞士国际联盟、日本政府，请国民政府严行抗拒，斥责日本政府无辜杀戮，请求外界主持正义。

总之，基于对所在地和祖籍国的生存或情感上的依赖，早期华侨以各种方式参与了所在地和祖籍国的建设。

二、"海丝之路"上的中外经贸促进者

侨居"海丝"沿线国家的华侨秉承重商务实、开放兼容的优良传统，长期从事着中国与海外各国的长途贸易。与此同时，也利用熟悉中国和侨居国经济文化传统的优势，成为中外经贸合作的促进者。

"海丝之路"主要有东海航线和南海航线，东海航线主要是前往日本列岛和朝鲜半岛，南海航线主要往东南亚及印度洋地区。早在北宋时期，东海

---

① 刘伯骥：《美国华侨史》（续编），台北黎明文化事业有限公司，1981 年，第 505 页。
② 林金枝：《华侨华人与中国革命和建设》，福建人民出版社，1993 年，第 146—147 页。

航线上就有华侨通商的记载。据日本大宰府的公凭，泉州客商、纲首李充及同船计 67 人，于崇宁元年（1102 年）贩丝瓷往日本，滞留两年后回国，翌年再往。[①] 之后，中国商人还将东洋航线延伸至菲律宾群岛和婆罗洲诸岛。至明朝海禁，福建漳州月港成为东南沿海第一大私商大港，1567 年明朝统治者允许在月港部分开放海禁进一步促成了它的繁荣。月港时代（1450—1627），中国海商全盘代理了日本的海外贸易。其中海盗李旦 16 世纪末在菲律宾经商，后转至日本九州岛定居，借由日本海盗集团帮助，筹组武装船队专事中日走私贸易并成为当地华侨领袖，成为东亚海域重要的海上势力。月港时代之后，17 世纪由郑芝龙、郑成功父子构建的郑氏海商集团贸易范围仍遍及东亚及东南亚海域，其中尤以和日本的贸易最为密切。而明清时期，朝鲜半岛商业也大半操于华侨之手，从事进出口的华商主要集中在仁川港。之后，华商贸易地位有所下降，但至 20 年代初期，华侨仍然掌握着朝鲜半岛的进出口贸易，可将中国的绸缎布料和粮油大量输入朝鲜半岛。

东南亚是华侨华人的主要移往地，大约 11 世纪以后，华商就已经开始在中国与东南亚之间的贸易中发挥重要的作用，甚至是主导的作用。这既因为这一时期中国经济重心南移，手工业得到极大繁荣，从而为中外贸易提供了坚实的物质基础；也因为在 11 ~ 15 世纪，中国航海技术得到了长足的进步，从而使得在东南亚海路上中国船舶能占据统治地位。不仅如此，华侨惯用中国国货，中国物品在海外有较为稳定的市场。因此，在中国与东南亚之间从事远洋贸易的华侨较多，并形成独特的华商网络，即"海外华商因市场、商品、活动地域、共同利益关系而形成相对稳定的联系网络。"[②] 大致说来，宋朝中国商人和水手即开辟了通向菲律宾群岛和婆罗洲诸岛的东洋航线，而月港时代则是东南亚华商网络形成的阶段。1571 年，西班牙殖民者占领了菲律宾马尼拉，吸引中国商船前来贸易，从此开启了长达两个半世纪的马尼拉大帆船贸易。中国海商很快掌控了菲律宾与中国间的大帆船贸易。西洋航线中印支马来半岛的航运贸易也掌握在华商手里。月港时代之后，如前所述，郑氏王朝贸易范围仍遍及东南亚海域，海外华商仍然可以与西方人

---

① 庄秋贵：《泉州华侨史略》，http://cn.netor.com/m/yuanqu/yq/2004/38202/sys/adlist.asp?joursid=41431.

② 庄国土：《华侨华人与中国的关系》，广东高等教育出版社，2001 年，第 37 页。

在东南亚海域展开对等竞争。之后，华商的海上垄断地位有所下降，贸易对象、贸易航线和贸易中心也时有变更，如由于中国海禁，贸易中心由中国东南沿海港口转向东南亚旧港、马六甲、万丹等贸易港口，但华侨从事进出口商贸的传统却一直得以延续。

以各国而言，在暹罗，自13世纪始已有华侨在暹罗寓居经商。明代以后，更有不少华侨被泰国王室雇佣，成为王室对华贸易的代理人。曼德斯罗（Mandelslo）在叙述1639年这一情况时特别写道："国王派在海外的代办官员、仓库员及会计员都是华人"。[①] 到阿瑜陀王朝纳莱王时期（1657—1688），由于与摩尔人不和，纳莱王更加信任和重用华商。纳莱王去世后一段较长的时间里，历代暹王均奉行禁止与西方国家贸易、禁止西方国家商民来暹的"孤立主义"政策，从而排斥了西方商民与华人的竞争，形成了暹罗主要与中国进行贸易且这一贸易又主要与由华人经营的传统。对此，澳大利亚学者库什曼指出，从17世纪末开始，华商便控制了暹罗的海外贸易，虽然暹罗国王和上流阶层一直垄断着本国对外贸易，但其实际经营却是依赖华人，这种局面一直持续到19世纪中叶。[②] 这种局面当然也使得暹中贸易更加密切。据泰国学者估计，拉玛二世时期（1809—1824），暹罗88.5%的出口商品运到中国市场上销售，60.86%的进口货物来自中国。[③] 可见，中暹贸易关系之密切。19世纪中叶后，华商在暹罗外贸中的重要地位有所下降，但仍有一些华商因善于经营而表现突出。如汕头澄海区隆都镇前美村人陈焕荣，19世纪中叶购船从事红头船贸易，航行于中国沿海和南洋各地。1851年他在香港创立"乾泰隆"商行，主营大米进口和南洋与中国土特产的转口贸易，后将业务扩展至海内外，在汕头、叻埠（新加坡）及暹罗等地设立联营商号。1871年其长子陈慈黉在暹罗曼谷设立"陈黉利行"，经营机器碾米及大米出口。在他们的带动下，潮商开始大举进军机器碾米业，并逐渐在香

---

① John Anderson, *English Intercourse with Siam in the Seventeenth Century*, London: Kegan Paul, Trench, Trubner and Co., 1890, pp.42, 426.

② ［澳］J. W. 库什曼著，钱江译：《暹罗的国家贸易与华人揽客，1767—1855年》。载中外关系史学会编：《中外关系史译丛》第3辑，上海：上海译文出版社1986年版，第166—168页。

③ ［泰］素威·提拉沙瓦：《在泰国，为什么泰人做生意做不过中国人》，《中国东南亚研究会通讯》1985年第3期。

港、叻埠、暹罗和汕头等地遍设联号，依靠"香叻暹汕贸易体系"从事亚洲地区的大米贸易，在暹罗"米业"中占据了绝对优势。

在印尼，华侨建构的商贸区域网络肇始于 10～14 世纪，形成于 15～16 世纪，盛行于 17～19 世纪。这种商贸区域网络先以点状分布，即早期以印尼苏门答腊岛的旧港等地，后以苏门答腊的亚齐、爪哇岛的万丹等地为主，最后发展至以吧达维亚为贸易中心，连接中国南部沿海的广州、泉州、月港、漳林等港口，以及巴厘、安汶、廖内、三宝垄、泗水等地的网状结构。华商来往于吧城与中国广州、泉州，中南半岛的暹罗、马六甲、柔佛等地之间进行区域内和区域外的海洋贸易。

在菲律宾，也有不少华侨从事进出口贸易。清廷公使薛福成曾这样记载华商在菲律宾商业贸易中举足轻重的地位：菲律宾"入口货物，由华人自香港运往销售。以米为大宗……。洋布以入口最多，则由欧美运到，而华商为入运销往全岛各内埠……。至出口货物，以白糖、烟叶两项为大宗……运售欧美各洲"，"为洋商经纪者，华人居多"。[①]至第二次世界大战前，菲岛华侨经营贸易额达到 6500 万比索，占菲律宾贸易总额 13%。菲岛与中国及香港的贸易实际上由华侨经营。战后华人贸易额有所提高，在菲律宾进出口贸易总额中，华侨商人占 30%，仅次于美国商人。[②]

在安南，阮氏政权统治时期（1802—1945），国王派船赴日本贸易，大多由华侨经营。如林干腾船长，"侨居（安南）东京有年，每年来（日本之长）崎交易"。[③]19 世纪 20 年代，暹罗与安南之间的贸易，绝大多数由属于华侨所有并营运的暹罗船完成。

从上述各国华侨的经营来看，华商不仅从事着中外贸易，也从事着外外贸易。事实上，在贸易对象方面，在 16～19 世纪中叶，随着西方殖民者的到来，东南亚华商的贸易对象日益多元化。他们除了从事中国和东南亚国家之间的贸易外，还在中国与西方殖民者以及西方殖民者与东南亚之间进行贸易。且由于中国闭关锁国以及海盗猖獗等原因，东南亚华商的贸易对象日

① 薛福成：《出使四国日记》，湖南人民出版社，1981 年，第 6 页。
② 朱杰勤著：《东南亚华侨史》（外一种），中华书局，2008 年，第 184 页。
③ 尤建设：《阮氏政权时期华侨华人对越南社会经济发展的贡献》，《东南亚研究》2005 年第 4 期，第 84 页。

益转向西方殖民者和东南亚当地。在印尼万丹，根据英国人托马斯·赫伯特（Thomas Herbert）1621 年的描述：万丹城大部分货物都是极为勤奋的中国人运来该地的。他们的船只每年 1 月成群地来港口停泊，把他们从苏门答腊的占碑、婆罗洲、马六甲及其他地方运来的货物卸下，使万丹成为他们的仓库，他们把货物售给英荷以及其他国家的人，收回西班牙银币或交换其他货物。[①] 可见，以万丹为基地，印尼华侨构建起一种跨国间的经济贸易联系。在暹罗，1821 年前后，华侨在暹罗投资制造的帆船达 136 艘，其中 82 艘从事中暹直接贸易，54 艘往返于暹罗与越南、马来亚、爪哇之间从事贸易。[②]与此同时，华商的跨国经营网络也得以形成。如华侨潘立斋 1880 年在印尼创设"增兴"公司后，又在香港开创"万通安记"商行，作为海外百货贸易总部。后又在泗水开设"增兴"号、在巴城设"纶昌"号分行。不到数年，又在锡江设"兴昌"号，在三宝垄设"汇群"号，在日本设"广兴昌"，在澳门设"同昌"，并在巴城先后创立"兴隆""阜通""远通"，形成一个强大的跨国贸易网络。总之，华侨作为贸易经纪人加入到中国、居住国及第三国之间的多方贸易活动中，极大地促进了世界贸易网络的形成。

至二战前，由华侨经营的进出口贸易额在东南亚各国外贸总额中的比重，荷属东印度（印尼）约占 10%，菲律宾占 26.9%，马来亚约占出口额的 10%～20%，暹罗出口总额的 60%、进口总额的 40%。当时华侨进出口商的资本主要集中在橡胶加工制造业、碾米业和制糖业等，有的还占垄断地位。如在荷属东印度，虽然华侨经营的进出口额比重不大，但 1929 年前大米进口中约有 90% 是华侨投资经营，1928 年全荷印的砂糖出口总量为 302.8 万吨，而 1926 年～1933 年间华侨黄仲涵所经营的砂糖出口数年均达 33 万吨，一人所占份额就超过 10%；越南、暹罗两国主要出口大米，其中 60%以上为华侨所经营；而马来亚、暹罗和荷属东印度等地橡胶出口贸易也为华侨所垄断。[③]

除直接从事贸易业外，也有一些华侨从事与商贸相关的事务。如到了

---

① 巴素著，郭湘章译：《东南亚之华侨》，（台北）中正书局 1974 年，第 680—681 页。

② 田汝康：《17—19 世纪中叶中国帆船在东南亚洲》，上海人民出版社，1957 年，第 33 页。

③ 李鸿阶主编：《华侨华人经济新论》，福建人民出版社，2002 年，第 20 页。

16 世纪，由于华商对印尼万丹的发展做出巨大贡献，万丹国王"立华人四人为财付"，掌管贸易征榷事宜。[①]而暹罗王室的对华贸易帆船，长期以来其水手与船长几乎全是华人。英人约翰·克劳福特认为：1810 年至 1820 年早期，暹罗宫廷雇用华人管理帆船前往中国港口贸易的比以前更多，因为华人驾驶的船只可以到达只有他们知道的中国港口。[②]在东南亚其他地区，从叫卖小贩到开行设肆的商贾，从船主到港口税务官员，都有华侨参与。事实上，在 16 世纪之后，华商角色更趋多元性，即由原来的单一供应商角色向供应商、生产商和中间商等多重角色转变。例如，移居爪哇的中国商人，既是中国商品的供应者，又是当地土著人与西人贸易的中间人。在东南亚海岛殖民地，华商也积极适应西人的贸易方式，包揽了几乎一切零售商业。[③]

三、"海丝之路"上的友好使者

由于一些华侨懂中国和侨居国语言，并得到所在国政府信任，因而在侨居国与中国交往过程中，往往被聘为通事（即翻译）或向导，偶尔也有被聘为使臣的，为当地政府效力。如北宋时期，阇婆（古国名，位于今印尼群岛）就聘请华侨巨商毛旭为阇婆朝贡使团使节兼向导来到中国，为发展两国关系贡献力量。[④]之后，自明朝开始，由中国海外移民担任朝贡外交关系中的重要角色数百年间没有中断。如暹罗阿瑜陀耶王朝与明朝关系密切，朝贡贸易盛行，暹方由华侨海商出任暹罗使节和通事的现象比较普遍。如副贡使陈举成（1373），正贡使陈子仁（1381），正贡使曾寿贤、陈同祥（1405），正贡使黄子顺（1427），副贡使谢文彬（1477），通事李清（1372）和奈罗（1479）等均为华人。[⑤]不仅如此，暹罗来华进贡和贸易船队的船员中也有大量的华人。如康熙六十一年（1722）暹罗朝贡，贡船内有郭奕逵等 156 人系

---

① 吴凤斌：《东南亚华侨通史》，福建人民出版社，1994 年，第 30 页。
② 周一良：《中外文化交流史》，河南人民出版社，1987 年，第 494 页。
③ 龙向阳：《世界体系中的华侨华人与国际关系——一种历史的分析与反思》，暨南大学 2003 年博士学位论文，第 47 页。
④ 李学民、黄昆章：《印尼华侨史》，广东高等教育出版社，1987 年，第 45 页。
⑤ 周一良：《中外文化交流史》，河南人民出版社，1987 年，第 490 页。

闽粤人士。雍正二年（1724）朝贡时，来船梢目徐宽等96人，原来自中国广东、福建、江西等省，住暹"历经数代，各有亲属"。[①]中国移民掌管暹罗贡船非常普遍，以至于嘉庆十二年（1807）清朝发出禁止华人"代驾暹国货船进口贸易"的命令。而华人在其他国家与中国的交往中也充当了重要角色，如印尼爪哇1436年的贡使洪茂仔、郭信，1439年贡使亚烈、马用良以及通事南文旦和良殷，1498年通事奈罗等均是华人；1508年满剌加的华人通事亚刘；甚至1517年葡萄牙特使比勒斯来华时，其翻译也是满剌加的华人火者亚三；[②]而1726年菲律宾苏禄国王任命晋江华侨龚廷彩为正使，偕副使石丹率领使团访问中国，受到清政府隆重接待。[③]还有一些中国移民以通事身份牵涉到中外谈判当中，如明廷与日本的交涉。张大膳、朱元礼等人曾于万历年间以通事身份赴明军营中谈判，[④]他们通常是被倭寇掠至日本的。

对于中国政府而言，在封建王朝较为开放的时期，政府也曾一度借用华侨力量发展对外关系。如洪武二十五年（1392），朝廷赐琉球国"闽人三十六姓善操舟者，令往来朝贡"。[⑤]之后，这些中国移民成为琉球对明廷朝贡使团的主要成员，也是琉球外交的主要承担者，担任正使、长史、正议大夫、副使、通事等一系列的外交官职。又如明永乐三年（1405），旅菲晋江侨领许柴佬（许老哥）奉明成祖旨意担任菲古国吕宋总督，由明钦差大臣三保太监郑和奉诏书委任，许柴佬任吕宋总督长达20年（1405—1424年）。至晚清时期，朝廷充分注意到了华侨的重要性，并开始借用华侨开展外交工作。其时不少华侨被朝廷聘为领事、副领事，负责保护侨民权益和处理侨民

---

① 中央研究院历史语言研究所：《明清史料》庚编，第六本，中央研究院历史语言研究所，1960年，第515—516页。

② 龙向阳：《世界体系中的华侨华人与国际关系——一种历史的分析与反思》，暨南大学2003年博士学位论文，第40页。

③ 曾智良，陈仲初：《晋江人侨居菲律宾大事记》，http://www.jjsqxx.com/Item/Show.asp?m=1&d=89541。

④ 郑洁西：《16世纪末的在日明人》，《中国中外关系史学会2015年年会：华侨与中外关系史论文集》，北京，2015年，第168页。

⑤ 庄秋贵：《泉州华侨史略》，http://cn.netor.com/m/yuanqu/yq/2004/38202/sys/adlist.asp?joursid=41431。

事务。如胡璇泽被任命为驻新加坡领事，他是清朝第一位驻外领事；张振勋先后被任命为驻槟榔屿副领事、驻新加坡总领事；张煜南为中国驻槟榔屿副领事；刘汝兴为驻悉尼副领事；陈善谦任小吕宋首任代摄领事；王占元为驻布里斯班副领事；陈国芬为驻檀香山领事等。此外，海外华侨还对晚清政府的外事活动提供协助。如对于频繁出洋考察的清朝官员表示欢迎和提供必要的支持。其时，清廷使官出洋，常暂居于华人会馆。

至民国时期，政府视侨民外交为官方外交的有力补充，对此极为倡导，而海外华侨对此也极为配合。如抗战发生后，海外华侨就曾积极开展国民外交活动，努力争取侨居国各界对中国抗战的同情和支持。其时，欧洲华侨曾组织代表团向 1937 年召开的九国公约会议请愿，要求制裁侵略者；缅甸华侨联合缅甸人和旅缅印度人组成了一个"华、印、缅联合抵制日货委员会"，"实地劝导各民族，对日经济绝交，以制敌人死命"[①]。一些侨商组织也在中外交往中起了促进作用。如 1946 年，暹罗中华商会设宴款待暹罗新任国务院长銮贪隆氏及其全体阁僚，并请中国驻暹大使李铁铮等人作陪，促进中暹官方交流。1946 年 10 月，在暹方建议下，暹罗中华商会召集各侨团代表举行"中暹亲善座谈会"，出席者有中暹双方官员及各侨团代表 400 余人。[②] 会议对消弭中暹纠纷起到了一定的作用。

四、"海丝之路"上的文化传播者

因跨境生存的缘故，华侨自觉不自觉地成为了中外文化传播者。

一方面，虽然华侨在侨居地生存发展，但依然在语言、服饰、建筑风格、生活习俗、宗教信仰等方面一定程度上保留了中国的传统文化，并日积月累地对当地语言、文化、建筑、社会习俗等方面产生了影响，从而为当地的文化创新做出了贡献。当时，通过华侨传播的中华文化可分为物质、精神和制度等三个层面。在物质层面，体现在陶瓷、丝绸、茶叶、铁制农具、食

---

① 林金枝：《华侨华人与中国革命和建设》，福建人民出版社，1993 年，第 196—197 页。

② 中国第二历史档案馆：《中华民国史档案资料汇编》第五辑第三编政治（五），江苏古籍出版社，1999 年，第 608 页。

品、服饰等物品的传入和使用方面。如前所述，华侨通过给侨居地带去先进的技术、设备、物种等影响了当地的生产力水平，特别是铜器、铁器等生产工具的输入，对当地的农业生产有很大的推动作用。而中国服饰和饮食器皿也给一些国家带来了不小的影响，如历史上以丝绸为代表的中国传统服饰一直在海外有着重要的影响力。《诸蕃志》渤尼国条提到当地"王之服饰略仿中国"，当地妇女"衣服饮食稍学中国"；马来人"富者用中国丝绸织为文彩，以精细单薄为贵"。而据《明史·外国列传》记载，加里曼丹"初用蕉叶为食器，后与华人市，渐用磁器……"①中药几乎与华侨同时进入东南亚国家，到明清时已相当广泛。近代以来，华人通过开设中餐馆也使中国的一些菜肴流传海外。

　　精神层面主要体现在语言文字、伦理观念、宗教信仰、风俗习惯、建筑风格、文学艺术等方面。华侨在传播中国语言和文学方面起了重要的作用，如印尼和马来西亚都是以讲马来语为主的国家，两国的语言文字均受到华侨带来的汉语的影响。有人统计8种印尼语和马来语词典，发现其中有汉语借词511个，其中456个为闽南语，占全部汉语借词的89.2%。这是因为闽南人移居南洋人数多、时间长，且多从事商业，与当地人民交往密切，故闽南语易为当地人吸收和借用。菲律宾的他加禄语同样受到闽南语的影响。菲律宾语言学家马努厄尔在其《他加禄语的汉语成分》一书中，曾列出381个源自汉语（主要是闽南语）的他加禄语词汇，这些词汇以食品、生活用语和农业技术方面的居多。②此外，泰语中为数众多的潮语借词，以及泰语潮剧和酬神潮剧的存在显然与出洋潮州人有关。在文学方面，华侨通过翻译、创作等方式使中国大量的优秀文学作品得以在东南亚地区广泛流传，并引发了华裔文学的兴起与发展。如从19世纪开始，华侨就开始用当地语言向原住民介绍中国古典名著和民间故事。其中泰国华侨早在1802年就把《三国演义》翻译成泰文并由此而产生泰国的"三国文体"；在越南，晚清时期随着华人成批迁入，大量中国古典优秀文学作品也被传至越南，尤其是《红楼梦》《水浒传》《西厢记》更是"家喻户晓"；印尼的华人作家在19世纪70年代到20世纪60年代近百年的时间中，共创作和翻译了3000余部作品。其中，

---

① 国务院侨办侨务干部学校编著：《华侨华人概述》，九州出版社，2005年，第25页。
② 国务院侨办侨务干部学校编著：《华侨华人概述》，九州出版社，2005年，第24页。

翻译中国作品 759 部。[①]

中国封建伦理思想也经由华侨对侨居地产生了深刻的影响，这一点集中体现在儒学的传播上，具体体现在以四书五经、朱子思想为教材以及对孔子和朱子的祭祀上。越南和新加坡是东南亚实践儒学文化的典范，在新加坡，19 世纪末出现了"图南社"（1890）、"会贤社"（1892）等华人文化会社，这些文化会社同时也是宣传中国儒家文化的中心场所。如"会贤社"几乎每一个月都举行"月课"，议题多与四书五经有关。1896 年，新加坡还出现了由林采达用马来文翻译的《朱子家训》。在日本，华侨朱舜水也"大兴水户学派，开创修史之风，并建筑圣堂以垂范"，凡日本学代学者"无不直接间接受到他的感化，给日本儒学界以极大的影响"[②]。

随着华侨足迹遍及各地，侨乡民间信仰也传播到海外各地。据相关文献记载，妈祖信仰至迟在乾隆己亥年（1779）传入印尼的丹戎槟榔（"天后宫"）、在乾隆丙午年（1786）传入马来亚的马六甲（"青云亭"）、在道光丙戌年（1826）传入新加坡（"粤海清庙"）、在光绪丁亥年（1887）传入泰国的洛坤（"天后宫"）。[③]不仅如此，在泰国，华侨信仰的玄天上帝、妈祖等神明与泰国人民信仰的虎神经常在同一庙中祭祀，混为一体，显示了中泰宗教文化的融合与交汇；在缅甸，旅缅华侨建有大小中国庙宇 30 多座，也有不少缅甸人来此拜佛烧香，甚至缅甸政府盖大楼有时也向中国高僧询问良辰吉日，并请中国和尚做道场，驱除邪气。

中国的建筑风格也对侨居地产生了影响，尤其是在暹罗，早期暹罗人喜欢用木材建筑，但至拉玛二世（1809—1824）、三世（1824—1851）时代，受华人砖瓦砌房的影响，也开始建造砖屋。建筑风格亦是中泰合璧，特别是拉玛三世时代所建造的砖屋完全扬弃了既往泰式建筑的那种柔和风格，变成了中国式。在室内装潢方面，18 世纪末 19 世纪初暹罗一些达官贵人家里也设有中国式神台，并陈列各种来自中国的碗碟，还惯用中国式的宫灯、人

---

① 巫乐华：《南洋华侨史话》，商务印书馆，1997 年，第 141—142 页。

② 林延清、李梦芝等：《五千年中外文化交流史》，世界知识出版社，2002 年，第 497 页。

③ 李珣：《东南亚妈祖铭刻萃编》，《中研院东南亚区域研究通讯》1998 年第 5 期，第 3—51 页。

像、花瓶、屏风等以为装饰。

中国民乐、戏曲和文学等也在海外有一定的市场。在乐曲方面，华侨不仅把中国传统乐器如二胡、笛子和铜锣等传入侨居国，也将闽粤一带的乐种剧种如南音等介绍给侨居地民众，而提线木偶戏也在闽籍华侨的聚居地扎下根来，布袋戏也随闽南华人于17世纪时走出中国国门，流行于西爪哇万丹和雅加达等地。[①]

在制度层面，主要体现为中国的制度文明如官制、学制、法制、礼制、税制等对侨居地产生了一定的影响。华侨虽为民间势力，但由于一些华侨为中国政府和侨居地政府所借用，再加上当地政权对中国政府的仰慕，因而通过华侨也传递了一些中国制度文明。如前述明永乐三年（1405年）许柴佬奉明成祖朱棣圣旨，荣任吕宋总督，统揽该国军、政、财、文大权。显然，这一举动对于吕宋官制就有较大影响。而前述一些华侨被当地政府委任为税务官员等，这对于传播中国税制也有一定的作用。

值得说明的是，上述文化的分类并非绝对的，有些文化本身即是介于两种文化之间的。如医学、建筑风格就介于物质文化和精神文化之间，中医的传播既使一些外国民众对部分中草药有所了解，也对中医阴阳结合、万物相生相克等中华文化有所了解。而中国封建伦理思想自古以来就与中国的礼制联系在一起，因而也是介于精神文化和制度文化之间的。

另一方面，华侨在当地长期生存发展，尤其是与当地民族的通婚，也会耳濡目染习得当地的语言、习俗、宗教等文化传统，并自觉不自觉地将这些文化传至家乡故里，从而促进了中华文化的创新发展。

事实上，华侨自离开故土、投身侨居地之时，就注定要在某种程度上开始了其在地化进程。从历史上看，早先华侨的临时寄居心态，使他们不愿同化于当地。即便如此，他们要在以原住民为主体的海外社会中求生存、谋发展，就必须与原住民打交道，适应原住民的语言、生活习惯，因此他们仍会耳濡目染地习得一些当地文化，并程度不同地将之杂糅到中华文化中来。之后，随着归属意识的逐渐加强，当地化的进程会更加明显，而华侨与当地民族通婚的现象则快速助推了其“当地化”进程。这种“当地化”体现在语

---

① 周南京：《历史上中国和印度尼西亚的文化交流》，载周一良：《中外文化交流史》，河南人民出版社，1987年，第216页。

言、习俗等多个方面。如在东南亚，华侨华人语言混用现象相当普遍。在马来西亚，年轻华人在使用马来语和华语时一般多喜欢掺杂英语，年长华人则在说马来语和华语时掺杂比较多的华人方言。

而随着华侨的回国返乡，他们也会将异域的一些物产、语言、习俗等传至家乡，从而形成比较独特的侨乡文化。如番薯，是明万历二十一年（1593）由菲律宾华商陈振龙将薯苗带回福州试种成功，之后逐渐推广到全国的；棉花也是由东南亚华侨传入闽粤，再由闽粤传入内地的；而第一个在中国引种橡胶的是华侨何麟书，1906 年他从马来西亚引进橡胶苗，与人合伙在海南乐会县开办琼安公司，开辟了中国第一家橡胶种植园。侨乡语言、文化中的国外因素或移民因素也比较多。华侨到海外谋生，回乡时喜欢把国外的一些新奇物品带回故里，因为不知如何称呼，就在这些物品前面加一个"番"字或"洋"字，如"番署""番邦"等，或把这些物品的国外语直译为家乡方言。另许多侨居地语言如菲语、英语的词汇也随华侨传入侨乡。如菲语"吗地"（死的意思）就在闽南广泛流传，而英语 outside 的引申意义（事情搞糟了）也在闽南普遍流行，这些均是由菲岛华侨传入的。一些与移民相关的民歌、童谣和习俗也在侨乡广为流传；受华侨的影响，侨乡民众的生活方式亦出现了"洋化"的现象。如随着华侨回国人数的增多，追慕国外饮食成为风尚，一批经营冷饮、西餐的餐馆也随即出现。一些归侨还直接把外国的经营方式、糕点的制作方法、饮食习惯等带回家乡，据统计，早在 20 世纪 30 年代，台山广海就出现了三家由归侨经营的的冰室（实即西餐馆）。①近代闽粤侨乡中不少中西合璧的民居建筑也与华侨有着密切的关系。如在福建侨乡，许多中西合璧式的民居（俗称"番仔楼"）鳞次栉比，而商居并存的骑楼也尽显南洋特色。这些建筑多采用层楼建筑形式，造型上也增添了不少西洋特色。在材料方面，既保持以土、木、石、砖的传统建筑材料，又增加了钢筋、水泥、有色玻璃、金属材料、马赛克、釉面砖等建筑材料；在装饰上，既采取以木刻、石雕、泥塑等传统手法，又增加了一些西方或东南亚的花纹、图案等装饰方法。之所以如此，是因为在建筑过程中，华侨不仅资助了金钱，而且提供了图纸和各种想法。

海外华侨对侨乡精神文化的影响也是多方面的，主要表现在以下几方

---

① 李国平著：《广东华侨文化景观研究》，中国华侨出版社，2013 年，第 94 页。

面：一是在侨乡因长期移民形成了敢于冒险、敢于拼搏的精神以及较强的竞争意识和民主意识。到异国他乡拼搏，需要面对各种不确定的凶险，因而出国之人往往是有勇气和胆识的。他们的敢闯敢拼也使得侨乡民众变得更加坚强，商品意识和竞争意识较强；在政治领域，华侨较早且较多接触并了解外部世界，比国内一般民众得风气之先，因而自近代以来就成为新思想、新观念、新文化在中国传播的主要媒介。在华侨的示范下，民国时期侨乡民众也较早具有一定的民主观念、契约观念，社会变革思想较浓。二是带动了民间宗教信仰和宗族观念的发展。这不仅因为家乡一些民间宗教为出洋乡人所信仰，从而促进了民间宗教信仰的海外传播；也因为华侨对于家乡庙宇建筑、庙会活动等也出钱出力，从而也使得家乡的民间宗教信仰更加兴盛。以汕头市澄海区隆都镇为例，这里村村均有名目不一的老爷庙，它们几乎座座都留下了华侨点香膜拜的印记。此外，多年来，出洋华侨始终不忘寻根祭祖，热衷于捐资修缮宗祠，敬奉老人，从而强化了民众的宗族观念。三是强化了家乡兴学重教的风气。早年华侨在出国前多数文化水平很低，出国之后也深受没有文化之苦。同时，在侨居地也不同程度地受到先进的文化教育和科学技术的影响，深感文化教育的重要性。他们认识到要改变祖国落后面貌，归根到底要靠教育。因此，一旦条件具备，他们就纷纷捐资在家乡办学校。这种捐赠不仅促进了侨乡教育事业的发展和革新，而且还带动了侨乡民众兴学重教的风气。

总之，海上丝绸之路也是"海丝"各国文化交流之路。华侨华人通过这条重要的海上通道将中华文明传播四方，也使中华文明从异域文化中汲取营养，获得活力。

五、"海丝之路"的航路探险者

海上丝绸之路作为一条海洋通路，必以航道探测、熟悉航线为前提，而不少华侨为此做出了贡献。且不说公元前219年～210年间徐福东渡多次试航对中日海航的巨大贡献，较近时期郑和下西洋的航路勘探意义更是广为人知。郑和下西洋是人类航海史上的壮举，先后到达30多个国家和地区，开辟了沟通东南亚、南亚、西亚和东非等地的航线。而郑和下西洋也有不少华侨的贡献。如在永春《留安刘氏族谱》记载："孟福……生于建广己卯年（1399）七月十一日，卒于宣德辛亥年（1432）十一月十一日，年三十三。在南京当军，从官往番邦，故在思门哒（苏门答腊）"。从时间来看，刘孟福身故于苏门答腊之时，正是郑和第七次下西洋（1431—1433年）途经苏门答腊之时。事实上，当时郑和船队就有一些人留居当地，成为华侨。

一些大海商的航海经历实际上也对航路开拓意义重大。如福建惠安人李旦（1560—1625）是17世纪初期最为著名的海商之一。李旦一生经营海外贸易，在万历四十三年（1615）以后，李旦的船只开始出入台湾，最早开拓出了台湾的海上商贸业，其商船往来于台湾、日本、闽粤、越南、暹罗、巴达维亚（印尼雅加达）一带，为东亚、东南亚航路的开辟做出了贡献。

一般华侨的航海实践也为"海丝之路"保持畅通做出了自己的贡献。如前述暹罗国民不谙航运，因此该国与中国的贸易往来船只通常是由潮州华侨代驾。又如郑莲舫，约在19世纪80年代前往新加坡，后供职于新加坡航业界，穿航于中国沿海及南洋各地口岸。在长年的航海生涯中，积累了丰富的航海经验，为"海丝之路"的安全航行和贸易往来做出了可贵的贡献。另善于操舟的移居琉球三十六姓中也有一些人担任火长即船长，掌管航海事务。可见，在拓展"海丝之路"的伟大事业中，也有华侨的一份功劳。

总之，早期华侨在"海丝之路"中扮演了多种角色，并通过扮演这些角色成为"海丝之路"的积极参与者和构建者，为"海丝之路"的建设做出了独特的贡献。

第二节　华侨在"海丝之路"中历史作用及其运行机制思考

华侨在历史上"海丝之路"中发挥了上述作用，但华侨以何种方式发挥作用，对这些作用该作何分析，这些是本节所要探讨的。

一、作用方式考察

这里的"作用方式"主要强调华侨发挥作用的动机、组织化程度、时间长短、路径等内容，通过对这些内容的考察，进一步深入了解华侨上述作用何以发生和如何发生。

（一）主观动机：自发与自觉之分

华侨在历史上"海丝之路"中的作用可以分为有意为之和无意为之，或者说有自发与自觉之分，其中以自发行为居多，涉及群体也最为广泛。

对于绝大多数在海外生存的华侨而言，其在"海丝之路"中发挥历史作用多数并非刻意为之，而是寓于生产和生活当中。如为了谋生，华侨在侨居地的奋斗最终促进了侨居地的建设。因为从事的是中国和侨居国之间的进出口贸易，从而促进了中外商贸往来；透过华侨的语言表达、行为方式、价值取向等向住在国民众潜移默化地传播了中华文化；不少的文化交流也是寓于生活之中。如唐代迁居安南的诗人张籍、贾岛等人，就曾同安南诗人交流经验和传授艺术技巧，而分别赋有《送安南惟鉴法师》《山中赠日南僧》等佳作。[①] 这一赠答过程，是互相切磋和交流的过程，也是文化交融和提高的过程。这些个人生活和生产的行为均属无意为之，不管华侨本身有没有意识到，但相应的作用还是客观发生了。

相对而言，自觉行为是经过思考的，强调主体本身的主观能动性。一些华侨在"海丝之路"中的历史作用是自觉行为，有意甚至是特意为之。如一些华侨虽然身处异国他乡，却无法忘却中华文化，并通过办学、办报等方式有意识地传播中华文化，由此成为中华传统文化的自觉传承者。其中海外华文教育最为典型，一些有识华侨为了让子孙后代在海外延续中华文化而特意创办了华文学校。正如 1854 年创办的新加坡萃英书院碑文所载："我闽省之人，生于斯聚于斯，亦实繁有徒矣，苟不教之以学，则圣域贤关之正途，何由知所向往乎？"[②] 而为了在异域他乡保持自身文化特性，18 世纪，侨居越南

---

① 见《全唐诗》卷五七二；《全唐诗》卷三八四。

② 周南京主编：《华侨华人百科全书·教育科技卷》，中国华侨出版社，1999 年，第 320 页。

南部的郑天锡，在领导经济开发的同时，"复开学校多所，礼聘汉人为师，教化越人，一时汉学大盛"①。近代以来，在政府的号召之下，华侨有意识地传承和弘扬中华文化之风更加兴盛。这一时期，海外侨胞出资出力在世界各地建立了众多华文学校、中华文化中心和华文报刊、华文电台，并有意识地翻译、创作中文文学作品等，为传播中华文化提供了平台。据统计，到辛亥革命爆发时，海外各地约有华侨学校100多所。②之后，华校得到进一步发展。在菲律宾，至20世纪上半叶，华人聚居地只要具备办学条件，基本上都兴办了华校，其中不少还是既有小学又有中学的完全学校，以至于"二战前"菲律宾华侨子弟接受的仍是典型的华侨教育；在马来亚，华侨教育自19世纪初逐渐发展，到1937年已有学校1180所，学生9万多人，教员4000多人，且增设中学部和女校。③虽然大多数侨校接受政府管理和津贴，但其授课语文是中文，教师、教材均来自中国，语文、历史和地理课本的内容也主要是关于中国的内容。因而其中华文化传承的意义仍然十分显著。除专门的华文学校外，一些以传播中华文化为宗旨的文化社团也得以成立。如在新加坡，1890年黄遵宪创立了"图南社"，1892年左秉隆创立了"会贤社"，其后，邱菽园创立了"丽泽社"和"会吟社"等等，这些文化会社是宣传中国儒家文化的中心场所。此外，20世纪上半期，华侨在东南亚各地创办了大量的华文报纸，其中时间长、影响大的华文报刊当数陈嘉庚创办的《南洋商报》（1923—1983）。《南洋商报》初创时，只是一份报道商业动态及南洋、中国等地消息的商业性报纸。全面抗战爆发后，《南洋商报》积极宣传抗日救国，及时报道中国抗日动态，实际上成为陈嘉庚领导的"南洋华侨筹赈祖国难民总会"的喉舌。1940年后，胡愈之、刘尊棋、张企程、蔡馥生等中国文人相继加盟，《南洋商报》更成为东南亚华侨和当地民众了解中国政情和社会的一个重要窗口。

自觉行为也体现在建筑风格上。如早期华侨为使异地生存有所寄托，在建筑方面刻意保留了不少中国元素。比如漳泉华侨在建筑新加坡天福宫时，

---

① 苏子：《莫敬玖》。祝秀侠：《华侨名人传》，台北：中华文化出版社，1955年，第9页。

② 马兴中：《华侨华文教育的回顾与前瞻》，《暨南学报（哲学社会科学版）》1999年第2期，第126页。

③ 郑良树：《马来西亚华文教育发展史》（第三分册），马来西亚华校教师会总会，2001年，第286—288页。

所需材料是从故乡运去的。新加坡凤山寺"所供奉的神像及香炉，皆来自南安凤山寺"；泰国普吉福元宫的庙貌与闽南宫庙几乎一样；为保持中华文化的原貌，华侨在建筑印尼中爪哇供奉妈祖的南旺慈惠宫时，工匠均从家乡聘请而去。

有感于祖国的落后，一些华侨选择回国投资办厂、捐资办学，或热心于中国政治、经济变革。这里以前面提及较少的经济变革为例，一些侨商从祖国的前途和命运出发提出商战思想。如张振勋在 1903 年呈递给朝廷的《振兴商务条议》中，就提出"窃自海禁开，而外洋各国遂得藉商战，以争利于中原。……此诚危急存亡之所关，不可不亟筹挽救者也。""挽救如何，振兴商务已矣。……今欲兴办农工路矿诸务，非集商力，从何而得成效。"在矿业方面，"各省矿务，宜速招商承办，藉以收回自主之权。"①实即提出发展商务抵制外来经济侵略的商战思想。潮汕铁路的创建者张煜南也提出类似建议，他在 1903 年 10 月提交给盛宣怀的呈文里说，"准归商人承办，以开风气，以益民生。由此扩充，其势不难挽回利权，即国家富强之所由肇也。"②1905 年旅美侨商李赞勋、林道据、谭锦泉等人也要求中国发展民族矿业，抵制外来侵略。一些侨社商会成立的宗旨即在于此，如日本长崎商会章程中明确提出："本会所当办之事，第一以立定会规，联络各帮商人，同心合力，以期扩充本国商务，抵制外人商务为主。"③充分体现了华侨商人维护祖国商业利益的自觉意识。

当然，实践当中，这种自觉意识的具体表现会随着情境变化而变化。如侨校的当地化虽然可能与当地政府的强制归化有关，但随着华侨社会"落地生根"意识的逐渐强化，也有越来越多的华侨意识到适应当地社会的重要性，因而一些侨校也在教学内容上作了若干调整，实现了教学语言从纯中文到中、英文并行不悖的转变。这一转变使得华裔青年在接受中华文化传统的同时，还具备了与土著人民进行文化双向交流的语言能力，将来能够进入以土著民族学生为主的大专院校进一步深造；当然，这一转变同时也能吸引越

---

① 广东历史学会张弼士研究专业委员会编印：《张弼士资料》第 1、2 辑，2006 年，第 77、80 页。

② 亦汝成编：《中国近代铁路史资料》，中华书局，1963 年，第 929 页。

③ 外务部档，侨务招工类，卷 2458，杨枢咨文附清册，中国第一历史档案馆藏。

来越多的当地学童进入华校学习,使华族学子与侨居地当地学生有了越来越广泛的接触。中华文化和侨居地文化的双向互动,也就是在这样的变化中悄然发生了。

至于自发与自觉的个体差异,有学者以文化传播为例认为与一个人所受教育程度紧密相关,并认为:一个人的知识和能力水平高者,自觉的情况更多,反之亦然。不仅如此,在自觉的情况下,他能更全面而理性地将本民族文化优秀的一面展示出来,也更能接受对方文化的优秀成份,因而在效果上也更为明显。相应的,随着华人知识和能力水平的提高,他们在文化传播过程中经历了从自发到自觉、从无意识到有意识的转变。这种转变使他们在文化传播过程中所扮演的角色变得更加积极主动,其色彩变得更加鲜明,其作用变得更具影响力。[1]更进一步,因为文化程度的差异,在同样的历史作用中不同的群体可能表现不同。如中华文化的海外传承大体由少数知识分子和大多数平民百姓双向推进,前者是对各家学说的自觉宣传,后者是对文化习俗的自发维护。前者在宣传中夹带着批判,但批判中并没有失去文化的自尊与自信,后者在维护时流于盲目和粗浅,但有时恰恰是这种不问所以然和不计功利的"盲目",使中华文化代代相传。[2]

我们认同上述观点,但同时也认为自觉与自发还与个人生活遭遇、境况、外在环境等有一定的关系。即便同样是自发或自觉行业,其实际效果也受诸多内外因素的影响,包括华侨自身的经济实力、个人职业、政治社会地位等。如一般而言,华人族群在当地实力雄厚,政治、社会地位高,其发挥作用就更加显著。反之,则可能不太明显。同时,对于自发和自觉,我们也认为需要强调两点:一是从自发到自觉需要一个较长的过程,不可能一蹴而就。如对于孙中山的革命宣传,最初海外侨社的反应是冷淡的。甲午战争爆发后,孙中山来到檀香山,欲争取华侨为革命"臂助",但"不图风气未开,人心锢塞,在檀鼓吹数月,应者寥寥。"[3]新加坡中华商务总会的会董52人

---

① 陈衍德:《菲律宾华人在中华文化传播中扮演的角色——以菲华人士及归侨侨眷访谈录为主要研究材料》,《海交史研究》2012年第2期,第52、64页。

② 孙谦:《中华传统文化与华侨华人经济》,《华侨华人历史研究》1993年第4期,第45页。

③ 蒋永敬:《华侨开国革命史料》,台湾正中书局,1977年,第3页。

中，只有张永福一人参加孙中山的革命活动。[1]但至抗战时期，华侨对中国的抗战事业就较为普遍地参与了。二是从自发到自觉还会存在个体差异，即便在自觉已成为普遍意识的情况下，自发情况也会在某些个体中间存在。也因此，有学者将海外华侨华人参与当代中国侨务公共外交的态度分为六类：（1）持主动参与态度；（2）持被动参与态度，此类参与者往往属于偶然的、从众的行为；（3）持潜在参与态度。此类华侨华人虽然目前未曾参与，但属于可争取的对象；（4）持中立态度。此类华侨华人通常对中国侨务公共外交既不参与，也不反对；（5）持偶尔抵触态度。此类华侨华人或是由于信息沟通障碍，或是由于个体、群体利益，偶尔对中国侨务公共外交有所抵触；（6）持消极反对态度。此类人员往往不分青红皂白地对所有的中国侨务公共外交一概予以反对。[2]这里虽然分析的是华侨华人对中国侨务公共外交的参与态度，但既然至今仍存在这种差别，那么华侨在"海丝之路"中发挥历史作用存在个体态度区别也就不足为奇了。事实上，华侨在"海丝之路"中的历史作用不仅有自发和自觉之分，有自觉程度的区分，甚至还有作用积极与消极之分。

（二）组织化程度：个体与团体之别

根据组织化程度的差异，华侨对历史上"海丝之路"的参与方式大致可分为两种：一是个体参与。这里的个体涵盖家庭，这种个体行为可能是自觉行为，也可能是自发行为。二是团体参与。这种参与通常是自觉行为。

在历史上"海丝之路"中发挥作用的，首先也主要是个体行为。如普通华侨的生产和生活，就对沿线各国的建设起到了重要的作用，其行为方式、习俗等又反映并传播了中华文化。而个体中的海外华商和其他各类华人精英更是影响明显。其中海外华商因经济能量大而成为中外经济合作的重要推动力量，而各类华人精英则因其社会资本雄厚、号召力强而影响明显。如辛亥革命的领导者孙中山先生本身就是华侨，其"致力于国民革命凡四十年"，

---

① 庄国土：《中国封建政府的华侨政策》，厦门大学出版社，1989年，第287、303页。

② 金正昆、孙冰冰：《海外华侨华人参与：当代中国侨务公共外交路径研究》，《社科纵横》2012年第11期，第36页。

约有一半左右的时间奔走于海外，在华侨中开展自由、平等、民主、共和等新思想的启蒙工作和革命的宣传和组织工作，调动了华侨的民族情绪和参与中国革命的积极性；又如被誉为"华侨旗帜，民族光辉"的陈嘉庚先生，事业遍及新加坡经济、文化和社会各个方面，与东南亚和西方各国均有商贸往来，曾为抗战呕心沥血，更倾家荡产为家乡办学，从而树立了"海丝之路"交流和发展的典范。

一些华人官员为传承中华文化、改善中外关系或中国现状也煞费苦心。如出生于新加坡的华人伍廷芳，1896年10月出任中国驻美公使，几乎参与了清政府1882年～1896年间所有的外交谈判。在出使美国期间，美国排华风潮不断升级，他凭借对国际法的娴熟掌握，上任伊始就一系列排华案件向美国国务院递交了一系列措辞强烈的照会，猛烈抨击美国政府的排华行径，全力维护在美华人的合法权益和中华民族的尊严。正是在他的争取下，罗斯福总统和海约翰国务卿首次答应对排华案件一一讨论。[①]1909年，伍廷芳与秘鲁政府就取消该国苛待华人条例的谈判也获得成功。此外，伍廷芳驻美期间积极开展文化外交，通过发表演说和在报刊杂志上发表文章等方式介绍中国文化，促进中美交流。从伍廷芳身上，我们看到了华侨对祖国的一片赤诚之心。

至于有组织的参与，就不得不提及华人社团、华文报刊和华文学校这华社"三宝"。其中，华人社团是海外华侨社会的基本架构和联系纽带，一直在海外华社中扮演着基石的作用。虽然现代华人社团多创办于20世纪初，但在此之前也存在各种华侨组织，如在荷兰人统治印尼的同时，在西加里曼丹的金矿区域，曾经存在过三大华侨公司，即"兰芳公司""顺总厅公司"和"三条沟公司"。三大公司聚合了上万名华侨矿工，从事金矿的开采。这些由华侨自行组织、带有封建帮会色彩的采矿公司，在组织生产、协调处理华侨内部事务以及反抗荷兰统治等方面起到了一定的作用。此外，一些慈善机构和宗亲组织也在联络感情、扶弱助贫、调节纠纷等方面发挥着一定的作用，如1729年印尼成立的慈善机构"养济院"，可视为印尼华侨社团的早期雏形；而1828年兴建的新加坡恒山亭，初为旅新漳泉人士的坟地，后来发展为旅新华人集合和议事的场所，是当时福建帮的总机构，实际上也是新加

---

① 武乐堂：《试论伍廷芳的外交思想》，《五邑大学学报》2006年第4期，第23页。

坡华人社会最高领导机构。1842年福建帮总机构的会所由恒山亭迁到了天福宫。1860年，天福宫在宫内设立福建会馆。20世纪初，现代华人社团相继诞生，并由血缘、业缘和地缘宗族组织向超越"五缘"和帮派界限的社团组织发展，其中1900年左右建立的华人医院和中华总商会就是标志。

近代华侨华人社团不仅在联络感情、扶弱助贫、调节纠纷等方面发挥着极大作用，而且在传播中华文化、推动华文教育发展、支持祖籍国建设和拓展中外关系等方面不遗余力。这一点在东南亚国家表现得尤其明显，如泰国、菲律宾和马来西亚一些传统侨社始终出钱出力支持华文教育，并致力于在侨社中传承中华文化。一些侨团对改变家乡面貌情有独钟，如1920年开始酝酿的闽侨救乡运动是由闽籍侨领发起并领导的一次改变家乡、振兴家乡的运动，历经13年。这次行动建立了福建自治会、南洋闽侨救乡会等救乡组织，制定了"采用正当方法，恢复地方秩序；实行根本建设，维持永久安宁；发展生产事业，改善人民生活；联络真正团体，协谋地方幸福；养成高尚人格，鼓励牺牲精神"的救乡宗旨，[①]创办了《救乡周刊》《新闻日报》《南洋闽侨救乡会刊》等救乡刊物，并进行了一系列救乡宣传活动，因而是一次有组织的行动。而前述1946年暹罗中华商会为中暹亲善也做出了自己的贡献。

而早期华文学校的创办也为中华文化的海外传播起到了一定的作用。兴学重教是中华民族的优良传统。海外华侨移居海外，为了解决子女的母语教育问题，便仿效国内教育形式，在会馆、宗祠、庙宇等地开办私塾，教授四书五经、尺牍、珠算等，海外华文教育由此产生。有文字记载的最早的海外华文学校是1691年巴达维亚（现印尼雅加达）华侨创办的明诚书院。1729年，巴城华侨养济院改组时，荷兰东印度公司曾增拨一间房屋为开办侨校之用。1753年该校学生约有三四十名，后因办理不善而停办。[②]18世纪下半叶印尼当地华人又陆续创办了江南书院、明德书院等。19世纪初在新加坡、马来西亚和泰国也先后出现了旧式华文学校，如据德国传教士汤姆林的报告，1829年新加坡已有三间华人私塾，而1819年槟榔屿华侨开办了五福书院。

---

① 施雪琴：《华侨与侨乡政治：20世纪二三十年代菲律宾闽侨与救乡运动研究》，《华侨华人历史研究》1999年第2期，第46页。

② 李全寿：《印尼华侨教育史》，《南洋学报》1959年第1期。

之后，新加坡华侨又分别于 1849、1854 年建立了崇文阁和萃英书院。而周边国家和地区也陆续办起了华文私塾、书院、义学等。[①]1860 年之后，清廷正式允许国人出国，到海外谋生的华侨日益增多，海外华文教育逐步发展。到 1900 年左右，东南亚各地的华文教育体系初步形成，华文教育向现代教育转型，规模迅速扩大。至二战结束，海外华校已达 3455 所，其中仅亚洲就有 3260 所（东南亚 2781 所），美洲 110 所，其余分布在大洋洲、非洲及欧洲。[②]而华文学校成立后，不仅在传承中华文化、推动中外文化交流方面贡献突出，而且这一时期的华文学校在支持中国海外利益方面也起到了独特的作用，历次海外声援运动中均有侨校学子的身影。

华文报刊也在 19 世纪初诞生。1815 年英国传教士在马来亚创办了第一份华文月刊《察世俗每月统记传》。之后由华人自营的华文报业逐渐增多，如印尼华侨最早创办的报刊是 1822 年出版的华文《特选撮要》，1826 年停刊。这之后，各地华文报刊相继创办。而长期以来，海外华文媒体在传播中华文化和宣传中国，维护华人福祉，增进所在国家对中国的了解等方面做出了重大贡献。

除侨社"三宝"外，其他一些组织也在历史上"海丝之路"中发挥着重要作用。如在有意识传播中华文化的过程中，一些华侨艺术团体表现突出。在东南亚、日本等地，华侨艺术团体不仅活跃着当地华人社区的文化生活，更在纪念中国传统节日等文化活动中扮演着越来越重要的角色，同时也使住在国民众对中华文化产生了强烈的好奇心。而一些临时组设的团体，其目标更加明确，效果也十分明显。如抗战时期海外华侨组建的各种抗日救亡团体不仅组织华侨捐款献物、回国参战，而且在争取国际同情和支持方面做了不少的工作。又如为配合民国政府的海外华侨禁烟规划，初创于 20 世纪初的振武善社至 1930 年恢复，改称"新加坡拒毒会"，加入团体 50 多个，会员 5 千余人。1933 年 5 月后设立戒烟医院。[③]在菲律宾，中国驻马尼拉总领事馆与国民党菲律宾总支部、马尼拉中华商会、华侨教育会等组织于 1936

---

① 林蒲田：《海外华文教育溯源》，《海外华文教育》2000 年第 1 期，第 23—24 页。

② 耿红卫：《海外华文教育的演进历程简论》，《民族教育研究》2009 年第 1 期，第116—123 页。

③ 陈春圃：《一年来的中国侨务》，《民族杂志》1935 年第 1—6 期，第 97 页。

年联合成立菲律宾清毒委员会。1940 年南京国民政府《肃清华侨烟毒办法》颁布之后，菲律宾华侨禁烟运动委员会、香港钟声慈善社、棉兰华侨禁烟促进会、槟榔屿华侨戒烟辅导社等华侨戒烟团体，均由侨民捐款设立场所实施戒烟，或配制戒烟药剂发给华侨自戒。这些行为对于提升政府国际形象及侨民海外形象等方面均有所裨益。

总之，在历史上"海丝之路"中，华侨华人组织以其计划性、规模性优势发挥着个体难以发挥的作用，而华侨华人个体则以其形形色色的角色发挥了各种专长的作用，两者相互弥补，交相辉映。

（三）作用时间：临时和持续之分

在作用时间长短上，也有临时和长期之分。一般而言，个人自发行为因系日常生产和生活行为，因而作用较为常态和持久。而个人自觉行为中则有较大差异，一些自觉行为因是短期作为，如华侨抵御外侮虽十分积极和壮烈，甚至还是有组织进行的，抵御也能持续一段时间，但外侮终将过去，因而也属临时性的；而个人捐赠也多带有这种色彩。

相较而言，组织活动属于自觉行为，一些长期存在的组织其作用也更能持续。它们通过长期性、常态性的组织运作，联络、凝聚海外侨胞力量共同参与，因而作用较为长久。如华侨华人社团，通过其年会或其他定期举行的社团活动，增进了华侨华人之间的交流和联系，推动了住在国与中国的交流合作。又如华文教育这种制度化和组织化的设置影响更为长久。众所周知，中华文化在马来西亚的传播是最全面和最充分的，这部分缘于马来西亚拥有从小学到大学在内的整套华文教育体系。而且，同为中华文化传承，相比社团活动，华文教育是一种持续性的中华文化传承活动，而华人社团的文化传承属于一种间断性的但有规律的传承。当然，也有一些组织发生的作用是暂时的，如因为支持祖国抗战而临时成立的各种救援组织，一旦任务完成就寿终正寝。可见，组织化活动的影响时间也不是绝对的。

（四）作用路径：交叉进行

虽然一般而言，华侨的经济活动主要发挥着经济功能，外交活动主要发挥着政治与外交功能，文化活动的文化传播效果更为明显。但与此同时，经济活动中也可能蕴涵着文化传播功能，政治与外交活动中也可能传递了双方的政治制度等。因而，严格说来，各种作用的路径并非严格的一一对应关系，这归功于各种外部效应的广泛存在。

以经济活动的文化传播效果为例，经济活动是华侨在侨居地安身立命所在，因为经济生产和生活，华侨自觉不自觉地成为了当地经济的建设者和中外经贸促进者。但与此同时，语言、观念、习俗等文化内容也随经济生活流露出来，进而促进了中华文化和侨居地文化的双向传播。事实上，由于华侨与土著民族的交往更主要体现在经济层面，因此，华侨与土著民族之间的文化互动大多是寓于经济活动之中的。随着华人经济活动的扩展，其文化传播范围愈益扩大，其对所在国文化的影响层次也可能从浅入深。如在菲律宾，华侨的社会角色既是经济角色，又是文化角色，而且二者是相互依存的。二战前，华侨在菲律宾开设的菜仔店（小杂货店）数目庞大，单在马尼拉市及其近郊就有 3000 多间，全菲合计可能超过 8000 间。一些来自中国的果蔬、布匹等商品经由华侨进出口商输入菲律宾，也由菜仔店销售，因而直接传播了中华物质文化。但菜仔店在文化传播上的意义远远超出了物质的范畴。菜仔店直接与当地消费者打交道，菜仔店商人"随时为菲大众解决食与用的问题；随时给周围邻里的菲人民赊欠，甚至还给予借贷；而售货则以最低廉价格，有时不但不加上利润，反以赔本的价钱出售。"[1] 因而，菜仔店是华人与菲律宾当地民众经济关系、信用关系乃至情感关系的建构者和维系者，它在使华人与菲律宾当地民众经济生活密不可分的同时，使双方的情感也互为交融。可见，菜仔店的商业行为起到了文化传播和情感沟通的作用。而且，华商独特的经营理念、管理文化也源自中华传统文化，如华商在企业管理中强调的"诚信""以人为本""和气生财""勤俭节约""量入为出"等价值观，就是中华传统文化的精华，这些对增强企业凝聚力，维护社会稳定、促进社会发展等都具有积极的意义。长此以往，也对住在国文化产生了一定的影响。事实上，不仅是华人商店和企业，遍布世界各地的中餐馆、中医院所、华文学校、中华武馆以及数以千万计的华侨华人，在以中华美食、文化、艺

---

① 陈衍德：《菲律宾华人在中华文化传播中扮演的角色》，《海交史研究》2012 年第 2 期，第 54—55 页。

术为谋生手段的同时，也在撒播着中华文明的种子。如全球各地的华文教师在以教学为职业的同时，也通过华文学校传播了中华文明。可见，经济行为的背后可能承载着其他方面的功能。

作用交叉的情况在同一类别功能下也广泛存在。如宗教文化的传播带动了文化艺术的传播。闽南的提线木偶戏传入南洋是因为木偶戏参与当地法事活动，而南洋华侨中此类活动又十分频繁，因此木偶戏便在宗教活动和民俗活动的滋养下更加流行。类似的情况还有华人酬神祭祖活动中，经常伴有一些中国传统音乐和地方音乐戏剧活动的表演。宗教文化还带动了中医药文化的传播。这主要是因为一些华人寺庙为扩大影响，常为信徒义诊施药，马尼拉保安宫即是其中一例。保安宫奉祀闽南神医大道公（保生大帝），在宫中举行的"扶乩"活动中，正、副乩根据自己的医学知识为问事者开药方。在该宫供信众抽取的签当中，有120支药签。该宫还备有各种中草药，供信众免费索取。因此一些当地民众也到那里求医求药，从而在无形中推动了中医药文明的传播。

总之，华侨发挥作用的路径多交叉进行，或者说在主要发挥一种作用的同时，也发挥着其他一种或几种功能。

二、影响作用发挥的因素

华侨在"海丝之路"中各类作用的发挥并不是无条件的，而是需要多种因素作为前提和基础。从大的方面看，这些因素可以分为外在因素和华侨自身因素。

（一）外在因素

这里的外在因素包括国际国内环境、政府政策、交通等多个方面。如华侨之所以移民，就与中国国内政局动荡、战争、匪患、经济凋敝等因素有关，但这反过来也可能会刺激华侨想要通过自身努力改变祖国局面的愿望。从好的方面来看，出洋早期，中国的整体发展水平较高，这不仅为华侨在侨居地的生存创造了较好的条件，而且也使他们有一定的优越感，增加了他们在当地传播中华文化的动力。而侨居国的政治、经济形势也影响到他们在当地的生存和发展。如从人口迁移的角度看，18世纪开始的资本主义工业革命所引发的殖民地开发狂潮是引发中国东南沿海人口外迁的主要外部因素。不仅如此，大范围"海丝之路"各国的整体政治经济形势也影响到华侨移民及其作用的发挥。倘若大的政治经济形势好，且中国和周边国家关系正常、经济联系密切，华侨就可以顺利移民，广泛从事中外贸易、中外文化交流活动或到中国投资。反过来，一旦大形势不好，中国和周边国家关系紧张，他们不仅在中外贸易方面的作为大打折扣，甚至可能面临被排斥的后果。

政府政策对华侨的影响十分明显。华侨在"海丝之路"中之所以能发挥历史作用，从根本上取决于居住国和祖籍国的需要和支持，并为之提供必要的条件，尤其是政策上的支持。倘若政府政策不许可，华侨即便想对祖籍国、侨居国有所贡献，也只能是有心无力。从祖籍国政策来看，华侨迁移海外虽然由来已久，但因为初期人数不多，影响不大，因此一直未引起朝廷的足够重视，因此也未有实质上的政策出台。甚而至于早期中国政府视华侨出国为一种背叛行为，对其出国不仅不提供帮助，反而处处制肘。在此情况下，华侨的国家认同尤其是政府认同相当淡薄，即使他们对祖籍地十分眷恋，但因为朝廷的禁止回国政策，其对祖籍国的回报也难以实现或大打折扣。相反，晚清以来，出于寻求利源的需要，以及由于中外联系的加强，各届政府对海外华侨的实力有了进一步的了解，一系列动员侨界的政策相继出台。这也致使晚清以来尤其是辛亥革命之后，华侨对祖国的前途和命运十分关心，实践中也较为积极地投入到回国投资、捐输、开展国货运动以及文化传播和交流等活动中去。

至于侨居国政策，其对华侨在当地生存和发展的影响不言而喻。其中，宽松的移民政策和民族政策对华侨的流入起到了"拉力"的作用。如南洋各殖民地在早期开发过程中为吸引劳工，先后推出给与土地和永久居住权、免税、提供交通工具和安全保护等一系列优惠政策，一些殖民者还强迫中国人向其属地移居甚至是对中国人进行公然劫掠。如1619年荷兰人占领雅加达（改名为巴达维亚）后，荷属东印度公司除用高额工资和低税来吸引中国人外，还用暴力手段掳掠中国人。1622年4月9日总督库恩下令给派往中国要求通商的舰队官雷舍斯，如果做不成生意，就必须千方百计地减损中国沿岸的人口，尽可能掳掠中国的男人、妇人及儿童来增加巴达维亚、安汶及班达的人口。① 受此影响，巴达维亚的华侨人口迅速由 1619 年的三四百人增至 1629 年的 2000 人。② 到 19 世纪后期，由于殖民地开发的需要，东南亚殖民者更是争先恐后向中国沿海掠夺廉价劳动力，"猪仔贸易"盛极一时。但整体来看，东南亚殖民当局是视自身需要对华人移入采取或禁或弛政策的。如前所述，荷兰殖民者需要华人劳动力时，就千方百计引诱和掳掠华人入巴达维亚，及至巴达维亚华人人口激增，殖民者又担心华人人口多难以管制，又下令限制华人移入，规定新客入巴达维亚未经批准者一经发现坐牢半年，并服苦役，来往大船限载 100 人，小船限载 60 人，分别缴纳 2500 盾、1250 盾作为抵押，水手一律不得上岸，商人上岸住宿要呈报，水手失踪，重罚船主。③ 这种政策反复不仅影响到华侨能否顺利移民印尼，也影响到华侨在印尼发展的信心。其他政策，尤其是经济政策对华侨事业的发展及作用的发挥影响甚大。如早期基于华侨于当地的积极意义，侨居国政府有意招徕华侨并委以重任或优待。如前所述，暹罗王室对华人给予经商特权以及税收优惠；在菲律宾，1571 年西班牙在马尼拉设立总督府后，也立法保护华人商旅，鼓励华人来菲律宾贸易，对来马尼拉的华船和华货给予特别的优待；④ 荷印当局也要求东印度公司所属各地商馆善待北大年、暹罗以及宋卡的中国人，对到巴达维亚的华船也给予税收上的优惠。在巴达维亚，为了刺激贸易，甚至给华商以税收减半的优惠，还为他们提供护航，以防止英国和中国海盗的袭击。⑤ 无疑这有利于华侨作用的发挥。反过来，限制政策则会抑制华侨作用的发挥。如自 1939 年欧洲战事发生后，为适应战时需要，南洋各殖民地政府纷纷开始施行各种经济、政治统制政策，在汇兑、对外贸易、本地商业和移民入口等方面均有严格的限制，从而严重束缚了华侨海外事业的拓展，限制了他们与中国的经济联系。

而交通顺畅与否，不仅影响到国人出国及华商的事业发展，也影响到华侨在"海丝之路"上中外沟通功能的发挥。这里的交通因素包括航路的通

① 朱杰勤著：《东南亚华侨史》（外一种），中华书局，2008 年，第 52 页。

② 施雪琴：《早期东南亚华人资本：历史机遇与现代世界体系理论》，《华侨华人历史研究》2000 年第 3 期，第 4 页。

③ 朱杰勤著：《东南亚华侨史》（外一种），中华书局，2008 年，第 52 页。

④ 庄国土：《中国封建政府的华侨政策》，厦门大学出版社，1989 年，第 36 页。

⑤ MAP Meilink-Roelofsz: Asian Trade and European Influence, Springer, p.268.

畅与否及交通工具的改进。历史上"海丝之路"形成之后也曾因海禁而在明清时期受阻，民国时期也曾因战时封锁而使"海丝之路"再度萧条。而明清之后恰好是华侨大规模形成时期，因此"海丝之路"的受阻不仅意味着中外贸易和交流的整体受损，也影响着华侨在"海丝之路"上中外沟通功能的发挥。而交通工具对于华侨的影响也是十分深刻的。众所周知，近代航海技术的改进为大规模海洋移民提供了便利。而正因为有大型帆船出海，华侨的海外定居才得以成行，而华人对帆船贸易的贡献也因此得以成就。西式轮船取代中式帆船后，华人主宰帆船贸易的历史宣告结束，但西式轮船因更安全快捷、价格低廉而使得国人出国更成气候。近几十年来，其他交通工具的广泛运用使世界各国联系更加便利，这可能会使海路的重要性下降。但无论如何，"海丝之路"不仅仅是一条交通要道，它还凝聚了中外各国因数千年人员往来、文化交流、中外贸易而积累下来的文化、情感、传统和网络。因此，它在中外交流史上仍然是无法取代的。

（二）华侨自身因素

至于华侨自身因素，又可以进一步细分为华侨个体因素以及华人社会的组织程度。华侨个体因素包括华侨自身经济实力、职业、文化程度、社会地位，以及志趣、感情、人脉关系等在内的多种因素。这些因素对于华侨在"海丝之路"中历史作用的发挥是有影响的。如由于个人情感的影响，他们可能对中国和侨居国的事情更为关注，并实际投入到中国和侨居国的各项建设事业当中，并尽可能促进两国的友好关系；受个人志趣和自身实力的影响，他们可能偏爱捐赠等社会事业，也可能充当中外文化交流使者及和平使者。当然，各类作用对华侨个体的要求是不一样的，如中外经贸往来对华侨的职业、经济实力、商业网络的要求比较高，而和平使者则对华侨的文化程度、个人修养、政治地位、人脉要求比较高。

不仅如此，侨社的组织程度对华侨历史功能的发挥有着十分重要的影响。这是因为华侨在"海丝之路"中发挥的历史作用有些是团体行为或者受到团体的组织或引导。如在文化传播方面，侨校、侨报作用显著，而在和平使者、对祖籍国的建设等方面，侨团的作用不容小觑。因此，侨社的组织程度对华侨发挥历史作用影响深刻。

（三）内外因素的相互影响

应该看到的是，现实中，外在因素和华侨自身因素又是交织在一起，共同起作用的。如华侨自觉行为除与华人受教育程度、个人觉悟等自身因素相关外，也可能受到外在因素的影响，如可能受到政策鼓舞、侨团动员等的推动。事实上，晚清时期华侨的一些自觉行为就与晚清政府的护侨政策有关。这些政策主要包括：第一，废除海禁，动员华侨回国投资办厂；第二，颁布大清国籍条例，确定华侨与中国的法律关系；第三，设置驻外领事馆，采取各种外交手段和措施保护华工和管理华侨，并多次派专使、舰队访问华埠，促进了华侨的祖国认同；第四，推动海外华文教育发展，奖励华侨兴学活动；第五，创建中华总商会，促进华侨社会的团结和统一。上述政策不仅客观上唤起了华侨的民族意识，而且直接促成了一些华侨投资、捐赠、办学等行为。如美国旧金山华人社团在清廷驻美公使的鼓励和支持下，于1888年创办了北美第一所华文学校——中西学堂。而在学务专员梁庆桂的鼓励和帮助下，北美先后有10余所华校成立。[①]又如抗战时期，为动员侨界捐钱献力，南京国民政府十分重视侨务督导和海外宣传工作。侨委会不仅"通令各地侨团，随时鼓励"，并派侨务委员"分赴海外各地，就地指导侨胞"。[②]如其时侨务委员会委员长陈树人等就曾亲赴海外指导侨胞捐款献物和认购救国公债、开展抵制日货运动等。这些对于抗战时期动员海外侨胞广泛参与具有重要的意义。

反过来，一些华侨自身因素也会影响外在因素。如上述一些有识华侨提出的"商战"思想就对晚清政府的吸引侨资政策产生了显著的影响。也正是在海外侨胞的不断呼吁下，晚清政府的驻外领事馆才得以诞生。

总之，影响华侨在历史上"海丝之路"上作用发挥的因素是多种多样的，而且各种因素多交织在一起起作用。至于各种因素的影响程度，在不同时期也是不一样的，难以一概而论。只能说，一般而言，华侨自身因素和政治经济大背景自始至终在其中发挥着重要的影响；晚清以来，中国政府的侨

---

① 马兴中：《华侨华文教育的回顾与前瞻》，《暨南学报（哲学社会科学版）》1999年第2期，第125—130页。

② 中国第二历史档案馆编：《中华民国档案资料汇编》第五辑第二编政治（四），江苏古籍出版社，1998年，第659页。

务政策和侨务动员对华侨影响明显加大；住在国政府宽松的华人政策可能会促进华侨功能的发挥，相反苛严的华人政策则使华侨功能大打折扣，其排华政策更是给华侨带来了刻骨铭心的伤痛；交通因素如"海丝之路"的开辟对于早期华侨的出国和从事中外贸易发挥着重要的作用，明清之后"海丝之路"的衰落给华侨进出国境和从事中外沟通活动带来不便，但因华侨整体规模的膨胀，其对中国和侨居国的影响还明显加强。

三、对作用的辩证思考

对华侨在"海丝之路"中历史作用进行辩证分析，不仅有利于从理论上还原华侨的历史功绩，而且对于今后进一步发挥这一群体在"海丝之路"重建中的作用具有重要的借鉴意义。

（一）量的考察

从量的层面来看，首先，华侨在"海丝之路"中发挥的历史作用重要但不充分，这是对华侨在"海丝之路"中历史作用的基本定位。华侨在"海丝之路"中发挥了重要的历史作用，这已如前所述，但因为各种主客观因素的限制，这种作用又未达到极致，因而呈现出一种不充分的状态。尤其是从时间上来看，学界普遍认为，"海丝之路"在明中叶以后和清代前期已经衰落，并逐渐被西人的殖民贸易所取代。而华侨大规模移出是在 1840 年鸦片战争之后，从移出到发挥作用又需要一个过程，因而其历史作用的大规模发挥要到 19 世纪后半期了，而这一时期已是"海丝之路"的衰落时期，这就决定了其对"海丝之路"的影响整体有限，尤其是对其繁盛期影响有限。即便在其发挥作用的历史时期，因为侨居地政府的猜忌和限制、华侨自身整体实力的限制等也制约了华侨历史作用的发挥。因此，对华侨在"海丝之路"中的历史作用不宜无限拔高。事实上，重建"海丝之路"之时我们强调华侨的历史作用主要在于强调早期华侨的引领作用，以及因华侨在历史上"海丝之路"中所作所为而积累下来的文化、情感、传统和网络，其现代意义是不可估量和无法取代的。

其次，上述各类作用是不均衡发展的。其中，华侨对"海丝之路"沿途国家和地区的建设作用是排在第一位的，这与华侨的生存和发展息息相关。在其他各类作用中，相对而言，促进中外经贸发展要比其在中外和平往来中的作用突出得多。这一方面是因为其时中外政府对华侨的经济功能比较关注，相反对其和平使者功能的认识和挖掘均十分有限；另一方面对大多数华侨而言，其走出国门主要是因生存和发展所需。即便是因为其他原因出去的，初来乍到，摆在第一位的也是生存问题。况且当时，经商贸易的华侨不在少数，早期华商时代尤其如此。如在暹罗拉玛二世（1809—1824）后期，泰国的贸易船一年雇佣华人就达4912名。[①] 即便到了华商与华工并重的1930年间，据日本东亚经济调查局统计，当年东南亚华侨在当地投资的行业比重是：商业45.04%，农业和种植业22.16%，金融业17.23%，工业10.1%，矿业2.54%，其他5.93%。[②] 商业资本将近占到一半。因此，华侨对中外经贸的投入程度也远远大于其他方面。而促进中外和平往来功能不仅对华侨个体的要求较高，而且还需要国际环境的支持和中外政府的鼓励，因此较难成就。如虽然晚清东南亚华侨多以中国人自居，也关心中国发展，但其与中国的关系主要限于与家乡的经济与社会关系，对中国政治不太关心。以至于"即使在那时（清末），南洋华人公开支持这些人（维新派和革命派）的为数也不多。"[③] 至于航路履险，不仅需要航海经验，而且需要有探险精神，决非一般人所能为。另外，因文化交流时刻寓于华侨的生产和生活当中，因而这一功能也比较突出。

再次，不同时期各类作用的发挥程度是不一样的。这主要视不同的主客观环境而定。以东南亚华侨对当地的建设功能为例，大体而言，在刚移入阶段，由于是和平移民，加之其时侨居国未完全开发，华侨与土著居民在资源上的竞争不大，双方摩擦较少，侨居国政府对华侨的限制也不多，因此其时华侨在侨居国各方面的建设功能也得以充分发挥。而当西方殖民者到来之

---

① Sarasin Viraphol, *Tribute and Profit : Sino-Siamese Trade 1652—1853*. p.187.

② 中国侨务通论课题组：《中国侨务通论》（试用版），暨南大学出版社，2012年，第161页。

③ 王赓武：《东南亚与华人——王赓武教授论文选集》，中国友谊出版公司，1987年，第136页。

后，利用华侨作为统治中介，一定程度上将殖民者与被殖民者的矛盾转嫁给了华侨与当地土著民族身上，加之两者在资源和生存空间上的竞争也比以前激烈，因而民族矛盾时有体现，加之殖民者对华侨也有诸多限制，个别国家甚至演变为极端的反华排华事件，在此情况下，华侨各项功能的发挥就受到极大限制了。如虽然殖民者到来之后，东南亚华侨人数突猛，但却未能出现月港时代那种雄霸一方的华商了。当然，我们也应看到，由于殖民统治时期恰好也是华侨大规模到达的时期，因而虽然华侨个体对当地建设功能受阻，但其规模效应仍然十分可观，以至于这一时期东南亚建设的各条战线上几乎都留下了华侨的丰功伟绩。

至于华侨对中国的影响也应分时期来看，整体而言，早期由于朝廷开放对外贸易，因此华侨在商贸和朝贡方面的贡献较大；而至明清"海禁"时期，由于朝廷禁止国人出国，对华侨回国也时有刁难，对华侨在海外的命运不闻不问，因此其时华侨与祖籍地的联系不多，对祖籍地的贡献也主要限于对家乡的回报，而且回报方式和程度也十分有限，主要是通过水客、钱庄等汇钱给亲人，量也不是特别大。而当晚清政府开始采取护侨和招揽侨资政策后，华侨与政府的关系好转，与祖籍地的联系也变得密切起来。尤其是 1893 年清政府废除海禁允许华侨回国，也大大便利了华侨与侨乡的联系。相应的，华侨对祖籍地的贡献也得以顺利施展。不仅回国投资、捐赠，而且也出任政府官员，为国家发展献智献策。而侨汇也得以大幅增长，据统计，1862 年～1949 年，侨汇总数达 35 亿美元。[1]侨汇不仅成为了侨眷家庭的重要经济来源，而且也成为国家的重要外汇收入。可见，在不同时期，华侨对侨居国和祖籍国的建设功能不仅受到华侨自身实力的限制，还受到中外关系、华侨与祖籍地和侨居地政府的关系等众多因素的影响。

第四，各类作用对不同国家的影响程度也是不一样的。由于各国国情和华侨的情况千差万别，因此华侨对侨居国的影响也呈现出较大的国别差异。一般而言，当华侨群体庞大，在当地政治、经济、社会地位较高，且与当地民族融合较好时，其历史作用就较为明显，比如在马来亚、暹罗；反之，如果华侨规模不大，或者虽然数量可观但在当地发展不顺利，政治、社会地位不高，其历史作用就大打折扣。东南亚华侨资本既是华侨在当地努力打拼的

---

① 庄国土：《华侨华人与中国的关系》，广东高等教育出版社，2001 年，第 234 页。

结果，也是其在当地发挥建设功能的基础。因此，其分布一定程度上可以作为华侨在当地发挥历史作用的辅证。据统计，截至 1929 年，东南亚华侨资本共 7.44 亿美元，其中马来亚 2 亿美元，暹罗 1.5 亿美元，荷属东印度（印尼）2 亿美元，菲律宾 1 亿美元。[①] 主要集中在华侨分布较成规模的国家。

若将侨居国与祖籍地相比较，整体来看，除特殊时期和特殊人物外，华侨因主要生产、生活在侨居国，因而其对侨居地的贡献一般要大于其对祖籍地的贡献。当然，这中间涉及到情感认同的问题。学术界对于华侨的情感归属，也就是认同问题，一直颇有论述。一般认为，早期华侨仍是追求叶落归根的，只是视中国回国政策宽松与否而存在心系祖国或心系家乡的差异；但也有学者认为，从 20 世纪二三十年代起，新马等地的部分华侨在一些社会问题上发表自己的主张，或多或少、程度不等地流露出某种南洋意识、马来亚意识，这说明新马华侨对居住地的认同已有一定程度的发展，新马华侨的在地观念已开始萌发。[②] 这可能也是除了生存和发展的需要外，导致华侨在侨居地做出贡献的另外一部分原因。总之，一般而言，当华侨选择叶落归根而最终又得以实现时，其对祖籍地的影响可能会比较大，而当其选择落地生根融入当地时，对侨居地的投入可能会比较大。事实上，近代以来华侨积极投入到祖籍国的革命和建设中来，就是因为他们还没有完全融入当地。

最后，各类作用卷入的华侨个体及其卷入程度是不一样的。从卷入的华侨个体而论，沿途国家和地区的建设者，尤其是侨居国建设者涉及的范围最为广泛，这一作用也最为经常。自发的文化交流涉及面也广；有意识的、自觉的文化交流部分因系组织行为，因而位居其次；但中外和平往来、探索航道等则仅是华侨个别所为，在时间上也多呈现出间断性。毕竟在当时的环境下，心向中国并真正和中国保持密切联系的华侨并不多。

总之，华侨在"海丝之路"中历史作用的发挥本身存在着量的差别，不仅作用整体有量的限制，各类作用有量的差别，而且在不同时期、对不同国家和个体而言，其作用也是不一样的。

---

① 中国侨务通论课题组：《中国侨务通论》（试用版），暨南大学出版社，2012 年，第 160 页。

② 李章鹏：《二十世纪二三十年代南洋华侨在地观念发绪及其动因初探》，《华侨华人历史研究》2013 年第 4 期，第 51—62 页。

（二）质的分析

从质的层面看，首先，如前所述，由于"海丝之路"本身经历了从古代到近代的转变，经历了以中国主导的和平体系到以西方国家主导的殖民体系的转变，因此，华侨在历史上"海丝之路"的贡献也经历了从为中国主导的和平体系服务到为西方国家主导的殖民体系服务的转变。而且，华侨在"海丝之路"中历史作用的主要性质是经济层面的，文化功能其次，政治功能稍逊。这已如前所述。

其次，各类作用在不同时期的具体表现有所不同。如华侨对中国的经济贡献，在 1860 年清朝允许华工出国之前，由于华侨群体中经商者较多，不少人甚至就是因为经商而留居海外，因此华侨在中外商贸领域的作用比较突出。而 1860 年华工合法化之后，除华商继续在商贸领域发挥作用外，大量华工则主要对当地建设作用显著，并以侨汇形式回报祖国。1893 年之后，晚清政府不仅允许华侨回国，也大力招揽侨资，并予以种种政策优待，自此，在祖籍地投资、捐赠也成为华侨回报中国的重要方式。

再次，不同群体有不同的作用表现。学界倾向于把历史上的华侨区分为华商和华工等不同形态。这一区分，也意味着不同群体其历史作用有所不同。如华工形态，虽然其从事的行业千差万别，但其主要对当地建设作用显著，并以侨汇形式回报祖国，作用形态比较集中。特殊时期，如辛亥革命时期，东南亚华工为主体的中下层更倾向于孙中山的革命主张。[1] 而全面抗战时期华工群体也能以捐赠、回国参战等方式来支援祖籍国。而华商形态，进出口华商与祖籍国的经济联系较为密切，早期对中国的主要贡献是在拓展侨居国与中国的商贸关系和外交关系方面，同时也以侨汇支持其国内家庭成员的生活和生产。1893 年晚清政府鼓励侨资转向国内之后，华商与中国的各方面联系增强，其对中国的贡献也体现在投资办厂、捐资兴学、建言献策、担任使领职务等多个领域。于侨居国而言，由于政府更加倚重，因而其对当地贡献也体现在经济、管理、外交等多个领域。总之，相对而言，由于华商经济实力显著，人脉关系较广，侨居地和祖籍国政府对之更加看重，其作用方式也更加多元。

---

① 庄国土：《华侨华人与中国的关系》，高等教育出版社，2001 年，第 204 页。

第四，各类作用的背后多是共赢结局。如华侨促进中外经贸、文化交流，促进中外和平交往是有益于中国和侨居国双方或多方的，华侨在其中也获得了发展机会、名誉以及更好的生存环境。即便是华侨积极参与侨居国的建设，也可能使华侨自身实力增强，地位提高，而这反过来也增加了其对祖籍地回报的能力。当然，若从某一时空范围来看，毕竟华侨精力和资本均有限，其对祖籍国投入过多，对侨居地投入就必然减少，从而使得在争夺华侨资源的博弈中，中国和侨居地呈现出一种此消彼长的状态。个别时期，华侨也因此而引起了侨居地民众的猜忌和不满。

最后，勿庸讳言的是，华侨在"海丝之路"中的历史作用也可分为积极和消极两种。上述作用主要是从积极方面来归纳的，但事实上，华侨在"海丝之路"中也可能给各方带来消极影响。如并非所有出洋华侨都心系祖国，历史上一些华商海盗也让中国政府煞费苦心，如郑和首次出使西洋，在率队返航经过旧港的时候，就遭到以华人头领陈祖义为首的海盗集团的突袭。中外关系中，由于华人通事的误译，也曾引起明朝与安南的小规模冲突。弘治十年（1497），安南黎朝国王黎思诚去世，其子黎晖继位，派遣使者来明请封，明廷认为，"嗣王新立，必赐皮冠服，使不失主宰一国之尊，又赐一品常服，俾不忘臣事中国之义"。但安南华人通事对此进行了误译，表示"赐与臣下无别"，导致两国发生了一场小规模的冲突。[①] 而个别华侨在海外的不检点行为也可能使中华民族形象抹黑等。此外，华侨在通过侨汇、投资、捐赠等促进中国各方面事业发展的同时，也会附带产生一些负面效果。最典型的，如助长了侨乡民众的奢靡之风、攀比之风，以及助长了一些侨眷的依赖思想等。对于侨居地政府而言，华侨移民在给当地带去生机和活力的同时，也会带来一些影响社会稳定和民族和谐之事。虽然这些与积极作用相比不值一提，但也客观存在。

总之，华侨在"海丝之路"中的历史作用是自然形成的，对此我们不必求全责备。从质和量的层面来分析华侨的历史作用，是为了总结历史经验，更好地发挥这一群体在新"海丝"建设中的积极作用。

---

① 张廷玉：《明史·安南》卷三二一，中华书局，1974年，第8329页。

第三章 "后海丝时代" 华侨华人作用及其运行机制变化

1955 年中国政府不承认双重国籍，自此有了华侨与华人概念上的严格区分。但华侨华人贡献于侨居国和祖籍地的传统仍保留了下来。为了和前面章节相承续，本章仍主要论述"海丝"沿线各国华侨华人的贡献，尤其是东南亚华侨华人的贡献。

第一节 "后海丝时代" 华侨华人的作用

新中国成立后至 21 世纪"海丝之路"提出前是为"后海丝时代"，在这期间，华侨华人对侨居国和祖（籍）国的贡献仍是多方面的。

一、对侨居国的贡献

二战之后，东南亚各殖民地相继摆脱殖民统治获得独立，建立了自己的民族国家。而自 20 世纪 50 年代之后，华侨中的绝大多数先后加入侨居国国籍，成为侨居国公民，为当地的经济、文化、社会等各方面建设事业做出了应有的贡献。

在各种贡献中，华侨华人于当地经济建设功能尤为突出。以各国而论，1948年缅甸独立以后，旅缅华侨对工业的投资大幅度增加。1962年华人所经营的工业占缅甸私人工业的75%。至1964年缅甸国有化运动之前，华侨工厂企业近800家，一些新兴工业几乎全系华侨经营；[①] 印尼独立之后，广大华侨华人就积极投身到印尼的经济建设当中。从20世纪60年代开始，印尼的华人企业集团得到了迅速发展，出现了一批实力雄厚，并在生产、经营、管理等方面与国际接轨的大集团公司，如三林集团、阿斯特拉集团等。这些企业集团的迅速发展对印尼产业升级、结构调整，以及就业、税收等都产生了直接的影响。之后，无论是印尼克服金融风暴、经济危机，还是印尼经济总量的上升，都离不开当地华族的参与和贡献；在马来西亚，1970年~1990年间推行旨在消除民族经济实力差别的新经济政策，也称为"原住民优先政策"。在此过程中，因华人积累了丰富的工商业经营经验和社会资本，马来西亚政府就力促马华经济合作。1975年《工业调整法》规定超过一定数量的资本额和就业人数的大企业要调整所有权结构，以保证土著（个人或机构）对企业占有一定所有权份额（30%）。[②] 在新经济政策后期，越来越多的华人与马来人一起建立了合资企业，从而使得华人在自身实力发展的同时，也带动马来人经济的发展；华商企业也是泰国重要的经济支柱。据2000年《亚洲周刊》"国际华商500强"统计，泰国进入500强的华商企业市值达到105亿美元。而日本富士通研究所统计显示，泰国上市公司市值总额中有81%为华人所有，对泰国经济有重大影响的100个最富裕商业家族中有90多个是华人家庭；[③] 其他在越南、老挝等国，华侨华人也为当地经济的繁荣做出了贡献。如在老挝，如今最大的中资商城——三江国际商贸城中的中国商户约500余家，他们为老挝社会提供了1000多个就业岗位。

华侨华人在中外经贸合作中的中介和桥梁作用也为不少侨居国所看重。如在海外，马来西亚是除新加坡以外华人人口比例最高的国家，达25%左右。华人到中国投资，无论是洽谈沟通还是建立商业网络方面都具有得天独

---

① 林锡星：《中缅友好关系研究》，暨南大学出版社，2000年，第143页。

② ［马］林水檺、骆静山：《马来西亚华人史》，马来西亚留台校友会联合总会，1984年，第272页。

③ 刘景松：《海外华人经济的现状和发展趋势》，《国际论坛》2001年第2期，第2页。

厚的优势。这种优势在 20 世纪 90 年代初为马来西亚政府所重视。1993 年大马首相马哈迪尔访华时就明确表示：我们应当利用和发挥我们的社会优势去中国做生意，例如我们掌握多种语文，像华语和华文及华人方言，就是我们的有利条件。他强调，在加强与促进马中经济合作与相互投资中，华人企业家有责任以自己的有利条件来协助土著企业家，把华巫经济合作推向新的发展。[1] 正因为如此，从 20 世纪 90 年代初开始，马来西亚政府一改过去批评和阻止华商向中国投资的作法，从各方面对华商投资中国予以鼓励和支持，包括提供税务优惠、舆论支持以及高级官员频频访华为华人投资中国搭桥铺路等等，目的就是希望借马来西亚华人投资中国推动马中两国经贸往来，并为马来西亚企业开拓海外市场。反过来，对于侨居国而言，华人也是引进中资的重要推手。如在缅甸，许多外资是通过当地华人引进的。[2] 这里的外资当然也包括中资。又如中石化、华电、中信等中国大企业与印尼的国营或私营企业进行合作，就离不开印尼工商会馆中国委员会的帮助。该会原主席闽籍华人纪辉琦表示，印尼工商会馆中国委员会的责任一方面是帮助印尼企业到中国投资；另一方面就是介绍中国企业到印尼发展，并帮助中国企业选择印尼合作伙伴，保障中国企业在印尼投资的利益。这样的案例还有很多，如与利比里亚政府签署开发利邦铁矿的中利联投资有限公司也是"以侨为桥"走进非洲的，海尔是借华人裔锦声女士（英文《海尔之路》作者）之手介绍给全世界的。

华商因长期经营而构建的商业网络也为一些国家所重视。在 1993 年第二届世界华商大会上，新加坡内阁资政李光耀在专题演讲中特别提到：经济网络的联系有着相当大的潜能，为商业上的来往奠下基础。如果我们不利用华族网络扩大和掌握这些机会，那将是很愚蠢的。[3] 在 1995 年 12 月第三届世界华商大会上，泰国时任总理班汉·西拉巴差在开幕词中强调，全世界华商的经济力量是推动国际贸易和投资不断发展的重要机制……遍布全球的华商是促进中国同泰国以及其他国家合作，实现经济方面共同目标的良好渠

---

① 廖小健：《华人投资中国与大马经济发展》，《东南亚研究》1996 年第 1 期，第 47 页。
② 范宏伟：《缅甸华文教育的现状与前景》，《东南亚研究》2006 年第 6 期，第 73 页。
③ 香港《大公报》1993 年 11 月 22 日。

道。① 而前述马来西亚鼓励华人与马来人经济合作，其目的之一便是希望借助华商网络打开世界市场。

不仅在经贸领域表现卓著，近年来，海外侨胞在发展自身事业的同时，也更加注重回馈当地。如 2004 年底的东南亚海啸虽然使华侨华人蒙受了巨大损失，但处于灾难中心的华人仍然及时为灾区捐款捐物，并呼吁国难期间不搞任何形式的庆典活动，坚持与当地灾民患难与共。他们还积极配合当地政府，投身于志愿救灾活动中。如印尼棉兰市因临近重灾区亚齐，成为了印尼的救灾中心和救灾物资中转站，在苏北华裔总会的组织下，棉兰 60 多个华人社团迅速成立了"苏北华社赈灾委员会"，投入到救灾工作中。其中，运送救灾物资到亚齐并从亚齐接灾民来棉兰的车辆，大都是由当地华人企业家提供的。在收容中心里，200 多名华人义工夜以继日地为灾民分发食物、衣服和生活日用品。华人开设的日里医院也免费为灾民治病。事实上，近年来，回馈社会也成为华人社会的常态。在这方面，华人组织主动承担起更多的社会责任。如菲律宾华人非常注重回报社会，他们大量出资在当地兴建医院、学校、义务消防队等，服务华人和菲律宾社会。其中，仅菲华商联总会就已捐资兴建了几千所农村校舍。如今，菲律宾华社"三宝"已成为关爱并回馈当地社会的典范；在泰国，华侨华人创办的报德善堂是泰国最大的慈善救助机构。除华人团体率先垂范外，一些华人个体的责任意识和社会意识也明显增强。如非洲华商黄跃权在纳米比亚捐资办学、救助孤寡，他还带领华人组织资助纳米比亚学生来华学医，以培养当地的医学人才。华侨华人的付出也获得了相应的肯定和赏识。如旅日华侨潘桂华因在环保、卫生、旅游方面的突出贡献，被日本政府授予"篮绶褒章"；菲律宾商人慈善家陈武虎也于 2005 年荣登"世界名人榜"；华商胡介国在尼日利亚经济最困难的时候与尼日利亚人民站在一起，他捐助、投资、贷款，使上万名尼日利亚儿童走进学校。他的所作所为使他成为非洲第一位华人酋长和尼日利亚总统的特别经济顾问。

总之，华侨华人作为一个在侨居国生存的特殊群体，其对侨居国建设的贡献是多方面，也是非常突出的。当然，由于历史原因，华侨华人对当地建

---

① 世界华商经济年鉴编辑委员会：《世界华商经济年鉴》（1997—1998 年），企业管理出版社，1998 年，第 7 页。

设的贡献本身也经历了一些波折，这主要是因为自 20 世纪 50 年代开始东南亚绝大多数国家与中国关系恶化，以致在东南亚地区普遍掀起一场反华排华浪潮。这场浪潮让华侨华人生存和发展受到威胁，其整体实力受到损失，因此各方面贡献也未能充分发挥。但之后，随着各国与中国关系的好转，以及随着华侨华人群体对当地认同度、归属感的提升，其贡献也大大增强。

二、对中国的贡献

华侨华人是中国现代化建设的独特资源。实践中，华侨华人也从多方面对中国建设事业做出力所能及的贡献。由于本课题侧重描述华侨华人与中国的合作，因此这里予以重点介绍。

（一）投资和商品输出

新中国建立初期，虽然中国政府的华侨投资政策较为保守，但华侨华人仍以当时许可的方式投资国内。如各地组建的华侨投资公司（实为国家经营的侨资信托企业）自 20 世纪 50 年代初成立至 60 年代中期解散为止，共募得资金 2 亿多元，其中广东、福建两省募得 7000 多万元。[①]

改革开放后，在中国"引进来"的过程中，华侨华人总是充当了排头兵，尤其是在改革开放初期，当一般外资对在华投资持观望态度之时，侨胞对大陆的投资起到了先锋和领路的作用。如在 1978 年～1983 年间，侨外商投资金额共 7 亿美元，其中侨胞投资占 90%，约 6.3 亿美元。[②]虽然这一时期华商投资数量不是特别巨大，但所占份额极高，有效缓解了改革初期中国资金、设备、人才等方面的不足。此外，在一些特殊时期，华侨华人的投资也起到了十分重要的作用。如 1989 年春夏之交的"政治风波"发生后，不少在华投资的外国人纷纷撤离，准备赴华投资的外国企业家则持等待观望

---

① 林金枝：《华侨华人与中国革命和建设》，福建人民出版社，1993 年，第 479 页。

② 林晓东：《试论华侨华人和港澳同胞对祖国大陆的投资及其法律保护》，《华侨华人历史研究》2000 年第 2 期，第 28 页。

态度。此时，正是侨资稳定投资或者率先进入投资，增强了外资来华的信心，对外资起到了很好的稳定和示范效应。而据相关统计，改革开放以来至 2007 年，海外华商在中国大陆投资企业数量累计达 34 万家，投资额计为 4000 亿美元。[①] 而 2008 年华商对中国大陆的投资达 460.5 亿美元，2010 年为 666.5 亿美元，2011 年达到 772.8 亿美元，2011 年投资额占中国 FDI 总额的 66.6%。[②] 另据商务部统计，2013 年中国实际使用外资金额约为 1175.86 亿美元，其中港澳新等侨资总计约为 856.29 亿美元，占比约为 72.82%。[③] 此外，自 20 世纪 80 年代中期开始，侨乡侨属企业获得蓬勃发展，而侨属企业的原始资本正是源于海外侨汇和侨资。

一些侨胞不仅积极响应中国政府号召在华投资，而且还利用自身影响力，促成海外华侨华人或外商赴大陆投资。如改革开放以来，菲律宾华人李昭进通过多方游说，推动菲律宾多家著名的华人财团及企业到大陆投资；印尼融侨房地产有限公司董事长林文镜，改革开放之后先回福清考察，与当地政府制定了五年发展规划，而后向东盟、台湾等地客商推介福清的投资机会，先后引进客商创办了 140 多家工业企业。[④] 而侨居西班牙的朱光然，2002 年在宁波杭州湾新区成立"欧洲工业园"，至 2012 年已有 28 家企业入驻，成为"以侨引外"的经典案例。有的年份，由华人促成的外商在华投资还占有相当的比例。据统计，在 2002 年进入中国的约 260 亿英镑的外国直接投资中，有约一半是华人移民牵线。[⑤]

华侨华人在中国的投资，不仅给中国带来了资金、设备、技术和人才，而且还带来了先进的管理理念和市场竞争规制，以及丰富的信息和广泛的经销网络，使中国得以更好地了解世界、走向世界。不仅如此，一些企业还与

---

① 龙登高、赵亮、丁骞：《海外华商投资中国大陆：阶段性特征与发展趋势》，《华侨华人历史研究》2008 年第 2 期，第 11 页。

② 龙登高、张洵君：《海外华商在中国：2014 年中国侨资企业发展报告》，中华工商联合出版社，2014 年，第 11 页。

③ 龙登高，张洵君：《海外华商在中国》，中华工商联合出版社，2014 年，第 40 页。

④ 李鸿阶：《CAFTA 发展与华商作用研究》，《侨务工作研究》2005 年第 6 期，http://qwgzyj.gqb.gov.cn/yjytt/127/372.shtml.

⑤ 王晓萍、刘宏：《欧洲华侨华人与当地社会关系：社会融合·经济发展·政治参与》，中山大学出版社，2011 年，第 187 页。

扶贫项目相结合，在解决就业、提高人民生活水平等方面贡献突出。如桂林吉福思生物技术有限公司是新西兰侨胞蓝福生所创办的一家侨资企业，该公司积极响应国务院侨办"万侨助万村"的号召，充分利用自身的技术优势与农民的土地和劳力结合为一体，发展罗汉果种植。自 2008 年以来，公司先后与龙胜、临桂、灵川、全州、兴安、永福、恭城、资源等县的 490 多个自然村 6000 多个农户联合发展罗汉果种植，面积达 51000 多亩。[①] 这一做法不仅为公司生产创建了罗汉果原料基地，而且也为当地农民提供了较为稳定的经济来源，是一种典型的持续双赢模式。

不仅如此，这些侨资企业也多凭借其海外销售渠道推销其在中国制造的产品，从而使得中国商品得以走向世界。一些新华商则从小规模的贸易批发和零售做起，逐渐建立起中国劳动密集型小商品的全球销售网络。典型如浙江温州（包括青田）籍和福建籍的华商，其中温州商人在北美、拉美、中东、欧洲等全球各地建立了一大批贸易批发中心，已形成遍布全球的中国小商品销售网络。而在福建商人聚居的东南亚，来自中国大陆的新华商也使得中国商品得以大量外销。根据对菲律宾华人新移民的抽样调查，马尼拉中国城新兴的购物中心约 90% 以上的商铺为中国人所有，全菲约 70% 的（中国）货物来自那里的批发商，这些商品有 65.5% 来自中国。[②] 可以说，在中国产品"走出去"的过程中，华侨华人既是使用中国商品的重要力量，又是销售中国产品的主力。一些华侨华人还呼吁当地开放市场，或协助中国商品走出去。如泰国中华总商会每年都会接待数以百计的中国商贸代表团去泰国考察合作，并协助中国各地政府及企业在泰国举行展览及推介活动。总之，在中国商品"走出去"的过程中，散居世界各地的华侨华人发挥了不可低估的作用。一些学者认为，温州金属打火机占全球市场的 70%，中国制鞋出口占世界市场的 62.6%，此外还有纺织品、机电产品等外销，其中最重要的海外推手是祖籍浙江、福建以及广东等地的海外乡亲。[③]

---

① 贺继孟：《打造企业原料基地　广开农民收入来源》，《侨务工作研究》2013 年第 2 期，http://qwgzyj.gqb.gov.cn/jcsd/171/2256.shtml.

② 代帆：《菲律宾中国新移民—马尼拉中国城田野调查》，《太平洋学报》2009 年第 10 期，第 17、20 页。

③ 吴潮：《浙江籍海外人士研究》，学林出版社，2003 年，第 34、167 页。

此外，近年来，还有一些中资企业在华侨华人的协助下走进侨居国。以印尼为例，1994年小天鹅在印尼建立帕莱玛小天鹅工业有限公司，其合资伙伴就是华商（占54%股份）；2000年长虹集团进入印尼，也选择与当地华人企业合作。长虹集团提供技术和品牌，当地华人企业提供资金和人力；印尼三林集团与中国银行合资设立福建亚洲银行，开展中国企业对外投资的中介业务，该集团还与中资华闽集团共同开发印尼石油；而中国互联网巨头阿里巴巴和腾讯公司在印尼的合作伙伴也都是华人企业。在必要的时候，华侨华人还会协助中国企业在当地渡过难关。如20世纪末亚洲金融危机发生时，就有华侨华人用自己的资金帮助海外中国银行度过挤兑风潮，维护了中国银行的信誉。[1]

（二）关注中国公益事业

新中国成立初期，华侨华人也慷慨解囊，造福桑梓。如广东省仅1956、1957年计，全省各地华侨为兴办家乡公益事业捐赠298万余元，涉及中小学校、医院、水利、乡道桥梁以及农村俱乐部等项目，其中中小学校168万余元，占56%强。[2]教育事业也是福建华侨的重点捐赠对象。据统计，从1949年至1966年，海外华人为福建捐资兴学共达5495万余元，年均323万余元。至1958年，福建省有侨办中学61所，小学1295所。[3]除这些常规捐赠外，新中国成立初期华侨还踊跃捐资支持抗美援朝。如到1952年7月止，旅印（度）华侨为抗美援朝捐款达1.3亿元（旧币）以上。[4]

而自改革开放以来至2014年5月，海外侨胞、港澳同胞捐赠我国公益事业的总额超过900亿元，用于教育、扶贫救济、救灾、卫生等多个领域。[5]

---

① 范如松著：《侨务工作的理论与实践》，世界知识出版社，2012年，第84页。

② 广东省统计局编：《广东省国民经济建设八年成就（1949—1957）》，广东省统计局，1958年，第149页。

③ 任贵祥、高远戎：《华侨对新中国及其建设事业的支持》，2011-05-10，http://www.fass.net.cn/xs/3414.html.

④ 新华社：《印度华侨捐款支援志愿军》，《人民日报》1952年8月19日。

⑤ 任启亮：《华侨捐赠是侨务部门为侨服务的重要平台》，2014-05-27，http://news.xinhuanet.com/overseas/2014-05/28/c_126557868.htm.

华侨华人捐赠中有一半以上用于教育。据不完全统计，自改革开放至 2009 年，华侨华人、港澳同胞在大陆共捐建中小学校项目 27642 个，至 2009 年仍正常使用的有 25229 个。[①] 以各地而言，至 2005 年，在我国最大的侨乡广东，华侨华人捐建的中小学校达 18000 多所；在第二大侨乡福建，几乎所有的大学和沿海侨乡的中小学都得到过华侨华人、港澳同胞的捐赠；即使在内陆省份四川，开展"侨心工程"10 年来接受捐款也达 8000 万元，建立了 260 多所"侨心小学"。[②] 这些侨捐资金对于缓解教育资金不足，促进教育的均衡发展等具有重要意义。如在福建福清市，从 1979 年到 1992 年，福清籍"三胞"为办学共捐赠 1.2 亿元，年捐赠额达 857.1 万元。1988 年至 1991 年，晋江海外同胞每年对晋江教育的捐资额，均多于当地政府对教育的拨付。[③] 这一时期，华侨华人对基础设施建设也颇为关注。如为 2008 年奥运会而建的"水立方"，是由 107 个国家和地区的 35 万侨胞集资 9.4 亿元捐建起来的。[④] 彰显着中华民族万众一心的民族凝聚力。近年来，在各级侨办的引导下，新农村建设也成为侨捐的一大热点和亮点。如至 2010 年，浙江省 37 亿元侨捐大多用于支持农村和边远山区建设。尤其是在温州，2000 年至 2008 年，温籍华侨捐赠新农村建设专案达 1.2 亿元，占同期捐赠总额的 60%。[⑤]

华侨华人的乐善好施，不仅直接推动了中国社会、经济、文化的发展，而且因华侨华人率先垂范也带动了中国整个慈善事业的发展。

（三）从"回国服务"到"为国服务"

新中国成立初期，一大批华侨知识分子毅然放弃国外优越的生活待遇和工作条件，冲破重重阻力，回到祖国。如从 1949 年 9 月到 1952 年底，留学

---

① 《内地侨捐中小学项目超 27000 个，占总数九成以上》，2009-12-13，http://www.beijing518.com/2009/1213/86017.html.

② 《300 亿"侨捐"助推我国教育事业》，《泉州海报·海外版》2005 年 5 月 24 日。

③ 张应龙：《华侨华人与新中国》，暨南大学出版社，2009 年，第 162 页。

④ 范如松著：《侨务工作的理论与实践》，世界知识出版社，2012 年，第 90 页。

⑤ 刘时敏：《温州 42 万侨胞去年捐赠 4806 万元》，2009-01-20，http://www.zjqb.gov.cn/art/2009/1/20/art_376_15613.html.

生回国人数达 2400 人，约占解放初期中国在外留学生总数的一半。[①]1955年，中国科学院首届 172 位学部委员中，海外回国的专家学者就有 158 位。王淦昌、华罗庚、钱伟长、钱三强、李四光、邓稼先、冰心、老舍……都是在新中国成立初期毅然回国的。他们成为祖国各条战线的生力军，为新中国的经济建设尤其是科技事业的发展立下了丰功伟绩。

改革开放之后，不仅一批高层次人才相继回国服务，一些海外专家还通过回国交流讲学、举办国际学术研讨会、担任专家顾问等方式，积极为国家经济社会发展服务，从而实现了华侨华人"回国服务"与"为国服务"的结合。目前，"回国服务"的主要是一些海外专家学者和高新技术人才，他们通过回国教学育人、从事研发工作或投资创业，为中国经济社会发展做出了自己的贡献；而"为国服务"最集中的表现在高校，目前回国交流讲学已成为华侨华人"为国服务"的重要方式。但与此同时，"为国服务"也体现在他们通过各种途径为祖（籍）国的发展建言献策、贡献心力上。事实上，改革开放的制度设计与创新很多是由华侨华人献计献策制定出来的。如中国经济特区的建立和发展就采纳了华侨华人的建议，其中浦东开发就与华人林同炎密切相关。祖籍福州但在加州大学任职的建筑大师林同炎，1979 年看到上海黄浦江后就萌生了在上面建桥的想法，1980 年他把建造黄浦大桥的四份方案图纸寄给上海市领导人。之后，一个以黄浦江大桥为出发点，进而开发整个浦东地区的设想在他脑海中成熟。1985 年 10 月，他找到赴旧金山访问的上海市长汪道涵，建议在浦东开辟一块土地造桥修路，建设一个现代化的浦东，得到汪道涵的认同。1987 年林同炎受邀赴沪参加浦东开发会议，详细提出了以出租土地滚动开发浦东的建议。1990 年，浦东开发正式列入国家重点发展项目。[②]

华侨华人还积极为国家统一出谋划策。其中，"一国两制"的构想从提出到完善都离不开海外华侨华人的参与。"一国两制"的构想是 1983 年 6 月邓小平在会见美籍华人杨力宇教授时首先提出来的，而后通过华侨华人特别是美国华侨华人在海外广泛传播的。之后，许多华人学者又对中国统一及海

---

① 任贵祥、高远戎：《华侨对新中国及其建设事业的支持》，2011-05-10，http://www.fass.net.cn/xs/3414.html.

② 傅先庆：《教育创新的求索》，福建教育出版社，2001 年，第 545 页。

峡两岸关系等问题进行了探讨，对如何实施和贯彻"一国两制"提出了许多富有建设性的建议。2004 年 5 月 9 日，全英华侨华人中国统一促进会会长单声向在英国访问的温家宝总理建议，尽快制定国家统一法，以遏制"台独"势力猖獗的情势。次年 3 月，《反分裂国家法》通过。为促进中国和平统一，华侨华人还利用自身优势，多方沟通和协调海峡两岸关系。如邀请海峡两岸人士参加其在海外举办的活动，促进彼此间的了解，增进共识。1992 年 11 月，以华人王灵智任主任的柏克莱加州大学少数民族研究系主办了首届海外华人问题国际大会暨"落地生根——全球华人问题国际研讨会"，28 名大陆学者、10 余名台湾学者参与其中。该会被认为是"历史上第一次中国大陆及台湾学者共同探讨侨务政策问题的集会"[1]。而每两年一次的"世界华商大会"也由海外华侨华人筹办，每次大会均邀请海峡两岸官员和工商界人士参加。这些交流与接触有利于增进两岸民众的了解和互信。

近年来，邀请海外华侨华人列席"两会"的做法也开辟了海外侨胞为祖（籍）国建设建言献策的新渠道。2001 年 3 月，全国政协首次邀请了来自亚洲、欧洲、大洋洲、北美洲等 8 个地区的 9 名海外华侨列席全国政协九届四次全体会议。此后，至 2015 年，共邀请了 66 个国家或地区的 437 位侨胞列席全国政协全体会议。[2] 列席人员包括爱国老华侨、新华侨华人以及华裔新生代中的知名侨领、专业人士和商界精英等。各地政协在这方面也有所建树。1984 年，北京市政协首次邀请海外侨胞回国列席政协会议。随后几年，国内陆续有省份加入这一行列。据统计，自 1984 年至 2013 年，各地政协已累计邀请海外侨胞回国参与政协活动 1620 余人次。[3] 此项措施不仅为海外侨胞深入了解中国民主政治制度、国家经济社会发展开辟了重要渠道，也为他们积极参与祖（籍）国现代化建设提供了有效的平台。实践中，列席侨胞的建言献策也对中国相关领域的发展起到了推动作用。如从 2003 年始，西班牙西中商会执行主席王绍基以列席侨胞的身份向政协提交了《我国在劳务输

---

[1] 任贵祥、赵红英：《华侨华人与国共关系》，武汉出版社，1999 年，第 315 页。

[2] 王茜、王震宇：《一次列席 一生荣誉——解密政协会议海外列席组》，2015-03-03，http://news.xinhuanet.com/politics/2015-03/03/c_1114508335.htm.

[3] 陈文良：《制度视角下的海外侨胞回国参加政协会议机制：历史、现状与发展》，2014-02-28，http://www.fass.net.cn/xs/5333.html

出问题上应当更新观念与时俱进》《中国应储备处理油污染的战略物资》《完善农业立法以维护中国农业合作社健康发展》等多份建议，几乎每份建议都引起较大的反响。其他如日本华侨周玮生提出的"关于创立中国百年发展研究院的建议"、奥地利侨胞吴嘉彤提出的"关于非公经济在推动中国民族文化走向世界中作用的建议"等，也为政府制定相关政策提供了重要参考。一些华侨委员的提案还得以贯彻落实。如2003年全国政协十届一次会议列席代表高杰提出的建立"海外学人中心"的提案被北京市委采纳，北京海外学人中心于2008年正式成立。此外，自2014年起，广东省人大会议开始邀请华侨列席参会，请他们就广东省的发展发表意见、出谋献策。

平常时期，许多海外华人智库机构和媒体也通过直接的交流沟通，或通过发表文章、开展学术讨论、开辟中国新闻专栏等方式，为中国发展献计献策或屡进净言。如香港亚太研究所每年召开一次涵盖海外华人学者专家的学术研讨会，为中国改革发展问题献言献策。近年来，海外华侨华人还通过构建网络虚拟社区，参与中国事务的讨论并从跨国行为者的角度提供自身观点。如旅美学者薛涌被认为是中文世界里最有影响力的意见领袖，他在博客上评论中国事务，并从国际视野出发，为中国的形象优化提供了一些建设性意见。他们虽然不会对中国决策产生直接影响，但其独特见解可以为促进诸多问题的解决拓展新的思路，提供新的见解。总之，他们是促进中国社会健康发展的重要建言者和净言者，是中华民族伟大复兴进程中不可或缺的重要推动力量。

（四）传承和弘扬中华文化

海外华侨华人因耳濡目染或多或少对中华文化有所了解，这使得他们天生就是中华文化的承载者、创新者和传播者。与前期相似，华侨华人传承和弘扬中华文化的方式十分丰富，如今2万所中文学校，数万个华侨华人社团，数百家华文媒体，遍布世界各地的唐人街、中餐馆和中医诊所，独具特色的"春节"等节庆活动，都成为展示中华文化的重要窗口和平台。

1.发展华文教育

华文教育是传承中华文化最具持续性和最有潜力的方式。发展到这一时期，海外华文学校在教学内容和方式方法上不断创新，教学对象也从华族扩大到其他族裔。正是这些改变，使得华文学校在当地得以更好地发挥传播中华文化的功能。如马来西亚华校使用的华文教材由马来西亚华校董事联合总会组织人员编写，五年一更新，使教材内容跟上时代步伐并紧贴学生生活。而马来西亚的华文教育工作者也十分注重与外界的交流，不断拓宽教育视野。如华文学校经常邀请中国国内的华文教育专家前去讲学、交流，也经常组织华校领导和教师访问中国国内学校，从而有效提升了华校的教学质量。在新加坡，为配合华文教学改革，由20家本地出版社和书局组成的新加坡华文出版协会于2005年2月正式成立，旨在出版或进口更多适合中小学生阅读的书籍。可见，为促进华文教育的创新发展，相关人员和机构做出了不少努力。

多年来，各华人社团和相关组织对华文教育和中华文化传播也倾注了不少精力和财力。如为支持华文教育，许多华人社团购置房屋、腾出会所、租用课室兴办各种华文补习班。甚至不少华人教会都设有中文学习班或者中文查经班，免费为新移民子女提供学习中文的机会。而华人社团设立奖学金、贷学金，资助华文学校之事更是比比皆是。更有甚者，如马来西亚星洲日报集团还联合华社的力量创办了"亚洲国际友好学院"和"亚洲国际友好学校"，这两所学校都以中文教学为主。当然，华人社团支持华文教育的方式还有很多，如菲华商联总会长期资助有志于华文教育的本土青年前往中国高校接受专业培训，并与福建师大紧密合作，选派其优秀毕业生来菲任教，以壮大菲律宾华文师资队伍。菲华商联总会名誉理事陈永栽还个人出资建立了菲律宾最大的华文图书馆"陈延奎纪念图书馆"。一些致力于发展海外华文教育的专门组织也得以成立。如2005年成立的英国华文教育基金会一直以弘扬中华文化、促进中英友谊为宗旨，该基金会曾于2007、2010年分别成功举办第一届欧洲华文教育研讨会和欧洲华文教育论坛。一些华文教育机构还为中国对外语言传播排除阻力。如中国在印尼开办孔子学院，最初阻力很大，后来是雅加达华文教育协调机构及其他华人社团的牵线搭桥、出钱出力，经过几年不懈努力，最终得以实现。

由于华文教育是培育华文媒体受众的温床，因此华文媒体在推动华文教育方面也颇为尽心。如马来西亚规模较大的几家华文日报，多年来与当地的华文教育机构一直维持着紧密的合作关系。如《星洲日报》与《南洋商报》

两家华文报，持续多年皆举办大型的筹款活动，为华校筹募华教基金；一些华文报刊还长期坚持与华教机构联合举办各项学术性活动，并赠送报纸给华校学生当辅导教材，从而有效推动了华文教育的发展。

2. 传播中华文化

在各方努力下，如今不仅汉语在海外影响甚广，中国传统民俗和饮食文化、医药文化，中国旗袍等服饰文化等也在海外广为人知，并在一定程度上为当地民众所接受。如在东南亚一些国家，各族裔联合起来同庆中国传统节日的现象越来越多。

在中华文化传播方面，除华文学校功不可没外，华人社团和华人媒体贡献也颇大。一些华人社团持续举办了各类文化传播活动。如在马来西亚，从 1984 年起至 2016 年 2 月，大马各州轮流承办全国华人文化节已有 33 年。在柔佛州的新山，由当地华社举办的古庙游神活动，每年都吸引数十万民众参与其中；一些侨团还邀请或协助中国国内的专业艺术团体前去表演，使住在国民众对中华文化产生了强烈的好奇心和亲近感。如 2013 年 11 月及 2014 年 5 月，汉城华侨协会、仁川华侨协会两度与中国华文教育基金会在韩国共同举办了"共庆中国年·齐鲁文化走进韩国"系列活动；一些华人社团和侨领还出版书籍，以文字形式传播中华文化。如菲律宾安海公会在侨乡相关人士的配合下，1995 年出资印行了《晋江民谣百首》。韩国侨领韩晟昊出版了《食品秘方》5 部及《汉方医疗大全》12 部（与四位韩人教授合著），为中医药文化的传播做出了杰出的贡献。一些华人社团还积极争取华人文化的生存空间。如马来西亚华人社团就曾向政府提交国家文化备忘录，发表文化方面的宣言等，积极谋求华人文化的发展。他们提出的《国家文化备忘录》要求当地政府尊重各民族应享有的保存和发展其民族文化的权利，并且希望当局主动促进国内各民族文化的交流，以促进共同文化价值观的形成等。甚至有些规模较大的教会，还组织民族舞蹈班、民族乐器班、中文唱诗班、厨艺班等，以各种不同的形式向信众传播中华文化。

海外华文媒体在传播中华传统文化方面也表现突出。如印尼《生活报》《新报》等华文报纸，在 20 世纪 50 年代就已成为传播中华文化的重要平台。如今这些华文媒体仍将传播中华文化视为己任。如由泰国《中华日报》创办的《中华青年报》就开辟了学习汉语和传播中华文化的专栏。在华人传统节日期间，一些媒体会对节日的来历、风俗习惯等予以介绍，并积极参与和报道华人社会的节日庆祝活动。如沙捞越的《国际时报》于 1993 年中秋之际，在古晋民众会堂举办灯笼制作比赛，吸引了一些学生和社会公众人士参赛。而在 2003 年中秋佳节，马来西亚《诗华日报》（诗巫版）报道华人社团庆祝中秋节日活动的新闻约占全沙捞越州新闻的 35%。[①] 华文文学是传播中华文化的重要载体，一些华文媒体在这方面也煞费苦心。如《星洲日报》积极牵头出资设立各类文学奖，如"花踪"文学奖、冰心文学奖、世界华文文学奖等，激励华人踊跃从事中国文学创作；在马来西亚，各华人社团于 1989 年开始联合举办两年一届的马华文学节，以展示优秀华文文学作品、评选马华文学奖等多项奖项、召开文学座谈会等方式激励华人进行文学创作。

除这些有意识的传播行为外，一些中餐馆、中医馆等在经营的同时也自觉不自觉地传播了中华文化。据业内估计，目前海外中医业者约在 30～50 万人之间，而中医药文化已传播到世界 160 多个国家和地区。[②] 又如唐人街因华人集中自创立始就成为传播中华文化的重要阵地。如今，许多新老唐人街还成为了当地的商贸旅游中心，其文化传播功能得以增强。

3. 促进中华文化创新发展

除在海外传承和弘扬中华文化外，海外华侨华人也关注中华文化创新。如海外华侨华人通过回国讲学、投资办学、设立文化交流基金等形式进入祖籍国的文化创新领域，促进中外文化交流和中华文化的创新发展。

而在海外，华侨华人也在传承中华文化的同时，将当地文化因素有机地融合进来，从而促进了中华文化的创新发展。如在菲律宾，华人到"义山"（即华人陵园）去祭拜祖先的日期也已由清明节改为菲律宾的亡人节（每年 11 月 1 日）了，而这一改变即保留了中华文化的内核，又实现了与当地文化的有机融合。而中华饮食文化更是普遍实现了在地化。

---

① 詹冠群：《历史与现实》，海峡文艺出版社，2008 年，第 181 页。
② 《中医推广主要靠针灸》，《环球时报》2010 年 3 月 19 日第 21 版。

（五）支持中国政策，宣传中国国情政情

这一时期，海外华侨华人也对中国政府政策予以一定程度的配合。如为改善中国与东南亚国家的关系，20 世纪 50 年代中期中国政府放弃了双重国籍，并鼓励华侨华人积极归化于当地。一些华人政党对此予以积极响应，如从 20 世纪 50 年代开始，马华公会就呼吁华侨认同当地，成为马来亚人，与其他各族民众一道共建美好家园；以萧玉灿为首的华人于 1954 年 3 月成立了"印尼国籍协商会"，呼吁华侨积极加入印尼国籍，成为印尼公民，为印尼国家建设作贡献。如今，海外华侨华人也积极支持中国政策，典型如支持中国政府提出的和平统一政策。为此，海外华人社会中出现了一大批旨在促进中国和平统一的组织，截至 2006 年，华侨华人在全球 80 多个国家和地区成立了 170 多个"反独促统"组织，召开了 20 多次声势浩大的全球或洲际性"反独促统"大会，在全球营造"反独促统"的氛围。一些海外华侨华人还利用他们与台湾岛内的广泛联系，多方式多渠道地做台湾各界人士工作，争取更多台湾民众对大陆统一政策的理解和支持。

同时，华侨华人也以多种形式向华人社区、当地民众甚至于向当地主流社会介绍中国政策及中国的真实情况。早在新中国成立初期，一些东南亚华文报纸就成为宣传新中国政治外交、经济社会发展的重要媒介与平台。如印尼著名华文报《生活报》《新报》是 20 世纪 50 年代宣传中国政治发展、和平外交政策、社会经济进步的重要平台，是印尼侨社了解新中国建设成就与侨乡发展的重要窗口。印尼、菲律宾等一些侨团还在海外各地举行新中国和平建设或中外友好关系的图片展，如 1974 年菲律宾马科斯夫人访问北京，并受到了毛泽东主席的接见。为了扩大这次交往的效果，菲华联谊总会就与菲律宾国家新闻传播中心联合举办了"第一夫人访华图片展览"，轰动一时。对于华人个体而言，回国参观是熟悉新中国和介绍新中国的重要契机。观光团成员返回后，不仅以演讲的形式介绍新中国建设成就与侨乡新貌，而且还在当地华文报刊上表达其新中国观感。如在 1952 年 7 ~ 11 月间，缅甸、印尼、印度等国的闽籍华侨回国参观团在目睹新中国在政治、经济与社会治理方面发生的巨大变化后，纷纷寄观感文字给华侨报纸发表，或者接见华侨记者畅叙此行印象，将中国社会主义革命与建设成就向居住国华社与当地社会

传播。①

改革开放之后,在阐释中国政情、国情方面,华文媒体功不可没。在东南亚,虽然华文报刊内容逐步本土化,但随着改革开放后中国的日渐强大以及国际影响力的逐渐提升,中国的大政方针、闽粤沿海各地侨乡的新闻等也成为华文报刊的关注内容。有些华文日报专辟中国新闻专栏,如在马来西亚,西马的《东方日报》辟有"大中华"新闻专栏,东马的《国际时报》《沙捞越晚报》和《美里日报》也辟有"中港台新闻"。而大部分华文日报都将中国的新闻归入国际新闻当中,但在其中占有不小的篇幅。如《诗华日报》(古晋版)2003 年 7 月刊登的所有国际新闻中,中国新闻(包括港澳台地区)所占比例,最低为 13.2%,最高达 48.6%,平均达 28.6%。②一些新成立的华文媒体对宣传中国国情、社情也颇为尽力。如 2006 年华商王伟胜、刘海涛联手从阿联酋国家电视台手中全资收购阿拉迪尔卫视(更名阿里巴巴亚洲商务卫视)后,开设了多个介绍中国的栏目;2009 年华商叶茂西收购英国 PROPELLER 电视台后,也增播中国节目,以激发欧洲人对中国的关注,推动中欧交流合作。一些特殊时刻,华文媒体更是着力宣传。如每年两会期间,以及在上海世博会、广州亚运会期间,华文媒体的关注使世界各国得以更了解中国。近年来,随着华文媒体与中国大陆媒体合作的不断加强,华文媒体获取中国信息的渠道更加畅通。如华文媒体《欧洲时报》有关中国大陆及港台等地的新闻大量采用新华社、中新社、香港中国通讯社的稿件,副刊文章则多编辑自中国大陆及香港报刊。这种合作,无疑更有助于把中国各种信息传播出去。

而改革开放以来,越来越多的华侨华人个体或团体到中国投资兴业或观光旅行,他们返回到住在国之后,也通过在当地媒体撰文、举办摄影展与图片展、开展座谈交流等多种形式向华人社区甚至主流社会介绍中国的真实情况,形成了一定的话语声势。如在 2009 年"西藏百万农奴解放纪念日",美国美东社团联合总会举办了"西藏今昔图片展览"活动、全非洲和平统一促进会举行"西藏百万农奴解放纪念日——让南非人民更了解西藏"活

---

① 施雪琴:《华侨华人与中国在东南亚的公共外交:回顾与展望》,《创新》2013 年第 1 期,第 16 页。

② 詹冠群:《历史与现实》,海峡文艺出版社,2008 年,第 184 页。

动，介绍了 50 年来西藏人民在经济、社会等方面所取得的翻天覆地的变化，使当地民众对西藏的历史和现状有了更加全面和真实的了解。2011 年 9 月 17～18 日，南非华人自发举办了"中国秀"大型图片展，向南非华社和当地民众展示了新中国成立以来的发展和成就。

（六）促进中外友好交往

自新中国成立以来，华侨华人就在促进中国对外交往方面发挥了重要作用。

新中国成立初期，与我国建交的国家不多，即使在邦交国，我国使馆力量也很有限，但无论是建交国还是未建交国，在中国领导人的出访活动中，华侨华人均在接待、担当保卫、翻译等方面发挥了十分重要的作用。典型如在 1955 年万隆会议期间，周恩来总理就受到海外华侨的热烈欢迎与严密保护，情形感人至深。又如在中日邦交正常化前，日本华侨社团为促进中日友好关系做出了许多贡献。其中如日本东京华侨总会接待了大量中国代表团，并在安全和生活、语言翻译等方面提供了协助；泰国中华总商会长期致力于中泰之间的友好往来和经贸合作，并为促进中泰友好关系发挥积极作用。中泰未建交期间，泰国华侨华人与中国的接洽均由泰国中华总商会办理。1975 年中泰建交之后，中华总商会仍经常接受使馆及华侨华人的委托，办理有关商业及其他事务；菲律宾侨团在中菲建交过程中也扮演了重要角色。1974 年马科斯总统夫人伊梅尔达来华访问，为马科斯访华作前期准备。当年，由晋江旅菲知名人士吴永源、杨振殊等人发起创立菲华联谊会，该会在首都马尼拉放映中国电影，举办马科斯夫人访问中国图片展，为中菲建交造势。

中国与一些国家建立或恢复外交关系与华侨华人的努力也是分不开的。这些人包括促成中泰建交的泰国华裔许敦茂，促成中马建交的马来西亚华人李引桐、曾永森，为中国与印尼两国复交做出不懈努力的印尼华人唐裕，致力于中韩建交和经贸发展的韩国华人韩晟昊等。如在中马关系正常化过程中，马来西亚华人李引桐就曾扮演了重要的角色。李引桐在 20 世纪 50 年代就同中国有着商务往来，1955、1956 年还先后受到廖承志和周恩来总理的接见。与此同时，李引桐在长期的商业活动中与马来西亚第二任总理拉扎克私交甚深，1969 年马来西亚发生种族骚乱后，为了缓和民族矛盾，以及为了赢得竞选，拉扎克开始考虑改善与中国的关系。李引桐力挺这一想法，还自告奋勇在两国间担当沟通角色，最终如愿以偿。文革期间，他频繁穿梭于中马两国之间，传递双方相关信息。1971 年初，李引桐还借吉隆坡水灾之机请求中国红十字会给予民间赈灾，此事对马来西亚国政府和民众产生了良好的心理效应。① 这些民间互动为中马建交奠定了民意基础，1974 年 5 月中马正式建交。李引桐也因此有了衔着橄榄枝的"和平鸽"、不拿薪水的"外交官"的美称。又如印尼华人唐裕对中印、中新关系贡献良多。历届印尼政府与中国的关系，无不请他出谋划策。20 世纪 80 年代，中印签订恢复两国直接贸易的协议以及 1990 年中印恢复外交关系，均有他的一份功劳。

广大华侨华人还充分利用自身优势，通过不同方式，向住在国政府和主流社会传递中国和平发展的政治理念，增进中国与住在国之间的政治互信。在许多国家，存在着一些专门促进中国与这些国家关系发展的协会组织，如马中友好协会等，华侨华人在其中起着重要的作用。如巴西华人顾杭沪因精通中医针灸而与当时的巴西总统卢拉建立了良好的个人关系，并利用这层关系于 2005 年成立了"巴西利亚华人华侨协会"，长期致力于团结华人，推动中巴关系的健康发展。一些海外华人个体或组织还为住在国政府发展对华关系建言献策，力促中国与住在国双边关系发展。如日本华人教授会议经常应日本政府和经济团体之邀发表有关中日经济合作的建议。2007 年，日本总理福田康夫访问中国前夕，专门与日本华人教授会议代表座谈，了解他们对中日关系的看法。又如 2014 年印尼总统苏西洛签署第 12 号总统决定书，正式废止对中国歧视与侮辱性的称呼"支那"，改称"中华"。这一重要举措，是由印尼华裔总会创会会长、印尼民族建设基金会会长汪友山先生促成的。

（七）维护中国海外利益

新中国的成立得到了一部分海外华侨华人的拥护。当新中国诞生的消息

---

① ［新加坡］陈是呈：《唤醒沉睡的马中关系（1970—1974 年）：马中建交前马来西亚华人在社会与文化互动中的角色》，《南洋问题研究》，2013 年第 3 期，第 46—48 页。

传到海外，一些华侨不顾当地政府的限制以及国民党海外势力的百般阻挠，坚持以升国旗、奏国歌、发贺电、召开庆捷会等各种形式进行庆祝，以捍卫中华人民共和国的尊严。新中国的海外权益也得到了一部分海外华侨华人的支持。如1971年9月旧金山"华裔民主党协进会"发表声明，要求联合国恢复中华人民共和国的一切权利。

改革开放后，华侨华人在海外进行的支持中国政府的活动更加频繁。除以游行、升旗等方式庆祝中华人民共和国国庆等一般性活动外，在申奥、上海世博会、广州亚运会等特殊时期，海外华侨华人均以各种方式支持中国。如在2008年奥运圣火传递中，华侨华人除以游行、挥旗等方式宣传北京奥运外，对于那些干扰奥运圣火传递的行为，各地华侨华人均自发地组织起来以各种方式予以抗议，为奥运火炬一路保驾护航。如2008年4月15日美国有线电视新闻网（CNN）在转播旧金山奥运火炬传递情景时，主持人卡弗蒂发表了攻击中国的言论，立刻引发各地华人的抗争甚至上诉。5月15日，CNN总裁被迫向中国驻美大使致歉。其他如美国轰炸中国驻南斯拉夫大使馆后，华侨华人也通过电视、媒体和广播表示抗议。

一些华人组织和华人领袖对中国海外形象也十分关注，对于中国方面的相关行动也予以积极配合。如海外华文媒体、华侨华人社团和留学生团体对中国外交部2009年7月的"树立海外中国公民文明形象宣传月"活动就积极配合，并在其中发挥了各自的作用。以西班牙华侨华人为例，同年8月4日，西班牙华侨华人协会召集其他旅西侨团，召开了"积极开展树立海外中国公民文明形象宣传月活动"的座谈会，提出许多如何树立海外中国公民文明形象活动的建议。最后，与会侨团联合通过了《做文明的中国人 为祖国争光倡议书》，以及《西班牙侨团、媒体关于团结一致、严厉打击华人内部犯罪的声明》。西班牙华人网站也呼吁旅西华人注意自己的言行，8月11日，欧浪网刊文指出：我们旅西华人来到当地，从某种程度上说，每个人都代表着华人和中国的形象。因此每一位旅西华人都应该从自我做起，严格约束自己的行为，以良好的言行，给当地人展现美好的形象。①

总之，海外侨胞既是住在国建设的积极参与者，也是新中国现代化建设

---

① 姚秀芝：《树立海外华侨华人文明形象》，《侨务工作研究》2010年第1期，http://qwgzyj.gqb.gov.cn/hwzh/152/1584.shtml。

事业的支持者。实践中,华侨华人为新中国各方面建设事业的发展贡献了自己的心力。

三、推动中外交流和合作

华侨华人由于其跨国或跨文化优势,还是中外交流与合作的推动者。不少华侨华人和华人社团即致力于此。如印尼中华总商会自 2001 年成立后,不仅积极推动海内外华商发展实业,还以促进印中经贸往来为使命。而成立于 2002 年的印中商务理事会,旨在提供信息咨询服务,促进印中企业家之间工业、商业、服务、投资及其他方面互惠互利的经济合作。

实践中,华侨华人也努力促进中外经贸合作。在新中国成立初期,华侨华人促进中外经济合作的重要平台是每年春秋两季在广州举行的中国出口商品交易会(简称"广交会")。广交会初创于 1957 年,一些华商不离不弃,多年来坚持参加广交会,并在海外广为宣传,争取其他外商与中国合作。2007 年后广交会更名为"中国进出口商品交易会",仍是海外华侨华人促进中外经贸合作的重要平台。当然,改革开放后华侨华人促进中外经贸合作的平台更为丰富,甚至一些华商也亲自创设这样的合作平台。如华商何烈辉 2008 年创办的"达之路非洲投资高峰论坛"是民间规模最大的中非交流平台,论坛已成功举行了数届,吸引了众多非洲国家政府高官、国内政府官员、企业家和媒体参加,也促成了数百个中非投资项目的实施。如今,多个非洲国家已将参加该论坛列入了政府工作计划。而何烈辉本人也积极为中非经贸交流搭桥引线。仅在 2010 年间,他就参与接待了 20 个非洲国家的政府、国际组织和企业代表团访问中国,其中包括 13 位总统、2 位总理(首相)、100 多位政府部长、1000 多位企业家。[①] 华侨华人还经常组团前往侨乡考察投资环境,鼓动所在地的外商前往侨乡投资,同时又作为东道主邀请侨乡政府官员和民间企业家前往所在地洽谈商务。如 1994 年菲华商总组织大规模工商考察团赴华,不仅重点考察了福建省的投资环境,而且还举行了菲律宾工商旅游投资环境的介绍会;2001 年印尼中华总商会成立以来在当地

---

① 范如松:《侨务工作的理论与实践》,世界知识出版社,2012 年,第 130 页。

为中国省市代表团举办了产品推介会、各类座谈会和经贸洽谈会等，并联同其他商会率团赴中国各地交流访问，介绍印尼的投资经商环境，为中印经贸合作穿针引线。而据美国詹姆斯顿基金会《中国简报》2012 年 8 月 1 日指出，中国与印尼两国间的经贸往来至少有 90% 涉及印尼华人，他们扮演着双边经济联系的桥梁角色。[①]

在文教、科技、宗教、政治等其他领域，海外侨胞也利用他们的优势，积极促进中外交流与合作。如在文化、科技领域，海外华侨华人通过回国讲学、合作办学、设立文化交流基金等形式促进了中外文化、科技交流。如巴西侨领尹霄敏等华人华侨在 2000 年创办了巴西华人文化交流协会，鼓励华人华侨融入巴西主流社会，关心巴西国家大事，促进中巴文化交流。而由于印尼侨领胡建章的牵线搭桥和积极磋商，2009 年江门幼儿师范学校和泗水小太阳三语国民学校缔结为"友好姐妹学校"，开创了两市学校合作交流的新篇章。在宗教、政治领域，苏北印华总会组织伊斯兰教长老团到中国甘肃、青海回民生活区交流学习，该会还陪同苏北省长一起到中国广州参加"国际旅游节"等，带动所在国官员与中国官方的交流。一些华侨华人还致力于成为中外城市沟通的"民间大使"。据统计，自 1973 年开展友好城市活动以来截止 2015 年 8 月 11 日，我国有 30 个省、自治区、直辖市（不含港澳台）和 447 个城市与五大洲 133 个国家 480 个省（州、县、大区、道等）和 1476 个城市建立了 2200 对友好城市（省州）关系。[②] 这其中许多友好城市是由华侨华人引荐促成的。总之，因为华侨华人的关系，中国得以在各方面更好更快地与世界接轨。

当然，华侨华人的作用仍然有消极的一面。如这一时期华侨华人曾经成为中外关系的阻碍因素，而新时期的非法移民也成为他国政府指责中国的口实。即使是华侨华人对侨乡的影响也可能有消极的一面，如华侨华人在海外的成功示范可能促使侨乡高层次人才持续流失，一些侨汇资金的不合理运用也可能导致侨乡畸形消费、攀比之风盛行，以及盲目涌入房地产及资本市场，从而引发一些新问题。

---

① 瞠目结舌：《印尼华人竟然掌握着该国 80% 的财富》，2015-04-21，http://mt.sohu.com/20150421/n411641724.shtml

② 中国国际友好城市联合会网站，http://www.cifca.org.cn/Web/Index.aspx.

第二节 "后海丝时代"华侨华人作用的特点

与历史上"海丝"时期相比较,在"后海丝时代",华侨华人对中国与侨居国的贡献有其鲜明的特点。

一、阶段性特征明显

由于不同时期中国政府和侨居地政府与华侨华人的关系不同,对华侨华人的态度和政策不同,因此,不同时期华侨华人对中国和侨居地的贡献也有所不同。

在中国政府方面,新中国建立初期,一度对华侨工作比较热心,不仅鼓励和支持海外华侨回国参与建设,而且也组织东南亚华侨华人回国观光或参政,通过他们向海外宣传新中国的实际情况,并加强对海外华侨的宣传工作。相应的,新中国成立初期,华侨华人也积极配合政府政策,在回国建设、新中国外交事业等方面做出了积极的贡献;1955 年"双重国籍"解决方案出台后,中国政府主动放弃双重国籍,转而鼓励华侨华人融入当地,为当地多作贡献。这之后,中国政府的海外侨务工作大大收缩,接侨和安置归难侨成为主要的侨务内容。"文革"时期,中国政府甚至对华侨华人有所提防,不仅不许其回国,对其回国投资、捐赠也严格限制。与此同时,新中国成立初期,中国政府奉行限制性移民政策,大规模的中国大陆移民基本停止。这样,随着绝大多数东南亚华侨变成了华人,再加上一些东南亚国家的强制同化政策以及中国国内一系列"左"倾运动的影响,从 1955 年到改革开放前,东南亚华侨华人与中国的关系总体比较平淡,于中国的贡献也不如以往;改革开放后,中国各级政府重新关注起华侨华人的独特作用,并注重对华侨华人的广泛动员。这一时期,不仅侨务领域拨乱反正,移民活动重归正常,各级政府也开始主动恢复和加强与海外侨界的联系,注重在华侨华人中招商引资引智,强调华文教育工作和对外文化传播,并力促海外侨社健康发展。与此同时,也呼吁海外侨胞积极成为促进中国与住在国各领域合作交流的友好使者，以多种方式向住在国政府及当地主流社会介绍中国的基本国情、发展道路和内外政策等。这样，华侨华人与中国关系在经历一段时间的恢复后，又重归密切。相应的，在中国改革开放的进程中，华侨华人也发挥了极为重要的作用。

在侨居国，尤其在东南亚，20世纪50～70年代，在意识形态对立和民族主义的双重夹击下，华侨华人在大多数新兴民族国家被边缘化，政治、经济、文化等各方面权利均受到限制。一些东南亚国家在此期间还掀起了排华浪潮，大量华侨被迫回国或向世界其他地区再移民。如印尼在1958年～1965年间，有数以万计的华侨被驱赶回中国，留在当地的华侨华人也发展艰难。这之后，苏哈托政权（1967—1998）初期仍然对华人族群限制严格，华人的社会政治组织被禁止，华人申请各种证件和营业准字时备受刁难，华人也不被允许保留本民族文化语言和传统节日，甚至被强制性地要求改名换姓。[①] 在此情况下，华侨华人发展有限，其对侨居地的贡献也受到极大限制；20世纪70年代中后期开始，随着与中国关系的逐渐好转，以及出于民族融合或经济发展的需要，东南亚大多数国家对其原有华人政策进行调整，放宽对华人的限制。如1979年后印尼政府在经济上，对华人实行利用为主、限制为辅的政策，即允许其发展，但必要时会加以干预；菲律宾于1975年和1976年先后颁布总统令，宣布放宽外侨入籍条件、简化入籍程序，从而基本解决了华侨入籍问题。20世纪90年代冷战结束后，东南亚国家对华人的公然歧视和排斥已大为减少，大多数东南亚国家都对华人组织社团、创办华文报刊和保持自己的风俗习惯等不再严格禁止。不仅如此，20世纪70年代以后，一些东南亚国家开始刻意利用华人经济来恢复国民经济，或利用华人的特殊身份发展与中国的经贸关系。因而，华侨华人在侨居国的发展较为顺利，对当地建设功能也大为增强。

阶段性特征还体现在不同时期华侨华人同一贡献的实际意义大不相同。如在不同时期，侨汇对于中国侨乡的意义就有较大区别。在新中国成立初期，侨汇用途比重大体是：用于生活消费60%，建筑用款20%，投资与公益

---

① 曾少聪、汪鲸：《东南亚华侨华人与居住国的政治关系——以菲律宾、新加坡、马来西亚和印尼为例》，《第九届中国世界民族学会会员代表大会暨学术讨论会论文集》（上册），上海，2010年，第10页。

事业 10%，婚丧应酬费 10%。① 可见，此期侨汇主要用于赡养家眷，绝大部分用于生活消费，用于投资等再生产的比较少，致使侨乡社会自身造血能力不足。而到改革开放后，侨汇的用途发生了极大的变化。这一时期，侨乡民众充分发挥海外华侨华人众多、毗邻港澳等优势，引进大批侨资、港资和外资，大力发展三资企业或侨眷企业，过去赖以生存的侨汇资金成为了侨眷的生产资金，侨乡亦由商品消费市场转为商品生产基地。

二、在传承中创新

这一时期，华侨华人在对侨居国和中国的贡献中，除坚守原来的方式外，又有所创新。如在对侨居国贡献方面，随着在地观念的逐渐深化，华侨华人更关注当地政治，一些华人积极参政议政，充分发挥自己的政治才能。普通侨胞也更加注重与住在国政府相关部门的沟通配合，以合法手段表达自身诉求。如南非侨社建立的"南非华人警民合作中心"、意大利罗马侨界万人和平大游行等，得到当地政府、社会和舆论的一致肯定，既维护了自身合法权益，也树立了海外侨胞爱和平、反暴力、谋发展的良好形象；经济上配合政府政策，积极转型，从专注于商业到积极从事工业、商业等各领域，并和当地土著民族携手创业等；文化传播更加当地化，注重文化融合。如过去30多年来，由大马各州承办的华人文化节不但是华人文化盛会，也彰显了各州的文化特色和风土人情；扎根于当地，对当地社会事业更加关注等。

对祖籍国，华侨华人的主要贡献也逐渐从捐赠、投资发展到贡献侨智和社会资本，在中国政治、经济、社会改革等方面建言献策，促进中外交流合作、维护中国海外利益等多方面。如发展到今天，在华侨华人资本仍对中国经济、社会产生重大影响的同时，华侨华人在贡献才智和商业网络方面的贡献显然更为重要。不仅如此，不同时期华侨华人对祖（籍）国的关注目的可能也有所不同。如晚清时期，各政治党派在海外宣传频繁，但其宣传的主要目的在于揭露当时政府的腐败，阐述其主张的必要性和合理性。而改革开放

① 庄国土、黄猷、方雄普主编：《世纪之交的海外华人》（上册），福建人民出版社，1998 年，第 210 页。

之后，随着中国国内经济稳步发展，以及随着中国国际地位的提升，海外侨胞对中国的归属感以及对中国现行政策的认同感增强。这也激励着海外华侨华人通过各种渠道，积极介绍和宣传中国的政策和国情，树立中国良好国际形象。显然，在不同时期华侨华人的海外宣传目标是不一样的，于当时中国政府的意义更是有所不同。

总之，这一时期华侨华人于各方的贡献既承继传统，也根据侨情变化以及中国和侨居国形势的需要而有所创新。

三、非均衡性

从各类作用的实效来看，政治效果不如文化效果，文化效果又不如经济效果。前者是因为社会制度、价值观念上的差异不是一朝一夕可以消除的，而文化差异则能吸引不少人的眼球。至于后者，文化宣传可能吸引不少人的眼球，但这主要是因为新颖，并不代表认同和接受。而经济上的合作则是货真价实的，通过吸引侨资，也通过"以侨为桥，引进外资"，中国与侨居国均收获不小。如各方均收获了一些外来资金、人才及合作经验，并因此而推进了其国内经济改革的进程。这似乎也表明，在一些具体的、可操作性问题上，各方人士均是务实的。

第三节 "后海丝时代"华侨华人作用机制之变化

一、从奉献到双赢

对于侨居地政府和中国政府而言，尤其是对于中国政府而言，华侨华人的贡献逐渐从一种义务和奉献，发展成为一个双赢的过程。这不仅仅是一种结局，也是一种观念上的改变。

到 20 世纪 70 年代,侨居地政府从多年共处的历史经验出发,逐渐意识到一味地打压华人于当地社会经济发展无益,相反,笼络华人或者给华人以适当的生存发展空间,不仅对华人自身发展有利,而且对当地社会经济、民族融合和社会稳定均大有裨益。而且,随着西方民主政治制度的日益扩散,愈到后期,政府也逐渐意识到,公民对国家不只有奉献的义务,也有受保护和发展的权利。因此,侨居地政府也更能从共赢的角度来看待和对待华侨华人。

对于中国政府而言,这一认识上的转变与中国政府侨务立场的转变有很大的关系。在 1949 年以前,历届中国政府的侨务要旨均在于希望海外侨民从各方面尤其从经济上更多地支持中国政府,以缓解政府的财政困难,支持国内经济发展。而广大侨胞也主要通过汇款、投资等各种形式,设法满足中国国内社会、经济和文化需求,特殊时期并回国参战。而新中国建立之后,中国政府的心态逐渐由中国本位转向华侨华人本位。新中国成立初期,出于外交考虑,以及为华侨华人的长远发展着想,中国政府放弃了双重国籍,并鼓励华侨华人积极融入当地。相应地,在之后较长的一段时间内,中国政府对华侨华人也没有太多的期待。直到改革开放,出于吸引外资的需要,中国政府重新鼓励华侨华人投资中国大陆,与此同时,也为此创设了一系列优惠条件,保证其在经营中有利可图。在华侨华人捐赠和投资的宣传上也要求谨慎,尽可能不给华侨华人造成困扰。因此,这一时期中国政府更多地考虑了华侨华人的立场,华侨华人与中国的关系主要是一种双赢的关系,体现了"为国服务"和"为侨服务"的统一。

二、组织化程度更高

组织化程度更高主要体现在两个方面。一是华侨华人所起的作用更多地以组织的形式进行。如华侨华人来华进行投资考察的活动,多是华人社团组团来参加等。又如改革开放以来,华侨华人对中国公益事业的捐赠,侨资企业和华人组织就是最重要的主体,尤其是一些较大的捐赠项目,多是通过侨企、侨团、侨商协会或基金会等来实施的。如宁波市侨商会从 2003 年成立至 2013 年累计捐赠近 2 亿元,2013 年 12 月宁波市侨商会还倡导成立了"宁波市侨商会爱心基金"。而侨捐基金会——福建南安芙蓉基金会自1991年成立至2013年，已捐资近4亿元兴办梅山镇区各项公益事业。而华侨华人在侨居国的捐赠也有不少是以团体形式进行的，如前所述，菲律宾侨社"三宝"就因关心当地公益事业而被备受称赞。之所以如此，与各地华侨华人被更大范围、更深程度地组织起来有很大的关系。如在马来西亚，华人社团的数量处于不断增长之中。1969年为3268个，1975年为3582个，1993年为5762个，2001年为7276个，2005年初约为7900个。[①]更重要的是，这些海外华人社团在业务方面有所拓展，统筹能力也有所增强。如这一时期，华人社团已从早期华社内部的帮扶、互助、联谊等一般性功能，发展到当前的鼓励华人融入主流社会、维护华社自身利益、协调华社与其他族群关系、扮演居住国与祖（籍）国友好使者等多元功能，处理事务更为广泛。加之，中国、侨居国及华人个体均注重通过华人组织来实现自身诉求，因而华人组织的影响更加显著。

二是华人组织的作用深度和广度有所发展。以华人组织的文化传播功能为例，如在马来西亚，为扩大马华文化的影响，建设和发展马华文化，1983年3月27日，15个华人社团在槟城召开文化大会，决定向政府提呈华团国家文化备忘录，第一次较系统地表达了华人社会关于国家文化政策及其建设马华文化的基本立场和观点。文化大会并决定从1984年起每年由各州华堂轮流承办"全国华团文化节"（1993年起改为"全国华人文化节"），至2016年2月，大马各州轮流承办全国华人文化节已有33年。除举办文化节外，1991年成立的马来西亚中华大会堂总会及其他文化团体还经常邀请国内外学者举行中华文化方面的讲座；各华团还举办华文书法工作营及各种形式的生活营、交流会、展览会、竞赛会，组织舞龙狮、杂技表演、绘画比赛、珠算比赛、春节庙会、挂灯笼、提灯游行等民俗活动；1985年，马来西亚华团合办华社资料研究中心，进行学术研究和资料建设活动，同年编写了《华人礼仪范例》。之后又邀请国内外学者编写《马来西亚华人史》，并出版各种华文书籍等。可见，由于华人社团自觉意识的增强，其作用的深度和广度有所增强。除侨团外，华文媒体也在文化传播和交流方面表现突出。如日本华文媒体在传播中华文化、促进中日文化交流以及民众的相互理解等方面

---

① 石沧金著：《〈马来西亚华人社团研究〉序》，中国华侨出版社，2005年。

发挥了重要作用，其中较有代表性的是日本侨报社。1996 年，日本华侨段跃中创立《日本侨报》和中国留学生文库，1999 年成立了日本侨报社。截至 2011 年 6 月，出版了中文和日语书籍 217 册，涉及中国文化、中国现状、中日关系、中日交流以及在日华人社会等各个方面。实践中，日本侨报社还把促进中日双向交流作为经营的重点，创办以来相继成立了多个致力于中日交流的子机构，包括中国研究书店（2002）、博士文库（2002）、中日交流研究所（2005）、日中翻译研究所（2008），还推出了华人学术奖（2002）和中国人日语作文比赛和日本人汉语作文比赛（2005 年）、中日公共外交研究奖（2011）等各种促进中日交流的新模式，在促进中日两国民间对话和促进中日民众相互理解方面取得不少成绩，段跃中也因此而获得 2009 年度"日本外务大臣表彰奖"。

可见，由于这一时期华人组织的自觉程度和社会责任意识增强，在促进中外交流合作方面更为积极和主动。加之这一时期华人组织发展迅速，侨团整合效果明显，如由于世界华商大会等跨区域及全球化社团明显增多，其统筹能力还较以往增强，因此能发挥更大的组织功能，影响也就更为深远。

三、个人作用明显加大

随着华侨华人综合实力的提升，尤其是其在侨居国政治、经济和社会地位的提升，华侨华人个体对侨居国和中国的作用也更为显赫。

如由于华人群体受教育程度的普遍提高，当前以文字形式进行文化传播的华人个体逐渐增多。如一些华人精英的著述，如前述韩国侨领韩晟昊的《食品秘方》及《汉方医疗大全》等，介绍了医药文化、饮食文化等，推动了中外经济文化交流。又如在海外文坛上打拼的华人作家，其作品因融贯中西的写作手法和写作内容而引人注目。如新"海派"作家严歌苓的《海那边》、沈宁的《美国十五年》、少君的《人生自白》等，这些作品将目光延伸到对新移民命运的思考以及探究如何在东西方文化夹缝里求生存等领域，客观上促进了中华文化在海外的传播和交流。不仅如此，一些非专业人士，如菲律宾华人许龙宣在经商之余也编写了《分类注释闽南谚语选》（1986）和《晋江地方掌故》（1985）等小册子，体现了菲律宾华人传播家乡文化的良苦用心。

一些华人个体凭借其专业技能而成为了中华文化的自觉传播者。如中国传统武术之一的"中国梅花桩（拳）"近年来也通过旅法华侨在欧洲得到一定的传播。该拳由旅法华侨燕小姐、任先生于1998年3月在法国开始传授，截止2011年，已在法国、瑞士、意大利等国共举办了200多期训练班。目前，欧洲梅花桩（拳）协会已成立了数十个地方分会，并在法国、瑞士和意大利等地拥有数百名会员。通过梅花桩（拳）的传授，不仅传播了中华武术，也传播了其中内含的深层次中国传统文化。

一些华人钟情于宣传中国国情与政策。如美籍华人李惠英数十年来，以作家、记者、讲师等身份自费到欧美各洲介绍中国。1956、1957年，李女士曾以港人身份将其在华所见撰书予以客观描述。随后她同友人合办《循环日报》《正午报》《东方夜报》，客观报道大陆情况。在联合国任特约记者期间，她参加了联合国第一届世界妇女大会，并在大会上阐述新中国妇女解放的事迹。1976年迁居洛杉矶在南加州大学任教后，也经常向师生介绍中国状况，并和陶慕廉教授一起到各学府巡回讲演，呼吁美国政府承认新中国。1977年她还到瑞典及北欧各国介绍新中国。又如印尼华人郭毓秀新中国成立初期也通过广播、报纸、图书等介绍新中国成就，他还支持乡侨杨永奎创办"南洋画报"，介绍中国风光与新貌。一些华人则热衷于向住在国阐述中国政策。如1989年政治风波后，李政道就向美国精英阶层转达邓小平对于低谷中中美关系发展的看法。

一些华人个体因实力雄厚，也在一些方面有所作为。如菲律宾菲华商联总会名誉理事长陈永栽先生从2001年起，连续10余年，个人出资每年组织上千名华裔青少年到厦门高校进行为期两个月的中文学习活动，通过汉语课程以及书画、歌舞、武术等来培养年轻人对中华文化的兴趣。[①]一些华人个体则对新中国捐赠事业做出了杰出的贡献。如近年来，福建侨捐中不乏一些大人物，其捐资额特别巨大。在2010年5月第三届闽商大会上，福建省政府对三年来捐赠达千万元的海外侨胞、港澳同胞进行表彰，其中捐赠上亿元的有6位，千万元以上有63位。[②]其中如闽籍侨商曹德旺，仅2010年5月就一次性地捐赠9亿元给福建省慈善总会，其中用于文教事业的达5.9亿

---

① 陈永栽：《情系华文教育》，《人民日报》（海外版）2009年4月17日第3版。

② 福建年鉴（2011），http://www.fjnj.cn/2011/web/zhengzhi.htm

元。① 一些华人则热衷于中外经济交流。如华人何烈辉自己出资 100 多万元创办了"达之路非洲投资高峰论坛",这是民间举办的规格最高、规模最大的中非交流平台。此外,马中人民友好协会秘书长陈凯希为增进中马友谊,也多次赞助马来西亚华人作家、书画家、报业人士组团访华。

此外,经过长期的发展,一些华人政治和社会地位上升,一些人还与当地军政要员、社会名流等建立了密切的联系,拥有丰富的人脉资源和影响政府决策的渠道。实践中,他们也充分利用自身优势,促进中外经贸往来和文化交流,增进中国与所在国之间的政治互信和外交关系发展。如菲律宾侨界英杰李昭进始终致力于推动中菲两国官员互访及民间往来;华人李伯炎、徐四民等曾牵线搭桥,促进了中缅友好关系的发展;盖琳(欧中友好小组秘书长)和张莉推动欧洲议会成立了欧中友好小组等。

总之,由于一些华侨华人自身条件的改善以及自觉意识的提升,因而这一时期他们得以在各方面为中国和侨居国做出独特的贡献。

四、方式更加制度化、常态化

制度化的安排显然较临时作为更有成效,而这一时期制度化的作用方式更为常见。

如前所述,一些文化活动因其制度化安排,使得其承载的文化传播功能得以持续进行。如自 1984 年起由各州华人社团轮流举行的一年一度的大马全国华人文化节举办已有 33 年,每年华人文化节通过举办具有中华特色的文艺表演、展览、比赛、讲座、座谈、研讨会等形式宣传华人文化。一些制度化的设计也让文化传承更加长久。如 2009 年 6 月,匈牙利华人华侨创办的"中华文化传承传播基金会"在布达佩斯成立。该基金会旨在让海外华人,特别是从小就生长在国外的华人青少年了解中华文化,增强民族自豪感和传承中华文化。而华文图书馆等文化场所起到的作用也是持久性的。如 2013 年 1 月,新加坡国家图书馆管理局成立了一家以华人与华族文化为主题的图书馆,该馆藏书 3 万册,其中超过六成是华文书籍。该馆也收藏了以

---

① 欣华:《曹德旺捐千万援助困难乡村》,《福建侨报》2010 年 10 月 18 日。

英文、马来文和淡米尔文书写的有关华族文化的书籍,以及中国名著翻译作品,从而也使无法阅读中文的民众有机会了解中华文化,促进不同文化之间的交流。

在中国侨乡,华侨华人创设了不少公益基金会。如在福建泉州,截止2001年该市共设立了842个教育基金,基金总额4.2亿元,其中约70%的基金由华侨华人和港澳同胞捐赠设立。[①]这些基金会通过定期举办奖教奖学活动,从而实现了教育侨捐的常态化。在其他地方,基金会的设立也日渐推广。如2009年由闽北莫斯科侨商联合会创办的"慈爱·希望基金会"。以基金会的名义进行捐赠不仅管理更加规范,捐赠效果也更为持久。

五、自觉程度明显提升

相比以往,华侨华人发挥作用更为自觉,最典型的表现是发挥作用时更加讲究策略。讲究策略虽然也是华侨华人更好生存和发展的需要,但客观上也更好地发挥了作用。以华文媒体为例,为了更好地实现沟通中外的目的,近年来华文媒体与中国媒体合作的现象屡见不鲜。如从2005年2月开始,法国华文日报《欧洲时报》与上海《新民晚报》合做出版《欧洲联合周报》,每期几十个版面,有关中国和上海的新闻版面及副刊由《新民晚报》负责编辑,有关欧洲和法国的当地新闻版面及侨社新闻由《欧洲时报》负责采编,国际新闻部分由两家根据实际情况共同承担。这种合作方式吸取两家优势,是真正意义上的强强联合。《欧洲联合周报》推出之后,受到读者好评,很快打开市场销路。在报道取向方面,华文媒体也讲究策略。如为了吸引更多人的眼球,海外华文媒体不仅报道中国的重大政治活动,还在当地政治选举中主动出击,加大力度报道华裔候选人情况和华人选民意见,从而不仅有利于华人选民竞选,而且也使不少竞选者更加借重华文媒体来提升自身的关注度,这反过来也提升了华文媒体的竞争力。又如为更好地增进中日友谊,日本"3·11"大地震发生后,华文报刊《日本新华侨报》和《关西华文时报》

---

① 刘伯孳:《浅析新时期华侨华人与港澳同胞对泉州教育卫生事业的捐赠》,《泉州学林》2004年第4期,第56页。

的报道侧重于中日两国人民在地震后的情感互动，重点报道地震中涌现出的感人事件，如《关西华人报名抢修核电站，甘做"福岛勇士"》等，字里行间满是日本华侨华人对灾区的关切与患难与共。显然，这种报道方式有利于促进中日友谊。

讲究策略还体现在其他方面。如为了使中华文化发扬光大，一些华人积极组织文化"申遗"工作。如大约从20世纪90年代起，即有来自新加坡、台湾及马来西亚本地学者应邀前往马来西亚柔佛州新山，对柔佛历史、柔佛古庙和游神活动进行多方位的研究，唤起了人们对保护华人历史文化的强烈意识。在此基础上，文化精英们刻意在游神活动中植入表演文化，并借机表达华人族群的政治诉求，把它打造成了一个展示华人精神风貌的大舞台，获得了良好的社会反响。2009年他们进而着手"申遗"，只用了短短三年时间就获颁马来西亚国家非物质文化遗产证书。2012年2月10~14日，柔佛州新山市举办一年一度的游神活动。马来西亚首相亲临观赏并颁发国家非物质文化遗产证书。显然，通过更好的运作，华侨华人能够使各项作用更好地发挥。

第四节 "后海丝时代"华侨华人作用影响因素之分析

"后海丝时代"，华侨华人作用同样受到多种外因和内因的影响，其中比较突出的是中外关系、中外政策和华侨华人认同的影响。这中间，中外关系和中外政策在其他时期同样存在，但内容发生了较大变化。而华侨华人认同则因华侨华人与中国和侨居国法律和情感关系的变化直接导致其服务重心的转移。

一、中外关系

正如学者黄枝连在分析中国与东南亚国家关系时所指出的：中国的总体

外交及它在国际上的地位，"对于华族的处境、活动方式、发展方向，都会有其作用。"[①] 实践中，新中国成立后中国的外交政策及中外关系对华侨华人的发展及其功能的发挥影响深刻。

新中国成立初期，海外侨务工作是严格服从和服务于外交工作需要的。1952 年 1 月，中共中央《关于海外侨民工作的指示》指出：海外侨民工作的一切活动应严格遵守《共同纲领》和我国的外交政策。[②] 实则确定了海外侨务工作服务于外交工作的指导方针。因而，这一时期的海外侨务工作与我国政府的外交取舍密切相关。初期由于外交孤立，一度对华侨华人寄予厚望，并着力寻求华侨华人的海外支持，后因华侨问题极具敏感性，并影响到外交关系，因而对发动海外侨民较为谨慎。至"文革"时期，中国国内极"左"思潮泛滥，因为与资本主义存在某种形式的关联，海外华侨华人不再被信任，侨务领域成为重灾区，海外华侨华人与中国的关系陷于低谷，其对中国建设的作用也因华侨华人意愿降低或因中国的政策限制而大为削弱。与此同时，出于反渗透等各种考虑，新中国成立至改革开放前，中国政府也对国民出国予以严格限制，在特殊时期华侨回国也受到阻挠。基于意识形态的差异以及对自身国家安全的考虑，几乎所有东南亚国家都限制甚至是禁止中国移民入境，对华侨返回中国或与中国亲人来往也严格限制。对待境内华侨华人，东南亚大多数国家也极其严苛，不仅政治、经济上严格限制，而且还上演了不少排华惨剧。在此情况下，华侨华人的生存和发展受到极大威胁，其对于侨居国的认同以及相应的贡献自然大打折扣。直到 20 世纪 70 年代以后，在中美关系正常化的推动下，东南亚国家纷纷与中国建立或恢复外交关系，中外经贸往来、文化交流等工作得以正常展开，华侨华人的功能才得以再次倡导和恢复。

不仅如此，冷战时期的华侨华人问题本身也成为中国与东南亚国家关系中的一个敏感因素，从而使得中外关系与华侨华人问题相互影响。这一方面是因为冷战时期各国政治上的互不信任，以及东南亚国家对其主权稳

---

① 黄枝连：《东南亚华族社会发展论——探索二十一世纪的中国和东南亚的关系》，上海社会科学院出版社，1992 年，第 199 页。

② 中共中央统一战线工作部：《统战政策文件汇编》（1—4 册），北京：中共中央统一战线工作部，1958 年，第 2171 页。

定性的担忧，而中国之前利用华侨华人在海外开展的一系列过火行为也让东南亚国家心有余悸；另一方面也因为冷战时期华侨华人政治认同的不清晰使侨居国政府感觉华侨华人难以信任。总之，东南亚国家担心中国利用"华人因素"推动"东南亚殖民"。这样，华侨华人问题便成为中国与东南亚国家关系中的一个敏感话题，甚至还引发国与国之间的矛盾、冲突。也正是考虑到中外关系和华侨华人在海外的长期发展，新中国政府才决定不承认双重国籍，并鼓励华侨华人积极融入当地。然而，中国单方面的表态并不代表这一问题的结束。即便是在20世纪七八十年代，绝大多数华侨加入当地国籍变成华人之后，东南亚国家的华侨华人与中国的经济合作问题仍然较为敏感。一些华人个体因其特殊身份与脆弱的中外关系而被牵涉到某一特殊事件之中，1999年的"李文和事件"就是典型个案，此案导致中美关系跌入冰点。当然，整体而言，冷战结束之后，随着中外关系的逐渐好转，以及中国和各侨居国更为务实的态度，华侨华人的敏感性较以前已大为降低。

二、中外政策

这一时期，侨居国政府政策变动较大，对华侨华人的生存发展及其于当地的贡献影响较大。如前所述，在冷战时期，特别是20世纪50～70年代，在意识形态对立和民族主义的双重夹击下，华侨华人在新兴民族国家的政治和经济安排中被边缘化，各方面权利均受到限制。以印尼华侨入籍问题为例，1954年～1979年间，印尼政府不信任华侨华人，认为即使华侨加入印尼国籍也不会在政治上效忠。因此，印尼政府采取了以血统主义和主动制为原则的国籍法并设置重重障碍，使华侨的入籍问题复杂化。尤其是在1967年～1979年间，印尼政府一度基本停止接受华侨入籍。印尼政府对华侨华人的政治打压不仅影响到华侨华人对当地政府的认同，也直接导致华侨华人更加专注于经济和商业，避免涉足政治。但这种状况又引起土著族群的不满，认为华人族群只顾赚钱，不尽政治义务和社会责任，更加对华人族群的政治认同和融入积极性产生怀疑，华人与土著族群间的隔阂与猜疑也因此而逐渐加重。1979年以后，印尼政府开始改变以往限制华侨入籍的政策。

1980 年，政府连续颁布法令，简化手续积极吸收华侨入籍。而随着华侨入籍当地，他们的政治、经济活动受到更多的保护，对当地的认同也有所上升，相应的，他们对当地的贡献也更为突出。

对于中国政府而言，新中国成立初期，为了突破外交孤立，政府积极争取东南亚华侨华人的认同，并充分运用华侨华人来进行对外宣传，以及促进新中国与海外的沟通。但在 1955 年不承认双重国籍后，新中国政府的国外侨务工作大幅收缩，转而鼓励华侨归化于当地，为当地多作贡献。改革开放之后，中国政府重新认识到华侨华人的重要性，在侨务领域拨乱反正的同时，也一改以前的消极态度，主动联络海外侨社并积极争取侨务资源。还在改革开放之初，各级政府就开始着手恢复并逐渐强化"海外关系"。如 1980 年 10 月下旬至 11 月初，以习仲勋为团长的中国省长代表团抵美访问当地侨社，同年 11 月 1 日起中央人民广播电台增设对欧美广东话节目。与此同时，北京方面还派出京剧、武术和杂技团访问美国各大城市，展开文化之旅。近年来，各级侨办更是积极采取"走出去，请进来"等多种形式，依托亲情乡谊，发展同海外侨胞的交往。在中国侨乡，出于发展当地经济的需要，政府相关人员也经常赴华侨华人所在地考察学习，也常在那里开展招商引资活动。同时，中国政府也积极部署引智工作，很多地区掀起"海外人才引进"的热潮。这些政策和措施对华侨华人的影响是深刻的。如拨乱反正政策对恢复侨心有所帮助，不少曾对中共怀有戒心甚至敌意的侨胞开始转变立场。如广东中山县旅美侨领马文辉，原本一直亲台，对社会主义持排斥态度，在中山县政府退还他在家乡的祖屋以后，态度发生改变，开始主动在海外发表演说、文章，宣传国共合作、建设祖国的思想。[①] 而联谊活动也在侨社有所反响。如 1980 年习仲勋一行不仅受到华侨华人的热情欢迎，而且一些华侨华人还向代表团打听国内的相关政策，侨领们更是主动来与代表团成员交流，探讨回国投资的渠道，有人还当场提出要向故乡捐赠机器。[②] 至于新时期的侨智引进工作更是效果显著。如在我国"千人计划"引进的人才中，94% 以

---

① 谢涛：《改革开放初期广东落实侨务政策的历史考察》，《五邑大学学报》（社会科学版）2014 年第 3 期，第 5 页。

② 《习仲勋主政广东》编委会：《习仲勋主政广东》，北京：中共党史出版社，2007 年，第 311 页。

上是华侨华人。[①]

总之，这一时期无论是侨居国还是中国政府对华侨华人的态度和政策均有较大转变，并因此而对华侨华人于各方贡献影响较大。

三、华侨华人认同

华侨华人的认同对其于各方作用的程度具有十分重要的影响。后"海丝"时代，由于华人情感归属的转变，其对于侨居地和祖籍地的贡献程度和方式逐渐有所变化。这一时期，在情感归属上，华人在中国与侨居国之间发生了较大的变化。中国政府在1955年宣布不承认双重国籍，鼓励海外华侨根据自愿原则加入所在国国籍后，大量华侨成为海外华人，并从各方面开始了其在地化的转变。逐渐地，原来海外华侨华人与侨乡关系的"中国侨乡第一，居住国及邻近地区第二"的模式已发生变化，正如新加坡《南洋文摘》创刊词中所言"现在是居留地第一，南洋第二，中国第三"。[②] 这种意识的转变对于土生华人而言可能更早，这些新生代华人与老一代华侨不一样，他们生在国外，长在异乡，对中国没有太多感观上的认识，自然也难有深厚感情。他们虽有寻根问祖的愿望，但多是出于好奇。因此，他们对家乡的帮助，更多的不是侨汇或捐赠，而是互利共赢的投资。

---

① 裘援平：《华侨华人与中国梦》，《侨务工作研究》2014年第2期，第1页。

② 王元林：《海外华侨华人与侨乡关系演变的特点》，《暨南学报》(哲学社会科学版) 2001年第4期，第132页。

第四章 新"海丝之路"建设的意义、愿景和行动

第一节 新"海丝之路"建设的意义

一、新"海丝之路"的提出及其思考

21世纪海上丝绸之路建设，是2013年10月习近平总书记访问东盟国家时提出来的。之后，"海丝之路"建设被多次提及。根据2015年4月央视发布的"一带一路"版图中，"21世纪海上丝绸之路"的重点方向是两条，一是从中国沿海港口过南海到印度洋，延伸至欧洲；二是从中国沿海港口过南海到南太平洋（如图1所示）。

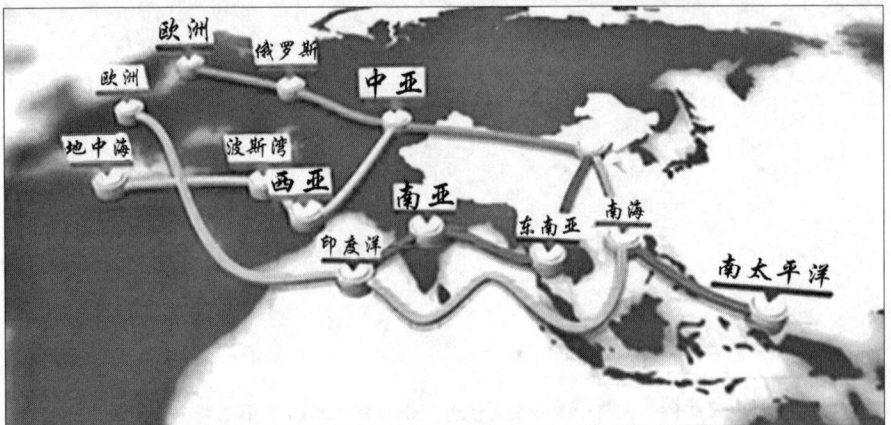

图1 "一带一路"版图

通过与历史上"海丝之路"相比较，对于21世纪"海丝之路"建设，可以从两个方面多个层面来进行思考。

（一）对于中国而言

第一，新"海丝之路"重在传递经贸主题和和平理念。21世纪"海丝之路"之所以借用历史上"海丝之路"的名号，是因为在和平、共赢、多元共存等方面与历史上"海丝之路"是一脉相承的。历史上"海丝之路"之所以能够历时长久、覆盖众多国家，主要是因为历史上"海丝之路"是一条和平之路、共赢之路。中国没有通过开辟贸易航线去征服这些沿线国家，而是为沿线国家打通了一条互惠互利的贸易商道。如郑和下西洋威震一时，但明廷不仅没有凭借实力征服沿线国家，反而宽容处理爪哇误杀郑和官军事件，稳定与爪哇的关系；通过调解暹罗与占城、满剌加、苏门答剌等国以及满剌加与爪哇之间的矛盾，稳定体系内的国家关系；通过剿灭旧港海盗，消除区域内的安全威胁。从而向沿线各国阐释了明王朝对和平的追求以及其处事的基本立场，即强国"不可欺寡""不可凌弱"，小国亦"循理安分，勿得违越"，中国将"一视同仁""无间内外"。[①] 总之，通过一系列实际表现，证明中国虽拥有较强实力，却重在修德，不抱有任何扩张野心，这与近代西方世界地理大发现和新航路开辟后充满征服与掠夺的贸易通道形成鲜明对比。通过新"海丝之路"建设，中国要传递的信息是：中国走向海洋，不会重走西方列强海上争夺霸权的老路，不以控制他国经济命脉、改变他国政治制度为目的，而是以和平、自愿、互利的方式进行，致力于跟新"海丝之路"的沿线国家继续保持和平友好关系，分享发展机遇，实现共同发展。

第二，重建"海丝之路"是一项涉及国内与国外的双重战略。从产业发展来看，它既要"引进来"，又要"走出去"。长期以来，中国重点关注吸引外资及港澳台资本来大陆投资，较少关注企业走出国门到海外发展。而现在中国一方面仍然希望发达国家和地区的高端企业能到中国发展，另

---

① 叶冲：《永乐时期中国在东南亚区域的海外经略——以郑和下西洋为中心》，《中国中外关系史学会2015年年会：华侨与中外关系史论文集》，北京，2015年，第452页。

一方面也希望中国企业能"走出去"。而且"走出去"也从以往单纯的以产品输出为主向资本输出带动商品输出转变。相应的，从资源分配来看，新"海丝之路"也有国内和国外的布局差异。当然，对外与对内又不能截然分开，且很难简单断定对外就是重点。因为若从深层次来看，中国国内各地各方面的协同发展、资源整合恰是中国向外发展的基石和后盾。国内事情做不好，国外也走不远。因此从这个意义上看，国内战略还是国外战略的基础。

第三，重建"海丝之路"涉及多重意义。新"海丝之路"建设同样涉及商贸、外交、文化交流和人员往来，因而同样具有经济意义、政治外交意义和文化意义等。中国提出这一战略构想，既是中国经济发展的需要，又是中国发展睦邻友好关系的需要。中国希望以经贸合作为基础，通过与各国开展多方面交流合作，发展同"海丝"沿线国家的关系，改善中国周边环境、打造互惠格局。即重建"海丝之路"，我们最终是要打造一个政治互信、经济融合、文化包容的利益共同体、命运共同体和责任共同体。

（二）对于"海丝之路"建设而言

第一，重建"海丝之路"不是历史上"海丝之路"的简单延续。首先，重建以后的"海丝之路"不是一条带状结构，而是一种网状结构，没有严格意义上的中心，每一个节点又都是起点，每一个节点都很关键。因此重建之后的"海丝之路"不仅有利于作为倡导者的中国，也有利于"海丝之路"上的每一个节点城市。其次，重建之后的"海丝之路"在空间上超出了历史上"海丝之路"的范围，实践中并不断延伸，延伸至所有有意愿加入其中的国家和地区。正如习近平主席在博鳌亚洲论坛 2015 年年会上指出，"一带一路"建设秉持的是共商、共建、共享原则，不是封闭的，而是开放包容的；不是中国一家的独奏，而是沿线国家的合唱。可见，新"海丝之路"建设不搞封闭排外机制，不限国别范围。"海丝之路"是世界文明遗产，重建"海丝之路"也需要世界人民的努力。再次，相比以往，新"海丝之路"不仅仅局限于海上，而是海陆空并进、相辅相成的，甚至还有"数字丝路"的构建问题。

第二，21 世纪"海丝之路"战略构想是对现有合作机制和合作框架的延伸。新"海丝之路"建设首先是一种地缘经济合作框架，涉及范围广、国家多，国家之间差异大，利益诉求难以统一，决定了它不可能采用传统的区域合作模式，即各个国家在对各自主权和利益做出适当让步的基础上，通过签署统一的自由贸易协定，构建自由贸易区。相反，它采取更加务实的合作模式，在不损害各国现有利益的前提下，充分利用中国与有关国家既有的双多边合作机制，借助区域合作平台，打造利益共同体。

目前，中国已与一些国家和地区签订了各种合作机制，这些合作机制包括包括政府间经济合作机制、功能性合作机制与安全合作机制。政府间经济合作机制包括亚太经合组织、中国——东盟自贸区、东亚峰会、区域全面经济伙伴关系；政府间功能性合作机制包括"清迈协议"、"泛亚铁路网"、大湄公河次区域经济合作等；政府间安全合作机制包括东盟地区论坛、亚太安全合作理事会、东盟防长扩大会议等。此外，中国与沿线国家也有一些国际论坛、展会、博览会等平台可以沿用。新"海丝之路"建设是要在充分利用现有合作机制和平台的基础上，加强双边、多边磋商，推动沿线国家发展战略的相互对接。将来，中国愿与沿线国家一道，不断完善合作内容和方式，共同制定时间表、路线图，积极对接沿线国家发展和区域合作规划。概言之，21世纪"海丝之路"战略构想不是一个实体和机制，而是一种合作发展的理念和倡议。

第三，重建"海丝之路"需要官民并举。重建"海丝之路"既是官方倡导，又是民间发展的需要，既需要官方引导，又需要民间积极参与。尤其从经济层面看，在市场经济条件下，商贸活动主要是市场行为，政府搭建的只是平台。这在现实中也得以反映，如在台湾，虽然官方对新"海丝之路"反应冷淡，但目前台商大都瞄准上海自贸区深化改革开放与长江经济带联动发展，以及对接"一带一路"的三重机遇，截至2014年9月底，在上海自由贸易试验区内注册成立的台资企业达157家，注册资本为2.7亿美元。而此时距上海自贸区成立刚好一年。[①] 又如从外交层面来看，在当今国际环境下，官方外交诚然十分重要，但民间外交也不可或缺。更何况，民间交往可以促进官方合作，而官方关系密切也可以推动民间各方面交流，因而新"海丝之

---

① 刘洁妍：《国台办：157家台资企业在上海自贸区注册》，2014–10–15，http://tw.people.com.cn/n/2014/1015/c14657–25839459.html

路"建设需要官民并举，互相促进。

第四，新"海丝之路"建设是一个长期、曲折的过程。作为一项区域合作发展倡议，新"海丝之路"建设不仅仅只是中国与所涉各国之间的"五通"，也包括各国之间的"五通"。而当前沿线各国政治、经济、文化等各方面差异较大，不少国家之间还有一些历史积怨和现实利益冲突，要贯通起来远不是双边合作那么简单。这也决定了新"海丝之路"建设不可能一蹴而就，而是需要一个长期的过程。而且，由于外来势力的影响和国际关系的复杂性，在这个进程中还可能出现挫折和反复。

总之，站在历史的高度着眼未来，"21世纪海上丝绸之路"战略构想借用古代"海丝之路"的历史符号，秉承和平、开放、包容的丝路精神，致力于跟新"海丝之路"的沿线国家保持和发展和平友好关系，实现互惠互利、共同发展，这是中国发展的需要，也是大国责任的体现。

二、新"海丝之路"建设的意义

作为一项合作发展的倡议，"海丝之路"战略不仅对中国有重要意义，对沿线各国也有重要价值，如促进区域合作发展，推动世界和平发展等，这里仅从中国层面加以解读。

第一，有助于推进中国与沿线国家的交流和合作，实现区域共赢。当前，我国进出口贸易过度依赖欧美发达国家，不仅贸易摩擦频发，而且增长空间有限。而21世纪海上丝绸之路将串起连通东盟、南亚、西亚、北非、欧洲等各大经济板块的市场链，发展面向南海、太平洋和印度洋的战略合作经济带，以亚欧非经济贸易一体化为发展的长期目标。因此，这一规划若能实现，将大大拓展中国当前的合作伙伴关系，分散贸易风险。而且，从世界资源布局来看，我国做出这种规划也极有必要。这是因为"丝路"沿线广大发展中国家和新兴工业化国家不仅市场潜力巨大、能源和原材料丰富，而且其航运价值十分重要。中国80%的石油、50%的天然气进口和42.6%的进出口商品要经过这条航路。因此，中国在东南亚和印度洋具有重要的战略利益，尤其是经济利益与航路安全。通过与相关国家共建"海丝之路"，中国可借此加强与东盟、印度等国家的合作，促进区域内要素有序流动，形成互补互惠的良好合作局面。

第二,有利于突破西方大国的围堵,实现战略突围。自美国实施"重返亚太"和"亚太再平衡"战略以来,中国周边经济和政治安全形势十分严峻。如在经济上,美国推进跨太平洋战略合作伙伴关系(TPP),推动一个美国主导的、没有中国参与的亚太经济一体化,以此分化、阻挠当前的东亚一体化进程。TPP会产生强大的贸易和投资转移效应,对中国经贸的影响是全局性的。另外,受冷战遗留的历史问题与各国现实利益冲突的影响,东亚地区国家矛盾交错,关系脆弱,处理不好极易酿成危机。如何突破美国"亚太再平衡"战略所导致的这种"东紧"困境,建设21世纪"海丝之路"是一个不错的选择。新"海丝之路"建设意味着中国从"战略东向"转变为"战略西向"和"战略南向",避开了地缘政治复杂的东亚,转向大有可为的西线和南线,并且积极拓展新的战略空间。因此,在某种意义上讲,"海丝之路"倡议是一项攻防兼备的长远规划。"攻"在于扩展新的战略空间及规划背后体现的主动性,"防"在于"西向"、"南向"同时也是一种"战略转移",是在寻找新的"战略后方"以避开"东紧"所造成的紧迫局势。

第三,有助于维护中国海洋权益。中国虽是一个海陆大国,却长期对海权与海洋权益不够重视,古代"海丝之路"的衰落也与中国主动退出海洋竞争有一定的关系。自20世纪下半期以来,世界各国都加强了对海洋权益的重视与维护,中国也越来越意识到海洋的重要性。"海丝之路"的提出就是一个重要信号,说明中国将更重视海洋和海权,更重视维护海洋权益。[①] 而且,这次维护海洋权益还和以往不同,以往中国在海洋事务上多是防御为主,而这次则是自主构建一种新的攻势战略。

第四,推动全方位对外开放。重建"海丝之路"是中国政府扩大对外开放的顶层设计,也是中国进一步开放的表现。改革开放以来,我国对外开放不断向纵深发展,但在对外开放格局中,仍然存在着三大问题:一是不平衡,中西部开放度远远不如东部沿海地区;二是"请进来"的多,"走出去"的少。即在国际投资方面,我国主要是吸引外资,对外投资明显不

---

① 中国复兴海上丝路提速 推动与沿线国家交流合作,2014-09-18,http://www.chinaqw.com/hwmt/2014/09-18/18411.shtml

足。实践中，长期吸引外资造就了我国出口导向型的产业结构，这种产业结构因 2008 年以来金融危机和一些国家贸易保护主义的抬头而难以为继，亟需"走出去"开辟海外市场；三是经济层面开放多，其他方面开放少。如今，重建"海丝"之路，不仅要提升沿海开放水平，深化内陆和沿边开放，构建全方位开放新格局，而且要推动中国企业到"海丝"沿线国家投资，实现"走出去"和"引进来"相结合，扩大中外各方面交流合作，构建多元平衡的开放体系。

第五，促进中国与周边国家的共同安全。对于周边地区而言，由于中国与其在领土等方面存在一些争端，近年来更是因为南海问题而与东南亚一些国家关系紧张，这使得周边国家对中国的疑虑感增加了。21 世纪"海丝之路"战略如能顺利实施，则能加强中国与周边国家的联系与交流，有助于搁置和淡化争端，缩小分歧，并通过在合作中增进了解，增强政治互信，从而在一定程度上保障中国与周边国家的共同安全，改善中国的周边外交环境。

第六，提高中国的区域治理能力，提升中国国家形象。中国作为一个文明古国，近代以来随着国力的日渐衰微，在区域发展中逐渐丧失了引领力。新中国建立之后，尤其是改革开放以来，中国参与区域合作治理日渐活跃，但鉴于中国区域合作治理综合能力有限，以及东亚、东南亚各国与中国的现实矛盾和利益冲突，中国在区域治理中虽发挥了一定的影响力，但实际效果仍然有限，尤其是中国在周边国家中的美誉度仍然不高。21 世纪"海丝之路"建设作为中国提出来的一项涉及广泛区域和领域的合作发展倡议，是新时期中国参与区域合作治理的新尝试，体现了新时期中国作为发展中大国的责任意识和宽大胸襟。无论结果如何，对于积累中国的区域合作发展经验，提升中国的区域治理能力均有着重要的意义。

当然，新"海丝之路"建设的意义还可从某一层面作细分解读。国务院侨办副主任何亚非就从海外投资布局的层面来看，认为当前正在推进的"一带一路"建设主要有五点战略意义：弥补中国周边安全的短板；"一带一路"建设寻求区域一体化和互利共赢，以建立利益和命运共同体为切入点，使亚洲整体发展与中华民族伟大复兴交融并进；"一带一路"建设是中国积极参与 21 世纪全球治理和区域治理顶层设计，致力于维护世界和平、促进共同发展的体现；"一带一路"建设有利于打造中国经济升级版；

"一带一路"建设将与中美构建新型大国关系和加强中俄战略协作关系相得益彰。①

第二节 新"海丝之路"建设的中方愿景与行动

经国务院授权，中国国家发展改革委、外交部、商务部 2015 年 3 月 28 日联合发布了《推动共建丝绸之路经济带和 21 世纪海上丝绸之路的愿景与行动》。②《愿景与行动》分为 8 个部分：一、时代背景；二、共建原则；三、框架思路；四、合作重点；五、合作机制；六、中国各地方开放态势；七、中国积极行动；八、共创美好未来。以下择其重点进行介绍。

一、共建原则

恪守联合国宪章的宗旨和原则。遵守和平共处五项原则，即尊重各国主权和领土完整、互不侵犯、互不干涉内政、和平共处、平等互利。

坚持开放合作。"一带一路"相关的国家基于但不限于古代丝绸之路的范围，各国和国际、地区组织均可参与，让共建成果惠及更广泛的区域。

坚持和谐包容。倡导文明宽容，尊重各国发展道路和模式的选择，加强不同文明之间的对话，求同存异、兼容并蓄、和平共处、共生共荣。

坚持市场运作。遵循市场规律和国际通行规则，充分发挥市场在资源配置中的决定性作用和各类企业的主体作用，同时发挥好政府的作用。

---

① 何亚非：《"一带一路"对中国海外投资有五大战略意义》，2014-12-20，http://finance.chinanews.com/cj/2014/12-20/6896277.shtml

② 《推动共建丝绸之路经济带和 21 世纪海上丝绸之路》发布，2015-03-30，http://www.sdpc.gov.cn/gzdt/201503/t20150330_669162.html

坚持互利共赢。兼顾各方利益和关切，寻求利益契合点和合作最大公约数，体现各方智慧和创意，各施所长，各尽所能，把各方优势和潜力充分发挥出来。

二、框架思路

"一带一路"是促进共同发展、实现共同繁荣的合作共赢之路，是增进理解信任、加强全方位交流的和平友谊之路。中国政府倡议，秉持和平合作、开放包容、互学互鉴、互利共赢的理念，全方位推进务实合作，打造政治互信、经济融合、文化包容的利益共同体、命运共同体和责任共同体。

"一带一路"贯穿亚欧非大陆，21世纪海上丝绸之路重点方向是从中国沿海港口过南海到印度洋，延伸至欧洲；从中国沿海港口过南海到南太平洋。将以重点港口为节点，共同建设通畅安全高效的运输大通道。

"一带一路"建设是沿线各国开放合作的宏大经济愿景，需各国携手努力，朝着互利互惠、共同安全的目标相向而行。努力实现区域基础设施更加完善，安全高效的陆海空通道网络基本形成，互联互通达到新水平；投资贸易便利化水平进一步提升，高标准自由贸易区网络基本形成，经济联系更加紧密，政治互信更加深入；人文交流更加广泛深入，不同文明互鉴共荣，各国人民相知相交、和平友好。

三、合作重点

沿线各国资源禀赋各异，经济互补性较强，彼此合作潜力和空间很大。以政策沟通、设施联通、贸易畅通、资金融通、民心相通为主要内容，重点在以下方面加强合作。

政策沟通。加强政策沟通是"一带一路"建设的重要保障。加强政府间合作，积极构建多层次政府间宏观政策沟通交流机制，深化利益融合，促进政治互信，达成合作新共识。沿线各国可以就经济发展战略和对策进行充分交流对接，共同制定推进区域合作的规划和措施，协商解决合作中的问题，共同为务实合作及大型项目实施提供政策支持。

设施联通。基础设施互联互通是"一带一路"建设的优先领域。在尊重相关国家主权和安全关切的基础上，沿线国家宜加强基础设施建设规划、技术标准体系的对接，共同推进国际骨干通道建设，逐步形成连接亚洲各次区域以及亚欧非之间的基础设施网络。强化基础设施绿色低碳化建设和运营管理，在建设中充分考虑气候变化影响。

贸易畅通。投资贸易合作是"一带一路"建设的重点内容。宜着力研究解决投资贸易便利化问题，消除投资和贸易壁垒，构建区域内和各国良好的营商环境，积极同沿线国家和地区共同商建自由贸易区，激发释放合作潜力，做大做好合作"蛋糕"。

资金融通。资金融通是"一带一路"建设的重要支撑。深化金融合作，推进亚洲货币稳定体系、投融资体系和信用体系建设。扩大沿线国家双边本币互换、结算的范围和规模。推动亚洲债券市场的开放和发展。共同推进亚洲基础设施投资银行、金砖国家开发银行筹建，有关各方就建立上海合作组织融资机构开展磋商。加快丝路基金组建运营。深化中国—东盟银行联合体、上合组织银行联合体务实合作，以银团贷款、银行授信等方式开展多边金融合作。支持沿线国家政府和信用等级较高的企业以及金融机构在中国境内发行人民币债券。符合条件的中国境内金融机构和企业可以在境外发行人民币债券和外币债券，鼓励在沿线国家使用所筹资金。

民心相通。民心相通是"一带一路"建设的社会根基。传承和弘扬丝绸之路友好合作精神，广泛开展文化交流、学术往来、人才交流合作、媒体合作、青年和妇女交往、志愿者服务等，为深化双多边合作奠定坚实的民意基础。

四、合作机制

当前，世界经济融合加速发展，区域合作方兴未艾。积极利用现有双多边合作机制，推动"一带一路"建设，促进区域合作蓬勃发展。

加强双边合作，开展多层次、多渠道沟通磋商，推动双边关系全面发展。推动签署合作备忘录或合作规划，建设一批双边合作示范。建立完善双边联合工作机制，研究推进"一带一路"建设的实施方案、行动路线图。充分发挥现有联委会、混委会、协委会、指导委员会、管理委员会等双边机制作用，协调推动合作项目实施。

强化多边合作机制作用，发挥上海合作组织（SCO）、中国—东盟（"10+1"）、亚太经合组织（APEC）、亚欧会议（ASEM）、亚洲合作对话（ACD）、亚信会议（CICA）、中阿合作论坛、中国—海合会战略对话、大湄公河次区域（GMS）经济合作、中亚区域经济合作（CAREC）等现有多边合作机制作用，相关国家加强沟通，让更多国家和地区参与"一带一路"建设。

继续发挥沿线各国区域、次区域相关国际论坛、展会以及博鳌亚洲论坛、中国—东盟博览会、中国—亚欧博览会、欧亚经济论坛、中国国际投资贸易洽谈会，以及中国—南亚博览会、中国—阿拉伯博览会、中国西部国际博览会、中国—俄罗斯博览会、前海合作论坛等平台的建设性作用。支持沿线国家地方、民间挖掘"一带一路"历史文化遗产，联合举办专项投资、贸易、文化交流活动，办好丝绸之路（敦煌）国际文化博览会、丝绸之路国际电影节和图书展。建立"一带一路"国际高峰论坛，并于2017年5月在北京举办了第一届"一带一路"国际合作高峰论坛，29个国家的元首和政府首脑，联合国秘书长、红十字国际委员会主席等3位重要国际组织负责人以及130多个国家的约1500名各界贵宾出席。论坛对推动国际和地区合作具有重要意义。

五、中国积极行动

"一带一路"提出之后，中国政府积极加强与沿线国家的沟通磋商，推动与沿线国家的务实合作。

高层引领推动。习近平主席、李克强总理等国家领导人先后出访多个国家，出席加强互联互通伙伴关系对话会、中阿合作论坛第六届部长级会议，就双边关系和地区发展问题，多次与有关国家元首和政府首脑进行会晤，深入阐释"一带一路"的深刻内涵和积极意义，就共建"一带一路"达成广泛共识。

签署合作框架。与部分国家签署了共建"一带一路"合作备忘录，与一些毗邻国家签署了地区合作和边境合作的备忘录以及经贸合作中长期发展规划。研究编制与一些毗邻国家的地区合作规划纲要。

推动项目建设。加强与沿线有关国家的沟通磋商，在基础设施互联互通、产业投资、资源开发、经贸合作、金融合作、人文交流、生态保护、海上合作等领域，推进了一批条件成熟的重点合作项目。

完善政策措施。中国政府统筹国内各种资源，强化政策支持。推动亚洲基础设施投资银行筹建，发起设立丝路基金，强化中国—欧亚经济合作基金投资功能。推动银行卡清算机构开展跨境清算业务和支付机构开展跨境支付业务。积极推进投资贸易便利化，推进区域通关一体化改革。

发挥平台作用。各地成功举办了一系列以"一带一路"为主题的国际峰会、论坛、研讨会、博览会，对增进理解、凝聚共识、深化合作发挥了重要作用。

为推动"一带一路"建设，2015年国家成立了推进"一带一路"建设工作领导小组。2017年3月，国家发改委会同外交部、环境保护部、交通运输部、水利部、农业部、人民银行、国资委、林业局、银监会、能源局、外汇局以及全国工商联、中国铁路总公司等13个部门和单位，共同建立"一带一路"PPP工作机制。总之，目前中国已做好相关部署，且已积极投入到共建"一带一路"的实际行动中，并期待着他国的积极参与。

第三节　他国回应

作为一项涉及众多国家的宏大倡议，沿线国家在多大程度上响应中国倡议直接影响到21世纪"海丝之路"建设的成效。

由于新"海丝之路"倡议和一些国家的发展规划并不冲突甚至是不谋而合，因此很快得到了相关国家的积极回应。如中国政府倡导的21世纪"海丝之路"和印尼佐科总统倡导的"全球海洋支点"战略对接，已写入2015年3月《中国和印尼关于加强两国全面伙伴关系的联合声明》中。《联合声明》明确提出：双方同意发挥各自优势，加强战略交流和政策沟通，推动海上基础设施互联互通，深化产业投资、重大工程建设等领域的合作，推进海洋经济、海洋文化、海洋旅游等领域务实合作，携手打造"海洋发展伙伴"。至 2017 年上半年，全世界已有 100 多个国家和国际组织明确表达对"一带一路"建设的支持和参与意愿，40 多个国家和国际组织同中国签署合作协议。而早在 2015 年底，亚洲基础设施投资银行（简称"亚投行"）的 57 个创始会员国已全部签署《亚洲基础设施投资银行协定》。这 57 个国家中，亚洲 34 国，欧洲 18 国，大洋洲 2 国，南美洲 1 国，非洲 2 国，具备了广泛的代表性。至 2017 年 5 月，亚投行的会员国已增至 77 个。

除各国积极响应外，作为一个区域合作体，在 2014 年 11 月第 17 届中国—东盟（10+1）领导人会议上，东盟国家领导人肯定中国提出共建 21 世纪海上丝绸之路的倡议，重申坚定致力于进一步加强中国—东盟战略伙伴关系，尤其在农业、信息和通信技术、人力资源开发、投资、湄公河流域发展、交通、能源、文化、旅游、公共卫生、环境等 11 个优先领域推进务实合作。东盟国家领导人声明支持中国与湄公河流域国家开展更紧密的次区域合作，欢迎中国和湄公河次区域国家建立相关对话与合作机制。这次会议同意推动亚投行投入运营密切合作，并落实《东协互联互通总体规划》。

不仅沿线国家政府普遍给予支持，各国智库、学者、产业界和媒体也表现出较高的热情，并对此充满期待。如新加坡工商联合总会主席、新加坡太平船务董事总经理张松声认为，新加坡在建设 21 世纪海上丝绸之路中可以扮演更重要的角色。2015 年新加坡工商联希望和中国有关方面合作，在新加坡举办一个大型的 21 世纪海上丝绸之路研讨会，促进东盟各国对这一倡议的理解；[1]巴基斯坦《每日邮报》总编辑巴伯·马克杜姆认为，"一带一路"的构想与中巴经济走廊的概念紧密关联，有利于中巴两国尽快落实相关工程的建设，也能为巴勒斯坦创造更多工作岗位，缓解就业问题。他同时认为，"一带一路"的一个重要成果，同时也是它受到各国欢迎的一个重要原因，就是尝试整合各个国家的发展计划，推动和谐发展、共赢发展。"一带一路"战略毫无疑问将促成广泛全面的区域合作，他对此表示乐观；[2]缅甸战略与国际问题研究所秘书长钦貌林认为，建设 21 世纪海上丝绸之路倡议，是本世纪最重要的创举之一，不仅将让东盟地区从中获益，还将对南亚、中

---

① 董彦等：《三解 21 世纪"海丝"之路》，《今日中国》2015 年第 3 期，第 35—36 页。
② 董彦等：《三解 21 世纪"海丝"之路》，《今日中国》2015 年第 3 期，第 35—36 页。

亚、中东、欧洲和非洲等其他广大地区产生影响；[①] 老挝外交部外交学院院长永·占塔琅西表示，老挝希望由一个陆锁国变为陆通国，而这可能借助21世纪"海丝之路"实现；[②] 阿拉伯联合酋长国迪拜国际金融中心首席经济学家纳萨·赛迪呼吁，地处亚非中间地带的海湾国家应该"转向东方"拥抱中国，更好地发挥联通作用，投身于中国倡议的"新丝绸之路"建设；[③] 南非欧文曼德研究所战略分析师特伦斯认为，"一带一路"建设"将为非洲带来更多投资，促进非洲发展"。南非人类科学研究委员会雅兹尼·艾普利博士表示，"一带一路"构想是区域合作又一新的表现形式，这将为非洲国家和地区加强相互间的联系与合作树立典范。不仅能加强与有关国家的经贸往来，实现共同发展的目标，还能为其他想要加强区域合作的国家分享成功经验。[④]

除了理论认同外，一些国家也有一些合作的设计或具体举措。如目前老挝政府已经制定了一个"雄心勃勃"的与其他国家间的公路、铁路联通计划，"我们将建设421公里的高速公路，由老挝途经泰国通向中国。"[⑤] 2015年2月，马来西亚交通部长廖中莱指出，要将马六甲打造一座国际水平的港口，加强马中两国经济合作并配合中国海上丝绸之路建设。[⑥] 不仅如此，21世纪"海丝之路"也取得了一批重要的早期收获：2015年4月，中巴双方签署并发表了《中巴关于建立全天候战略合作伙伴关系的联合声明》，声明表示：丝路基金宣布入股三峡南亚公司，与长江三峡集团等机构联合开发巴基斯坦卡洛特水电站等清洁能源项目，这是丝路基金成立后的首个投资项目。这之后，中巴经济走廊建设成效初显，合作签约金额近460亿美元。而中国和马来西亚的两个政府合作工业园区就分别在关丹和广西钦州遥相呼应。与此同时，互联互通全面加速，印尼雅万高铁启动了先导段建设，中老铁路开工建设，中泰铁路、匈塞铁路举行启动仪式。此外，国际产能合作进

---

① 钦貌林：《建设新"海丝"是本世纪创举之一》，《泉州晚报》2015年2月13日。

② 董彦等：《三解21世纪"海丝"之路》，《今日中国》2015年第3期，第35—36页。

③ 全毅、汪洁、刘婉婷：《21世纪海上丝绸之路的战略构想与建设方略》，《国际贸易》2014年第8期，第6页。

④ 《"一带一路"，APEC涌动新机遇》，《人民日报》2014年11月08日，第05版。

⑤ 董彦等：《三解21世纪"海丝"之路》，《今日中国》2015年第3期，第35—36页。

⑥ 《配合中国海上丝绸之路建设　马六甲将打造国际港口》，2015-02-25，http://www.scio.gov.cn/ztk/wh/slxy/31214/Document/1395198/1395198.htm

展明显，中哈产能合作协议投资超 230 亿美元，中白工业园全面动工。

"海丝之路"建设也需要民间的广泛参与。2014 年 11 月，广东 21 世纪海上丝绸之路国际博览会在东莞举行。展会期间，来自海上丝绸之路沿线 18 个国家和地区的相关企业代表签订了旅游管理协作、业务合作、包机航线、投资贸易、服务采购等五类协议共 59 项，协议金额 137.74 亿元，覆盖旅行社、酒店、景区、商品等传统旅游领域，以及邮轮游艇、包机、健康旅游等多个新领域。①

当然，在热闹场面的背后，我们也应看到不同区域对"海丝之路"的期待各不相同，最为拥护的是东南亚，他们最期待和中国在基础设施方面合作；中亚和南亚紧随其后，他们热衷于和中国贸易；而欧洲最关注的是中国的海外投资。而从实践层面来看，目前合作的主体还在东南亚，但也正在向印度洋、中东、非洲和地中海地区延伸。

此外，还应正视的是，外界对"海丝之路"的回应是不一样的。除一些国家至今还对之抱有敌意外，其他国家的态度也应辩证分析。如从 2015 年 3 月 28 日～8 月 31 日新加坡《联合早报》中有关"一带一路"的评论性文章中不难看出，一些国家对之持"观望"态度，表明其对中国仍然不信任；一些国家政府持赞同态度，但其国内也有不同的声音；一些国家则只是在基础设施建设和经贸上参与"海丝之路"，但在国家安全方面更靠近美国，功利态度明显。② 而在 2016 年 9 月马来西亚南方大学学院主办的"一带一路：海上丝路"国际学术研讨会上，学者林德顺以马来文报章关于"一带一路"报道的综述分析为证指出，在大马，支持"一带一路"的主要是政府领袖和华商华团，而马来社群至今尚未有比华社相等或更大的回响。有的报章将"一带一路"译成"SatuJalur, Satu Laluan (China)"，也就是说把"一带一路"当成是"中国"的"一带一路"。可见马来社会对"一带一路"的认知还是相当生疏和片面的。③ 对之，应审慎对待。

---

① 《广东"海博会"闭幕　旅游成为大赢家》，2014–11–05，http://gd.people.com.cn/n/2014/1105/c123932–22814977.html

② 新加坡学者刘宏于 2016 年 1 月 6 日在华侨大学政治与公共管理学院的演讲记录。

③ 安焕然：《大马评论：〈"一带一路"要留意的几件事〉》，2016–10–06，http://wtoutiao.com/p/4f8nlgf.html.

第五章　华侨华人在 21 世纪"海丝之路"建设中的作用

作为一股民间力量，华侨华人在 21 世纪"海丝之路"建设中有着重要的作用，这种作用也为中国官方所重视。2015 年 1 月 14 日全国侨办主任会议上，裘援平就坦言，"华侨华人是推动'一带一路'建设不可或缺的独特力量，能在其中发挥独特作用。"① 而这一切缘于华侨华人特定的资源属性，尤其是其对 21 世纪"海丝之路"建设的有效性。

第一节　新时期华侨华人资源的特征

对各方而言，华侨华人均是一种实实在在的资源。而当华侨华人作为一种资源时，它就具有了一些基本的特性。

一、多样性

当华侨华人作为资源主体时，其外在形式不仅表现为华人或华族，而

---

① 郝爽、杨凯淇：《裘援平冀华侨华人为"一带一路"建设发挥独特作用》，2015-01-14，http://www.gqb.gov.cn/news/2015/0114/34833.shtml.

且还是一个集人力、资本、技术、信息、网络等在内的综合资源体系，因而具有资源表现形态上的多样性。不仅如此，华侨华人资源体系中的每一种资源本身又具有多样性。如海外华商网络是以海外华侨华人的亲缘、地缘、神缘、业缘和文缘等"五缘"社会网络为基础而发展起来的经营关系网络，通过华商网络，可以实现企业间信息、资金、市场等方面的资源共享，减少经营风险，实现"双赢"或"多赢"。这一网络随着华人业务的不断扩展以及华人的移民和再移民活动，其规模和范围日趋扩大，最终形成一种以海外华商为主并兼容其他族裔的全球性经济网络。到21世纪，从资本形态来看，华人网络出现多型化结合的态势，包括AA式（华资＋华资）；AB式（华资＋所在国土著民资本）；AC式（华资＋国际资本）；AD式（华资＋所在国土著民资本＋国际资本）等多种形式。[1] 可见，海外华商网络的表现形态是多样的。而华侨华人资源的这种多样性也使得华侨华人功能更加多元。

二、广泛性和地区差异性

一方面，目前海外华侨华人已超过6000万人，分布在全球198个国家和地区，活跃于住在国的政治、经济、文化、社会等各个领域。可见，华侨华人资源的覆盖面是极其广泛的。而且，随着经济全球化的推进，某一国家内部的华侨华人资源也并非都集中于这一国家内部，而是广泛分布于世界各地。华侨华人资源分布的这种广泛性特点，给世界各国提供了广阔的运用空间。

另一方面，虽然华侨华人资源遍布世界各地、各领域，但华侨华人资源在各地、各领域的分布又是不均衡且具有较大差异的。目前来看，海外华侨华人在地区分布上呈现大分散小集中的聚居特征，大分散表现为分布在世界多个国家和地区，小集中说的是华侨华人集中在东南亚、北美洲、欧洲、大洋洲等国家和地区，并集中居住在大城市，尤其在其华埠区的"唐人街"。如泰国华侨华人约700万人，聚居在曼谷、清迈、合艾等大中城市，其中京畿地区尤为集中。除了人口分布的不均衡外，从华侨华人资源类型的分布来

---

① 唐礼智、黄如良：《海外华商网络分析及启示》，《福建论坛》（人文社会科学版）2007年第10期，第138页。

看，经济资源主要集中在东南亚，人才资源、技术资源和管理资源等主要集中在欧美，尤其是北美。之所以如此，是因为东南亚邻近中国，是传统的侨居地，华侨华人集中且经营多年，经济上有所积累；而欧美则因距离遥远，早年人口规模不大，近年来则因经济社会发达，教育科技水平高，吸引了不少中国留学生和技术移民。

三、有用性和相对稀缺性

但凡一种资源，均有其价值。华侨华人资源也是如此，其人力、智力、资本、信息、网络等资源对于各国的经济社会发展均十分有利。如学有所长的华侨华人新移民对居住国和祖（籍）国而言都是不可多得的人才智力资源。而且由于在一定的时空范围内，这种资源因其数量有限且可替代品少，因此对祖（籍）国和绝大多数居住国来说都是有限的，具有相对稀缺性。也正因为如此，如今不仅作为祖（籍）国的中国将华侨华人资源视为一种"独特"的资源，着力开发和涵养；而且居住国也正在利用华侨华人资源进行建设，并对这股资源的流出持警惕态度。这就使得在华侨华人资源的运用上，侨居国和祖（籍）国事实上存在一定的竞争关系。不仅如此，作为一种可流动的资源，华侨华人资源的意义不仅仅是对于某一特定国家的，世界上任何一个国家和地区都可争取他们的支持，这就使得这种竞争是在国际层面内进行。

四、属地性和国际性

华侨华人资源是随移民过程逐步形成的，当移民进入不同国家、地区后，就形成了资源的地域分布。不论是华侨还是华人，他们的生存与发展都离不开住在国，因此，华侨华人资源的优先占有和使用属于侨居国。

另一方面，由于华侨华人资源本身是可流动的，随着经济全球化的不断推进，包括华侨华人资源在内的各类资源早已突破国界，越来越国际化。事实上，自 20 世纪七八十年代开始，东南亚各国华商企业就开始进行跨国经营。其时，华商财团往往与港台财团联手，互相参股，建立以香港为基地的跨国公司。20世纪70年代末80年代初中国对外开放，海外华商纷纷前来投资，这进一步促进华商跨国公司的形成。到20世纪八九十年代，华商网络从最初的东南亚地区延伸到世界各地，与中国经济、各国华人经济以及各民族经济连接起来，成为名副其实的"世界华商网络"。近年来，华商经营地域的不断拓展，海外华商网络的不断延伸表明其属地性正不断弱化，国际性正不断强化。

五、组织性

华侨华人资源的组织性，主要表现在海外华侨华人社会是以有组织的方式存在的。各类华人社团、华文学校、华文媒体、华人教会等均是华人组织的基本方式，绝大部分华侨华人都程度不同地被纳入到形形色色的华人组织当中。其中，华人社团是华侨华人信息交流、感情沟通、团结互助的群体，也是华侨华人与侨居国和祖（籍）国联系的重要桥梁和纽带。据不完全统计，目前全世界华侨华人社团超过20000家。不仅如此，华侨华人资源的组织性还体现在华侨华人各类资源也被组织起来，这与大量专业型社团的出现不无关系。华侨华人资源的组织性既使这一资源的力量得以倍增，也给华侨华人资源的开发利用提供了便利，如我国对海外侨务资源的保护和开发，主要是通过各类华人组织来进行的。

六、市场性

在经济全球化的背景下，华侨华人资源的频繁跨国流动不可避免。而在市场经济的条件下，华侨华人资源的配置又不可避免地受到市场规律的影响。尤其是当代华侨华人普遍发展意识强，思维模式具有国际性和全球性，注重实现自我价值，他们会在资源价值规律的驱动下，寻求资源的最佳配置。如在对外投资方面，受经济发展程度和政策差异的影响，华侨华人及其资本也会遵从市场规律，寻找最适合自己的发展空间。换句话说，他们既重

"名"也讲"利"，投资贸易不局限于住在国和祖（籍）国，更注重环境与回报。从根本上，哪里适合他们发展，他们就去哪里，国际流动性强。这也决定了我们开发侨务资源，首先应建立在自愿、互惠、双赢的基础上。只有这样，侨务资源的开发才具有可持续性。

第二节　新时期海外侨情新变化

至 21 世纪，在全球化浪潮和中国改革开放的推动下，海外侨情呈现出一些新的变化。

一、新移民数量激增，海外华社整体实力提升

在我国，改革开放之后出去的的华侨华人通常被称为"新移民"。近年来，由于包括港澳台在内的新移民数量大量增加，至 2008 年，中国新移民数量达 958 万。其中，来自中国大陆的约 800 多万。[①]

相对于老移民，新移民的教育水平较高，年龄结构也趋于年轻化。他们活跃在住在国经济、科技、教育等领域，经济实力和社会影响均不可小觑。因此，新移民不仅使海外华侨华人数量增加，更重要的是，由于他们的加入，海外华社的结构发生明显改变，并导致海外华社实力整体增强。据统计，截止 2014 年底，以留学身份出国在外的中国留学人员有 170.88 万人，其中 108.89 万人正在国外进行相关阶段的学习和研究。[②] 此外，大量中

---

① 庄国土等：《华侨华人分布状况和发展趋势》，《侨务工作研究》2010 年第 4 期，http://qwgzyj.gqb.gov.cn/yjytt/155/1830.shtml.

② 海外侨情观察编委会编：《海外侨情观察 2014—2015》，暨南大学出版社，2015 年，第 8 页。

国国内知识精英和技术人员移民海外，也壮大了这一队伍。他们分布在100多个国家或地区，主要集中在发达国家。根据《海外华侨华人专业人士报告（2014）》，在美国的华侨华人专业人士中，拥有本科及以上学历者约有240万；[①]另据学者估算，近30年来新加坡新移民中有近1/3为来自港台和中国大陆的留学生及其眷属，他们受过高等教育，文化程度高，专业素质好。[②]也因此，这些新移民普遍能更顺利地融入当地主流社会。而且，相对于传统移民而言，新移民普遍发展意识强，思维模式融贯中西，对当地政治、社会事务更感兴趣。因此，整体而言，新移民的涌入使海外华社整体实力有所提升。

对中国而言，由于新移民普遍有在华生长、生活的经历，对中国有较为浓厚的感情；一些人还有不少亲友在中国国内，与中国的各方面联系也比较密切。因此更可能被动员起来，参与中外合作，或成为中外联系的纽带。比如近年来，随着新移民的加入，海外侨社也出现了许多由他们组织起来的新型社团。这些新社团大多为专业性质，由海外华侨华人专业人士组成，且多与中国国内保持着密切的联系，对于新移民更好地融入当地以及中外交流合作关注颇多。如在新加坡，由新移民组成的天府会，其功能主要包括三个方面：一是介绍新加坡企业前往中国投资，二是介绍中国学生前往新加坡留学、工作，三是接待赴新访问的中国代表团。因而在增进中新经济、文化交流合作方面意义重大。

二、海外侨胞分布更加广泛

正所谓"有海水的地方就有华人"，如今华侨华人分布在世界198个国家和地区，除东南亚、北美等传统侨胞聚居地外，西欧、大洋洲、拉美和非洲等一些国家也成为侨胞新聚居地。这主要是因为改革开放以来中国公民出

---

① 林在明：《打造港澳台侨协同合作优势 助推21世纪海上丝绸之路核心区建设》，《"'一带一路'与海外华人"国际学术研讨会论文集》，漳州，2016年，第260页。

② 庄国土等：《华侨华人分布状况和发展趋势》，《侨务工作研究》2010年第4期，http://qwgzyj.gqb.gov.cn/yjytt/155/1830.shtml.

国更加便捷，而同期世界各国也对中国移民持更加开放的态度，这就使得华侨华人能够以技术移民、投资移民等各种移民方式远赴美、加、澳以及欧洲、非洲，从而不仅使华侨华人分布更加广泛，而且迅速改变了华人社会的分布格局。目前，出于政治、经济、教育等各方面的考虑，北美、西欧、大洋洲成为技术移民和留学生的主要流向地；而拉美、非洲则成为投资移民的新选择地，这些国家政治、经济相对稳定，移民政策较为宽松，投资政策较为优惠，因此受到他们的青睐。如今，非洲华人已增至近 100 万；另外，一些在国内取得成功的中小商人也选择泰国、南非等中等收入国家养老，这些国家生活较为实惠，且华人融合程度较高。总之，相比以往，华侨华人在移民道路上的选择更加多元，其分布也更加广泛。

三、海外侨胞从业更加多元，经济科技实力提升

近年来，华侨华人从事领域已从传统专注于商业、矿业等向工业制造、金融服务、高科技等领域拓展，呈现出多元化、科技化和资本密集型发展的趋势。这一方面是所在国政策和市场变化所致，另一方面与华人新移民的到来有关。如前所述，新移民中有许多是留学和技术移民，人数达数百万，主要集聚在发达国家。据《华侨华人研究报告（2011）》资料显示，华侨华人公司占了美国硅谷公司总数的 1/3。而近 10 年来，硅谷地区的华侨华人人口比 10 年前增长了 60%，总数达到 27 万左右。这代新移民多就职于高科技公司、金融机构、政府部门、计算机网络技术研发、生物制药、新能源开发、视觉传达行业、文化创意行业和名牌大学。[①] 可见，新移民的创业和就业改变了海外华人的行业结构，成为海外华人社会的一股新兴经济力量。在整体华人群体中，根据中国科学技术信息研究所 2009 年发布的《华人科技人才在海外的发展现状分析》表明，海外华侨华人科技人才的总数接近 100 万人，这个群体在国际科技舞台上正发挥着越来越大的影响力。

---

① 《华侨华人公司占美国硅谷公司总数的三分之一》，2011–08–15，http://www.chinanews.com/hr/2011/08–15/3259369.shtml.

不仅如此，华侨华人在经营理念、经营方式上也有所拓展和创新，华商企业正逐渐步入现代化、国际化轨道。如过去的华人经营有着浓厚的血缘、地缘意识，家族企业比较普遍，随着时代的进步，这种传统意识逐渐被弱化，华商企业转而采用现代化的先进经营观念，积极引进专业人才，依靠科学的管理方法经营。这也有利于华人企业经济科技实力的提升。

这种实力提升在东南亚地区表现得尤其突出，目前东南亚一大批华人企业集团，如泰国的盘谷银行集团、正大卜蜂集团，马来西亚郭氏兄弟集团、云顶集团、丰隆集团，新加坡的华侨银行集团、大华银行集团，菲律宾的陈永栽企业集团、中兴银行等，拥有数十家乃至上百家企业或子公司，形成较强的规模经济效应，对住在国经济发展发挥了重要的作用。以各国而言，新加坡作为华人占主体的国家，华人的经济实力自不待言；印尼是东南亚华人数量最多的国家，据估计，目前华侨华人总数近 1000 万，约占印尼总人口的 5%，由于历史原因，华人在印尼大多从商，华商资本额（1638 亿美元）相当于印尼 2009 年名义 GDP（5908 亿美元）的 28% 左右，无疑是印尼国内一股强大的经济力量；[1] 泰国华侨华人总数在 700 万左右，约占泰国总人口的 12%，华人经济是泰国民族经济的重要组成部分，并出现了正大卜蜂集团、盘谷银行、律实他尼集团等一批跨行业、跨地区的集团化、国际化的企业；菲律宾华侨华人不足菲律宾总人口的 2%，但在零售、金融、通讯、航空、地产等行业均占据重要地位，其经济实力不容小觑，根据庄国土教授的研究，在 2009 年底菲律宾的 248 家上市公司中，华商所占比例为 30%，共有 73 家，而在 2013 年福布斯菲律宾十大富豪榜中，华商富豪的人数过半；[2] 在缅甸，到 21 世纪初，缅甸全国规模较大的公司 20 多个，其中华侨华人公司占 60% 以上，不少华侨华人公司资产超过亿元缅币。[3]

总之，发展至今，海外华侨华人从事领域更加多元，并逐渐开始从传统

---

① 原晶晶、杨晓强：《印度尼西亚华人及其资本发展现状》，《东南亚纵横》2011 年第 6 期，第 81 页。

② 陈琮渊、敖梦玲：《华人华侨如何对接一带一路系列：菲律宾篇》，2015-06-24，http://politics.people.com.cn/n/2015/0624/c70731-27201635.html。

③ 姜永仁：《缅甸华侨华人与缅甸社会与文化的融合》，《东南亚》2003 年第 4 期，第 55 页。

的商业向现代工业和服务业转移，其经营模式和经营手段也愈来愈现代化，这就使得海外华侨华人经济实力明显提升。

四、海外侨胞逐渐融入当地，政治社会地位提升

经过多年不断调适，海外华侨华人日渐融入到住在国主流社会中，政治、社会地位不断提高。

参政是华人融入当地主流社会最为典型的方式。1955 年中国不承认双重国籍以后，绝大多数华侨先后加入所在国国籍成为当地公民，其政治认同、价值取向和社会心态日渐当地化。近年来，随着华裔新生代的成长及新移民的不断涌入，华人参政风气更浓。这是因为，与老一代华侨华人相比，他们不仅受教育程度更高，而且对当地社会的价值观念和生活方式有更大程度的认同，因而能以更积极和主动的心态融入主流社会。他们或者通过加入主流政党、参与选举等进入议会和政府，或者通过游说、质询、投票、游行等表达政治诉求，参加当地社会政治事务。分地域来看，东南亚华人参政由来已久，也最为成功。除华人主政的新加坡外，泰国华人在政治领域里也是硕果累累，上至政府总理、议员，下至中下层官员，华人为官者数不胜数；进入 21 世纪，菲律宾华人参政、从事公职的情况也十分普遍，在 2011 年菲律宾政府的部级官员中，华裔达 15 名之多，华人议员占所有国会议员中的比例超过 12%，在阿基诺三世执政时期（2010.6–2016.6），在菲律宾政府中担任重要职位的华人就有总统办公室发言人陈显达、科技部长蒙特约和税务局长洪欣欣等。不仅如此，近年来，华人参政也从东南亚国家扩展到美国以及欧洲、非洲、大洋洲。如今在北美，华人出现了政治参与的热潮：一是竞选和当选议员、市长等公职的华人人数大大增加，赵小兰、骆家辉、赵美心等华裔精英是其中的杰出代表；二是普通华人参政意识明显增强，投票率不断提高。在欧洲，华人规模不大，之前一直默默无闻，如今也开始在政治上发声。以英国为例，2009 年英国出现了首位华人市长陈德樑，2010 年英国国会选举有 8 位华人参选，2011 年英国地方议会选举中，有 6 名华裔参选人获胜。而在意大利、西班牙等华人参政历史较短、基础相对薄弱的国家，华人也开始通过手中的选票表达自己的意见；在非洲和澳洲，华人参政的声势正不断壮

大。如南非 2004 年国会选举中，黄士豪等四人脱颖而出，成为南非首批华人国会议员。2007 年澳大利亚选出了该国历史上首位华裔女部长黄英贤。[①]通过参政，不仅有利于维护华人权益，而且对于提升华人形象和华人社会地位大有裨益。如澳大利亚福建总商会副会长兼秘书长叶方就通过带领社团和乡亲积极参加当地的政治选举，而赢得该国朝野政党的尊重和重视。

融入当地主流社会还包括经济、文化等各个领域，经济领域主要是通过配合当地经济规划、与当地企业合作、雇佣当地工人、回馈当地等方式来体现。如近些年来，一些东南亚华商积极配合当地政府的经济规划和发展战略，主动融合于当地民族经济，在经营方式上出现了不少与当地上层人物合作经营的新方式。如在马来西亚，马华经济合作早在 20 世纪 70 年代就已经开始，但当时主要是由于政策要求，不少华人企业被迫对马来人开放。但逐渐地，华人企业也意识到，马华经济合作可以拓宽华资企业的集资渠道，可以享受马来企业的各种优惠，获得各种发展机会。因此，华人企业逐渐也乐于与当地土著民族经济合作。到 20 世纪 90 年代，马华经济合作就已从行政干预的合作慢慢向自愿组合转化。而这种合作正是华人经济扎根于当地的体现。在文化领域，华侨华人也开始学习当地文字、逐渐接受当地价值观念、风俗习惯等，这些使得华侨华人得以更好地融入当地社会。

五、华人组织得到较大发展

如今，华人社会的传统"三宝"发生了很大的变化。就华侨华人社团而言，一是一些新移民所在地华侨华人社团呈蓬勃发展之势；二是目前华侨华人社团呈现出细化和整合两大发展趋势。细化即社团的类型层出不穷，专业性社团越来越多。自 20 世纪 80 年代以来，华侨华人社团在类别、宗旨和成员都呈现出多样化发展的趋势，华侨华人专业团体不断增多。这些社团具有突出的人才优势，会员素质高，具有先进的管理理念，在当地有良好的影响。如 20 世纪 90 年代以来马来西亚华人新生代中，出现了以宗乡青、青团

---

① 杨震：《海外华人参政小史》，2012-11-13，http://haiwai.people.com.cn/n/2012/1113/c346487-17715116.html.

运、大专青、文华青商会、基督青、青运、青创会及东亚青年共策会等"8大华青"为主的华人青年社团。"8大华青"的领袖多以马华青年企业家为主,他们受过高等教育、有组织能力、有经济实力、有创新精神、有政治参与感和国际视野。与传统侨团相比,这些社团能够根据时代需要积极创新社团活动和管理形式;同时他们也积极参与政治角逐,重视和加强对华经贸文化交流合作,希望搭乘中国经济发展快车,促进自身发展壮大。①总之,华侨华人社团的细化有利于发挥其各自优势,创新发展。而在华人社团不断细化的同时,海外华人社团也日渐突破原来狭隘的地缘、血缘限制,形成了不少世界性、区域性的华侨华人组织。如据不完全统计,目前全球有100多个世界性的华侨华人社团组织。其中最具影响是1991年在新加坡召开的"世界华商大会",该会目前已成为世界各地华商加强经贸合作的纽带和桥梁,有效地推动了所在国家和地区经济的发展,也密切了华人与中国的联系和合作;三是华侨华人社团的功能更加多元。大致已从早期华社内部的帮扶、互助、联谊等一般性功能,发展到当前倡导华人融入主流社会、维护华社自身利益、协调华社与其他族群关系、扮演居住国与中国友好使者等多元功能。尤其是华人社团的政治性功能突显,过去,华侨华人社团对政治一般持冷漠态度。近年来,因意识到华人参政关系到华人福祉,不少华人社团开始积极倡导华人参政议政,积极融入主流社会、维护自身合法权益。甚至一些以参政为宗旨的华人组织也得以出现。如2006年10月英国"华人参政计划"成立,旨在促使华人尽早参与英国政治,让英国政府更多地听到华人的声音。

至于华文学校,则在经历挫折之后有所恢复和发展。20世纪五六十年代,基于当时的国际形势和中外关系,东南亚一些国家实行民族同化政策,对华文教育加以限制甚至取缔。如印尼苏哈托执政期间,关闭所有华文学校并禁止中文报刊书籍出版发行;菲律宾将所有华校划归私立学校教育局管辖,严禁华校名称带有"中国"或"中华"字样。华校只能在政府规定的课程外开设一门华文选修课。欧、美、非及大洋洲的华文教育二战后也处于低迷状态。改革开放以来,中国与东南亚国家的关系得到明显改善,中外经贸往来也更加频繁,务实的东南亚各国政府逐渐放松了对华文教育的限制,这就使得东南亚华校有所恢复。近年来,随着中国海外移民流向的多元化、分

---

① 林奋之:《马来西亚华人社团的新特点》,《东南亚纵横》2008年第3期,第30—31页。

散化，华文学校的地域分布呈现出不断扩大之势。如今，有 2 万多所华文学校或中文学校广泛分布在世界上 100 多个国家和地区，华文教师数十万，在读学生数百万人。[①]

近年来，随着世界经济的缓慢复苏，世界各地华文媒体发展态势也整体趋稳向好。如今，世界各地海外华文媒体已有 500 多家。[②] 其中，进入新世纪之后，华文报纸虽受新媒体冲击，但在一些国家其发行量和读者人数仍然非常可观。如在马来西亚，2011 年第一大华文报纸《星洲日报》日发行量增至 42 万份，比上一年增长了 0.3%。《中国报》发行量的增长也非常可观。在马来西亚 600 多万华人中，每天阅读中文报纸的人数约在 230 万到 260 万之间，涵盖的华人家庭达 60%，如果剔除约 20% 不懂华文的华人家庭，涵盖华人家庭则高达 80%。[③] 一些中文电视台也得以开播。如 2005 年底泰国中文电视台的开播填补了中文传媒在泰国电视领域的一项空白。近年来，新兴媒体也蓬勃发展，"报网结合"已成趋势。各地有一定规模的华文报刊都已开办网络版，如新加坡《联合早报》是新加坡的主流华文报，1995 年以来借助互联网扩大国际影响力，目前已成为东南亚地区规模最大、最具权威性的华文大报之一。印尼《国际日报》也于 2009 年推出了网络数字报，手机报也已在雅加达开通，呈现一种良好的发展趋势。不仅如此，近年来，集团化经营也成为华文媒体的一种成长趋势。如 2007 年 4 月，马来西亚报业巨子张晓卿将其香港明报企业、马来西亚星洲媒体集团和南洋报业实行合并，在业界颇引人注目。而 2013 年 9 月，由《青田侨报》发起，联合海外 17 家华文媒体共同成立了青田全球华文媒体合作联盟。该联盟将通过信息共享、资源互补、传播互动等方式实现抱团发展，合作共赢。而为了更贴近欧洲各地华侨华人生活实际，华文周报《欧洲联合周报》与欧洲各国的华文报纸进行合作，到目前为止，已同奥地利《欧华时报》、匈牙利《布达佩斯周报》、希腊《中希时报》、葡萄牙《葡华报》

---

① 李海峰：《充分发挥侨务工作在弘扬中华文化中的作用》，《求是》2012 年第 8 期，第 23 页。

② 李海峰：《充分发挥侨务工作在弘扬中华文化中的作用》，《求是》2012 年第 8 期，第 24 页。

③ （法）《欧洲时报》2011 年 9 月 8 日。

等成功合作，推出《欧洲联合周报》的奥地利版、匈牙利版、希腊版和葡萄牙版，真正实现了资源共享和优势互补。此外，为谋求长期生存，提升影响力，海外华文媒体还与当地华人社团合作。如《新西兰联合报》采取与本地华社社团全面合作的方式联合办报，实是双方获取资金技术支持、实现资源互补的有益尝试。

总之，近年来，以华社"三宝"为代表的华人组织获得了较为稳定的发展，这有利于华人社会的成长及其在当地政治、社会地位的改善。

六、海外侨胞生存发展面临新挑战

虽然近年来华社整体发展形势较好，但金融危机和各国政局也使华人尤其是华商经济受到影响，而长期以来侨社内部不和，侨胞产业结构雷同、竞争激烈等问题也一直存在。如今，随着中外经贸合作的迅猛增长，华商与当地民族企业经济的纠纷和利益摩擦必然增多，个别侨胞的不端行为也导致华社负面新闻时有出现，不仅给华商企业造成损失，也对华侨华人生存发展环境产生影响。这些都影响到华社内部的和谐，以及华侨华人与当地民族的关系。

在中国国内，随着华侨华人与中国合作领域的更加广泛，相应的，华侨华人对中国的利益诉求也更加多元。如近年来随着华侨华人的回国创业，他们希望中国能够提供更好的创业环境和条件，外籍华人期待在入出中国国境、来华长期居留和事业长远发展等方面享受更多便利，华侨在回国定居、子女教育等方面也提出了一些新的要求。总而言之，在合作发展过程中，广大侨胞的利益诉求更加多元，希望祖（籍）国给予更多关爱。

从上述新情况和新变化来看，由于外在政策环境的好转以及自身努力等原因，华侨华人的整体实力得到极大程度的提升，这无疑为华侨华人在21世纪"海丝之路"建设中发挥更大作用创造了条件。但与此同时，新时期华侨华人在海外的生存和发展也面临一些新挑战，其与中国的关系在整体向好的同时也出现了一些新的问题，这些同样值得我们正视。

第三节 华侨华人在 21 世纪"海丝之路"建设中的作用

海外侨胞具有融通中外的优势，拥有资金、技术、人才和先进管理经验等资源，在促进中外经贸合作、推动中外友好交流、弘扬中华语言文化、促进中国统一等方面，都能有更多的作为。本节从经济、政治、文化等层面出发，对华侨华人于中国"海丝之路"建设的作用分别加以阐述。

一、经济层面

在 21 世纪"海丝之路"建设愿景中，"设施联通""贸易畅通""资金融通"都与经济有关，可见，经济合作是 21 世纪"海丝之路"建设的主体内容。而众所周知，华侨华人的资源优势，及其对各方最突出和最重要的贡献也主要在经济方面。这就决定了在 21 世纪"海丝之路"建设当中，华侨华人尤其是华商大有可为。

当前形势下，华侨华人于中国的经济意义首先在于促进中国经济转型、产业升级。目前，中国经济转型主要是发展方式的转变，此次转型的难度和挑战都是空前的，例如经济发展观念的滞后、经济结构的长期失衡、经济体制改革的遗留问题，以及资金、技术、人才等方面的不足等。而华侨华人不仅拥有资金、技术和人才，而且在发展观念、产业结构等方面也有其优势。因此，在中国经济转型中，海外华侨华人不仅可以帮助中国解决资金问题、产业结构优化问题，而且可以帮助中国产业界实现思想和经营观念上的转变，为经济发展提供智力和科技支持，助推中国经济健康发展。在操作层次，一是希望华侨华人继续扩大在华投资，提升经营层次。尤其加大在高新技术、节能环保等领域投资的力度，也鼓励华侨华人将在国外学习的高新技术，以项目合作方式带回中国国内，构建新的产业发展体系，为促进中国经济健康发展发挥积极作用。二是希望华侨华人可以为中国经济转型提供智力支撑。作为发展中国家，中国不仅在人才培育方面处于劣势，而且在人才竞争、人才资源保护等方面也缺乏经验。优秀科技人才的长期流失，是我国企业创新能力不足的一个重要原因。而海外华侨华人中有数百万专业人才，他们或者拥有先进的经营、管理理念，或者掌握先进的科学技术，或者有着敏锐的国际市场洞察力，这些正是中国经济发展所需要的。我们可以发挥华侨华人高层次专业人才的作用，解决我国产业转型升级中的技术难题，提高企业核心竞争力和自主创新能力，也可以发挥他们的管理经验和国际视野优势，助推中国企业高效运转。

其次，华侨华人还是中国企业"走出去"的最佳搭档和重要推手。"走出去"是中国企业发展的必然趋势。近年来，中国企业对外直接投资增长迅速，2002 年中国对外直接投资为 27 亿美元，2013 年这一数据已增至 1078 亿美元。[①] 对于"走出去"的中国企业而言，海外华商的意义正如 2012 年海外投资年会上李海峰所言：一是借助海外华商企业实力雄厚这一优势，开展企业间的合作，可以帮助中国企业节约成本、减少开支，走强强联合发展的道路；二是借助海外华商熟悉住在国国情和市场运作规则，对市场发展有相对准确的预测和判断的优势，可以帮助中国企业把握投资方向，避免盲目投资；三是借助海外华商商业网络比较成熟，在住在国人脉广泛，熟悉经济环境等优势，可以帮助中国企业更加顺利地进入当地市场，迅速打开营销渠道；四是借助海外华商了解住在国民风民俗，与当地政界、商界有密切往来的优势，可以帮助中国企业融入当地主流社会，消除文化差异，减少投资摩擦；五是借助海外华商具有国际经营管理经验等优势，可以帮助中国企业提高管理水平，尽快与国际接轨。[②] 因此，国内华商十分愿意与海外华商合作。根据对福建省若干企业进行境外投资调查发现，60% 的企业愿意选择境外闽商和其他华商作为合作对象，比跨国公司的比例 20.6% 高得多；对当地经营管理人才的选择意愿依次是华侨华人、当地人和跨国人才。而已经走出去的企业，偏向华侨华人人才的比重更是高达 51.9%。[③]

再次，华侨华人还是中外合作的桥梁。海外华商是住在国经济的一部

① 林勇：《华侨华人与国际移民研究报告》（2015），光明日报出版社，2016 年，第 4 页。

② 李优树：《海外华侨华人助推中国经济转型的独特优势及路径依赖》，《侨务工作研究》2013 年第 3 期，http://qwgzyj.gqb.gov.cn/yjytt/172/2283.shtml.

③ 2016 年《华侨华人蓝皮书》发布会——华侨华人在一带一路倡议中可能发挥重要作用，2017 年 01 月 06 日，http://world.people.com.cn/n1/2017/0106/c190970-29004363.html.

分，因此，海外华商与中国的合作意味着中国经济与国际经济更紧密的联系，意味着中国市场与国际市场的连接。不仅如此，通过华侨华人的牵线搭桥，中国还可以和国外企业和技术人才合作。具体而言，华侨华人在其中的作用一是沟通双方，实现中外信息对接，使双方可以寻找合适的商机；二是增信释疑，为中外顺利合作和深度合作效力。从当前形势来看，华侨华人在中国与东盟国家的合作方面大有可为。这是因为东盟国家华侨华人众多，且资产丰厚，华商网络发达，这对于保障中国与东盟经济合作颇为有利。有学者归纳了华商在建设中国－东盟自由贸易区中的三大中介作用：（1）桥梁—推介作用。东盟华商可以利用熟悉中国与东盟政治、经济、文化的特殊优势，收集东盟、中国的投资机会、贸易机会、合作机会，经过评估后向双方推介，促进中国－东盟更密切的经济合作。（2）向导—服务作用。在建设中国－东盟自由贸易区中，两地的企业家要更好合作，共同发展，还需要有人导引、服务，华商在这方面也拥有得天独厚的优势。（3）粘合剂—融合作用。华商可以利用自己在东盟社会的广泛影响力，对建立中国－东盟自由贸易区做广泛的宣传动员，消除一些不解和误解，调动更多的力量配合；可以利用自己投资中国建立起来的资源，动员更多的人配合、支持东盟企业在中国投资；可以通过各种形式集合起部分东盟商人与中国商人，联合起来投资一些大项目。①

总之，在新"海丝之路"的经济建设中，华侨华人既可以亲身参与，又可以出谋划策、牵线搭桥，为中国的经济发展及中国与"海丝"沿岸各国的经济合作贡献力量。

二、政治层面

共建 21 世纪"海丝之路"，中国需要向世界各国传递和平发展理念，同时也需要了解世界各国不同的政策取向和需求。在此过程中，可以借助华侨华人"民间大使"的角色，克服不同政治文化间的隔阂，进一步推进中外政

---

① 《发挥中介作用共促中国与东盟合作——"第三届世界华人论坛"论文摘编》，《侨务工作研究》2004 年第 4 期，http://qwgzyj.gqb.gov.cn/yjjytt/119/510.shtml.

治互信和政策沟通。

由于华侨华人具有两种文化背景，对中国和居住国的政治和法律环境有深入的了解，且随着华侨华人日渐融入当地，他们也逐渐被当地主流社会所认可和信任。因此，华侨华人是促进中外政治互信和促进中外关系良好发展的最佳"民间大使"。他们可以向国外媒体、学界、民众、政府和非政府组织，客观地介绍中国国情及发展模式，也可以将所在国政治环境、政策需求向中国有关方面反映，从而促进双方政策沟通和政治互信。实践中，华侨华人也时常为所在国政府发展对华关系建言献策，从事着释疑解惑，促进世界更加全面、客观地了解中国，增进中国与所在国之间政治互信、促进双边关系发展的活动。

不仅如此，经过长期奋斗，海外华侨华人中的一些人还在侨居国政界脱颖而出，成为各级政府要员乃至所在国国家元首。如仅以闽籍华侨华人为例，菲律宾前总统阿基诺夫人、前内政部长林炳智、前马尼拉市长林雯洛、印尼前总统瓦西德、关岛前议长安东尼奥·安平科、前商务部长冯慧兰，新加坡前总理吴作栋，泰国下议院第一副院长蔡百山等，均是闽籍移民的后代。这些人对中外关系发展将产生直接的影响。一些人虽无直接参政，但却已经高度融入主流社会，与住在国各阶层建立了广泛的联系甚至是深厚的友谊，在当地拥有广泛的人际关系网络，其中部分人还和各级官员建立了良好的个人友谊。如澳大利亚福建总商会副会长兼秘书长、福清籍人士叶方和前总理陆克文、吉拉德等政界要人都保持着良好的互动。这些人凭借其影响，完全可以成为我国加强与其所在国友好交往和联系的桥梁。在一些情况下，华侨华人与当地政要私交关系的效果甚至优于两国外交的效果。如 20 世纪 90 年代，福建省渔船在南海捕鱼时，曾被某国以越境为由拖走并扣押起来。在中国驻该国使领馆出面交涉，要求对方放船放人无果后，经该国闽商与有关部门官员进行协商和通融，这些渔船和渔民得以释放。因此，从某种意义上讲，华人的政治参与或其社会关系的扩展，对中国而言也是一种无形的资本。

总之，由于华侨华人兼通中外且兼顾中外的特性，他们理所当然地成为了中国打开和建立"各方面关系"的重要依靠力量，成为了中外友好关系发展的重要推动者。毫无疑问，在"海丝之路"建设过程中，华侨华人的这种优势和功能还将持续和被强化。

三、文化层面

"五通"之中，最难实现的是"民心相通"，而民心相通的核心在于文化相融。"海丝之路"沿线国家和地区是世界上多民族、多宗教的聚集区域，也是东西方文明交汇的地区，当前因文化差异或冲突而导致的误解或纠结也不少。因而，"海丝之路"要想达到各个层面的互联互通，尤其需要加强中国与丝路沿线各国及各国之间在人文、体制等诸多方面的沟通交流，消除彼此隔阂，增强尊重互信。在这方面，海外华侨华人既程度不同地受到中华文化的影响，又散居沿线各国，熟悉当地语言和文化传统，了解各国之间的文化环境和民众心理差异，因而一定程度上掌握了同异质文化交流的技巧，还有与当地居民近距离交流的便利条件，因而天然就是中外文化交流的载体和重要推动力量。

作为载体，一方面，他们是异质文化的携带者，从他们身上，我们可以了解异国文化的特色，以及中国文化应如何与异国文化和谐共处；另一方面，华侨华人还是中华文化与价值观的重要载体，其一言一行均是所在国人民了解中国、了解中国文化的重要窗口。这样，华侨华人无形之中就成为了中国形象的代言人。

作为推动者，他们熟悉中外文化的差异，也知晓中外文化需要什么、能接受什么，因而能以易于为住在国民众接受的方式来介绍和推广中华文化，也能以易于为中国民众接受的方式来介绍和推广住在国文化，能形成一种相互尊重、相互包容的文化交流氛围。他们还可以在文化交流、学术往来、媒体合作等方面发挥桥梁纽带的作用。总之，通过他们可以增进不同文化之间的对话，从而为深化中国与各国的双多边合作奠定坚实的民意基础。

四、国家形象层面

国家形象是国家的外部公众和内部公众对国家自身、国家行为、国家的各项活动及其成果所给予的总的评价和认定，是一个国家整体实力的体现。[①]

---

① 管文虎：《国家形象论》，成都科技大学出版社，2000年，第23页。

中国的国家形象好坏影响到中外政治互信和民心向背，最终影响到中外合作。这里主要探讨外部公众的中国国家形象问题。

由于意识形态分歧以及历史偏见，不少国家对我国存在偏见和误解。前欧中友好协会主席德瓦认为，欧盟国家民众对中国不满的原因有二：（1）欧洲民众对中国实际情况知之甚少，往往只听信西方媒体的一面之词；（2）遇到问题，中国又不善于根据欧洲人的习惯进行及时有效的解释和反驳。而西方国家民众对中国缺乏了解和误解，正是某些反华人士散布反华言论的最好土壤。[1]可见，改变中国对西方社会"信息逆差"的现状，是构建和提升中国国家形象需要首先着力解决的问题。在这方面，华侨华人具有独特的优势。华侨华人既通晓中外语言文化，又熟悉中外政治社会环境，通过他们向各国政府和民众介绍中国国情和中国模式，对增进外部世界对华认知，改善中国国际形象有重要意义。

而事实上，华侨华人也有这方面的经验。改革开放以来，海外华人社团、华文媒体和华侨华人热心人士都从不同角度、以不同方式介绍中国的国情和发展模式，这些对于改善中国国际形象有一定的好处。如前所述，越来越多的华侨华人到中国投资兴业或观光旅行，回去后往往通过媒体刊文、举办摄影展与图片展、开展座谈交流等多种形式向华人社区甚至主流社会介绍中国的真实情况，形成了一定的话语声势。又如海外华文媒体以其不偏不倚的立场，向外界客观、公正、全面报道中国两岸三地发生的政经大事，有利于这些国家认识中国的国情和社情，端正对中国的认识。不仅如此，海外华侨华人还对涉及中国的歪曲报道和不实攻击进行有力批驳，维护中国国家形象。近年来，从网民发起的反 CNN 网站开始，到网上签名抵制和反对歪曲事实的西方媒体，再到英国华人到 BBC 办公楼前戴着口罩静坐示威、法国巴黎共和国广场举行"支持北京奥运反对媒体不公"的游行示威集会等等，均给当事者施加了一定的压力，有利于化解西方媒体对中国的负面舆论，维护中国国家形象。

此外，华人的海外形象与中国形象也密切相关。作为中华文化和价值观念载体的华侨华人，即使在法律上已成为居住国的公民，也不可避免地因其特有的文化传统、生活方式等被居住国公众视为中国的象征，直接影响到他

---

① 范如松：《侨务工作的理论与实践》，世界知识出版社，2012 年，第 115 页。

们对中国的观感。因此，每一名华侨华人都是中国形象的名片。在大多数国家，海外华侨华人入乡随俗、勤劳创业、诚信遵法，赢得了住在国政府和主流社会的好评。近年来，华人积极参与住在国政治、社会活动，也有利于世界更加全面客观地了解中国和中国人。对于华社中一些违法经营、不尊重当地民俗等有损中国形象的不良行为，华侨华人大都能及时抵制和纠正，如近年来不少侨社呼吁各地华人洁身自爱、提升自我形象，一些华人精英更是在公开场合将华人自身形象与"中华形象"结合起来看待。如西班牙中国和平统一促进会会长徐松华就公开表示，海外华侨华人和祖国的荣辱息息相关，华人的举止言行代表着中国的形象。因此，他呼吁华侨华人在生活和商务活动中要践行中华民族平等互利的理念，并在崛起当下采取理性谦恭的办法处理与他国经贸的摩擦，以彰显中国追求和平发展的良好形象。[①] 这种自觉意识无疑更有利于中国国家形象的优化。

五、"海丝"层面

对于我国而言，华侨华人还是 21 世纪"海丝之路"建设的积极构建者。

首先，他们可以成为 21 世纪"海丝之路"建设的智囊团。由于他们通晓住在国法律政策，也熟悉住在国文化背景和经济环境优势，因此他们可以为中国如何更好地构建 21 世纪"海丝之路"出谋划策。当然，他们也可以为当地政府和民众如何更好地参与"海丝之路"献计献策。事实上，他们正在发挥这方面的作用。2014 年 7 月 15 日，来自印尼、泰国、马来西亚、新加坡等地的 13 位侨胞参加了广东省建设 21 世纪海上丝绸之路侨胞座谈会，为广东建设 21 世纪"海丝之路"献计献策；2016 年 8 月 23 日，来自马来西亚、印尼、新加坡、菲律宾、泰国、缅甸、柬埔寨等 11 个东盟国家的 32 位广东省海外交流协会海外理事应邀参与了广东省侨办举办的"一带一路"建设座谈会，纷纷为推进"一带一路"建设的互动共赢建言献策；2015 年 3 月 29 日博鳌亚洲论坛·华商领袖与华人智库圆桌会召开，会议主题为"中

---

① （西班牙）徐松华：《海外华人和祖国荣誉——中国形象与 25 年来在西班牙的变迁》，《统一论坛》2009 年第 6 期，第 22 页。

国—东盟自贸区升级版与海上丝绸之路建设"。会上，侨胞们围绕自贸区与"海丝之路"建设、华侨华人如何参与自贸区升级版与"海丝之路"、中国－东盟自贸区和"海丝之路"范围内华商经济现状与丝路建设对接等主题提出自己的想法。

其次，他们可为 21 世纪"海丝之路"构想释疑解惑。现在不少沿线国家对中国"海丝之路"倡议抱有疑虑，担心中国另有企图。如一些国家担心中国"一带一路"计划背后有着不可告人的政治和军事意图，认为中国欲借机实施"珍珠链"军事计划，实施"西进战略"主导中亚、通过"海洋霸权"突破印度洋等。在这方面，不少华侨华人见证了中国改革开放的发展历程，了解中国国情和发展模式的内涵，因此他们可能成为中国和平发展道路的解释者和宣传者。他们可以当地民众喜闻乐见的形式对住在国民众传递中国"和平发展"理念，使中国模式获得更多的认同；同时，他们也可以借助各种平台，通过各种典型范例，宣传新"海丝之路"的和平、共赢互利精神，加强相关国家和地区对中国新"海丝之路"倡议的认同与支持。实践中，一些华人社团也在为此尽心尽力。如泰国北京商会主席蔡荣庄带领商会主动发挥自身宣传优势，通过各种渠道努力宣传我国建设新"海上丝绸之路"的相关政策，组织相关活动，并邀请泰国主流社会人士参加，以消除当地的疑虑。[①]

再次，他们还可做好"海丝之路"政策沟通的桥梁，既向相关国家传递中国"开放包容"的合作理念和相关政策，也向中国传递相关国家的需求，从而促进中外合作的顺利进行。尤其是在一些双边关系有待发展的沿线国家，华侨华人可以充分发挥民间大使的作用，积极争取住在国高层的引领，推动这些国家与中国在经济发展战略方面的交流和对接，推进区域合作规划和措施的早日出台，协商解决合作中产生的问题。

最后，华侨华人可以直接参与"海丝之路"战略建设。华侨华人拥有巨大的资金、人才等资源，他们可以通过直接参与"海丝之路"相关建设项目，使华商经济和智力资本与 21 世纪"海丝之路"建设有机衔接，并通过他们的示范作用，带动各方参与，最终实现多方共赢。

以上是对华侨华人在 21 世纪"海丝之路"中作用的整体概括，实践中，

---

① 纪娟丽：《丝路聚侨心　协作谋发展》，《人民政协报》2015 年 4 月 16 日。

不同国家、不同领域华侨华人发挥的作用可能会有所不同。如在"政策沟通"方面，若中国与侨居国外交关系好时，两国政府高层的"政策沟通"渠道较多，因此华侨华人在其中主要起辅助作用，如充当中介、咨询人的角色，向两国政府提供政策执行上的意见，加强政策的灵活性和适用性等；而当两国外交关系敏感或不太稳定时，华侨华人在"政策沟通"方面的操作空间就较大。此外，在各项作用中，相对而言，基于华侨华人的现状，他们在经济领域可能发挥更大的作用。当然，"民心相通"也是他们的优势，但其效果短时期内难以充分体现。

总之，在 21 世纪"海丝之路"建设构想中，因为华侨华人的跨文化生存优势，他们可能在其中发挥重要作用，我们也对此充满了期待。我们希望华侨华人为"海丝"建设建言献策，提供智力支撑；希望他们在海外宣传"海丝之路"，构建沿线国家的"海丝"情结；希望他们在高层次、宽领域和高水平参与"海丝"建设；希望他们继续扮演文化交流角色及和平使者角色，促进中国与沿线国家的文化交流和友好往来等，构建中外进一步合作的民意基础。

第六章　21世纪"海丝之路"建设中华侨华人参与动因分析

虽然华侨华人在21世纪"海丝之路"中可能发挥如上作用，但在实践中，若想华侨华人实际参与到21世纪"海丝之路"中来，还需要侨居国、华侨华人有这方面的意愿。而侨居国的意愿取决于各种历史基础和现实需要，华侨华人的意愿则取决于各种认同及利益契合。当前，综合各方面情况来看，上述意愿均在一定程度上存在，因而有扩大合作的可能性。

第一节　各方合作的历史基础和现实需要

重建"海丝之路"虽是中国提出来的，但也有一定的历史基础，并一定程度上反映了各国的现实需要。

一、历史基础

（一）"海丝之路"的历史记忆

历史上"海丝之路"时期，中外之间进行的是友好的商贸往来和经济文化交流，其时，中国虽然相对发达，但并没有倚仗实力侵略其他国家，而是坚持和平共处，共同发展。事实上，"以和为贵"是"海丝之路"的内在精髓，也是"海丝之路"历时长久而又能涵盖众多发展程度不一国家的最主要原因。

通过古代"海丝之路"，各国不仅能够独立自保，而且还能凭借这条贸易通道获利发展。这主要是因为历史上"海丝之路"上的商贸往来是互利共赢的。如通过中国与东南亚国家之间的朝贡贸易，中国有所收获，但海外诸国也能获得巨大的经济利益，因此虽海路凶险，但海外诸国乐此不疲。如中国与印尼通过朝贡贸易，中方获得了樟脑、檀香、丁香、肉豆蔻、胡椒、芦荟等印尼特产，满足了统治者对异域珠宝的需求。但同时，朝贡贸易对印尼也颇为有利，正如陶威斯·德克尔记载的："满者伯夷（为 13 世纪时东爪哇王国，在今泗水西南）和中国之间的贸易是颇频繁的……人民亦已采用来自中国的陶器和碗碟。由于中国、印尼之间的贸易，许多爪哇王的后裔做了财主，贵族也做了商人，航运业进步，经营方面得到新的方法。许多人经营土产，输出到中国，使中国爪哇两方面得到利益。"[①] 而且中国坚持的"厚往薄来"政策对这些国家也颇为有利，以至于这些国家在朝贡贸易中非常积极、主动，并导致中国政府应接不暇，最后不得不通过限制来往次数、船舶数目、吨位、随船人数等来勉强维持。如在明中期以后，明廷规定日本，定例 10 年一贡，入宁波港，人毋过 300，舟毋过 3 艘；琉球入泉州港，2 年一贡，毋过 100 人；占城、真腊、暹罗及西洋诸国入广州港，3 年一贡，等等。[②] 可见，在此过程中，各国是有利可图的。

总之，古代"海丝之路"体现了和平共处、开放包容、合作共赢等核心价值，在这些价值的规范下，古代中国与"海丝"沿线各国构筑了良好的政治外交关系和互惠互利的商贸关系，给沿线各国留下了一段较为美好的记忆。如今，这些价值规范也为 21 世纪"海丝之路"建设所秉承，这就为各方共建新"海丝之路"奠定了良好的心理基础。

---

① 孔远志：《中国印度尼西亚文化交流》，北京大学出版社，1999 年，第 313 页。

② 史志宏：《明及清前期保守主义的海外贸易政策》，《中国经济史研究》2004 年第 2 期，第 35 页。

（二）中外长期的和平交往和经贸传统

一般时期，中国与"海丝"各国的交往也是以和平为主的。如在历史上，中国在非洲不但没有殖民经历，并曾经坚定不移地支持了非洲的民族解放和国家独立战争。对独立后非洲的新兴国家，中国长期提供了大量不附带任何政治条件的无偿经济援助，这在当时国际环境下是尤为珍贵的。所有这些，都培育了中国和大多数非洲国家历史悠久的友好关系。

在大多数时期，中国与沿线各国也大体上保持了持续的经贸往来关系。如中国与东南亚各国经贸交往源远流长，千百年来互通有无，商贸关系密切。近现代以来，在殖民者的主导下，双方的经贸交往虽然不一定平等、自主，但也得以延续，这对于各方互通有无也还是有一定益处的。这之后，新中国建立初期，中国与东南亚大多数国家曾因外交关系恶化或没有外交关系导致经贸关系冷淡，但改革开放之后因外交关系好转又得以恢复，近年来还有增长之势。如老挝，1961年正式与中国建立外交关系，但在70年代末至80年代中期，双方关系出现曲折。1989年中老关系正常化，双边经贸关系得到全面恢复和发展。又如马来西亚，迟至1974年才正式与中国建立外交关系。建交后，两国关系总体发展顺利。自20世纪90年代始，中马双边贸易和投资有了重大突破，合作领域不断拓展。而长期的经贸传统不仅使中国与沿线各国形成了较好的交通、港口、仓储等硬件设施，也培育或催生了专营中国与沿线各国经贸的商业网络、商业人才、经济规范等软件设施。

（三）相似的历史命运和相融的文化背景

按照传统的观点，"海丝之路"之所以在明清时期衰落是因为在此以后，殖民秩序代替了朝贡体系，各国平等自主的贸易往来不复存在。自此以后一段较长的时期内，在政治上，"海丝"沿线各国，包括中国、东南亚国家以及非洲国家命运相似，都曾被沦为殖民地或半殖民地，之后又都经历过反帝反封、争取民族独立的建国历程，目前又大都同为发展中国家。这种相似的历史遭遇和现实境况，使得各国有更多的共同话题，在某种特殊情境下，甚至能够惺惺相惜，互勉互助。

在文化上，由于历史上中国与沿线各国长期的和平交往，尤其是与一部分国家朝贡关系的长期维持，使得双方在文化传统上是比较了解的。加之，当时较为先进的中国文化对东亚、东南亚文化有着广泛而深远的影响，而华侨华人在当地对中华文化的坚守和传播则进一步巩固了这种影响，致使如今中华文化在沿线各国尤其是在东亚、东南亚仍有着深刻的影响，并有与当地文化相互融合的一面。如中国与东南亚国家之间的郑和文化记忆就使中国与东南亚各国有了更多的共同语言。郑和下西洋是一次和平之旅，给所经之地留下了丰富的物质遗产和精神财富，因而也为当地民众所缅怀，不少与郑和及郑和船队有关的文化遗迹也得以保存至今。近年来，有关郑和话题的升华与强化，也得到了一些东南亚国家的呼应。如马来西亚，20 世纪 90 年代，该国领导人访华时还到与郑和有密切关系的西安大清真寺做礼拜，并参观郑和衣冠冢墓园。2009 年 12 月，一批来自马来西亚、文莱、泰国、哈萨克斯坦、吉尔吉斯斯坦、阿联酋和中国的华人穆斯林企业家和文化人士在吉隆坡还发起成立了"郑和国际经济文化发展联合会"，探讨新时期穆斯林经济文化人士所肩负的使命。马来西亚首相马哈蒂尔出席了这次盛会并致辞。这表明，郑和文化及其在新形势下其承载的时代意义不仅为中国所强调，也为马来西亚所重视，甚至被国际化。

除郑和外，妈祖文化在东南亚也很有市场。妈祖作为海神，对于庇护华侨华人航海安全至关重要。因此，随着先人的漂洋过海，在"海丝"沿线国家，尤其是在东南亚各国，均留下妈祖大量的史迹、文化等。如在菲律宾，全菲华侨奉祀的小规模天后圣母庙或妈祖庙约百余家。在马来西亚，以妈祖为正祀或副祀的会馆、宗祠或庙宇不少于 200 座。[①] 其他如在新加坡、印尼、越南、泰国、缅甸、日本、朝鲜、琉球，乃至美国、加拿大、澳大利亚、南非等地也有一定数量的奉祀妈祖的庙宇。而且，妈祖信仰不仅在华侨华人中盛行，也逐渐扩散到其他民族。2009 年"妈祖信仰"更是成功入选联合国世界非物质文化遗产名录，成为全人类共同的精神文化财富。而广泛存在于各国和各民族之中的妈祖文化在传播中华文明的同时，也促进了不同文化背景民众之间的相互沟通和理解。

---

① 苏庆华、刘崇汉主编：《马来西亚天后宫大观》第二辑，雪隆海南会馆（天后宫）、妈祖文化研究中心，2008 年，序言。

二、现实基础

实践中，中国与"海丝"沿线国家在政治、经济和文化等方面存在一定的相通之处和相互需要之处，这构成了各方参与"海丝之路"的现实基础。

（一）政治基础

这包括以下几方面的内容。

1. 政治民主化的力量

冷战结束后，欧美发达国家在全球大力推行以美国价值为核心的西方民主观，由此产生了全球性的"第三次民主化浪潮"，发展中国家为了自身的政治经济发展，也不得不在一定程度上接受西方的民主政治条件。虽然这一过程并非自愿，但一些相似的民主政治标准对于世界各国的友好相处有一定的帮助。

2. 中外政治互信有所提升

从大的方面看，冷战后国际形势整体上趋于缓和，有利于各国政治互信和合作发展。从中国的情况看，改革开放后，中国积极发展同各国的外交关系，与邻为善。近年来，中国与各国经贸关系的频繁在使各方因利益融为一体而在政治上更加包容外，也着实促进了双方政治、文化上的相互了解，一些国家并因此而逐渐改变了以往对中国的敌视态度和戒备心理。如针对所谓的"中国威胁论"，新加坡国父李光耀认为中国不大可能成为传统概念中想要扩张领土的国家，他甚至认为新中合作可提升到更高的档次，"新加坡可以成为中国面向世界的窗口，成为中国的另一个香港。"[1] 东盟前秘书长鲁道夫·赛维里诺认为：在与东盟关系方面，中国最重要的成就是"已经成功地使东盟各成员国不再将其看成是个威胁。更积极的一点是，东盟国家日益镇定甚至是满意地把中国看成是一个崛起的亚洲大国。"[2] 可见，整体上看，冷

---

[1] （台湾）《联合报》1993 年 8 月 27 日。

[2] 鲁道夫·赛维里诺：《中国——东盟关系：过去、现在与未来》，《当代亚太》2008年第 3 期，第 9 页。

战以后，中国与邻国外交关系有所好转，政治互信有所提升。事实上，在建设"海丝之路"倡议提出之后，2014 年 10 月中国倡导成立"亚投行"，截至 2015 年 4 月 15 日，会员国已达到 57 个。这表明各方对于中国合作共赢理念的认同。

3. 各方政治合作增多

如中国与东盟国家同处亚洲，在价值观、人权观以及国际事务中的许多问题上都有相近的看法，在反对强权政治方面也曾经相互支持。以马来西亚为例，20 世纪 90 年代以来其对华政策调整首先表现在加强政治往来和在国际事务中对中国的支持上。马来西亚前首相马哈蒂尔于 1981 年上台，直到 1985 年马来西亚遭遇经济衰退后才首度访华。但进入 20 世纪 90 年代后，马哈蒂尔曾六度访华，成为该时期世界各国访华次数最为频繁的国家领导人之一。不仅如此，同期马来西亚政府各类代表团也频繁赴华，仅 2002 年一年，两国副部长以上官员互访便高达 100 人次。[①] 在国际事务中，马来西亚也曾旗帜鲜明地表示支持中国，强调中国对世界有巨大影响。例如，面对中国崛起引发的"中国威胁论"，马哈蒂尔率先多次发表谈话加以批驳，并认为中国经济发展将为各国提供机遇，是亚洲振兴的希望。在 1994 年 5 月，他在北京发表演说时指出："面对一个富裕和强大的中国，东南亚不应该感到担忧。东南亚应该对一个富裕的中国表示欢迎。它们将通过贸易和经济交往而共享财富。"[②] 为了促进东盟与中国的合作，马来西亚力邀中国参加 1994 年在吉隆坡举行的东盟地区论坛。1997 年金融危机爆发后，马来西亚一方面拒绝国际货币基金组织的援助，另一方面则呼吁中国等亚洲大国牵头建立亚洲货币基金，并希望中国在改革国际金融结构和构建更公平的国际经济新秩序上发挥更重要的作用。马哈蒂尔对中国在稳定区域政治和经济上所发挥的作用特别赞赏，他在 1999 年曾表示，在区域关系方面，东盟国家非常重视中国的支持力量，以及它在东盟对话伙伴国及亚洲区域论坛所扮演的角色。他强调，全球必须接受中国最终必成为最有影响力国家的事实。[③] 事实

---

① 廖小健著：《战后马来西亚族群关系》，暨南大学出版社，2012 年，第 208 页。
② 廖小健著：《战后马来西亚族群关系》，暨南大学出版社，2012 年，第 208 页。
③ 廖小健著：《战后马来西亚族群关系》，暨南大学出版社，2012 年，第 208 页。

上，自 20 世纪 90 年代以来，中国在反对强权政治、维护发展中国家权益，以及在人权与民主标准、发展中国家贸易和投资自由化、改革国际金融体系等问题上，都与马来西亚达成许多共识，并保持良好的协调与配合。2013 年，两国建立全面战略伙伴关系。

（二）经济基础

1. 经济全球化

当前，经济全球化和地区经济一体化趋势逐步加强，致使各国的相互依存性和共同利益大为增加。相应的，在全球经济一体化的推动下，我国广泛开展区域经济合作，与诸多国家建立了密切的经济联系，使得中外共同利益大为增加，同时也有效推动了各国经济的发展。

当然，经济全球化也加强了华侨华人与中国之间的联系。在经济全球化的背景下，哪里有市场，资本和人才就流向哪里。改革开放以来，受中国市场、劳力、政策等诸多因素的影响，华侨华人资本和人才大量流入中国，这虽属世界资本、人才的一种正常跨国流动，但也着实使华侨华人与中国之间的经济合作进一步加强。不仅如此，经济全球化也给华侨华人带来了深刻影响。如极大地拓展华侨华人的生存空间，为全球化华侨华人网络的建立提供了可能等，从而使华侨华人整体实力得以提升。

2. 各国开放的经贸环境

各国奉行的对外开放政策为中国与丝路沿线国家的合作奠定了基础。如大部分东盟国家不仅自然资源丰富，而且都实行自由经济政策，鼓励外商投资，为中国与东盟双向贸易、双向投资奠定了坚实的基础。其中如马来西亚为促进经济发展，总理纳吉布（2009—　）上任当年就撤销 27 个服务业领域的外资股权限制，进一步开放金融业，以放宽外资准入，积极改善投资环境。同时，马来西亚外资企业豁免所得税期限可达 10 年之久，允许绝大多数外国制造业投资者拥有 100% 的所有权，外汇管制又比较宽松，允许投资者自由转账，有明显的可预见性投资回报。而印尼政府自 2015 年 4 月开始从本国部件使用率、投资额度、用工规模、出口产品占比等方面放宽外资准入条件。

就中国而言，加入世贸组织以来，各项政策更加公开、公平和制度化，外资准入行业也愈益宽泛。2015年中国发布新修订的《外商投资产业指导目录》，进一步放宽外资准入，如开放一般制造业，取消了对钢铁、乙烯、造纸、起重机械、输变电设备、名优白酒等的股比要求。同时，有序推进服务业开放，在商贸物流、电子商务、交通运输、社会服务、金融、文化等领域提出了一系列开放措施。相关部门还主动"走出去"为外人来华投资创业提供政策咨询。如2009年10月，国务院侨办组织由多部门相关人士组成的报告团，赴美国洛杉矶、北卡、亚特兰大、波士顿、纽约等地区举办大型报告会，介绍中国宏观经济科技形势，华侨华人来华发展的相关政策等。这些均为引进外资和开展对外贸易奠定了较好的基础。

不仅如此，近年来，中国政府鼓励中国企业"走出去"的政策也频繁出台。如2012年6月国家发改委等十三部门出台的《关于鼓励和引导民营企业积极开展境外投资的实施意见》，2013年5月，国务院侨办等部门出台的《关于发挥侨务优势服务中国企业走出去的若干意见》等。这些为中国进一步扩大与各国的合作奠定了基础。

3. 已有的合作基础

近年来，随着改革开放的进一步深入，中国与"海丝"沿线国家的经贸合作取得快速发展。据统计，2012年我国与"海丝"沿线各国贸易总额高达12217亿美元（不含拉美），占我国外贸总额的42.6%，我国已经成为东南亚国家、南亚国家、海湾国家及一些拉美和非洲国家最重要的贸易对象和外资来源地。[①] 这无疑为各方共建21世纪海上丝绸之路奠定了较好的经贸基础。

各国（组织）之中，东盟距离中国最近并与中国联系最为紧密，因而也是中国重点发展的对象。东盟人口与经济总量巨大，除老挝之外都为海洋国家，拥有新加坡、马尼拉、雅加达、海防等众多的港口城市，因而是21世纪"海丝之路"建设的重点。自1991年中国与东盟开启对话进程以来，中国和东盟经贸联系日渐密切，双方已在互联互通、金融、海上、农业、信息

---

① 全毅、汪洁、刘婉婷：《21世纪海上丝绸之路的战略构想与建设方略》，《国际贸易》2014年第8期，第7页。

通信技术、人力资源开发、相互投资、湄公河流域开发、交通、能源、文化、旅游、公共卫生、环境等 20 多个领域开展合作。尤其是自 2002 年 11 月中国与东盟各成员国签署了《东南亚国家联盟与中华人民共和国全面经济合作框架协定》之后，双边经贸合作呈突飞猛进之势，并呈现出以下四大特点：一是双边贸易大幅提高。到 2012 年，双边贸易额已达 4001 亿美元，年均增长 22%，是 2002 年的 7.3 倍。至 2014 年，中国是东盟第一大贸易伙伴，东盟是中国第三大贸易伙伴，同时是中国第四大出口市场和第二大进口来源地；二是双向投资合作卓有成效。从 2003 年到 2012 年的 10 年间，中国与东盟双向投资新增额超过 700 亿美元，累计达 1007 亿美元。其中东盟国家对华投资 771 亿美元，中国企业对东盟投资 236 亿美元。到 2013 年 6 月底，中国对东盟国家直接投资累计近 300 亿美元，约占中国对外直接投资的 5.1%，东盟成为中国对外直接投资的第 4 大经济体；三是互利经济合作成果显著。东盟国家是中国重要的海外承包工程市场和劳务合作市场，而中国的信贷也为东盟国家经济和社会发展提供了有力支持。2009 年和 2011 年，中方先后向东盟国家提供 150 亿美元和 100 亿美元信贷，其中优惠性质贷款超过 100 亿美元；四是双向旅游规模快速扩大。2012 年中国赴东盟游客 732 万人次，较 10 年前增长了 2.6 倍。东盟游客来华为 589 万人次。[①] 这之后，这种密切关系还在持续。如 2014 年，中国与东盟贸易额达 4803.94 亿美元，同比增长 8.3%，增速较中国整体对外贸易平均增速高出 4.9 个百分点。占中国对外贸易总额比重 11.16%。[②]

不仅中国与东盟国家整体经济联系紧密，而且对于单个成员而言，中国与其经济合作也十分密切。如近年来，中国与新加坡的经贸往来密切。根据中国驻新加坡大使馆的资料，2014 年新加坡对华投资额为 59.3 亿美元，排名第二，仅次于香港。而根据中国商务部官方统计，截止 2016 年 3 月，中国成为新加坡第一大贸易伙伴、第一大出口市场和第一大进口来源地；[③] 近

---

① 商务部副部长高燕：《十年来中国—东盟经贸合作成效显著》，2013-07-23，http://gb.cri.cn/42071/2013/07/23/107s4191547.htm

② 马德林：《2014 年中国东盟贸易额超 4800 亿美元》，2015-01-30，http://money.163.com/15/0130/20/AH81CNB300254TI5.html.

③ 《2016 年 3 月新加坡贸易简讯》，2016-06-02，http://lib.shcc.edu.cn/webpages/detail.asp?id=20860

年来，中国对泰国基础建设的投资不断增加，尤以水利建设、石油开采和高铁筑造等项目为重。其中，中泰铁路的投资兴建，不仅有利于泛亚铁路的全面发展，更意味着中国西南地区与东南亚区域交通网络的大连接，这也为"海丝之路"的"道路联通"打开了基础。建于 2006 年的泰中罗勇工业园由中国华立集团、泰国安美德集团共同开发，目前投资总额已超过 15 亿美元，为当地民众提供了大量就业和培训机会；[①] 截至 2014 年 9 月，中国在老挝水电、农业、工业、手工业、服务业等 14 个领域投资项目达 755 个，金额约 65 亿美元。[②] 中国成为在老挝投资最多的国家；而自 20 世纪 90 年代始，中国与马来西亚双边贸易和投资有了重大突破，合作领域不断拓展。至 2014 年，中国和马来西亚贸易总额达 1020.2 亿美元，其中中国向马出口 463.6 亿美元，自马进口 556.6 亿美元。马来西亚已连续 7 年成为中国在东盟国家中最大的贸易伙伴地位。[③] 而自 2009 年起，中国已经连续 6 年成为马来西亚最大的贸易伙伴。

不仅如此，长期以来，中国政府支持东盟各国解决其内部的经济问题。如为支持印尼解决粮食问题，2001 年中国农业部将中国杂交稻种植技术推介给印尼，使印尼水稻产量从每公顷 4.5 吨提升到每公顷 8 吨以上，最高产量 12 吨，米质也好于普通印尼米。[④] 而进入 21 世纪以来，中国对老挝的援助贷款大幅增加，双方经济技术合作成就突出。如中国水利电力对外公司自 1996 年入驻老挝以来，至今已在老挝成功开发了多个水电站、变电站及输电线项目，产生了巨大的经济及社会效益，获得了老挝政府的积极肯定。特别是在历次金融风暴后，中国并未选择独善其身，而是与东盟各国同舟共济，共渡难关，这也使各方合作关系更加巩固。如在 1997 年亚洲金融风暴后，人民币坚持不贬值，并加强同东盟国家的经贸合作，对区域政治经济的

---

① 《泰国"工业唐人街"感受海上丝路 66 家中企抱团》，2015-07-23，http://www.chinaqw.com/hqhr/2015/07-23/57981.shtml.

② 《中国位居老挝最大外资来源地》，2014-09-22，http://la.mofcom.gov.cn/article/jmxw/201409/20140900739208.shtml.

③ 《马来西亚连续 7 年保持中国在东盟国家中最大贸易伙伴地位》，2015-01-21，http://www.fmprc.gov.cn/ce/cemy/chn/sgxw/t1230098.htm.

④ 管克江：《袁隆平技术走向世界，印尼试种中国杂交稻》，《人民日报》2005 年 9 月 5 日，第 7 版。

稳定起了不可低估的作用。如在马来西亚最困难的 1998 年～2002 年，中国大陆对马投资 40 项，金额达 8.91 亿美元。[①] 这对 1997 年金融危机打击下的马来西亚可谓雪中送炭。2008 年金融危机发生之后，为帮助印尼更好地抵御金融危机，中国人民银行与印尼银行签署了规模为 1000 亿人民币／175 万亿印尼卢比的双边货币互换协议。[②]2009 年 6 月 10 日，由中方提供优买贷款且由中方承建的印尼最大的跨海钢索斜拉桥大桥"泗马大桥"建成，该桥成为"两国友谊的象征、合作的丰碑"。[③]

其他沿线国家与中国的经贸、人员往来也迅速发展。如当代中非关系出现了全面提升的迹象。自 2009 年以来，中国已超过美国成为非洲最大的贸易伙伴，近年来双边贸易额频创新高。目前在非洲"落户"的中国企业也达 2000 多家。与此同时，中非人员往来日益频繁，2012 年达 157 万人次，其中中国赴非旅游人数达 87 万人次。[④] 频繁的经贸往来，给双方人民带来实实在在的好处，也奠定了"海丝之路"各方合作的经贸和民意基础。

4. 各种合作机制的存在

21 世纪"海丝之路"建设是合作发展的倡议，将充分依靠中国与有关国家既有的双多边机制，借助既有的、行之有效的区域合作平台。如前所述，目前中国已与"海丝"沿线不少国家和地区建立了各种类型的经贸合作机制。如中国与印度、斯里兰卡、孟加拉国、缅甸及韩国签署了亚太贸易协定；与海湾国家搭建了中国—海合会合作论坛；与非洲国家搭建了中国非洲合作论坛；与东盟国家搭建了中国—东盟自贸区；与新西兰、智利、秘鲁等国家签署自贸区协议。这种种合作机制的存在为建设"海丝之路"奠定了重要的平台基础。尤其是 2010 年 1 月 1 日"中国—东盟自由贸易区"的正式建成，中国和东盟国家 93% 的贸易产品实现零关税，服务贸易市场实质性

---

① 廖小健著：《战后马来西亚族群关系》，暨南大学出版社，2012 年，第 212 页。

② China, Indonesia sign currency swaps agreementm［J］. Manufacturing Engineering & Market, 2009（5）: 69.

③ 《唇齿相依　合作共赢——中国驻印尼大使章启月谈中国与东南亚国家关系》，2009-08-10，http://www.fmprc.gov.cn/ce/ceindo/chn/xwdt/t577605.htm.

④ 周海金：《在非华人生存状况及其与当地族群关系》，《侨务工作研究》2014 年第 2 期，http://qwgzyj.gqb.gov.cn/hwzh/177/2454.shtml

开放，双方贸易关系站在了一个新的起点上。在此总框架下，中国与东盟各国的合作平台众多，涉及政治、经贸、安全、科技、文化、次区域合作、海上合作等方方面面。各种合作机制的广泛存在不仅保障了经贸合作关系的可持续发展，而且也为"海丝之路"的重建奠定了基础。

5. 广泛的合作空间

从发展程度和资源状况来看，中国与丝路沿线国家各有所长，也各有所短，合作则能相互取长补短，共同发展。因此，中国与丝路沿线国家具有进一步合作的潜力和广泛合作的空间。如亚非欧一些沿线国家发展程度较高，但内部市场有限，一些国家能源资源丰富，但经济不够发达，而我国市场广阔、投资环境日趋改善、外汇储备丰富，但也面临着能源缺乏、产业结构调整等压力，因而一些国家与我国合作潜力巨大。如目前我国与东盟国家之间在农业、信息通信技术、人力资源开发、湄公河开发、相互投资以及中小企业、公共卫生和生物科技等领域的合作仍大有可为。又如从基础设施建设的角度来说，据亚洲开发银行2009年的一份评估报告显示，2010至2020年间亚洲国家在能源、电信、交通基础设施等方面需要将近8万亿美元的投资，其中约需要5.4万亿用于新增基础设施建设，2.5万亿用于现有基础设施的维护和更新，年均投资需求达7500亿美元，而这是目前世界银行和亚洲开发银行所远远无法满足的。[①] 可见，"海丝之路"中亚投行和丝路基金等机制建设有其存在的必要性。而且，在几十年的基础设施建设过程中，我国在隧道、桥梁、港口、码头、高速公路、高速铁路和水利设施建设方面，积累了比较丰富的经验，也在国际竞争中形成了一定优势，这也为我国对外开展基础设施投资奠定了基础。

不仅如此，由于中国的发展规划与一些国家的发展愿景有不谋而合之处，这也使双方进一步合作成为可能。如印尼自2014年10月佐科·维多多（Joko Widodo）正式宣誓就任印度尼西亚第7任总统以来，印尼的发展重心逐步由陆地转向海洋，并提出了"全球海洋支点"愿景。由于基础设施建设落后是这一愿景实现的重要制约条件，因此促进基础设施建设是这一愿景

---

① Asian Development Bank and Asian Development Bank Institute, Infrastructure for a Seamless Asia, 2009, pp.199–200.

的核心内容。印尼政府计划未来五年投入巨资来新建或改建各类公路铁路 8600 公里，49 座大坝，35000 兆瓦的发电站以及 24 个港口。[①] 而这与"海丝之路"建设中的"道路联通"有着一定的契合度。因此，这也意味着中印两国在基础设施建设方面有一定的合作可能。

（三）文化基础

如前所述，由于长期的政治、经济、文化等多方面的交往以及频繁的人员往来，致使中国与丝路沿线国家已在文化上有一些共识和相通之处，这就为今天我们共建 21 世纪"海丝之路"奠定了文化基础。

此外，各种语言的相互传播也为各方交流合作提供了便利，如汉语的推广就为各方与中国合作奠定了良好的语言基础。改革开放以来，随着中国综合国力的增强，中外交流与合作日益扩大，汉语的商业价值迅速增加。不少国家开始在公开场合阐释华文对于本国经济发展的重要性，并号召本国国民学习华文。如在新加坡，2006 年 3 月成立了中华语言和文化基金会，旨在让新加坡华裔保留其语言和文化特色，使新加坡在全球市场的激烈竞争中立于不败之地。该基金会由新加坡宗乡会馆联合总会和新加坡中华总商会共同设立，并获得新加坡教育部"一对一"的经费资助；在缅甸，当局也意识到了华文的商业价值。1998 年 11 月《缅甸华报》得以面世，这是缅甸排华后被允准的第一份华文报纸。缅甸政府态度的转变正如《缅甸华报》发刊词所言："《缅甸华报》的诞生，不仅说明我国领导人对世界五大文字之一的华文的重视，并认同了在缅甸发展华文的必要。"[②] 同时，缅甸华人也意识到华文给他们带来的机遇，认为"学好华文，无论在贸易或交际上，无论对自己国家，都将起很大的作用。"[③] 目前，缅甸仰光外国语大学、曼德勒外国语大学均开设了中文系。其他一些国家也因为与中国经济、文化交流的需要，愈来愈重视汉语教育。至 2011 年，海外学习汉语的人数已超过 4000 万。仅

[①] Winarno Zain, "President Jokowi's in frastructureprojects: Quantityvsquality", The Jakarta Post, February23, 2015.

[②] 《〈缅甸华报〉发刊词》，（仰光）《缅甸华报》1998 年 11 月 4 日。

[③] 《热烈欢呼在缅甸举办 HSK 考试》，（仰光）《缅甸华报》2001 年 2 月 21 日。

2011 年一年，世界范围内学习汉语的人数就增长了 39%。[①] 非华裔子弟在华校中就读的现象也屡见不鲜。如在柬埔寨学习华文已不再是华侨华人后代的"专利"，而成为越来越多当地年轻人的追求，甚至出家人也到华文学校学习华文。在一些国家，非华裔学生已经占到了华校在校生的 1/3 到一半，而且这种趋势还在不断加强。[②] 此外，世界各国主流媒体也开始播出中文节目。如 2009 年 11 月 15 日，伦敦国际广播电台正式推出每天 1 小时的普通话节目，这是英国广播历史上首次播出本地制作的普通话内容。总之，汉语作为一些国家与中国交流互动的重要媒介，已日渐受到重视和推广。而为扩大与东盟的合作，中国也开设了所有东盟成员国的语言专业，以培养东盟语言类人才。

不仅如此，随着中外关系的改善，中国与其他国家双边、多边的教育文化交流取得明显进展。如为促进中国与东盟的留学生交流，2010 年中国政府提出"双十万计划"，即到 2020 年，中国与东盟双向留学生都达到 10 万人。为此，中国政府逐年大幅增加了向东盟国家提供的奖学金名额。从 2014 年起的 3 到 5 年间，中国将向东盟国家提供 1.5 万个政府奖学金名额。[③] 而据报道，2012 年东盟国家来华留学生总数已突破 6 万人，占来华留学生总数的 19%。与此同时，中国在东盟各类留学人员已超过 11 万人。[④] 在文化交流方面，仅 2007 年，广西与泰国方面就共同举办了泰国文化周、泰国高等教育展及泰语演讲比赛、广西青少年代表团访问泰国和泰国诗琳通公主摄影展等系列活动，加强了双方的联系，促进了文化之间的相互了解。不仅如此，通过一系列的文化交流，中华文化在海外也得到一定程度的接受。如马来西亚前副首相安华发表演说时就不时引用儒家学说的观点。针对反对党攻击他不讲马来文，只讲华文，不提回教，却大谈孔子的言论，他反击说，我是马

---

① 曹云华等：《2011 年世界侨情：特点与趋势》，《侨务工作研究》2012 年第 3 期，http://qwgzyj.gqb.gov.cn/hwzh/166/2039.shtml.

② 崔岳：《大力拓展华文教育 促进华社和谐发展》，《侨务工作研究》2007 年第 6 期，http://qwgzyj.gqb.gov.cn/hwjy/139/1023.shtml.

③ 习近平：《中国愿同东盟国家共建 21 世纪"海上丝绸之路"》，2013-10-03，http://news.xinhuanet.com/world/2013-10/03/c_125482056.htm.

④ 王橙澄、李春惠：《中国与东盟教育合作驶向"深水区"推进"一体化"》，2013-09-19，http://news.xinhuanet.com/world/2013-09/19/c_117429375.htm.

来人，也是一名回教徒，但我尊重孔子，并相信儒家思想对马来西亚及亚太地区国家的道德价值有积极的作用。[①] 为了大力推广儒家思想，马来西亚国家语文出版局还陆续组织人员翻译出版中国的古曲文学和哲学著作。文化共赏有利于文化相通，最终有利于相互交往的顺利进行。

第二节　华侨华人参与 21 世纪"海丝之路"建设的动因

在 21 世纪"海丝之路"建设当中，华侨华人不仅有各项参与优势，而且也有参与的可行性和必要性。

一、可行性分析

（一）"海丝"沿线雄厚的华侨华人实力

据不完全统计，目前全世界华侨华人已超过 6000 万人，主要分布"一带一路"沿线地带。与此同时，丝路沿线国家侨胞经济实力雄厚，生产经销网络成熟，还拥有广泛的政商人脉以及众多的华人社团、华文学校及华文媒体等，在沟通中外方面具有独特优势。

当前，对中国而言，新丝路建设最重要的合作伙伴是东南亚。而东南亚地区是华侨华人的传统聚居区，约有 4220 万华侨华人。其中华侨华人总数超过 100 万的国家有 7 个：印尼 1600 万，泰国 1000 万，马来西亚 655 万，缅甸 300 万，新加坡 284 万，菲律宾 157 万，柬埔寨 110 万，越南 100 万。[②] 不仅如此，东南亚地区华侨华人经济实力也相当雄厚。2009 年全球华商企

---

① 廖小健：《跨世纪的马来西亚华人文化》，《东南亚研究》1998 年第 1 期，第 5 页。
② 数据来自国务院侨办的调查。

业总资产约 3.9 万亿美元，其中东南亚华商经济总量为 1.1～1.2 万亿美元。①
另据估算，至 2014 年，全球华商总资产约 5 万亿美元，其中 80% 集中在亚
洲，特别是东南亚地区。在东南亚证券交易市场上市企业中，华人上市公司
约占 70%。② 不仅如此，东南亚华商资本还与所在国原住民资本、国际资本
等组合在一起，使华商经济资源更加丰富。

如今，东南亚华人在当地社会经济中占有重要地位。如新加坡、马来
西亚、泰国、印尼、菲律宾等国华商实力较为突出，在某些行业甚至占有
支配作用。以菲律宾为例，约占全菲人口 1.5% 的华人，在菲经济中占有
20%～30% 的比重。③ 在经营领域方面，除制造业这一传统产业外，金融业
已成为华人经营的重要产业。目前全菲华资银行共 15 家，分支机构 1000 多
家，资本总额 1000 亿菲律宾比索以上，约占全菲银行资本的 30%。缅甸的
私营银行中，估计有 80% 是华人开办的。即便是在印支，越南、柬埔寨当
地华人也办起了信用社和小银行，如胡志明市的越华银行。④ 近年来，华资
企业的科技含量也有所提高。新加坡、马来西亚等国华商从 20 世纪 80 年代
起，就开始进行经济转型，一批新型的科技企业由此诞生。泰国华侨华人也
从传统的零售、运输、地产开发业，发展到金融、钢铁、旅游、汽车等重要
行业。这种转型不仅有利于华侨华人的长远发展，而且也为他们广泛参与新
"海丝之路"建设奠定了雄厚的经济基础。华商的发展走势也为当地政府和
民众所看好。如在马来西亚，各界对其前景十分看好，因而华裔贷款成功率
非常高。截至 2007 年末，马来西亚政府的发展银行和商业银行共发放 1128
亿令吉商业贷款，其中华商取得 911 亿令吉，超过 80% 的比例。⑤ 华商的良

---

① 余密林：《对建设 21 世纪海上丝绸之路的若干思考》，《发展研究》2015 年第 2 期，
第 17 页。

② 彭大伟、何亚非：《"一带一路"对中国海外投资有五大战略意义》，2014-12-22，
http://www.gqb.gov.cn/news/2014/1222/34674.shtml.

③ 黄滋生：《试论菲化运动对华人社会的客观正面影响》，《华侨华人历史研究》1993
年第 4 期，第 68 页。

④ 陈永、游筱群：《东盟国家华侨华人经济发展新特点》，《侨务工作研究》2004 年第 1
期，http://qwgzyj.gqb.gov.cn/hwzh/116/651.shtml.

⑤ 《华埠时讯：马政府商业贷款八成为华裔申请》，《侨务工作研究》2008 年第 1 期，
http://qwgzyj.gqb.gov.cn/hbsx/140/1082.shtml.

好信誉以及各界对华商前景的乐观估计由此可见一斑。2008年金融危机之后，东南亚华人经济虽面临一些挑战，但还保有赖以生存的传统产业和相应的发展空间。

在政治和社会方面，近年来，由于中外关系的改善、所在国华人政策的调整以及华侨华人的努力，华族与当地民族关系整体融洽，华人政治和社会地位有所上升。如自20世纪90年代以来，东南亚各国相继对其华侨华人政策做出调整：一是改变以往对华侨华人强制性的同化政策，普遍采取较为温和、宽松的华侨华人政策。如在入籍问题上，允许华侨自愿选择当地国籍。二是改变以往一味排挤和限制华侨华人发展的做法，转而采取利用华侨华人的政策，逐步提高华侨华人的社会地位。一些国家并在经济领域给予华侨华人各种优惠政策，吸引侨资参与本国经济建设；三是切实解决华侨华人的历史遗留问题。由此，东南亚华侨华人有了更大的生存与发展空间，主动、积极融入当地社会的华侨华人日渐增多。相应的，华族与所在国其他民族之间的关系也渐趋缓和。如在马来西亚，进入20世纪90年代，马来西亚民族政治明显淡化，政府由原先偏重土著居民利益的"新经济政策"转向"新发展政策"。"新发展政策"不再一味偏重马来人族群的利益，而是强调经济效率的优先性与马来西亚各族群的共同发展。而2003年上任的首相阿都拉更是把促进族群和谐作为首要任务，就任后在经济和文教领域放宽多项华人政策。在2004年8月30日的首次国庆讲话中，他还特别强调，马来西亚的所有人民都是平等的，没有任何人可以自称比其他人更像马来西亚人。他呼吁马来西亚全体国民不要自我矮化、自我边缘化，应不分种族和宗教，共同成为这片国土的主人。① 政府对华人政策的新调整，营造出一种种族融洽的氛围，有力地改善了华侨华人的生存和发展环境。

在此环境下，华人也将积极融入当地视为己任，并最终收获了一定的政治和社会地位。在新加坡，华人族群占到新加坡人口的75%左右，因而能够主导国家政局，政治、社会地位较高。在泰国由于民族融合程度较高，华裔政要比比皆是。在其他国家和地区，由于长期以来华侨华人为所在国经济社会发展做出了巨大的贡献，因而也逐渐赢得了所在国民族和政府的认同，

---

① 《勉励各族勿自我矮化大马人民一律平等》，（马来西亚）《南洋商报》2004年8月30日。

政治地位有所提高。如在马来西亚，华人政党马华公会是仅次于"巫统"的第二大执政党，同为华人政党的民主行动党则是重要的反对党。加之，全球政治民主化浪潮所带动的多元民族政策，使华人在居住国的政治权利得到实质性的改善。如在印尼，1998 年以后，随着印尼国内民主化进程的推进和全球大环境的变好，印尼华人的处境也逐渐好转。2006 年印尼新《国籍法》规定凡在印尼出生和未接受外国国籍的人均为印尼国民，所有种族和社群都享有同等的权利和义务，这标志着包括华族在内的印尼少数族群不会在国籍问题上受到种族歧视。新国籍法颁布后，印尼总统和政府进一步善待华人。2007 年 2 月 24 日，苏西洛总统出席印尼孔教总会庆祝春节大会致词时明确表态，遭受数十年歧视后，印尼华人应当和其他印尼公民一样享有平等权利。① 在东南亚其他国家，在法律层面对华人的公然歧视和排斥已大为减少。与此相对应，华人的"融入意识"和"参政意识"也不断增强。如前所述，不仅华人竞选现象增多，普通华人投票意识也有所增强，近年来也出现一些"委任型"华人政客，如美国的骆家辉，而加拿大卑诗省的卑诗移民专责小组的 8 位成员中有 4 位是华裔。这表明华人在一定程度上得到了当地政府的信任，政治和社会地位有所上升。

此外，近年来，华人社团也在各地获得恢复或迅速发展，组织网络更加健全，影响力增大。尤其是东南亚国家的华人社团，不仅数量众多，历史悠久，发展较为成熟，一些华人社团如菲华商联总会、马来西亚中华大会堂总会、印尼中华总商会、新加坡中华总商会等还在主流社会占有较高的地位。近年来随着中国与东南亚国家经贸关系的密切，一些华人社团在中外合作中所起的作用愈显明显。如马来西亚是华人社团较多的国家，近年来，中马经贸关系飞速发展，马来西亚华人社团也经常发起和组织商贸团体走访、考察中国，协助和接待中国商贸团体赴马考察，为中马经贸合作传达信息，促成中国企业对马投资等，在中马双边贸易与投资中发挥了重要的作用。因此，华人社团的发展不仅是华人组织化程度提升的表现，也是华人整体实力提升的表现。

总之，发展至今，"海丝"沿线国家的华侨华人不仅经济实力突出，政

---

① 钟天祥：《尤多约诺：印尼华人应当与其他公民一样享有平等权利》，新加坡《联合早报》2007 年 2 月 25 日。

治和社会地位提升，而且组织程度、组织影响力也有所改善，这些均是其整体实力提升的表现。

（二）侨居国政策允许和鼓励

近年来，随着中外关系的改善及中国经济的迅速发展，各侨居国政府开始注重与中国发展经贸往来关系。如自 20 世纪 80 年代中期起，马来西亚政府即开始关注与中国的经贸合作。1985 年 11 月，马来西亚首相马哈蒂尔首度率团访问中国，陆续签署有关贸易、投资和海、空运输的多项协定。进入 20 世纪 90 年代以后，马来西亚更是大幅调整其对华政策，清除双边交流合作的各种障碍，积极促进与中国在多个领域的密切合作。其他东南亚国家也多有类似举措。

由于华侨华人的双重身份，加之他们长期以来在中国与侨居国交往中所起的特殊作用，因而也成为各国发展对华经贸关系的倚重力量。因此，从 20 世纪 90 年代开始，马来西亚政府一改过去批评和阻止华商向中国投资的做法，从各方面对华商投资中国予以种种鼓励和支持。1991 年马来西亚财政部预算案宣布为所批准的海外投资提供两项奖励：（1）从任何经批准的海外投资计划中赚得并汇回马来西亚的收入，将减免 50％的所得税，由免税收入中付出的股息也豁免所得税，此项减免从投资公司开张营业到盈利起计为期 5 年；（2）海外投资计划在营业前的多种开销，如市场调查费用等，可以从所得税中扣除。[1] 这两项奖励也适用于华商对外投资。对于议论较多的华人投资中国问题，政府态度也非常明确。早在 1993 年 5 月 14 日，马来西亚时任内政部政务次长黄家定就指出，马来西亚政府完全没有质疑投资中国的华商对国家的效忠，内政部也认为，目前华商到中国投资并没有引起任何问题，政府鼓励商家到国外，包括中国开拓市场，进军国际。[2] 正是为了鼓励华人与中国开展经贸合作，马来西亚历任首相访华都率领大批华人企业家随往，并鼓励商家利用特有优势到中国做生意。华侨华人在中外经贸合作中的重要作用也为其他国家所看重，甚至印尼前总统苏哈托在听取了顾问们的

---

① 廖小健：《战后马来西亚族群关系》，暨南大学出版社，2012 年，第 211 页。
② 廖小健：《战后马来西亚族群关系》，暨南大学出版社，2012 年，第 211 页。

访华报告后，也于 1992 年 10 月首次提出他不反对印尼商人到中国投资。[①]可见，从务实的角度考虑，各国在开放与中国经贸合作的同时，也开放了华商与中国的合作，一些国家还鼓励华人到中国投资发展。实践中，侨居国的经济改革及其对华商与中国经贸往来的宽容态度也使得近年来东南亚华商经济受益匪浅。如缅甸，1988 年以后，以苏貌和丹瑞为首的军政府宣布对外开放，吸引外资，扩大出口，对内实行市场经济，鼓励私人经济发展，这使得善于经营的华人获得了发展机遇。他们通过与中国企业合作或充当中缅经贸合作的中间人，获得了很多实惠。如今，缅甸华人的实力和影响力得到极大程度的提升。在其他国家，近年来与中国经贸关系的日益密切也给华侨华人提供了更大的发展空间。

　　侨居国的政策开放不仅体现在经济领域，在文化层面，冷战结束后，国际社会的多元文化政策给华族文化和华文教育的发展带来了契机。各国政府倾向于采取更加开放的文教政策，允许保持文化的多元性。一般而言，只要不违反法律，不损害国家利益，大多数东南亚国家对华人创办华文报刊和保持自己的风俗习惯等不再禁止。不仅如此，近年来，因为中国的迅速发展，华文的商业价值凸现，许多国家还把支持华文教育视为与中国友好交往、促进对华贸易的必要条件。如新加坡自 1979 年起大力推广华语普通话运动。2004 年 10 月，新加坡总理李显龙还强调，中国经济崛起将带动国内外对华语人才的需求，华社要协助政府推动华文学习，让华语成为新加坡人的生活用语。同年 11 月 26 日，新加坡国会批准了华文教学改革白皮书，目的是使新加坡这个以英语为日常语言的国家重回"华语世界"；马来西亚副总理纳吉 2004 年 4 月在视察该国华文小学时指出：华语已成为国际重要语言之一，学习华语能增强马来西亚国家的竞争力，政府承认华小是国民教育体系的一部分，将继续援助华小，改善其教学设施。政府的支持无疑有利于华文教育的发展，至 2009 年，马来西亚已具备从小学到大学的完整华文教育体系，全国有华文小学 1280 多所，学生 60 多万，教师为公务员，全部接受政府津贴，已被纳入政府教育体系；[②]在缅甸，虽然没有一所华文学校，但在 1997

---

　　① 庄礼伟：《国际关系中的东南亚华人》，《东南亚研究》1999 年第 2 期，第 65 页。

　　② 廖新玲：《东南亚华文教育发展现状及趋势研究》，《八桂侨刊》2009 年第 3 期，第 1 页。

年丹瑞大将上台以后，寺庙里普遍出现了采用"佛学教科书"教授中文的现象，缅北尤其如此。一些国家对游离于主流教育体制之外的华文教育和华文学校也越来越关注，并就此与中方接触，希望加强合作，共同发展当地的华文教育。[①] 华文报刊也在这种背景下得以恢复和发展。如1998年，经缅甸政府批准，中文《缅甸华报》正式出版发行。这是1962年以来缅甸首次出版发行的中文报纸。可见，随着华文商业价值的增强，华文教育和华文媒体也越来越多地得到侨居国政府和教育部门的理解和政策支持，而这无疑为华侨华人在"海丝之路"中发挥更大作用奠定了基础。

（三）中国政府的鼓励

中国政府对与华侨华人的交流合作长期以来一直坚持"平等互利，同等优先"的政策，并在基础设施、合作平台、政策法律等方面提供便利。

如在投资政策方面，中央层面出台了《国务院关于鼓励外商投资的规定》（1986），《关于鼓励华侨和香港澳门同胞投资的规定》（1990），《国务院关于进一步做好利用外资工作的若干意见》（2010），《关于发挥侨务优势服务中国企业走出去的若干意见》（2013），《外商投资产业指导目录》（2015）等一系列相关的政策法规，主要就侨资企业身份确认、投资形式、投资领域、审批程序、税收优惠、侨汇及权益保障等方面进行了规定。地方政府也政策频出，在减免税费、给予经营便利等优惠待遇方面更是各显神通。如1991年北京市《关于进行"侨资企业"性质确认的通知》规定："侨资企业"性质确认后，除享受外商投资企业的优惠政策外，还可以享受土地使用费减收20%～30%，验资、查账、会计咨询费用减收30%，聘请法律顾问等法律事务费减收30%，以及部分进口物资的有关优惠政策。各地还从优先贷款，优先审批，优先优价供应水、电、气、煤、运输条件和通讯设施，以及外汇调剂、提供咨询服务等方面为侨商投资创业提供了便利。

各级侨务机构还将维护华侨华人境内合法投资权益视为新形势下各级侨办"为侨服务"的重要内容，并主要在以下几方面加强建设：一是加强维

---

① 崔岳：《大力拓展华文教育　促进华社和谐发展》，《侨务工作研究》2007年第6期，http://qwgzyj.gqb.gov.cn/hwjy/139/1023.shtml.

权法规建设。为规范各级侨办对涉侨经济纠纷和案件的协调处理，国务院侨办 2002 年制定了《涉侨经济案件协调处理工作暂行办法》，福建、四川以及沈阳、大连等一些地方还出台了《保护华侨投资权益若干规定》等地方性法规，这些规定的出台有利于更好地维护侨商投资合法权益。二是开展维权专项活动。如 1999 年全国侨办系统开展了"为侨资企业服务行动年"专项主题活动，又如为配合 2006 年全国人大常委会的侨法专项执法检查活动，国务院侨办下发了《关于 2005 年涉侨经济案件处理情况的通报》，将 9 件涉案标的及影响较大的案件转请地方侨办进行重点督办；2009 年又在侨务系统开展维护侨商投资权益行动年活动。三是推动维权工作的组织建设。2009 年，国务院侨办在经济科技司加设投诉协调司，内设投诉协调处。同时，国务院侨办和一些地方侨办相继成立了"为侨资企业服务法律顾问团"，借助专业力量维护侨商在境内投资的合法利益。四是推动各地成立侨商组织，帮助侨商组织增强维权功能。在侨务机构的协助及在民政部门的指导下，至 2016 年初，全国侨联系统各级侨商组织得到了迅猛发展，至今已达 146 家，会员总数超过 20000 人。① 全国范围团结、联系、沟通和服务侨商的有效载体和网络基本形成。总之，通过上述努力，吸引侨资、维护侨权的良好投资环境基本形成，再加上相对稳定的政治、经济条件，这就为华侨华人开展与中国的经济合作奠定了基础。

近年来，中国政府还积极完善人才政策，努力引进华侨华人专业人士。早在 1993 年，中国政府将海外华侨华人参与中国国家建设的人才政策理念从"回国服务"改为"为国服务"，灵活的"跨国流动"方式进一步加强了华侨华人群体与祖籍国的互动。进入 21 世纪后，引智工作的步伐进一步加快。2005 年国务院侨办印发了《关于在全国侨办系统实施"海外人才为国服务计划"的通知》，2008 年中央人才工作协调小组又制定了《关于实施海外高层次人才引进计划的意见》，即"千人计划"。计划围绕国家发展战略目标，从 2008 年开始，用 5 ~ 10 年的时间，引进并有重点地支持一批能够突破关键技术、发展高新产业、带动新兴学科的战略科学家和领军人才回国（来华）创新创业。此后，相关部门利用各种平台举办了一系列引进人才活

---

① 林军：《在全国侨商社会组织负责人高级研修班开班式上的讲话》（2016 年 3 月 25 日），2016-08-04，http://www.chinaql.org/sites/ql/c62/d_20160804165440175037.html.

动。这些均为海外华侨华人专业人才来华发展创造了条件。

在其他方面，中国政府也给予了政策支持。如由于华文教育关乎中华文化的海外传承，以及海外华侨华人对祖（籍）国的向心力，因此，长期以来获得中国政府在师资、教材等方面的支持。据统计，自 2011 年以来，根据国务院侨办的部署，广西派往东盟国家的援教华文教师共计 587 人，其中 2011 年 55 人，2012 年 93 人，2013 年 135 人，2014 年 115 人，2015 年 189 人，呈上升趋势。① 近年来，中国政府还以表彰、遴选华文教育"示范学校"等方式来调动相关学校和人员的办学积极性，推动华文教育质量的提升。如 2014 年 12 月第三届世界华文教育大会，国务院侨办表彰了 1646 名海外优秀华文教师和 120 名热心华教人士，并为 38 所海外华文教育示范学校颁授了牌匾。② 而为加大汉语对外推广力度，截至 2013 年年底，中国已在 120 个国家（地区）建立了 440 所孔子学院和 646 个孔子课堂。③

（四）华侨华人的血缘观念和民族感情

中华文化重视血缘、地缘关系，并长期强调安土重迁，因而"根"的意识较强。广大华侨华人虽身居海外，但他们也深受这种观念的影响，因而他们在向外移民和在海外经济活动等方面，仍然比较重视宗亲、乡亲等社会关系。即便到现在，由于乡亲相互携带的原因，许多籍贯相同的华侨华人仍然会从事同一职业。如南美阿根廷的华人超市中，有 70% 以上系福清人所开。南非 6 万多福建华侨中，有 3 万多是福清人，他们也大多经营超市业。④ 在地缘、血缘观念的作用下，华侨华人的创业伙伴也多是自己的家族成员或宗亲、乡亲和亲戚朋友。即便是闻名暇迩的华人大企业也是如此，如马来西亚

---

① 刘苗苗：《广西面向东盟的华文教育工作探讨》，《八桂侨刊》2015 年第 6 期，第 41 页。

② 《第三届世界华文教育大会在京举行》，2014–12–07，http://news.xinhuanet.com/overseas/ 2014–12/07/c_127283884.htm.

③ 《全球已建立 440 所孔子学院及 646 个孔子课堂》，2014–04–18，http://world.people. com.cn/n/2014/0418/c1002–24914739.html.

④ 黄英湖：《地缘血缘观念与海外华侨华人》，2013–03–20，http://www.fass.net.cn/xs/ 5059.html.

郭氏兄弟企业集团，就是由祖籍福州的郭鹤年和他的母亲郑格如、兄弟郭鹤举联合郭鹤青等 5 个堂兄弟合办的；曾是印尼最大私营企业的三林集团，也是由林绍良和他两个兄弟林绍喜、林绍根合伙创办的。林绍良手下的另一著名企业林氏集团，则是他与福清老乡林文镜合伙创办的。此外，林绍良还先后与同是福建老乡的徐清华，黄奕聪等人合办了许多企业。华侨华人重视地缘、血缘观念由此可见一斑。

这种血缘、地缘观念进一步扩大，便上升为对祖籍国的文化认同和思乡恋土情结。有学者认为，即使是完全融入主流社会的成功移民人士也依然有与同胞交流，保持与维护本民族文化的渴求。因为这种文化与种族认同为他们带来心理的满足与慰藉，而这种满足与慰藉在他们日常的生活环境和工作环境中是难以得到的。[①] 因此，他们倾向于在当地保持中华文化。一项调查结果显示，在马来西亚 600 多万华人中，每天阅读中文报刊的大约在 230 至 260 万之间，华文媒体涵盖 60% 的华人家庭。他们并有意将这种传统传承下去，这种文化自觉在新加坡尤其典型。自 20 世纪 70 年代末开始，新加坡政府开始重新审视华人传统文化对国家的作用，并由此开展了一场声势浩大的保"根"运动。自 1979 年起，新加坡就大力推广华语普通话运动，内阁资政李光耀多次强调华人学习华语是认清自身民族特性和保持自尊的基本需要。20 世纪 80 年代初，新加坡又掀起了一场儒家伦理运动，从中学的儒家伦理课程开始，进而扩展到全社会，成为全民参与的文化再生运动。1989 年开始允许重办少数华校和班级，举办华族文化节，并开始全方位、多层次地研究华族文化，使之实现新形势下的转化。华人社团也将工作重心转移到了协助保存适合现代新加坡的华族文化价值观和传统上来。[②] 相应的，他们也倾向于支持华文教育。一些侨团为此不遗余力，如新加坡宗乡会馆联合总会和中华总商会设立了一个 1000 万新元的"华社语言基金"，以研究及推动华文和中华文化，鼓励更多新加坡人到中国学习与深造。[③] 而在泰国、菲律

---

① 范如松著：《侨务工作的理论与实践》，世界知识出版社，2012 年，第 54 页。

② 刘晓斌：《论东南亚华人文化的现状与前景》，《华侨华人历史研究》1995 年第 3 期，第 59 页。

③ 华埠时讯：《李显龙呼吁华侨社团协助推广华文学习》，《侨务工作研究》2004 年第 6 期，http://qwgzyj.gqb.gov.cn/hbsx/121/443.shtml.

宾和马来西亚，一些传统侨团始终出钱出力支持华文教育。此外，在海外华文教育的发展过程中，一些热心人士始终发挥着重要作用，他们为华文教育发展奔走呼号，积极捐助。如 2009 年，印尼华人黄亦聪创办的金光集团联合黄奕聪慈善基金会捐赠 1 亿元给中国华文教育基金会；而菲律宾陈延奎基金会的董事长陈永栽先生多年来一直关心、支持菲律宾的华文教育事业。每年资助近千名菲律宾华裔青少年回国参加夏令营活动，资助华文教师接受业务培训，支持在菲律宾华社开展各类华文教育活动等；在马来西亚，捐钱给华校几乎成为了华人的一种义务，但凡事业有成的华人都会不遗余力地为华文教育添砖加瓦，并以此为荣。凡此种种，均可视为华人中华文化认同和思乡恋土情结的一种延续。

这种情结也使得在同等条件下，他们更愿意与中国合作。事实上，改革开放之后，来华投资的海外侨胞，他们的投资活动既遵循一般资本流动规律，同时也有挥之不去的"中华情结"及"根的意识"。出于这种情结，一些华侨华人在侨居国致富后，也将帮助家乡建设视为一种道义和责任，或是将其作为提高个人声望的一种途径。与此同时，对于那些为祖籍地建设做出贡献的海外乡亲，侨乡政府也大张旗鼓地宣传他们的事迹并给予他们礼遇及各种社会荣誉。这进一步强化了他们的荣誉感及对家乡的责任感。

更何况，中国国力的强盛与否、国际声誉的好坏与否对华侨华人在海外的生存发展有着不容忽视的影响，轻则影响到其自信心和尊严感，重则实际影响到其生存和发展空间，影响到其社会地位的提升。即便对于全球华文媒体来说，中国的发展也是海外华文媒体取得进一步发展的难得机遇。因为伴随着中国的日益崛起和开放，各国对中国事务更加关注，因商务、求学和技术等因素出国的中国移民持续增加，全球"汉语热"也在不断升温，这些均为华文媒体培育了新读者，而不断涌现的华文读者最终又将推动华文媒体的勃兴。因此，中国因素将为华文媒体持续发展提供强劲动力。也因此，就一般华侨华人而言，他们普遍关心中国的发展状况，希望看到中国繁荣富强。历史上，在中国革命、建设的各个时期，华侨华人均发挥过不可磨灭的贡献，现在也仍然关心中国的改革事业。如华侨华人对中国"两会"就颇为关注并充满期待，他们通过直接参会、媒体采访、举办座谈会、致信致电国内相关部门等形式表达对"两会"及中国经济社会发展的关注。一些华人学者还深入中国基层研究中国问题，并向中国各届传达相关理念。他们认为"既然来自中国，就有责任和义务为中国社会与经济的健康发展尽力，使中国变得自由、民主、繁荣、昌盛"。①族群意识也使得该群体关注中国的国家形象问题，在各种与中国有关的纪念活动中也表现出一种自豪感，并期待中国的国家形象能够持续优化，满足其在居住国生存竞争过程中的自尊。②如华商庞玉良全资收购德国帕希姆机场后表示，中国国旗插在德国机场，感到"无比自豪和激动"③。有些华人移民甚至呼吁和鞭策华人自我形象的提升，以优化"中华形象"。当然，基于对中国和侨居国的双重归属感，他们也普遍希望中国与侨居国之间能建立或维持一种稳定且良好的关系。

总之，由于血缘观念和民族情感还程度不同地存在于海外华侨华人心中，因而他们普遍希望中国繁荣富强，也愿意为此付出努力。

（五）华侨华人的跨国经营

从实践来看，海外华侨华人的跨国实践已开展多年，华侨华人在中国的发展也可视为其跨国发展的一部分。但同时，华侨华人在中国的发展又与一般意义上的跨国经营有所区别，尤其是在内容上差别较大，其在中国的跨国实践表现为赡家汇款、捐赠、投资创业、政治参与等多种方式，关乎经济推进、政治改革、教育发展、社会公益事业完善等多个领域，而华侨华人对其他国家的跨国经营则多限于经济领域。可见，这其中情感因素仍然在起作用。

从经济层面看，现在海外华商的跨国经营现象越来越多，企业业务向区域乃至全球拓展，从而越来越具有国际化的特点。这一特点与多方面因素有关，如与当地企业相比，海外华商敢闯敢拼的移民文化性格决定了其倾向于将自己的业务向外拓展，而不会将其局限在某一国家内部；从外部环境来

---

① Kellogg, Ryan P.China's Brain Gain Attitudes andFuture Plans of Overseas Chinese Students in the US［J］. Jour-nal of Chinese Overseas.Jan2012, Vol.8 Issue 1; Boudreau.John. Overseas Chinese return to start companies［N］. San JoseMercury News（CA）, 10/29/2009.

② 林逢春：《海外华人新移民对崛起的中国国家形象认知——以华人新移民的中国认同为视角》，《湖北社会科学》2013年第9期，第52页。

③ 夏友胜：《河南商人收购德国机场插上中国国旗》，2008-04-17，http://news.ifeng.com/society/2/detail_2008_04/17/946052_0.shtml.

看，在全球化背景下，各国纷纷进行经济自由化改革，竞相向外资开放，尤其是一些发展程度不够的国家更是提供了种种政策和税收优惠以吸引外资。资本是逐利的，海外华商便利用这一机会进行跨国拓展；加之还有华商网络的帮衬，使得海外华商向外发展更加顺利。因此，海外华商跨国经营现象更加普遍。不仅如此，据哈佛大学高健教授统计，海外华人企业中，国内业务的52%和海外业务的39%是在华人企业间进行的。[①] 这一特点与当代中国国情结合，使得海外华商对中国的发展机会也比较看重。中国不仅是华侨华人祖籍地所在，更是当今世界最大的发展中国家，市场潜力巨大，政策环境宽松，政治社会稳定，劳力资源丰富，为海外华商提供了广阔的发展空间和有诱惑力的利润回收空间。也因此，长期以来，中国大陆引进外资和对外直接投资的重点地区基本都在港澳台和海外重点侨区。1998年~2003年，港澳台及海外20个重点侨区在中国大陆直接投资累积达2476.3亿美元，占中国大陆外资直接投资总额的88.6%。该指标在2004年~2009年累积达3718.3亿美元，占外资投资总额的84.3%。而从海外投资地区来看，到2009年末为止，境内企业大约79%的对外直接投资投向了香港和海外重点侨区。[②] 可见，华商与中国经济合作关系之密切。实践中，一些华人跨国公司通过对中国的直接投资迅速成长，如由华人施恭旗1993年在中国投资的"上好佳"企业，现已跻身世界华商五百强之列。一般的企业也通过与中国的合作获利颇丰，这使得中国经济与海外华侨华人经济事实上成为命运共同体。

与中国合作不限于经贸领域，事实上，华文媒体与中国的合作也在有条不紊地进行着。如中国新闻社海外中心是专门为海外华文媒体提供各项服务的新闻文化机构，自1996年成立以来一直为海外华文媒体提供版面服务，现在每天为海外十几家媒体提供几十个报纸版面的供版服务。地方媒体在这方面也有所作为，如欧洲中谊传媒与浙江卫视国际频道共同打造《华人天地》栏目；在悉尼，澳星国际传媒集团与《北京青年报》联合主办了《东方北京青年周刊》；由于《欧华联合时报》与温州市和青田县广电中心的合作，

---

① 林勇：《华侨华人与国际移民研究报告》（2015），光明日报出版社，2016年，第15页。

② 李优树：《海外华侨华人助推中国经济转型的独特优势及路径依赖》，《侨务工作研究》2013年第3期，http://qwgzyj.gqb.gov.cn/yjjytt/172/2283.shtml。

意大利欧华网络电视得以开通；墨尔本《大洋日报》的运作也得益于与中国主流媒体的合作等。

华侨华人在中国的跨国经营及其与中国建立的多种合作关系，是华侨华人与中国共建 21 世纪"海丝之路"的现实基础。而在 21 世纪"海丝之路"的建设过程中，中国与华侨华人也有充分的合作空间。如"道路联通"是"海丝之路"建设的重点项目，而自 2011 年以来，印尼、泰国等先后公布了基础设施建设中长期规划，预计 2011 到 2020 年期间，东南亚地区基建投资规模将达到 1.5 万亿美元。[①]华商企业若与具有丰富海外工程承包经验的中国企业强强联合，在高铁、公路、港口建设等方面加大投入，不仅将为地区经济发展奠定坚实基础，同时也将给华商企业带来长期稳定的资本收益。又如在海洋资源开发方面，东南亚华商可依靠在运输、仓储、船舶、货运代理、能源开发等领域的发展基础和经验，通过参与海洋经济开发与合作，推动中国与东盟的经济合作。

二、必要性分析

（一）侨居国发展的需要

侨居国的需要既包括对"海丝之路"建设的需要，又包括对中国的需要和对华人的需要，最终可能表现为在 21 世纪"海丝之路"建设中对华人与中国合作的容许或默许。

侨居国从实际发展出发，对 21 世纪"海丝之路"建设存在着某种需要。正如美中图书设计公司社长詹姆斯·派克所指出的："沿线国家历史上存在着一些联系，但在当今的国际秩序下经济合作力度不够。未来，在 21 世纪海上丝绸之路的框架下，沿线国家可以加强经济互动，加深文化理解和相互尊重。这会创造出极大的活力，对他们来说是一个宝贵的机会，对全球经济来说也是一个宝贵的机会。"[②]

---

① 何亚非：《海上丝绸之路与华商经济》，《侨务工作研究》2014 年第 2 期，第 1 页。
② 董彦等：《三解 21 世纪"海丝"之路》，《今日中国》2015 年第 3 期，第 35—36 页。

中国是 21 世纪"海丝之路"建设的倡导国，也是侨居国在"海丝之路"建设中的重要合作对象。目前对一些侨居国而言，尚有与中国进一步扩大合作的需要。如马来西亚经济极度依存对外贸易，出口一般占同年生产总值的70% 左右。因此，开拓海外市场对于马来西亚政府而言十分关键。但冷战结束以来，随着美加自由贸易区、欧洲联盟共同市场、世界各地多个经济贸易区域组织的建立，以及各国贸易壁垒的盛行，马来西亚拓展海外市场的阻力越来越大，出口形势一直非常严峻，20 世纪 90 年代开始出现贸易逆差。1997 年金融危机爆发以后，新加坡、美国、日本、韩国、欧洲联盟等马来西亚传统出口地区经济持续低迷，进一步压缩了马来西亚的出口空间，导致马来西亚 2001 年对外出口严重衰退了 10.2%，与出口有关的制造业、农业和矿业都受到不同程度的打击。[①]为此，马来西亚必须寻找和开辟新的出口市场。另外，外来投资也是马来西亚经济发展的重要动力之一，尤其是其制造业发展主要依靠外资。但在各种经济和政治因素的影响下，马来西亚的外来直接投资也持续低迷。因此，冷战结束后，特别是 1997 年金融危机爆发后，马来西亚在努力维系欧美市场的同时，也十分重视开拓亚太市场。中国是马来西亚的近邻，拓展中国市场自然成为马来西亚对外经济重大部署之一。马来西亚政府希望通过调整对华政策，与中国建立更密切的经贸合作关系，为马来西亚出口商品寻找更大的市场；同时也希望吸引中国资金以满足国内经济发展的需求；还希望扩大与中国的旅游乃至教育合作，为国民经济发展提供新的动力。与中国发展合作关系的需求在东南亚其他国家也程度不同地存在着。如在缅甸，无论在政治上还是在经济上都希望中国能给予更多的支持与帮助；中国是泰国的第一大贸易伙伴，经贸关系密切，其他领域的交流与合作也正不断扩大，因此泰国也希望延续甚至进一步扩展与中国的合作关系。在非洲，中资企业的进驻可以为当地提供发展资金、技术和就业机会。据不完全统计，截至 2009 年底，中国对非投资企业直接雇佣当地员工30 万人，培训当地员工约 5.4 万人，捐款捐物共计 5551 万美元，义务修建道路 218 公里、学校 15 所、医院 79 家。[②]此外，中国政府还向非洲国家提

---

① 廖小健：《马来西亚国家利益与对华政策转变》，《南洋问题研究》2006 年第 3 期，第 8 页。

② 周海金：《在非华人生存状况及其与当地族群关系》，《侨务工作研究》2014 年第 2期，http://qwgzyj.gqb.cn/hwzh/177/2454.shtml。

供巨额贷款，支持当地基础设施、农业、制造业和中小企业发展，这些对于改善非洲国家的基础设施状况，改善当地生产生活条件均有着重要的意义。因而这些国家也希望与中国进一步扩大经济合作。

总之，作为发展中大国，中国不仅政治、经济形势基本稳定，而且市场庞大且日益开放，交通、仓储、通讯等基础设施相对改善，是直接投资、出口贸易、旅游消费的好场所。此外，相对于一些国家而言，中国企业有资金、技术、管理等方面的比较优势，并在石油化工、电站工程、电信、输变电、港口机械、有色金属、路桥工程施工等领域具有较强的市场竞争力，小规模制造技术也日趋成熟，因此与一些国家存在着广泛的投资合作空间。这种合作空间也为一些国家所看好。如缅甸战略与国际问题研究所秘书长钦貌林认为，缅甸海岸线很长，拥有许多天然深海港，现在缅甸需要的是良好的规划与管理以及基础设施建设。……缅甸希望像中国这样的大国来投资帮助发展公共基础设施，加强区域互联互通；尼泊尔兆丰银行主席玛丹·库马尔·达哈尔表示，目前尼泊尔境内虽然有6000多条河流，但没有直接入海口，因此尼泊尔需要中国的帮助，建造基础设施，发展国内航运业。同时，尼泊尔国内发电量不足，但尼泊尔的水力发电潜力很大，希望在这方面能够得到中国更多的投资和建设。[1]

在其他方面，中国与沿线各国也有合作的必要。如在一些地区问题的处理上，中国与东亚、东南亚国家均是绕不开的。此外，由于中国是联合国五大常任理事国之一，因而各国一些问题的处理也需要得到中国的支持。文化上，近年来，一些国家为加强与中国的交流合作，掀起了一股"汉语热"。而"汉语热"的持续升温也需要得到中国的帮助。如韩国，随着将汉语作为第二外语开设课程的普通高中数量激增，对汉语教师的需求也在不断攀升，致使韩国政府不得不与中国政府签订教师交流协议，由中国向韩国学校派遣汉语会话教师。[2]

对于华人，侨居国也存在程度不同的需求。从整体上看，华侨华人经济是住在国经济的重要组成部分，华侨华人在当地的创业发展，为住在国带

---

① 董彦等：《三解21世纪"海丝"之路》，《今日中国》2015年第3期，第35—36页。

② 《韩国学校"汉语热"持续升温 中文教师需求增长》，2014-10-20，http://world. huanqiu.com/exclusive/2014-10/5172780.html.

来了税收和就业机会，提高了当地人们的生活水平，因而整体上对当地经济社会发展是有利的。如在泰国，华人在国内外贸易中作用重大，而且借助华人开展社会建设成效卓著；在印尼，2009 年以来，金融危机导致东南亚出口形势全面恶化，并对印尼工业部门的成长和 GNP 增长形成阻滞。面对这样的情形，印尼华侨华人利用与中国的联系，加强与中国经济的互动，为印尼经济走出经济危机做出了努力和贡献；在非洲，华人主要从事的批发零售业也大大便利了当地人民的生活，并在一定程度上降低了当地生活用品的价格；在阿根廷，侨企的蓬勃发展也有力地促进了阿根廷制造业的发展，并创造了数以万计的就业岗位。可见，华侨华人的经营在有利于华侨华人自身发展的同时，也为促进当地经济和社会发展做出了积极贡献。而华人拥有的资金、技术、管理经验、经营网络等资源也为侨居国政府所看重。如印尼政府始终把调动华商资本作为实现历次五年计划的重要举措之一。印尼前总统苏哈托在规划第二个五年发展计划时，就曾经强调"尽管这个目标相当远大，我们还是有能力去实现的。所需要的是努力把这一切可以利用的力量动员起来，其中华人的资本及经济力量是最主要的力量之一"①；国外一些城市也期待通过打"中国牌"来推动经济发展，如 2004 年 3 月，韩国仁川市政府和韩国中华总商会签订在仁川自由经济区内建立"中国城"的谅解备忘录，拟引进 20 亿美元的华商投资。无独有偶，德国科隆市以及勃兰登堡州的小城奥拉宁堡市先后于 2005、2008 年开始筹建新中国城，以此来拉动当地经济尤其是旅游业的发展。不仅如此，华人与中国不可分割的联系也被各国政府视为与中国开展经贸往来的重要纽带。如近年来，华商的对华投资日渐被视为东南亚国家对华投资战略中的重要环节，可以起到先行先试的作用，并以此带动土著商人来华投资。因此，如前所述，马来西亚政府从 20 世纪 90 年代初始，就一改过去批评和阻止华商向中国投资的作法，反而从各方面对华族商人投资中国予以种种鼓励和支持。近年来，印尼也放松了华人对华投资的限制，一些华人大财团如林绍良的三林集团、李文正的力宝集团纷纷投资中国。印尼政府希望以这些华人财团为先导和中介，扩大与中国的经贸合作。同时，东南亚各国领导人纷纷率领庞大的以华商为重要成员的商业代表

① 原晶晶、杨晓强：《印度尼西亚华人及其资本发展现状》，《东南亚纵横》2011 年第 6 期，第 82 页。

团访问中国，意欲通过华商进一步拓宽同中国的商贸关系。

在政治上，华人也逐渐被当地主流社会所重视，这一方面是因为华人始终是中国与侨居国关系中的重要影响因素，也因此一些国家欲通过调整其华人政策来改善与中国的关系。如半个多世纪以来，越南对其华侨华人政策先后做过数次调整，每次调整都与中越两国关系有关。尤其是自 20 世纪 80 年代以来，基于国内政治经济发展的需要，越南政府决定改善和恢复越中关系，因此开始重新评价华侨华人的历史地位和作用，并公开承认排华反华是一个错误等。与此同时，也开始调整其华人政策，允许被驱逐华侨返越定居和在新经济区的华人返回原籍居住，对华侨转籍问题采取灵活措施，纠正过去强迫华侨入籍的做法，让华侨自愿选择国籍等。通过这些调整，越方希望能和中国恢复和扩大经贸关系。另一方面，在一些国家尤其是在华人人口较多的国家，争取华人选票也成为各政党重要的使命，某些时候华人选票甚至会成为关键性的因素。如在马来西亚，占总人口数 25% 的华人，一度被认为是能够左右大选结果的群体。在 2013 年大选中，华人选民 80% 转向反对党人民联盟，导致长期执政的执政党国民阵线仅以过半数获胜，改变了过去大选时国阵压倒性的取胜状况，为此国阵领导人纳吉布将华裔选民的行为称为"华人政治海啸"。[①] 即便在欧洲，长期以来华人及其社区被当地社会看成是"沉默的一群"，但如今随着华人人数骤增和华人参政意识的提升，2011年英国华人也成为各党派拉拢的对象。

在文化层面，华人文化已成为当地多元文化的一部分，因而华人文化的兴盛也有利于当地文化的发展，甚至还可因此而促进商业、旅游业的发展。如马来西亚一年一度由每个州属承办的华人文化节不但是华人文化盛会，也凸显大马多元文化色彩，为当地经济和旅游业做出贡献。此外，一些国家也欲借助华文媒体了解华人社会，或促进中外友好交流。如日本侨报社因为在中日交流方面表现突出，不仅 2009 年 10 月日本前首相村山富市专门走访日本侨报社，这是日本政府首脑首次造访日本华文媒体，该报社长还获得2009 年度"日本外务大臣表彰奖"，成为第一个获此殊荣的在日华人；2011年 4 月 30 日墨尔本《大洋日报》首发之际，澳大利亚总理吉拉德发信致贺，

---

① 孙少峰、曹德超：《"华人政治海啸"为何来袭？》，《人民日报（海外版）》2013 年05 月 08 日，第 06 版。

她希望华文媒体成为中澳之间交流和沟通的桥梁；而佛罗伦萨中文学校在促进中意文化交流方面所取得的成绩也得到意大利政府有关部门的高度评价和认可，因而2012年初被意大利外交部推举为"交流促进融入"的典范。可见，华人文化的价值也获得了当地主流社会的认可。

实践中，对华侨华人某种程度的依赖促使侨居国政府调整其华人政策，即从以往的一味排挤到限制与笼络、利用并存的政策。以马来西亚为例，20世纪90年代以后，出于社会经济发展的需要，马来西亚政府大幅调整其华人政策。经济上，按期结束"新经济政策"，不再强调种族股权重组的时间限制（之前要求土著股权占有率须在1990年达到30%），反而鼓励私营企业的发展，鼓励马华两族在经济上的合作。1993年政府还重新界定土著企业的定义，即土著占有35%（过去须51%以上）股权的企业便属于土著企业，可享受土著企业的种种优惠，包括优先贷款和进入特殊的经营范围等等；[①] 教育上，部分承认马华公会创办的拉曼大学学院的文凭，允许华人建立南方学院和新纪元学院，提高华小的地位和待遇，承诺不改变华文独中合法地位。马来西亚政府上述华人政策被认为是对华人社会从未有过的宽容和开放。

总之，各侨居国对中国存在着程度不同的合作需要，也倚重国内华侨华人进行这方面或那方面的建设，而"海丝之路"则为侨居国与中国和华侨华人进一步的合作创造了机遇，因而也为各侨居国所看重。

（二）华侨华人发展的需要

"海丝之路"建设能强化中国与沿线各国的战略互惠关系，这在一定程度上为华侨华人在海外更好地生存和发展提供了保障。不仅如此，对于华侨华人而言，与中国合作也有一定程度的必要。这包括两方面，一是因为中国市场给其转型升级或海外发展创造了机会；二是因为在当地受到隐性歧视，反过来促使他们选择与中国合作。因此，华侨华人也有参与"丝路"建设的"内驱力"。

从第一个方面来看，如果说以往华侨华人与中国进行经贸合作主要是因民族感情以及政策鼓动的话，那么现在华侨华人与中国的经贸合作则主要是

---

① 廖小健：《战后各国华侨华人政策》，暨南大学出版社，1996年，第63页。

受市场规律驱使，是资本追利的表现。也就是说，之所以选择与中国合作，可能有文化和种族渊源方面的因素，但更重要的是因为有可观的投资利益回报。从大的方面看，改革开放以来尤其是中国加入世贸组织以来，综合国力明显增强，对外开放进一步扩大，与世界经济联系更加密切，这些为华侨华人提供了前所未有的商机和施展才华的广阔空间。而且，受 2008 年国际金融危机影响，欧美经济增长有所放缓，而中国经济增长依然强劲，这也为海外华侨华人所看好。从小的方面看，当前中国产业发展进入了一个新的阶段，政府更加注重合理利用外资，鼓励高新技术产业的进入，注重引进国外先进的技术、人才和先进管理经验，这对于科技型华人企业家来说是一个极好的机会。海外华侨华人若能把新一代信息技术、新能源、低碳等技术、产品等带进中国，则不仅市场广阔，还能享受各种政策优惠。在此过程中，华侨华人经济也能实现经济升级和转型，因而是一个双赢的过程。而事实上，由于现有华侨华人经济多以传统制造业和金融、房产业为主，存在着产业集中、资金分散、科技含量不足等缺陷，近年来随着全球经济一体化进程的不断加快和科学技术的迅猛发展，遍布世界的海外华侨华人经济也正面临着经济转型的压力。与此同时，华侨华人高级人才也需要中国市场。尤其是自金融危机爆发以来，欧美等国经济下滑趋势明显，各国华侨华人就业形势也十分严峻，连华侨华人专业人士也未能幸免。如在美国，近年颇受华侨华人专业人士青睐的金融服务业，2007 年 12 月到 2010 年 10 月减少的工作岗位多达 65 万个，减幅高达 7.93%。[①]2009 年 2 月美国参议院更是通过了一项限制外国人在美国银行就业的议案，使得很多在美华侨金融专业人士就业受到限制。正因为如此，大量金融、技术、科研等领域的华侨专业人才纷纷选择回国就业。

在海外，21 世纪"海丝之路"建设也能给海外华侨华人提供发展机遇和有利条件。首先，华侨华人可以直接参与丝路建设的一系列项目，从而增加投资和就业的机会。即便是"海丝之路"战略中国大力规划的"走出去"战略，也可以为广大华侨华人提供了前所未有的发展机遇，对于华人中小企业而言尤其如此。与中资合作进行企业，华人中小企业不仅可以扩大经营，而且还可以享受更多的优惠政策，从而加强企业本身的地位。事实

---

① 廖小健：《金融危机对美国华侨华人专业人士的影响》，《八桂侨刊》2011 年第 3 期，第 49—52 页。

上，近年来海外华人企业通过与"走出去"的中国企业战略合作获得了新的发展。例如，2009年6月中资苏宁电器集团和在日华人企业日本观光免税株式会社联合收购日本上市企业Laox株式会社，分别成为Laox株式会社的第一、第二大股东，在苏宁电器的全面协助下，Laox株式会社在日本和中国均获得较大拓展。其次，丝路建设项目的顺利推进也能间接给海外华侨华人的生产和生活营造更为安全便利的环境。如在"海丝之路"建设的推进过程中，中国与沿线国家的高铁、公路等交通设施将更加完善，贸易壁垒将日益减少甚至消除，通关将更加便捷，成本也将明显降低。这些都将给华侨华人企业带来重大利好。

就第二个方面而言，侨居国对华侨华人的隐性歧视会影响到他们对当地政府、民族和文化的认同，反过来会激起他们对祖（籍）国的各种情感，从而增进华侨华人与中国的合作。进入政治日益民主化的今天，绝大多数国家的种族显性歧视已渐趋消失，但各种隐性歧视仍然存在。即便是华侨华人专业人士，他们虽然拥有较高的学历，甚至很强的能力，但是作为居住国的少数族裔，很多时候仍然会受到主流社会的各种限制和隐形歧视，社会地位和价值得不到应有的尊重，也就是会遭遇所谓"玻璃天花板"现象。[①]相较之下，在中国，华侨华人专业人士不仅可以享受较为优厚的物质待遇，能找到真正的文化归属感，而且其社会地位、价值和能力也得到充分尊重。因而，不少华侨华人专业人士回流中国。

总之，基于种种务实考虑，侨居国和华侨华人均在与中国合作方面存在一定的必要性，对由中国倡导的"海丝之路"建设也存在一定的期待，加之华侨华人较多参与中国与其侨居国经贸合作的现实，他们可能更积极地参与到中国倡导的"海丝之路"建设中来。

三、实践考察

21世纪"海丝之路"建设可能给华侨华人的发展带来更多机遇，对此，

---

① 刘艺、张科：《21世纪初海外人才回流潮现象解析》，《湖湘论坛》2009年第5期，第112—114页。

一些华人颇为认同。在 2015 年 10 月 9 日第八届世界福建同乡恳亲大会上，美国华侨华人联合总会主席陈清泉指出："一带一路"将为海外华侨提供第二次投资兴业的大机会。全非洲中国和平统一促进会会长李新铸还代表海外侨胞向全球闽籍华侨华人发出参与"海丝"核心区建设倡议书。而当 2015 年 6 月《中华人民共和国政府和匈牙利政府关于共同推进丝绸之路经济带和 21 世纪海上丝绸之路建设的谅解备忘录》签署后，当地华人表示，布达佩斯—北京直航航线的开通，在方便旅匈华人生活的同时，也能为布达佩斯带来更多中国游客，从而可以带动更多华人从事第三产业。中国对外承包企业进军中东欧市场，也给当地华人企业带来了商机，带动着华人企业自身的转型升级。① 可见，华人对于"海丝之路"的商机已有所意识。

实践中，"海丝之路"建设也受到了一些华商的欢迎。如泰国丰泰国际集团董事长吴亮泰认为：从古至今，丝绸之路的开拓发展离不开华侨华人的参与。在 21 世纪海上丝绸之路建设中，华侨华人可寻找到与所在国发展战略的结合点；南部非洲华侨华人工商联合总会会长庄斌官表示，在 21 世纪"海丝之路"的构想下，新能源产业迎来新的机遇和发展空间。他希望中国政府让海外侨胞成为建设 21 世纪海上丝绸之路的"参与者和推动者"；发出同样呼声的还有新加坡华商王泉成，他相信"新海丝"构想不仅可以深化中新两国经济合作，增加文化、情感交流，更是两国人民的"共同福祉"。② 一些华商合作意向更为明确，在 2014 年 11 月广东 21 世纪海上丝绸之路国际博览会上，马来西亚—中国总商会会长黄汉良表示希望借助这个平台，促进更多马来西亚企业与中国企业交流合作，进入中国市场。马来西亚企业广汇丰负责人张健旺表示，他的产品还没有进入中国市场，此次来中国参展，希望能够找到中国合作伙伴，借助博览会的平台打开中国的市场。③

一些海外华商和华人政党正在为"海丝之路"建设的顺利推进尽心尽力。如泰国正大集团负责人谢国民主动提出愿意帮助中国企业走出去，他表

---

① 中新网：《"一带一路"引热议　旅匈华人领跑欧洲新"丝路"》，2015-06-15，http://finance.chinanews.com/hr/2015/06-15/7345220.shtml.

② 《福建借"侨"出海　共闯新"海丝"之路》，《东南早报》2015 年 2 月 13 日，第 07 版。

③ 《大马旅游局华裔部长：21 世纪海丝建设带给马机遇》，2014-11-04，http://www.chinaqw.com/hqhr/2014/11-04/24670.shtml

示乐意与"走出去"的中国民营企业在各方面进行积极的合作，提供各方面的协助；而泰国中华总商会会董、泰国北京商会会长蔡荣庄认为在中国推进"一带一路"建设的过程中，东南亚华侨华人能够通过民间宣传的方式，令住在国理解"一带一路"战略的实质，增信释疑，从而能够有效帮助中国企业在泰国落地。也因此，2015年初，他和来自全球100多个国家的华侨北京商会负责人筹划一件"实事"，即全球各地的华侨北京商会计划在泰国做一次现场交流，邀请泰国当地政府官员参加，商讨具体能与泰国对接的项目，为推进"一带一路"建设做点具体的工作。[①]一些华人政党对"海丝之路"的推进也颇为关注。如马来西亚重要的执政党成员马华公会在华人社会率先响应"一带一路"构想，并不遗余力地支持"一带一路"在马来西亚的推进。马华公会和中国经济联络中心2015年7月在北京共同主办"一带一路"中国——马来西亚工商界对话，在马华公会总会长廖中莱的带领下，马来西亚驻华大使馆、财政部、交通部以及马来西亚中华总商会的相关负责人参加了此次盛会。这种次对话为中马企业提供了沟通、磋商的平台。随后，马华公会将"一带一路"在马来西亚的发展作为未来的工作重点，开始在各个层面积极推进。如在各种场合积极宣传"一带一路"，呼吁华人抓住机会发展自己，多次举办"一带一路"研讨会等。

　　可见，在中国提出21世纪"海丝之路"建设倡议之后，一些华侨华人对此表示欢迎，并有合作的意愿；一些华侨华人则表示尽其所能提供协助。整体说来，"海丝之路"倡议获得了海外侨界较为积极的回应。

---

① 纪娟丽：《丝路聚侨心　协作谋发展》，《人民政协报》2015年4月16日，第04版。

第七章 21 世纪"海丝之路"建设中华侨华人参与阻力分析

如前所述，21 世纪"海丝之路"战略构想提出之后，得到了各方广泛回应，获得了一定程度的认同。虽然如此，但也有一些因素妨碍着各方共建"海丝之路"，这些因素既包括"海丝之路"圈外的因素，也包括"海丝之路"圈内各国之间的因素和各国内部的因素，这些因素影响着各国参与的积极程度和实际效果。由于本书主要探讨华侨华人参与 21 世纪"海丝之路"的问题，因此上述因素并非本书考察的重点。

在分析 1945 年后华人社会的发展背景时，黄枝连先生曾提出了"五组因素"论，即：（1）华人社会内部的传统文化和价值观（即中华传统）。（2）居住国的情况，特别是有关政府和原居民对华人的感受、认识、态度和交往的方式等。（3）区域的情况，包括该地区政治经济秩序由哪些国家所决定。因为不同时期的不同秩序塑造者决定着华人在这一地区的地位、作用和形象。（4）中国的因素。中国的内政外交及其在国际上的地位对于华人的处境、活动方式、发展方向都会产生影响。（5）世界的总体形势和政治格局。中国的内政外交及其在国际上的地位对于华人的处境、活动方式、发展方向都会产生影响。[①] 对于 21 世纪"海丝之路"而言，华侨华人群体的参与程度和参与效果也会受到上述"五组因素论"的影响。这些因素总体上可以分为外因与内因，外因主要指来自侨居国的政策和压力、中国的政策和条件、侨居国与中国的关系，内因则主要是指华侨华人自身的

---

① 黄枝连：《东南亚华族社会发展论》，上海社会科学院出版社，1992 年，第 199—201 页。

情况。这些因素共同构成了不利于华侨华人在"海丝之路"中发挥作用的各种阻力。

第一节 华侨华人在"海丝之路"中
发挥作用的外来阻力

一、侨居国的政策和压力

（一）政治经济情况

侨居国的政治环境、经济发展水平和社会稳定程度，均影响着华侨华人在当地的生存和发展。一般而言，侨居国的政局稳定，制度公平，经济水平高，社会趋于稳定，华侨华人就可能发展得更为顺利；反之，则可能对华侨华人发展造成不利的影响。从目前各侨居国情形来看，这种宏观环境是差参不齐的。如不少国内外学者对东南亚国家的投资环境做过定量定性的比较分析和综合评估，研究结果普遍认为，新加坡、马来西亚、泰国和文莱在东南亚地区中具有较佳的经济环境、制度环境和人文环境，这些国家政局相对稳定，经营环境较为宽松，基础设施完备，法律制定基本健全，政府职能比较规范，人民思想开放，社会秩序良好，投资环境属于第一档次；越南、菲律宾、印尼的投资环境被列为第二档次；缅甸、柬埔寨、老挝属于第三档次，这些新兴发展中国家在上述方面都存在诸多问题和障碍，投资风险较高。①即便是作为第二档次的菲律宾，近年来，也存在政局不稳、经济增长率低等问题，加上社会贫困率高、贫富差距大，社会上针对华裔富商的劫杀、绑架等恶性事件时有发生。另根据中国信保的国家风险评价模型，该模型从

---

① 潘一宁《广东企业"走进东南亚"的主要挑战与华侨华人的作用》,《华侨华人历史研究》2015年第1期，第15页。

政治风险、经济风险、商业环境风险和法律风险 4 个角度分析和评估一国的国家风险。在"海丝之路"所涉 65 国家中，2013 年底的国家风险参考评级中评级为 1 级的只有新加坡，国家风险水平较低。评级为 5 ~ 9 级的国家占 84%，区域绝对风险水平处于相对高位。与上述国家风险参考评级相比，2017 年国家风险水平下降的国家有阿富汗、伊拉克等 14 国，占比 21.5%；国家风险水平不变，评级保持稳定的国家有印度、印度尼西亚等 37 国，占比 56.9%；国家风险水平上升，评级下调的国家有保加利亚、克罗地亚等 13 国，占比 20%。大国角力、文明冲突、国内矛盾是最主要的风险点。[①] 这不仅给区域合作带来了阻碍，同时也使相应国家华侨华人的生存和发展状况处于不确定之中。

（二）对华政策

侨居国的对华政策不仅直接影响到侨居国与中国的关系，而且间接影响到侨居国对华人与中国合作的态度和政策，因此最终会影响到华侨华人能否以及在多大程度上参与到中国所倡导的 21 世纪"海丝之路"建设中来。倘若侨居国对华政策友好且稳定，则中国与侨居国关系可能会更加密切，这不仅可能使华人在侨居国发展得比较顺利，而且华人与中国的合作关系也可能得到许可或鼓励；反之，倘若侨居国对华政策不友善，则可能影响到华人在当地的处境，也会影响到华人与中国合作关系的建立或延续。

目前来看，虽然各侨居国对华政策整体友善，但在与中国合作的问题上还是摇摆不定或有所犹豫的。如在政治上，一些国家想借用中国力量去抵消区域大国的影响，但反过来又害怕中国影响其自身。即便是在不那么敏感的经济层面，一些国家一方面欲搭乘中国"快车"，而这又必须与中国多接触，需要引进中国资金，加大双方经贸往来力度。但另一方面，这些国家又担心，市场开放后将竞争不过中国产品，而使民族产业受损。如根据《中国国家形象全球调查报告》（2014），虽然有 36% 的受访者认为中国企业进入本国可以带来新的资金技术，32% 的人认为可以增加就业机会，25% 的人认为可以增加政府税收收入，还有 18% 的人认为可以推动当地产业结构升

---

① 一带一路 65 个国家风险状况分析，http://mt.sohu.com/20170402/n486171263.shtml.

级改造，但受访民众同时也认为，中国企业的到来也会对当地造成一定的威胁。这种威胁主要体现在对当地企业和本土品牌发展的冲击，对生态环境、能源、资源的掠夺和破坏，以及造成原有产业链失衡的可能性。[①] 这种担心使得这些国家在与中国合作的问题上不甚积极或是犹豫不决。当然，这种担心也有一定的事实依据，例如在菲律宾，由于中国鞋制品进口骤增，菲律宾"鞋城"的制鞋工厂急剧减少，"鞋城"本身也濒临消亡。[②] 中国输出的纺织、家电等也与印尼当地企业有重叠之处。类似的问题在中国引进外资的过程中也曾出现过，关键在于如何看待，因为从短期来看，外资的涌入必然会对稚嫩的民族工业造成冲击，但这种短期挫折在全球化过程中又是不可避免的，而且这种压力也给民族工业带来了动力，迫使其进行管理、设备、产品、技术等各方面的更新，因此从长远来看并不一定是坏事。虽然如此，但目前一些侨居国摇摆不定的与华合作政策无疑影响到华侨华人与中国合作的信心。

（三）华人政策及其稳定性

侨居国的华人政策是影响华侨华人生存和发展的关键因素。以马来西亚《工业调整法》的颁布为例，1975年马来西亚国会通过了一项被称为《工业调整法》的特别立法，规定超过一定数量的资本额和就业人数的大企业要调整所有权结构，以保证土著（个人或机构）对企业占有一定所有权份额（30%）。另外，政府还投入大量资金设立各种机构和公司，直接或间接参与工商各业经营活动。[③] 上述政策使华人企业遭遇严峻挑战，不但小型华人企业困难重重，连大中型华人企业也备受冲击。这种冲击主要体现在以下三个方面：首先，华资股权的增长速度远远低于马来人。1970年~1988年华人股权的年均增长率为18.70%，远低于马来人机构及个人股权32.20%的增长率。进入20世纪90年代，华人股权的增长速度更慢，1991年~1999

---

① 对外传播研究中心：《中国国家形象全球调查报告（2014）》，2015-03-20，http://www.globalview.cn/html/zhongguo/info_1843.html.

② （日）游仲勋：《中国经济的发展和华侨华人经济结构的变化》，《南洋资料译丛》2002年第3期，第26页。

③ ［马］骆静山编：《马来西亚华人问题论丛》，玻璃市：玻璃市州广东公会奖助学金委员会，1983年，第44页。

年只有 10%，不仅低于马来人的 12.3%，也低于印度人的 18% 和外资的 15.6%。[①] 其次，华人经济发展空间明显收缩。例如华人在食品制造等传统行业的地位逐渐削弱，华人对新兴的资本和知识密集型行业的参与也很有限。再次，华人在主要行业的就业比重也不断下降，如在制造业的就业比重从 1970 年的 65.5% 下降到 2000 年的 28.1%，同期华人在商业的就业比重也从 66.9% 下降到 48.5%。[②] 可见，政府政策对华侨华人的生存发展十分关键。

目前，各侨居国对华侨华人的地位和政策规定不尽相同。如在华人公民权问题上，泰国政府一直都采取比较积极、宽容的态度。二战后，泰国政府进一步放宽了华人入籍的规定，华人的公民权利也逐渐得到泰国民众的承认。尤其是 1983 年大选规定合法的泰籍公民都享有选举权与被选举权，从而确定了华人与泰人同等的公民权利，扫除了华人参与政治的法律障碍。相反，在入籍问题上，印尼国籍法采取血统主义原则，申请入籍的手续繁琐，费用高昂。此外，虽然印尼政府强调选择当地国籍的华人同当地人民享有同等的权利与法律地位，但印尼民间对华人的偏见和歧视却并没有得到根本扭转，目前印尼华人在经商、从政、生活、出行等方面，仍不得不面对一些有形或无形的歧视。各国政策的差异还体现在其他方面，如各国对于华文教育的政策就大不相同。20 世纪 90 年代以来，泰国的华文教育政策逐步放宽，目前允许华文民校从幼儿园到中学连续办学，允许各华校利用课余时间增加课时教授华文，允许直接从中国聘请教师来华校教授华文，允许各年级的学生选修华文，华文也可以作为国立大学入学考试的科目。而在缅甸，合法化问题至今仍是困扰华文教育的最大问题，因而在缅甸发展华文教育与其他国家不同，均"是以佛教名义教授中文，做事还要小心谨慎"[③]。政策的差异必然导致各国华人政治地位、经济发展和华文教育水平的参差不齐。

不仅如此，一些国家的华人政策还摇摆不定，这更增添了华人在当地发展的难度。事实上，侨居国华人政策经常反复是历史常态。如前所述，在

---

① ［马］林水檺等合编：《马来西亚华人史新编》（第二册），吉隆坡：马来西亚中华大会堂总会，1998 年，第 337、341 页；（新加坡）《联合早报》2000 年 12 月 13 日。

② ［马］林水檺等合编：《马来西亚华人史新编》（第二册），吉隆坡：马来西亚中华大会堂总会，1998 年，第 332 页。

③ 段颖：《华文教育、地方化与族群认同——以曼德勒为例》，钱江、纪宗安主编：《世界华侨华人研究》第二辑，暨南大学出版社，2009 年，第 99 页。

移民政策和经济政策上，侨居国常视国内需要进行调整。这里再以印尼华人入籍问题为例加以说明，1945年8月印尼独立后不久，为了获得华侨的支持，对华侨采取宽松的国籍政策。1946年颁布的《公民法与居民法令》以及1950年的国籍法采取出生地主义，规定连续在印尼居住5年，年满21岁或已婚的非原住民后裔，如在规定期限内不表示拒绝加入印尼国籍，就被认为选择了印尼籍。1954年以后，印尼政府转而实行主动制国籍政策，即归化者须申请获准才能入籍。由于入籍条件较严，手续繁琐，费用不菲，华侨入籍者甚少。1965年"9·30事件"后，印尼国内掀起排华浪潮，宣布停止关于双重国籍问题条约的实施，并于1966年5月暂停华人入籍。1969年，印尼政府单方面废除了双重国籍条约，并宣布数万名华人已选择的印尼国籍无效。直至20世纪80年代，印尼政府从国际、国内的现实需要出发，才加速了华侨入籍的进程。规定凡在印尼居住5年以上的外侨，均可申请改籍或入籍。同时简化手续，降低费用。可见，建国初期印尼政府在华侨入籍问题上时松时紧、反复不定，给华人融入及在当地发展带来诸多不便，也给他们留下了难以抹杀的历史阴影。

更重要的是，政策的不稳定让华人难以进行长远规划，也影响到华人对当地政府的信心。具体到21世纪"海丝之路"建设，倘若当下基于侨居国与中国关系较好或基于侨居国的实际需要，侨居国鼓励华侨华人投入到21世纪"海丝之路"建设中，而一旦侨居国与中国反目或需要不复存在后，政策改变，华侨华人可能会因此而深受其害。因此，侨居地政策的稳定性也会影响到华侨华人参与21世纪"海丝之路"建设的热情和决心。

而追根究底，影响到侨居国华人政策的因素除了中国与侨居国的关系，侨居国本身的政治文化传统、民族融合程度、华侨华人的实力等因素外，也与华侨华人与中国的关系有关。在新中国建立后一个相当长的时间里，华侨华人被视为"中国因素"的象征，东南亚国家大多实行"既反共反华又反华侨华人"的外交和内政政策，华侨华人成为了"民族建构"与"国家安全"的牺牲品。在中外关系恢复正常之后，华侨华人与中国关系的敏感性下降，但即使到今天，华侨华人与中国关系的密切仍然可能会引起相关国家的警觉。尤其是中国对这些国家进行出口、投资及经济援助时，有相当部分是以当地华侨华人为媒介进行的，因而华侨华人可能会被认为是中国经济进入东南亚的尖兵，如果土著民族因中国经济输出而利益受损，则可能会影响到土著民族与华侨华人之间的关系。即便没有受损，也可能影响到对华侨华人忠心的怀疑。这一点也使华侨华人在与中国合作时不能不心存顾虑。

二、中国的政策和条件

（一）政策诱惑力问题

首先是投资政策。投资政策直接影响到侨资企业在华投资的信心和结果。改革开放初期，在优惠政策和民族情感的感召下，港澳资本和东南亚华人资本进入中国市场较多，有效地推动了中国的改革开放。之后，随着中国加入 WTO，以及随着投资主体的日益多元化，在新一轮利用外资热潮中，中国对外资提出了更高的要求。尤其是 2007 年《企业所得税法》《劳动合同法》相继出台，以及商务部、海关总署联合发布 2007 年第 44 号公告，公布新一批加工贸易限制类目录之后，侨企不仅投资领域受到限制，低端劳动密集型侨资企业被迫转移或转型，而且劳动力、企业税收等经营成本上升，加之土地、原材料等生产要素价格也同步上涨，最终对侨企发展产生较大影响。尽管中国政府也提供一些优惠政策鼓励高新技术的进入，但是"高新技术"对大多数侨资企业来说产业门槛太高，它们享受优惠的可能性较小。不仅如此，随着中国民营经济的崛起以及跨国公司的纷纷抢滩，在华侨企面临着更加激烈的竞争，一些华商认为在华投资越来越难。在泉州，近年来还出现了侨资转内资现象，据泉州市外经贸局统计，每年泉州约有 20～30 家侨资企业转为内资企业，以第二产业尤其是纺织服装鞋帽企业为多。[①]之所以如此，主要是因为所得税统一后，外资企业优惠减少，审批手续繁杂，还受《反垄断法》等法律限制。而内资企业准入门槛低，限制性行业少。此外，目前侨资企业无法享受国家给予台资企业的相关优惠政策，令侨商深感困惑。

不仅国家层面的政策是如此，一些地方政府也对其侨资企业政策做了调整，致使其侨资企业发展受到影响。如 2002 年福建省废止了《福建省鼓

---

① 吴闽川，涂德基：《泉州侨资发展的历史谱系和未来趋势》，《福建行政学院学报》2013 年第 6 期，第 105 页。

励归侨侨眷兴办企业的若干规定》，修改了《福建省保护华侨投资权益的若干规定》，其中最明确的优惠政策是第七条"华侨投资享有本省鼓励外商投资的一切优惠待遇"，基本把侨商与外商划上等号。与此同时，江苏、浙江、云南等省却推出了鼓励侨商投资的政策，并从税率、土地出让金等方面做出具体规定。如江苏省规定：华侨和香港澳门同胞投资的产品出口企业、先进技术企业或在经济技术开发区内的投资企业，其土地使用费自取得土地使用权起，第一年至第五年免缴，第六年至第十年按各市规定标准的50%缴纳……投资其他企业，其土地使用费自取得土地使用权起，第一年至第五年按各市规定标准的50%缴纳，第六年至第十年按各市规定标准的70%缴纳。浙江省也有类似规定。相较之下，福建省的侨商优惠政策并不突出，这影响了侨商在闽投资热情，导致福建引进侨资比重不断下降。从2000年到2005年，福建引进外资（主要是侨资）占全国的比重从9.33%下降到8.96%，而浙江则从2.74%上升到10.66%，江苏从15.75%上升到18.2%。这之后，侨商在闽投资意愿继续下降，侨资纷纷流向一线城市和内陆地区。根据福建省外经贸厅的数据，2010年上半年，全省新签外商直接投资项目418项，同比下降31.9%。按历史可比口径，新签合同金额43.45亿美元，下降31.5%。[①]

　　其次是融资政策。融资环境的好坏对于企业的运作至关重要，目前我国的金融体制处于从计划经济体制向市场经济体制过渡的阶段，还存在很多不完善之处。具体表现在：第一，资本市场单一，缺乏功能分层。我国金融业资金虽多，但金融产品类型较少，适合于民营中小型高技术企业创立阶段的投资品种几乎没有。第二，社会信用体制缺失。我国是信用体系尚未充分建立的国家，在此环境下，商业机构的投资往往非常谨慎，对自己不懂的业务、不熟悉的领域、不熟悉的人、看不到即期收益的项目，一般不会轻易出手。第三，国内风险投资尚处于萌芽阶段，缺乏相应法规支持，大规模运营的条件并不成熟。[②]这种金融体制现状致使国内侨企和"海归"回国创业面

---

　　①　福建省侨办、省社科院联合课题组：《海外侨商在福建投资的现状、问题及对策调研综述》，《侨务工作研究》2010年第3期，http://qwgzyj.gqb.gov.cn/dyzs/154/1621.shtml.

　　②　杨海：《"海归"创业融资的现状、问题和对策》，《中国社会科学院研究生院学报》2008年第2期，第57—58页。

临的融资难问题至今尚未得到很好地解决。如据福建省外经贸厅统计，虽然国家实施较为宽松的金融政策，但银行对中小侨资企业的信贷门槛依然很高，全省约有 1/3 中小侨企得不到信贷支持。2009 年，随着出口企业贸易信用恶化，信用证不被受理情况更加普遍，企业亏损严重。[①] 而"海归"高技术企业，虽然在技术和人力资源上具备优势，但资金匮乏。各级地方政府为海归创业提供一些直接资金资助，但这些资助主要属于初始扶持资助，创业过程中出现的融资难问题仍然难以解决。

再次是缺乏保护侨商权益的法律法规。虽然近年来，浙江、广东等省纷纷出台华侨权益保障暂行规定或条例，但全国性的华侨国内权益保护法至今尚未出台。多年来，全国人大华侨委员会、国务院侨办等涉侨部门多次以专题调研、研讨、委托课题等形式，开展华侨国内权益保护立法的研究，但至今尚未进入立法的议事日程。国务院侨办印发的《涉侨经济案件协调处理工作暂行办法》属于内部工作文件，刚性不够，以至实践中涉侨经济纠纷较多。

此外，其他政策也会对华侨华人与中国的合作造成影响。如出入境方面，2013 年施行的《中华人民共和国出境入境管理法》和《中华人民共和国外国人入境出境管理条例》，为华侨华人入出境及在中国境内从事相关活动提供了更多便利。如规定华侨可以凭护照证明其身份，在国内办理各种事务；对外籍华人也设立了一些便利性条款和签证的种类。2016 年 2 月中共中央办公厅、国务院办公厅出台了《关于加强外国人永久居留服务管理的意见》，扩大了家庭团聚类申请长期和永久居留的类型，并且为长期在华工作、投资和有突出贡献的外籍高层次人才提供了申请长期和永久居留的更便利条件。2015 年 7 月、2016 年 3 月、2016 年 8 月公安部为支持科技创新建设，相继在上海、北京、广东试点推出便利外籍高层次人才入出境和申请长期、永久居留的政策。尽管如此，在出入境及回国定居等方面，侨界仍然有不少怨言，近年来侨界对"华裔卡"的普遍期待就是证明。又如在回国、定居方面，华侨须持有效证件方能入境、华侨归国定居必须经过审查批准等，这表明华侨的入境权实际上是有所限制的。

---

① 福建省侨办、省社科院联合课题组：《海外侨商在福建投资的现状、问题及对策调研综述》，《侨务工作研究》2010 年第 3 期，http://qwgzyj.gqb.gov.cn/dyzs/154/1621.shtml.

上述政策既会影响到华侨华人对中国的认同程度，也会实际影响到华侨华人在中国发展的信心和决心。

（二）经济环境

中国经济环境好坏关乎他人对中国经济的信心，也关乎华侨华人及其侨居国对与中国合作的信心。而目前中国无论在国际经济形象，还是在国内经济状况等方面均存在一些问题。

第一是中国的国际经济形象。随着我国的迅速崛起，我国在世界的影响也越来越大。但是，以美国为首的西方势力对中国的敌视态度和围堵政策从未改变，一些针对我国的不和谐声音也时常传来。在经济层面，长期以来，由于价值观和社会制度的差异，一些西方国家习惯于戴着有色眼镜看待中国，当中国经济遇到困难时，我们听到了"中国崩溃论"；当中国经济发展取得成就时，又冒出了"中国威胁论"；近段时间，国际上形形色色的"中国经济责任论"骤然增多，所谓"顺差国责任""债权国责任""储蓄国责任""能源消费大国责任""碳排放大国责任"等论调来势凶猛。尤其是2008年国际金融危机发生以来，部分发达国家在称赞中国经济成就的同时，也大加渲染"中国经济责任论"，认为当前世界经济中的许多问题都与中国有关。并因此认定中国不仅应承担世界经济失衡的责任，还应承担"拯救世界经济"的责任。追根究底，是因为一些国家不愿意看到中国强大，并极力阻挠中国的发展。各种论调的背后，实是破坏中国在世界人民心目中的形象，包括在华侨华人心目中的形象，从而影响中国与其他国家的正常关系和合作发展，影响到华侨华人与中国的合作发展。

第二是中国经济能否持续稳定发展问题。经济形势是影响经济合作的重要因素。2008年金融危机之后，华侨华人专业人士的回流是在中国经济稳定发展而西方经济退缩的情况下发生的。可见，中国经济的稳定发展是华侨华人与中国合作的重要影响因素。但近年来，与"中国威胁论"互为表里，一些西方学者开始鼓吹"中国经济崩溃论"，极力唱衰中国，企图干扰中国的和平崛起进程。当然，我们也应看到，虽然"中国经济崩溃论"夸大其词，过于悲观，但是中国改革开放目前确实已进入攻坚阶段，经济结构也正面临重大调整，经济发展能否持续发展，"新常态"能持续多长时间以及是否会发生倒退等这些问题也不确定，一旦出现，华侨华人专业人士回流现象及外来资金热潮等很可能就会冷却下来。

第三是中国经济适应力和竞争力问题。这影响到中国经济在全球化竞争中的地位和走势，因而也是至关重要的。目前，从宏观层面看，中国内部经济结构、经济体制等方面还不能完全适应对外开放的需要，致使在对外经济活动和对外经济关系中面临着严峻挑战。如目前中国经济结构中，第二产业比较发达，但创新不够、科技含量不高，无法适应当今世界科技发展日新月异的发展趋势。而且与第二产业相配套的服务业也发展不够，无法相互配合，向外拓展；又如目前我国在经济管理体制等方面还存在着诸如管理机构部门分割、职能边际模糊、内外脱节、缺乏统筹和协调等问题，这显然与高度市场化和自由化的经济全球化潮流不相适应；再如目前我国引进和利用海外华人智力资源的政策、组织和管理机制尚不健全，无法有效引进和留住人才等。

从微观层面看，中国企业是中国竞争力的主要载体。而如今中国企业还存在着科技创新不够、合作发展意识不强、技术不过硬、缺乏大品牌等现象。如目前我国企业"走出去"以新建为主，与华商企业合资、合作的还比较少，尚未充分开发海外华商资源。不仅如此，与国内企业联手"走出去"的现象也比较少，风险较大。又如虽然制造业是中国的强项，但由于近年来工程质量问题频出，致使其竞争力受损。如 2015 年 5 月中国与日本竞争泰国的高铁工程，结果日本胜出。而在印尼高铁问题上，中国与日本亦展开激烈的竞争，最后是中国给予非常优惠的条件才得以胜出。即便如此，印尼不少网民仍颇为担心中国高铁的安全性问题。可见国际社会对于中国所制造的商品仍抱有较大的疑虑。而且，中国企业在品牌营销等方面也缺乏经验。如中国饮食企业走出国门由来已久，这当然得归功于华侨华人在海外的消费和推广。但这种推广又充满了艰辛，其重要原因之一在于缺少一个较大的平台和先进的营销理念。以致于有报道称："在中国这个拥有几千年饮食文化的文明古国，在西方人眼中被看做东方美食之都的中国大地，蓬勃发展的餐饮业却始终摆脱不了这样一大困惑——有名冠全球的招牌菜系，有各界津津乐道的美味小吃，却难觅称霸世界的餐饮企业。"[①] 凡此种种，均影响到中国经

---

① 李鸿谷：《中国 1.2 万亿餐饮市场谁为老大》，《三联生活周刊》2008 年 1 月 30 日第5 期。

济的竞争力。

第四是国内侨企、侨智发展现状。从某种意义上讲，国内侨企、侨智发展状况是进一步吸引侨资侨智乃至外资外智的示范，他们在中国发展得好，就可以吸引更多侨企外企或侨智外智；发展得不好，则可能使更多的侨企侨智望而却步。

目前，中国国内侨企在发展过程中也面临着一系列问题或困惑。除资金短缺、融资渠道不畅，对国内创业政策和投资环境不太熟悉等之外，典型如企业科技含量不高，侨资企业产业或行业结构不尽合理，部分企业经营稳定性较差、抵御风险能力不强等问题。这些问题在全国具有普遍性。如企业科技含量不高问题，尽管自20世纪90年代末开始，由于东南亚金融危机的严重影响，一些侨商企业开始重点发展高新技术产业，开始了所谓"海外华侨华人第三次经济转型"，并逐渐走出了发展困境。但对于侨商主体尤其对于在华投资的侨商而言，在经营结构上并未出现显著的改变，仍是制造业比重过大，房地产业投资增长过快，服务业及高科技企业发展不足。如长期以来，福建省侨商投资集中在制造业，对第三产业投资以房地产和传统商业为主，对现代服务业特别是新兴服务业投资少，科技含量也不高。这种科技含量不高的企业结构，对优秀人才缺乏足够吸引力。如石狮富贵鸟集团就是因为在本地吸引不到人才，其研发中心不得不从泉州搬到广东东莞。而缺乏经营管理和专业人才又严重限制了侨资企业的发展，如安踏公司进行海外合作时，因为没有掌握核心技术，企业发展受制于人。又如企业规模太小也导致其应对风险的能力不强。如福建省侨资企业多为中小型外贸企业，受2008年金融危机影响，国际订单减少，出口规模萎缩，仅捷联、冠捷、福耀、厦新等一批大型侨企，2009年出口规模同比下降50亿美元。[①]再加上税制改革、加工贸易和用工政策变化，导致生产成本上升，企业利润减少。相应的，其还贷能力和信用等级也有所下降，而这又导致了融资难问题。事实上，不仅在福建，受全球金融危机影响，国内经济发展步伐放慢，目前中国国内不少侨资企业受到严重冲击，尤其是出口型企业，订单减少，成本增加，效益下降，面临严峻挑战。

---

① 福建省侨办、省社科院联合课题组：《海外侨商在福建投资的现状、问题及对策调研综述》，《侨务工作研究》2010年第3期，http://qwgzyj.gqb.gov.cn/dyzs/154/1621.shtml.

涉侨经济纠纷多也是国内侨企较为突出的问题。近年来，华侨华人来中国投资创业者不断增加。与此同时，其在中国国内创业资金、知识产权、社会保险、子女入学、参政议政等权益保护需求日趋突出，合法权益被侵犯之事也时有发生。在经济层面，华侨华人合法权益受到侵害的原因可分为华侨华人自身原因和外部原因。自身原因主要是华侨华人轻信人言，在寻求合作方和聘用管理人员时用人不当，重口头承诺，轻书面合同等；外部原因包括我国法制不够健全，以及行政、司法权力的不正当行使等。如地方政府为吸引侨资盲目承诺，导致最终无法兑现失信于侨；相关部门存在违法行政现象，管理越位、缺位、错位，服务意识不强；地方保护主义严重，有关部门在行政协调、仲裁和司法审理中对当地企业有所偏袒，造成案件处理周期长、进度慢，已判决的案件"执行难"等问题。

在侨智方面，也存在着一些问题。首先是海外华侨华人专业人才与国内合作交流主要集中在科技领域，而在经济、管理、商贸、金融、法律等社会科学和人文科学领域的合作交流较为薄弱；其次是吸引为主，利用不够，不能满足海外华人专业人才"为国服务"的要求。这主要是因为各地人才政策和体制环境不尽如人意，一些地方还存在科研经费、设施难以满足需要等问题，以至于华侨华人专业人才更愿意供职于跨国公司或外资企业，这实际上形成了人才的境内流失。

上述现状影响到侨资、侨智在中国或来中国投资创业的信心，也影响到外界对中国投资环境和国际形象的观感。

（三）国家形象等软实力问题

软实力，是指一个国家的文化、价值观念、社会制度等影响自身发展潜力和感召力的因素，它强调的是一种认同感和吸引力。软实力强弱会对中外合作造成影响，软实力强，认同度高，合作起来会更有信心；反之，则合作起来会有诸多担忧。

目前，中国软实力方面仍然存在一些问题，典型如中国的国家形象、价值观、政治制度等国际认同度不高。因此，芝加哥全球事务委员会主席波顿认为："中国仍然需要投入更多资源来加强其软实力，尤其是外交、社会和文化领域。中国仍需要很努力来争取本区域的民心与认同感，加强其在亚洲的信誉。"①

以中国国家形象为例，目前中国国家形象仍然差强人意。根据《中国国家形象全球调查报告（2013）》，国际民众认可中国是历史悠久的文明古国，并且已经成为当代世界大国，但国际民众认为中国存在着一些问题，如贫富差距大、封闭守旧、社会冲突剧烈等；约1/4的国际民众认为存在"中国威胁"，认为中国对国际事务负责任的只有15%，认为贡献不大的有12%；整体来看，国际民众对中国政治缺乏了解，尤其是对中国特有的政治理念与主张不了解人数将近一半。而且发达国家较发展中国家对中国政治有更多的负面评价；对中国模式的认知缺乏共识，10%的国际民众认为自己国家的治理和发展应客观借鉴中国模式；对中国未来发展方面，国际社会普遍持乐观态度，但也有部分民众认为中国未来发展具有不确定性。②此次调查表明，我国国际形象仍有待优化，尤其是我国的认知度、美誉度在发达国家和发展中国家间存在较大差别。而根据2014年《中国国家形象全球调查报告》，虽然结果优于2013年，但仍有45%的受访者认为中国是一个贫富差距较大的国家，20%的受访者认为中国经济会进入低速发展阶段，18%的人认为具有不确定性，另有6%的人认为中国经济会走向衰退；至于中国未来发展道路上面临的挑战，受访者认为主要是国内腐败、社会不公，提高国内人民生活水平以及国内经济继续高速发展等问题；在中国政治形象方面，发达国家有45%的受访者认为中国执政党是贪腐严重的；平均有37%的海外受访者认为中国只在与自身利益相关的国际事务中表现积极，承担的国际责任还不够多。还有35%的海外受访者认为中国军力发展会对别国国土安全造成威胁；在文化层面，孔子学院和中国文化中心的美誉度较高，但认知度较低。③此外，据BBC与GlobeScan Incorporated就主要国家的国际影响力联合进行的调查显示，近年来对中国国际影响力持负面看法的比例在上升，2013年

---

① 施雪华：《华侨华人与中国在东南亚的公共外交：回顾与展望》，《创新》2013年第1期，第18页。

② 中国外文局对外传播研究中心课题组：《中国国家形象全球调查报告2013》，《对外传播》2014年第1期，第24—26页。

③ 对外传播研究中心：《中国国家形象全球调查报告（2014）》，2015-03-20，http://www.globalview.cn/html/zhongguo/info_1843.html.

仅 41% 的受访者对中国印象持正面看法，比 2005 年减少了 14 个百分点。[①]这说明国际社会对中国的认同度仍有待进一步提高。

其中原因，一些是外在的，如因历史积怨形成的偏见以及因中外接触不多导致各种误解；又如一些国家民众担心中国的发展损害到他们的生存和发展利益，进而对中国发展态度消极；再如国外一些主流媒体刻意添油加醋，致使对中国的负面刻板印象不断加深等。

但也有中国自身的原因。其中有一些客观因素，如中外文化差异的问题。学者霍尔（Hall）从沟通的角度把文化分为高情境文化与低情境文化两种，并认为东方文化如中国和日本文化属于高情境文化。这种文化强调间接性的表达方式，"情感较为丰富，讯息较为简单和模棱两可，重视螺旋形推论，团体意识强"。低情境文化，如美国、加拿大和部分欧洲国家，他们强调经由直接沟通的方式来表达讯息，因此"特别重视语言表达的结构和技巧的训练，使用直线式的逻辑思考"。[②]这大致可以解释为什么华人在东南亚等受儒家文化影响的地区能够更好地适应当地的文化和风俗，而在欧美一些国家，文化冲突、文化误解频频出现。又如中华文化自身也有不利于软实力建设的一面。如前所述，中华文化重视血缘、地缘关系，这在有利于宗亲、乡亲之间形成凝聚力以及生活、生产相互帮扶的同时，也会出现拉帮结派、盲目排外等不良现象，给他国民众留下不良印象。而且，客观说来，中外之间在价值观、政治等各项制度、高等教育及大众文化等方面，存在较大的差异或距离。如由于改革开放不久，中国各项制度上的缺陷还客观存在，并在一定程度上影响到外界对中国的认同。

当然，一些主观因素也会影响到中国软实力的建设和提升。如中国在软实力建设方面忽视民间力量的参与，对民间组织、个体包括华侨华人的作用认识不到位。这与我国"强政府、弱社会"的体制现状有关，这种现状使我们习惯于依赖政府的力量，忽视社会力量的发动，从而不仅限制了相关活动

① BBC World Service & GlobeScan Incorporated, *Views of China and India Slide While UK's Rating Climb : Global Poll*", http : //www. gkibescan.com/news-and-analysis/press-release-2013/277-views-of-china-and-india-slide-while-vks-rafings-clim.html

② 王颖：《海外华侨华人在中华文化国际传播过程中的问题探析》,《教育教学论坛》2014 年第 45 期，第 6 页。

的效果，也往往使一些人文交流活动带有浓厚的政治色彩，引起一些人士的疑虑。即便是在发动民间力量的时候也存在一些误区，如在华侨华人方面，重视精英作用，忽视一般华侨华人个体的作用；重视发挥西方发达国家华侨华人的作用，忽视发展中国家华侨华人的作用；注重传统友好侨社的作用，对新侨社团的作用运用不够等。此外，中国在软实力建设内容及方式上也存在一些问题，以对外文化传播为例，"走出去"因语言和文化障碍停留在表面，深度介绍中国历史和文化的产品少之又少；认为文化就是文艺，"走出去"多为文艺团体，真正影响当地人价值观念的宗教文化、制度文化、典籍文化所占比重小；文化创新不足，除中医中药、中餐、武术、京剧等传统文化之外，几乎没有新的东西可以呈现；片面追求规模和轰动效应，不太注重实际效果，缺乏信息沟通和反馈；重视与外国上层社会交流，少与中下层人士进行沟通。总之，中国文化的海外传播不尽如人意，"文化逆差"现象严重。这表明，我国在软实力建设方面仍缺乏整体性的战略思考。

而要改变中国软实力的如此现状却十分艰难，即便仅仅要扭转其中的历史偏见因素就十分不易。如由于认知思维的惯性，中国在东南亚地区国家形象的提升和塑造会有一定的艰巨性、多变性和长期性。冷战时期，由于受到意识形态的严重制约，一些东南亚国家把中国视为洪水猛兽，大多采取敌视中国、反共排华的立场。冷战结束后，总体上看，中国与东南亚国家的关系在向积极的方向发展，中国在东南亚地区的国家形象也开始从"威胁者"向"合作者"转变。但随着中国经济的快速崛起，意识形态问题、经济竞争以及领土争端等日益凸显，东南亚国家对中国的"敌意"并未彻底消除，中国与东南亚国家关系有再次走向复杂化和尖锐化的危险，中国国家形象也有再次被扭曲的可能。总之，无论从哪个方面看，中国软实力的提升都将是一个漫长和复杂的过程。

（四）侨务工作缺陷

侨务工作实践对华侨华人与中国的合作也有显著的影响。目前，我国侨务领域也存在着一些不足。从侨务机构本身来看，典型如侨务力量分散，合力尚未有效形成的问题。我国涉侨机构繁多，包括国务院侨办、全国人大华侨委员会、全国政协港澳台侨务委员会、致公党、中华全国归国华侨侨眷联合会，涉及行政、立法、司法监督、政党、群众团体组织等多个机构。而且这一系统从上至下延伸至全国各地，甚至渗透于科教文卫各个部门。除了这些机构外，中国政府驻各国的领、使馆也管理华侨事务，一些媒体如中国新闻网、各地侨网也是侨务宣传的重要依托，中国海外交流协会、中国和平统一促进会、中华海外联谊会、中国侨商投资企业协会、中国华文教育基金会、中国华侨国际文化交流促进会等民间组织也是推动侨务工作的重要载体。目前在侨务工作上，由于各相关机构隶属于不同的部门，实践中仍多各自为阵，缺乏有效的统筹协调，从而限制了侨务工作合力的形成。即便是侨办系统内部也有一些问题不容回避。如在处理涉侨经济纠纷方面，一些地方侨务机构尚无专门从事协调处理经济纠纷和案件的机构，加之人员有限，专业化水平不高，开展工作时常常力不从心。不仅如此，由职能所限，各级侨办协调处理涉侨经济纠纷和案件时权威性不够，一些地方政府组建的涉外经济纠纷处理机构甚至没有侨办参与。对于这类纠纷，即便侨务机构尽心尽力，也仍然可能效果不佳。

从观念层面看，也有一些工作人员对侨务工作重视不够或存在着侨务观念偏差的问题，如不能从长远的观点看待侨务工作和侨务资源，实践中只注重利用、开发，而不注重涵养；又如在工作上恪守传统，不思创新。海内外侨情的新变化客观上要求工作人员在开展侨务工作时随时做出调整，尤其是在侨务工作的对象、范围和方式等方面要有所变化，但一些侨务工作者思想惰怠，不能根据侨情变化适时调整。如目前新华侨华人和华裔新生代日益成为海外华人社会的主体，他们已实现了从"落叶归根"到"落地生根"再到"脚到便是家"的根本变化，因此凭借爱国爱乡情结就能轻易捕获侨心的传统思维和做法已经不再适应；再如海内外侨情千差万别，而侨务工作的地区差别体现得不够，一视同仁地开展侨务工作可能在侨敏感区适得其反。

从具体侨务工作来看，也有一些问题。如在引进侨资方面，主要存在着以下几方面的问题：一是轻侨商重外商。一些侨务工作者对侨务工作的重要性认识不足，认为目前中国"资金过剩"，或认为利用外资的重点是跨国公司，海外华商因其资本规模、经营模式、技术管理等方面的不足而被视为无足轻重。二是重引进轻服务，软环境建设仍需加强。特别是一些地区、一些部门把招商引资任务指标化后，重视引进前的工作，忽视引进后的服务和软环境建设，存在着"法治环境不完善""地方保护主义"等问题，不少华商对此颇有怨言。三是重引进、轻引导，致使侨商投资比较盲目，最终造成企业亏损。又如在引进侨智方面，近年来，我国在吸引华侨华人专业人才上花了不少心思，但对海外华侨华人专业人才情况的掌握仍然不够全面，完整的海外华人专家人才数据库尚未建立起来。政府各有关部门大多各自为战，难以形成合力、实现资源共享，从而直接影响到海外华人智力资源开发利用的效率和质量。而且在侨智引进和使用方面，尚未形成多元化的开发利用模式。在使用方面短期行为严重，服务不足，难以有效实现"人才落地"。再如在侨捐方面，也存在不顾捐赠人的意愿强行劝捐，一些单位任意侵吞、挪用侨捐款物，一些侨捐学校闲置等问题。这些问题不仅影响到政府的形象，影响到华侨华人在华发展的信心，而且也伤及华侨华人对祖（籍）国的感情。根据学者黄晓坚的分析，老一代潮人对祖籍地的捐赠，造成部分侨眷"等靠要"的依赖心理，甚至因"分赃不均"而对捐赠人不满与抱怨，使捐赠人心灰意冷。而来自官方的劝捐，亦造成部分捐赠人的负担。因此，在近十余年中国经济强劲发展后，海外华人亦以"中国不再需要了"为由，逐渐减少了捐赠行为。[①]

总之，侨务系统组织、观念以及工作方式方法上的种种不足均直接影响到华侨华人与中国合作的热情、信心和最终效果。

三、中外关系与华侨华人问题的敏感性

（一）中外关系的不确定性

这主要是指中国与各国的双边和多边关系。如今，中外关系整体上趋于友好，但也还有很多不确定的因素。尤其是周边国家，尽管中国奉行"与邻为善、以邻为伴"的周边外交方针，但中国周边外交的效果与预期仍有较大的差距。

---

① 黄晓坚：《中泰民间关系的演进：以隆都镇为视域的研究》，《华侨大学学报》（哲学社会科学版）2013年第3期，第29页。

以东南亚国家为例，尽管从实际利益出发，东南亚国家倾向于延续或扩展与中国的双边或多边交往。如 2003 年针对泰国曼谷市民开展的一项民意调查结果显示，超过 3/4 的受访者认为中国是泰国最为亲密的伙伴，而选择美国的不到一成。① 从泰国民众的角度来看，中国崛起带来的巨大商机是其希望加强两国关系的最直接动因，而两国之间业已存在的文化交往则进一步强化了这种动机。除泰国之外，东南亚不少国家也欲搭乘中国经济发展快车，在合作中共同发展。但中国与周边国家的区域一体化水平仍较低，周边国家在经济上搭乘中国便车的同时，又试图引进外部力量来实现"离岸平衡"。如缅甸欲引入美国发挥"离岸平衡"的作用。也就是说，虽然中国与东南亚经济合作日益密切，但利益共同体的构建还任重道远，安全共同体就更是如此。事实上，中国与这些邻国还缺乏足够的政治互信。这不仅因为在政治制度和意识形态等领域中国与东南亚一些国家还存在差异和分歧，也因为在华侨华人最为集中的东南亚地区，"中国威胁论"仍有一定市场。一些国家对中国的发展心存疑虑，担心中国强大了会挤压其生存空间，甚至怀疑中国会走上"国强必霸"的老路，因而在发展对华关系上摇摆不定。总之，东南亚国家对待中国投资的一个共同心态是：既希望利用中国的市场、资金、技术装备和人才来发展经济，又担心过度依赖中国而丧失独立自主性。这就导致中国与这些国家缺乏足够的互信基础，关系时好时坏。

况且，中国与周边一些国家还存在着领土和利益之争。如中印、中日之间存在着领土或领海争议，而南中国海问题更是中国周边关系中最为敏感的问题之一。南海主权争端尤其是南沙岛礁的归属问题错综复杂，涉及到中国、越南、菲律宾、马来西亚、印尼、文莱等。以往，在外交政策和领土安全上，中国坚持"韬光养晦、有所作为"的外交方略，对于双方存在争议的问题，往往采取搁置或回避的态度。然而，这一政策被东盟国家误解为缺乏国际责任感，而一旦"有所作为"又被理解为谋取霸权。不仅如此，美国、日本、印度等域外国家对东盟国家的有意拉拢，也令南海问题更加复杂，一些东盟国家并借机与我国讨价还价。如美国的"亚太再平衡"战略对东盟国家影响就十分深刻。2009 年以来美国与东盟签署了《东南亚友好合作条约》，

---

① 孔建勋、赵姝岚：《大国在泰国的国家形象：基于亚洲民主动态调查的跨国比较》，《华侨大学学报》(哲学社会科学版) 2013 年第 2 期，第 16 页。

举办美国——东盟领导人峰会，加强与湄公河流域国家的合作，与东盟的关系进一步加强。在政治安全领域，美国公开插手南海问题，加强与越南、印尼等东盟国家的安全合作关系，为菲律宾、越南等国在南海问题上与中国对抗，美国在东盟的影响正日渐扩大。如今，不少东盟国家在经济领域同中国加强合作，而在军事安全领域则向美国靠拢，试图遏制中国在亚太地区的影响力。而这势必对中国与东盟国家继续深化合作造成不良影响，如近年来，中国对缅甸的高铁和萨尔温江大桥项目投资，缅甸最终以国家利益和平衡国内外关系等为由，终止了项目。而2014年越南"中建南事件"也表明，既合作又斗争将成为今后一段时期内中越关系的新常态。

此外，如今东南亚国家都程度不同地对台湾问题奉行两面政策：一方面坚持"一个中国"政策，把与台湾的往来限制在经贸和非官方层面。另一方面，其"一个中国"政策又很不彻底，如各国都不认为台湾问题纯粹是中国内政，而是把它当作一个地区问题对待；各国都力图保持和加强与台湾的"实质关系"，通过发展与台湾的经贸关系捞取实惠。[①] 而这些显然并不符合我国的期待。

除日本与东南亚国家外，中国与其他国家的关系也存在一些问题或隐患。如斯里兰卡国内的政治斗争及外交政策的调整就对中斯关系造成了明显的影响。2015年1月8日斯里兰卡总统大选中，被媒体普遍认为"亲中"的政治强人原总统拉贾帕克萨意外落选。新政府上台后虽表示将继续奉行对华友好政策，但却对中国企业投资建设的多个重大工程项目进行了重新审查，中国与拉贾帕克萨政府合作的标志性工程科伦坡港口城项目也因为环评手续等问题一度被迫停工。这表明斯里兰卡新政府正在适度疏远中国。即便是和中国关系一直较好的非洲，近年来，随着中资项目和赴非华人数量的日益增多，中非利益摩擦也时有发生。

总之，由于历史偏见、国家利益及地缘政治格局的变迁，我国的外交环境整体上并不乐观。这影响到各国对中国发展前景的判断，也影响到这些国家及华侨华人与中国合作的信心。

---

① 《台湾与东南亚国家关系》，2007-12-25，http://www.taiwan.cn/twzlk/twzhzh/zhzhtzh/200712/t20071225_506970.htm.

（二）华侨华人问题的敏感性

历史上，华侨华人问题是中国与侨居国关系处理中的一个脆弱和敏感的问题，并与中外关系事实上存在着相互影响的互动关系。一方面，因对华侨华人效忠产生怀疑，中国与一些侨居国关系的发展受到影响，并因而产生了中外关系史上独特的"华侨华人问题"。回顾历史，东南亚国家和美国都曾发生过激烈的"排华"事件，并因而对中外关系产生不利影响。尤其是在新中国成立初期至 60 年代初期，东南亚华侨华人问题成为影响中国与东南亚关系的重要因素。20 世纪八九十年代以后，这些国家的华侨华人问题整体上趋于缓和。如 20 世纪 80 年代以来，由于越南政府将华人问题纳入民族问题的范畴来加以解决，华人身份认同转向最终完成，华人问题与中越关系的联系越来越少；自 20 世纪 90 年代初中越关系正常化以来，两国发表的一系列联合公报或声明中都未再提及华人问题，华人问题作为中越关系晴雨表的作用也不复存在。虽然如此，但随着东南亚华人与中国经济关系的日益密切，以及一度沉寂的华文教育和中华文化在东南亚地区的升温，东南亚国家的"疑华"心理又有所抬头。一些东南亚国家担心华人的"中国情结"会不断升级，华资流向大陆会有损所在国国家利益。这种种疑虑，加上南中国海安全态势的扑朔迷离，使得华人问题又变得有些敏感。2016 年 11 月 4 日，印尼首位华裔首长钟万学被激进派穆斯林指控亵渎古兰经，并由此引发大规模的示威抗议活动就是明证。事件的背后与华裔参政有着莫大的关联，数千名激进派穆斯林集结起来反对他竞选连任。国际舆论担心，这位名叫"阿学"（Ahok）的华裔首长，恐再掀起印尼华人记忆深处那段排华的岁月。

近年来，一些西方学者夸大华侨华人的经济实力，也加重了侨居国对华侨华人的担忧。如一些西方学者宣称："散居在亚洲的 5300 万华侨华人拥有至少 2000 亿美元的资产……其中马来西亚华人只占全国人口的 3%，却掌握着马来西亚一半以上的经济资本；占印尼人口 4% 的华人掌握着 70% 的印尼经济；泰国华人占全国人口的 3%，却至少掌握着 60% 的泰国经济；菲律宾 3% 的华人控制着 70% 的国民经济。"并由此认定"未来东南亚华侨华人将形成一个控制东南亚地区经济的'华人网络'"。[①] 且不说华侨华人经济已

---

① 邱文福：《未来华侨华人在中国与东南亚关系中的地位和作用》，《东南亚纵横》1996年第 2 期，第 26 页。

与当地民族经济融为一体，成为当地民族经济的一部分，这种夸大其辞的提法也与事实严重不符。实际上，在东南亚华侨华人中，经济实力雄厚的并不多，只占东南亚华侨华人总数的3%左右，其资本也是有限的，不可能控制国家经济命脉，占统治地位的仍是当地国家资本。以印尼为例，根据印尼著名华人实业家李文正所言，印尼国营企业控制着印尼50%的经济，包括所有国计民生的主要部门和行业。其余50%的经济活动分配是：农村经济部门、信息产业、合作社、小企业约占15%，外资占12%，其余23%掌握在私人企业家手中。而这23%的私人企业家中，外国资本占10%，国内资本占13%。在这13%的印尼国内资本企业中，华人资本企业占70%。[①]可见，华人经济并不如宣传中那么强大。某些西方国家学者刻意夸大华侨华人在东南亚地区经济中的比重，其目的在于"提醒"东南亚国家，要"警惕"华侨华人经济对其国民经济命脉的潜在"威胁"，以此来挑拨东南亚国家其他族群与华族的关系，并离间中国与东南亚之间的关系。更有甚者，一些人还将中国的崛起与所谓的"华人问题"挂钩，大肆鼓吹不同版本的"华人威胁论"。如在东南亚，一些经济界人士担心"中国的经济上的挑战"将给东南亚带来"第二次经济危机"的人恰恰是华人本身。[②]实质是以此来离间中国与相关国家的关系，从而延缓和遏制中国的崛起。

　　在西方国家，尽管华人所占比例较小，他们的经济和政治地位也较弱，但中国的崛起仍然引发了当地公众对华人移民忠诚度的担忧。如2009年初美国百人会调查显示，美国公众中45%的人认为亚裔美国人对其祖籍国比对美国更为忠诚，这一调查在2001年的数据为37%。大约有75%的美籍华裔称在中美经济或军事摩擦中，他们会支持美国，但只有56%的美国民众认同这一看法。[③]也因此，在中美关系史上也频频出现所谓华人"间谍案"，并因此影响到当时的中美关系。

　　另一方面，中外关系又影响到华侨华人在侨居国的生存和发展。事实

　　① 　温北炎：《印尼华人融入当地主流社会的现状、挑战和发展趋势》，《东南亚研究》2008年第4期，第67页。

　　② 　（日）游仲勋：《中国经济的发展和华侨华人经济结构的变化》，《南洋资料译丛》2002年第3期，第26页。

　　③ 　刘宏：《海外华人与崛起的中国：历史性、国家与国际关系》，《开放时代》2010年第8期，第88页。

上，新中国成立以来，华侨华人就深受中外关系的影响。如新中国成立初期，因意识形态的分歧，中国与大多数东南亚国家关系恶化，几乎所有东南亚国家都在限制甚至是禁止华侨入境，压抑华侨经济、扶持原住民经济，强迫华侨同化。20世纪70年代以后，在中美关系正常化的推动下，东南亚国家纷纷与中国建立外交关系。相应的，东南亚国家大多对其原有华侨华人政策进行调整，放宽对华侨华人的限制。如菲律宾，1975年6月与中国建交，1975年和1976年先后颁布总统令，放宽外侨入籍条件、简化申请入籍程序，从而加速了华侨入籍菲律宾的进程。据统计，在1975年至1986年期间，约有20万华侨加入了菲律宾国籍，保留中国国籍的在1988年初只剩下98625人。[①]20世纪90年代冷战结束后，中外关系进一步解冻，东南亚国家在法律层面对华人的公然歧视和排斥已大为减少。现在，只要不违反法律，不损害国家利益，大多数东南亚国家都对华人组织社团、创办华文报刊和保持自己的风俗习惯等不再禁止。尽管如此，但即便是今天，中国与东南亚国家的利益冲突仍然程度不同地对当地华侨华人的生存和发展产生影响。如2014年5月，因与中国的南海领土争端问题，越南中南部多个省份爆发了一场较大规模的反华暴乱，包括一连串反华抗议示威游行，以及对华人企业（包括中国大陆、台湾和香港企业）的打砸抢破坏。又如在菲律宾，近年来中菲关系由于南海问题日趋紧张，菲律宾华侨华人的生存环境有逐渐恶化下去的趋势。据报道，从2013年底开始，菲律宾当局就以"非法务工"为由，多次抓捕在菲经商的华侨，并以打击走私为名查封他们的仓库。[②]从而使在菲经商的华侨华人，尤其是新侨人心惶惶。

不仅在东南亚，在日华侨华人也深受中日关系的影响。历史证明，凡是中日关系好时，在日华侨华人数量明显增加；而凡是中日关系出现摩擦、冲突时，在日华侨华人数量就会明显下降。如改革开放以来，随着中日关系的回暖，在日华侨华人群体增长迅速，至21世纪初已成为在日外国人中数量最多的"第一大族群"。有学者并据此推测，在不久的将来，日本华侨华人

---

① 王望波：《八十年代以来菲律宾政府的华侨华人政策对华人经济的影响》，《华侨华人历史研究》1996年第2期，第69页。

② 张月恒、陈浩：《菲律宾借岛争刁难华商　持枪警察严查中国面孔》，2014-04-04，http://world.huanqiu.com/exclusive/2014-04/4952403.html.

群体即可突破 100 万人。[①] 然而，受 2011 年"311 大地震"、2012 年的"911 购岛"等天灾人祸的影响，"华人一百万"的良好愿望不但无法实现，反而出现了人员萎缩现象。如受日本政府"911 购岛"影响，2012 年 7～10 月的 3 个月期间，在东京的华侨及中国人就骤减了 6313 人。[②] 不仅如此，中日关系恶化还直接影响到华侨华人在当地的发展。如之前中日贸易的快速增长给在日华人提供了大显身手的舞台，在日华人大多选择就职于与中国有业务往来的日本企业，如经营便利店的罗森株式会社、从事服装行业的优衣库公司、从事百货商店业务的永旺株式会社等。然而，随着中日关系恶化，双方经贸往来减少，导致这些企业招收华人的计划缩减，这也给当地华侨华人的就业造成了不小的压力。更有甚者，"911 购岛"风波期间，福冈等地还发生了多起中华料理店被砸、神户市"中华同文学校"遭人放火等恶性事件。

甚而至于，中国发展起来也可能给华侨华人带来双重影响。改革开放后，中国得以迅速发展，并逐渐成为世界第二大经济体，这一方面使华侨华人的民族自信心和自豪感有所增长，同时一部分华侨华人还直接受益于中国与其侨居国日渐深入的经贸合作，因而从这个方面看，中国的发展壮大有利于华侨华人群体。但另一方面，受冷战思维的影响，"中国威胁论"在侨居国尤其在东南亚尚有一定的市场，侨居国担心中国在华人问题上谋私利，因此中国的发展壮大对于华侨华人又有其隐含的不利因素。比如现在，印尼"原住民"对中国和华人总的看法是："中国强大了，与印尼关系也比较好，但中国要平等对待周围的小国。印尼担心中国这样一个大国，就像小国新加坡担心印尼和马来西亚一样。印尼华人也不要因为祖籍国中国强大而忘乎所以，华人要自律。"[③] 实践中，中国的发展也给海外华侨华人带来一些消极的影响，如华侨华人的经济贸易与投资行为因此在一些国家受到打压，海外华人受到诸多怀疑甚至无辜受害，类似于陈文森案、李文和案等"中国间谍案"层出不穷，而这也使华侨华人感到后怕。

---

① 《在日华人数量超韩国人　成日本第一大外国族群》，2009-06-01，http://civ.ce.cn/main/gd/200906/01/t20090601_19213412.shtml.

② 文佳：《日本东京都中国人骤减　过万人社区减少至四个》，《中文导报》2012 年 10 月 29 日。

③ 温北炎：《印尼华人应居安思危之我见》，《东南亚研究》2006 年第 5 期，第 76 页。

总之，华侨华人由于其跨界生存特点，因而其效忠问题较为敏感，尤其是在二战之后民族主义盛行且华侨华人众多的东南亚地区尤其如此。现实中，中国与华侨华人所在国之间的利益冲突更加剧了这种敏感度。如今，在"海丝之路"建设中，中国对华侨华人有诸多期待，如若华侨华人积极参与，则势必进一步密切华侨华人与中国的各方面联系，而这又可能进一步引起侨居国的不安。反过来，鉴于历史上种种排华行径，我国政府对这些地区侨务工作的开展也比较顾忌，而华侨华人对此也退避三舍。因此，在"海丝之路"建设中，如何既充分调动华侨华人的积极性，又不致使东南亚各国产生新的恐惧而最终累及华侨华人，仍是一个有待进一步破解的课题。

（三）侨务资源国际竞争加剧

如前所述，侨务资源是流动的，其流动又是遵循市场规律的。哪里有市场，哪里的市场更优越，它们就会流向哪里。如今在金融危机冲击、全球经济放慢的情况下，各界对侨务资源的争夺十分激烈。如台湾方面自马英九上台后提出"侨务休兵"，但6000万华侨华人资源是有限的，因而无论是侨资、侨智还是侨心，两岸事实上是存在着竞争关系的。不仅如此，侨务资源主要是在海外侨居国存在的一种资源，因此，在侨务资源的利用上，中国与侨居国有互惠和共赢的一面，但也有竞争的事实。

在这场竞争中，和台湾相比，中国有资源、市场、廉价劳动力等优势，但台湾也有市场机制发达、海外台胞集中于发达国家、侨务经验丰富等优势，因而双方竞争仍然比较激烈；与侨居国相比，中国有人缘、市场等优势，但侨居国可以近水楼台。况且作为居住地，侨居国也有人和、政策引导等各项优势；和其他非侨居国相比，中国有血缘和文化基础，这在近代很有优势。其时，华侨华人回国投资多出于报效心态，其目的不在于获利。但在当代，华人来华发展更多的是为了获利，其与中国之间本质上是一种合作互利关系，这与欧美国家人士来华发展并无本质上的不同。因此对于这种血缘和文化因素，我们不宜过分解读。以投资为例，事实上，从一开始，到中国投资就只是华侨华人资金全球布局的一部分。如对于东南亚华人财团而言，多元化的海外投资已成为他们谋求生存和分散风险的一种重要策略，因而东南亚华人财团早已跨出本地区，向北美、澳洲、拉美、欧洲及亚洲其他地区寻求发展，投资中国大陆，甚至还是华人经济国际化之后较晚发生的事。如改革开放后投资中国内地的第一人——谢国民，其率领的泰国正大集团早在 20 世纪 60 年代就将目光放在东南亚和香港；20 世纪 70 年代，正大集团的资本扩展到台湾、中东和美国；20 世纪 80 年代初才相继在深圳、珠海、汕头领取了"001 号"外商营业执照；如今，正大集团业务更是遍及 20 多个国家和地区。

展望未来，基于共同的血脉和文化，华侨华人与中国一定程度上存在着某种与生俱来的亲密关系，这种关系仍将在一定时期内继续保持，并将在双方的合作时发挥一定的作用。但是，随着岁月的流逝，这种亲密关系会逐渐淡化（新移民除外），双方关系中的现实考量会越来越明显。因此，中国在这场侨务资源竞争中必须开发和依托其他因素。

四、21 世纪"海丝之路"建设中的可能困扰

除上述因素影响到华侨华人与中国的进一步合作外，在 21 世纪"海丝之路"的建设过程中，也有一些不利因素存在。

首先是各方对于"海丝之路"主动权的争夺。亚欧地区是大国博弈的必争之地，"海丝之路"沿线的区位优势早已引起各国重视。从 20 世纪 90 年代开始，美国、俄罗斯、欧盟、日本、韩国、印度等国不同版本的"丝绸之路计划"即不断被提出，如美国的"新丝绸之路"战略、俄罗斯的"欧亚联盟"、欧盟的"南部能源走廊"、日本的"丝绸之路外交"、韩国的"丝绸之路快速铁路"构想，印度、伊朗和阿富汗共同推进南亚"南方丝绸之路"建设行动，巴基斯坦、伊朗、土耳其三国"通道"等。① 总之，早在中国政府提出"一带一路"倡议之前，不少国家早已或明或暗进行布局，积极争取"丝绸之路"建设主动权。无疑这对于 21 世纪新"海丝之路"的建设构成了挑战。

---

① 全毅、汪洁、刘婉婷：《21 世纪海上丝绸之路的战略构想与建设方略》，《国际贸易》2014 年第 8 期，第 7 页。

此外，各国的亚太战略也不利于"海丝之路"的区域整合。尤其是美国的"亚太再平衡"战略，在经贸方面构建跨太平洋伙伴关系协议（TPP），以阻碍东亚区域一体化进程，对亚太地区逐步形成的"区域全面经济伙伴关系"（TTIP）起到了分化作用，阻碍了亚洲向西亚和欧洲的扩展。而美日等国的"印太战略"，实质上是美国伙同印度、日本和澳大利亚等亚太盟国共同对付中国。这些均限制了中国海上的拓展空间。正因为如此，一些西方学者对中国"一带一路"构想提出了质疑。他们认为，西方，尤其是美国的军事力量不仅在全球各地拥有不可挑战的优势，在中东地区更是占据压倒性优势。而这一地区正好是中国"一带一路"的交汇处。因此，如果西方要破坏中国的战略构想，完全可以将中国的通道堵死。[①]台湾学者任弘也认为，"一带一路"从太平洋西岸到大西洋东岸，恰好经过美国最难结盟交往的伊斯兰国家，美国自然有被"孤立"的感觉。因而"一带一路"建设当然会引起美国的"不安"。[②]而美、日均未加入亚投行似乎也证实了这种抵制情绪。

除美国外，中国要通过东南亚走向印度洋和非洲，印度是关键。而印度作为南亚唯一的区域性大国，始终把地缘政治利益放在首位，中国的崛起和"走出去"战略必将引起印度的高度关注，况且中印之间还存在边界领土纠纷，且印度在中东和非洲都具有重要利益和重大影响。因此，中国多次邀请印度参与丝绸之路建设，均未获得印度的全面回应。实际上，为了与中国争夺地区影响力，印度莫迪政府另外发起了自己的丝绸之路计划。在印度看来，印度理应主导印度洋，印度的地理位置及实力也可以组织起印度洋沿岸国家共同行动。正是基于这样的考虑，印度政府于 2014 年 6 月形成了"跨印度洋海上航路与文化景观"（Project Mausam）计划，与中国的"海丝之路"计划分庭抗礼。对于中国与印度洋国家基础设施和互联互通的合作，印度也指责中国正在用"珍珠链战略"实现对印度的封锁。不仅如此，冷战后，美印关系回暖，美国不仅将印度视为反恐的合作伙伴，还将其

---

① 陈晓律、叶璐：《中国构建海上丝绸之路的两个节点：马来西亚与泰国》，《南京政治学院学报》2015 年第 1 期，第 74 页。

② 任弘：《三个面向看一带一路——文明冲突、地缘政治、海陆交通》，《中国中外关系史学会 2015 年年会：华侨与中外关系史论文集》，北京，2015 年，第 6 页。

看作海上运输线的维护者和制约中国的理想角色，值得积极培育。[①]进入 21
世纪以来，美印军事合作加强，极有可能在印度洋地区建设合作伙伴关系，
联手反制中国。

　　即便是印尼，"海丝之路"战略与其"全球海洋支点"战略也存在一些
竞争。因此，"一带一路"战略提出后，印尼虽给予了极大的关注和支持，
但基于其国家战略和利益的考虑，也对"海丝之路"有所保留。

　　中国台湾的态度也十分关键。台湾作为亚太地区重要经济体，在东盟等
国也有较大影响，倘若能和大陆联手，将有助于"海丝之路"发挥更大的效
应。因此，中国政府"一带一路"愿景与行动文件中还提及"为台湾地区参
与'一带一路'建设做出妥善安排"。但至今为止，由于两岸对峙局面和美
日等因素的影响，台湾方面对此反映冷淡。在一些具体问题上，两岸也因各
执己见而进展缓慢。如在 2015 年 3 月的博鳌亚洲论坛上，两岸共同市场基
金会荣誉董事长萧万长表达了台湾希望加入亚投行的意愿。4 月 13 日，中
国国务院台湾事务办公室表示中国拒绝台湾以创始成员身份加入亚投行，不
过欢迎台湾在未来"以适当名义"加入亚投行。随后，台湾"总统府"发言
人对此回应称，如果未来台湾加入后未能获得"尊严和平等"对待，那台湾
宁愿不参加。[②]2016 年 4 月 12 日，台湾方面财政部门认为台湾加入亚投行
需透过大陆财政部申请"有损台湾尊严"，因而拒绝以这种方式加入亚投行，
台湾加入亚投行至此遭遇"实质破局"。可见，名分问题使两岸在合作道路
上障碍重重。

　　总之，建设 21 世纪"海丝之路"，中国面临着十分复杂的地缘政治挑
战，这也使得"海丝之路"共建过程充满不确定因素。

　　其次，各界对"海丝之路"的质疑。当前由我国倡导的"海丝之路"建
设战略虽然已经在国际上引起较大反响，但各方或者由于对中国不信任或者
出于本国利益的考量，对"一带一路"有各种看法或疑虑。路透社认为，中
国政府提出"一带一路"战略，其主要目的之一就是要缓解工业产品出口压

---

　　① Iskander Rehman, "Keeping the Dragon at Bay: India's Counter-Containment of China
in Asia", p.126.

　　② 《未能成为意向创始成员　亚投行对台还没关门》，2015-04-16，http://www.huaxia.
com/tslj/lasq/2015/04/4360152.html.

力。新加坡国立大学郑永年教授也认为，资本与产能过剩是促使中国政府推出"一带一路"战略的重要原因之一；也有舆论认为"一带一路"战略是"中国有史以来首次在设法向其他国家出口自己的发展模式"[①]；更有舆论质疑中国的"一带一路"战略是中国版"马歇尔计划"，或者是"中国版珍珠链战略"，抑或是美国"跨太平洋伙伴关系协议"（TPP）的替代品；不少俄罗斯和日本的学者担心"一带一路"会挑战现有区域乃至全球经济体制，会排挤其他国家的既有利益。可以说，现在不少国家对中国及中国倡导的"一带一路"有所质疑。东南亚小国尤其如此，近年来，随着中国的崛起，这些国家在享受中国经济发展机遇的同时，也对中国产生更大的防范心理，甚至把中国视为主要威胁。这种防范心理无疑会对"海丝之路"倡议产生消极影响。此外，一些国家也对"海丝之路"的前景缺乏信心。总之，目前对于中国提出的"海丝之路"倡议，一些沿线国家的政府和人民还缺乏足够的了解和信心，还存在诸多顾虑、质疑甚至是反对的声音。而且，这种质疑和反对的声音不仅存在于一些对"海丝之路"反映冷淡的国家中，而且也存在于印尼、越南等支持"海丝之路"建设的国家内部。

而且，在经济全球化的今天，民族主义也迅速兴起，并主要表现在本国资源、环境和民族企业的保护，对外来资本和商品的多方限制等方面。这种民族主义情绪可能会给中国企业、中国资本"走出去"带来一些困扰。如今，这样的事情已经发生。如部分东南亚、中东等沿线国家的当地企业和社会组织则对中国的企业和项目存有抱怨，担心中国进行"能源掠夺"和"经济控制"。[②] 又如鉴于国内非政府组织的质疑，2011年缅甸政府宣布暂停中国在缅甸的密松水电和铜矿建设。在非政府组织的影响下，很多缅甸民众也担心密松水电站项目将对缅甸生态、环境造成影响，并可能引发自然灾害。[③] 而之前中资企业在国外经营中环保和生态意识薄弱，资源消耗过多等也固化了一些国家对中资、中企的负面影响，因而今后"走出去"遇到的阻碍可能

---

① 福山：《"一带一路"助中国模式走向世界》，2016-01-04，http://www.guancha.cn/FuLangXiSi-FuShan/2016_01_04_346790.shtml.

② 孙敬鑫：《"一带一路"建设面临的国际舆论环境》，《当代世界》2015年第4期，第19—20页。

③ 卢兴盛：《中国对缅甸的投资与援助：基于调查问卷结果的分析》，《南亚研究》2014年第1期，第21页。

会更大。此外，一些国家为避免在经济上对某一国家过度依赖，也会积极发展与其他国家的经贸联系，以求平衡。近年来，与中国经贸联系较为密切的一些东南亚国家正在采取这种策略。如印尼现任日惹特区省长苏丹哈孟古·布沃诺十世（Sultan Hamengkubuwono X）就明确表示：印尼应当拒绝海上丝绸之路，如果印尼在"海上丝路"建设方面与中国合作，那么印尼将永远成为中国产品的消费者。① 无疑，这可能会影响这些国家参与"海丝之路"建设的广度和深度。

再次，各种多边机制和地区不和谐因素会影响各方合作意愿的形成。 21世纪"海丝之路"覆盖众多国家，涉及多边机制，如涉及到亚太经合组织、东盟、南亚共同体、跨太平洋战略合作伙伴关系协定、区域全面伙伴关系协定等错综复杂的经贸合作和制度安排，相关制度安排中的国家可能不愿因参与"海丝之路"而妨碍已有的制度秩序。如印尼尽管也认为参与"海丝之路"是实现其"全球海洋支点"战略的重要途径，是提升其区域地位的重要机会，但同时也认为，参与"海丝之路"倡议不能与"东盟互联互通规划"（AMPC）形成冲突，不能损害印尼与日本、美国等其他国家的关系。因此，其一方面对中国提出的"海丝之路"倡议积极回应，但另一方面又在具体实施中有所保留。一些国家也因为多种机制的存在而左右摇摆，努力争取自身国家利益的最大化。况且，沿线各国的政治生态和宗教文化迥异，经济开放和发展水平不一，安全互信不足，利益诉求多元，协调起来难度较大。且这些国家与我国的关系有亲有疏，也可能会对共同体的形成造成阻碍。

地区不和谐因素也会对各国的合作意愿造成影响。如中东、非洲局部地区的形势动荡也可能对该区域的经贸合作构成巨大威胁。又如中国与周边国家的领土争端和历史积怨，尤其是近年来南海争议不断上演，一些与中国存在海域主权纠纷的国家就对中国倡导的"海丝之路"倡议抱有抵制之意。毕竟对一些国家而言，政治和安全上的利益远远高于经济利益。这种地缘政治冲突也可能导致相关国家的华侨华人对"海丝之路"建设敬而远之，以避开矛盾焦点。

---

① 伊迪 M 雅格：《印尼应该拒绝中国的海上丝绸之路战略》，2015-05-11，http://www.antaranews.com/en/news/98895/indonesia-must-reject-chinese-maritime-silk-road-offer-sultan.

第四，各方对如何构建“海丝之路”还缺乏足够的共识。由于“海丝之路”倡议刚提出不久，中方对构建“海丝之路”也只有初步的想法，在一些具体的操作性问题上还缺乏规划，各方对此也缺乏共识。如欧洲各国智库对“一带一路”充满期待，从人文上，他们认为“一带一路”正在弥补中欧在认知上的差异；从发展趋势上看，他们认为世界中心也许会逐渐从以“美国－大西洋－欧洲”为核心的基督教文明圈，开始转到以“中国－欧亚腹地－西欧”为核心的多元文明圈，并在全球形成“美国－大西洋－欧洲”“中国－欧亚腹地－西欧”两个中心。而欧洲恰恰处在两个中心连接之处，因此他们期待着“一带一路”合作倡议的落地。但同时，他们也不讳言欧洲人暂时的茫然和不知所措。如他们认为，欧洲国家目前并不知道如何对接“一带一路”，中国的企业也不知道如何深度开拓欧洲市场。因此，作为一项顶层设计和长远规划，21世纪“海丝之路”建设倡议实践中还需要不断论证和完善。要使“海丝之路”计划顺利推进，中国需要进一步加强与沿线国家的协商，共同探讨具体项目的合理性和可行性，以及合作的方式方法等。只有这样，“海丝之路”才能走得更远。

最后，“海丝之路”建设过程中各方频繁互动也可能导致一些新的摩擦和冲突，从而可能影响“海丝之路”建设进程。区域主义和民族主义某种程度上是相伴相随的，“海丝之路”建议倡议涉及众多国家和民众，在发展过程中，可能会出现各国及各国内部各方受益不均的现象，倘若他们对相对收益的重视程度高于绝对收益的话，就可能引起一些国家或民众的不满，从而影响“海丝之路”的建设进程。如以往中国在东南亚或在非洲的投资有相当一部分属于基础建设项目，且不少是与当地政府合作进行，普遍民众很难感受得到投资的好处，一些反政府势力对此更是反感，因此他们对当地政府与中国的合作不感兴趣甚至持反对态度。不仅国与国之间的互动可能产生如此结果，侨社内部也可能因参与“海丝之路”而出现一些问题。如2015年广东21世纪海上丝绸之路国际博览会筹备期间，马来西亚的两个侨团便因展位及组织侨商参与问题起了冲突。

总之，在“海丝之路”倡议推进过程中，我们需要保持足够的客观与冷静，既要看到各国参与其中的可能性和热情，又要看到推进过程中的艰难和各种阻碍因素。

第二节　华侨华人在"海丝之路"建设中 发挥作用的内在阻力

这里主要是指华侨华人自身因素，包括其参与 21 世纪"海丝之路"建设的意愿和参与能力两方面。前者影响其参与热情，后者影响其实际参与程度和效果。

一、意愿不足

（一）认同不够

根据建构主义观点，自身承载中国海外利益的海外华侨华人能否同时扮演起维护者的功能角色，很大程度上取决于这些次群体的规模实力、文化认同、同中国的互动程度及其身份和利益认知。[①] 在参与 21 世纪"海丝之路"建设方面，"规模实力"属于华侨华人的能力范畴，"同中国的互动程度"和"利益认知"是华侨华人与中国的合作基础，"身份认知"则更是华侨华人的"文化认同"。在 21 世纪"海丝之路"建设中，华侨华人可能存在参与意愿不足问题，关键在于对中国的认同不够和对自身的文化归属认同模糊。

虽然基于血缘、文缘关系，华侨华人对中国有某种亲切感，但并不代表他们天然就认同中国及中国文化。事实上，华侨华人并非铁板一块，内部有其明显的差异性。在认同上，华侨与华人就有明显的区别。作为中国公民，华侨更可能倾向于在政治、文化上认同中国，而作为别国公民，华人则内部差异极大。这种差异是多方面的，既有国别差异，也有代际差异；既有政治差异，也有文化差异。如在政治上，华人问题专家王赓武教授认为，东南亚华人按政治态度可大致分为明显倾向于中国、效忠于当地但保留中华属性、

---

① 林逢春、隆德新：《崛起中的中国与海外高端新移民的趋同利益探析——兼论中国侨务公共外交的因应策略》，《青海社会科学》2014 年第 2 期，第 26 页。

完全效忠于当地的三大集团，其中，绝大多数东南亚华人都属于第二类。[①]今天的华人不仅包括上述认同区别，还包括对中国大陆和台湾的不同认知，这在大陆籍和台湾籍华人之间会更加明显。有些国家，如新加坡尽管是一个以华人为主的社会，但如今他们建立起了新的国家和民族认同，"新加坡人"意识基本取代了"华人"意识。

在文化上，华侨华人也表现出明显的多元化倾向。具体而言，对于那些第一、二代移民来说，由于他们与中国还存在诸多的联系，中华文化一定程度上已内化于心，因而，他们一般倾向于认同中国文化。但那些新生代华裔，则越来越多地接受居住国的历史、文化、价值观念与生活方式，对他们来说中国是"异国他乡"。比如在菲律宾，目前为华社中坚的第三四代华人，多半生于菲长于菲，深受菲律宾文化熏陶，在价值观和思维方式方面已完全认同。因此，老一辈的华侨华人推崇中华传统文化，并且不遗余力地促进中华文化的海外传播；而新生代华人虽不排斥中华传统，但毕竟接触有限，对中华文化传承兴趣不大。如今，这种差异在每一个国家内部都存在，而且情况不容乐观。即便在华人集中的东南亚，随着东南亚华人社会的代际更替，目前在中华文化的传承上也面临着"文化断层"的危险。语言是文化传承的主要载体，如今东南亚华人子弟华语水平参差不齐且整体不高的现状，表明中华文化在东南亚的日渐式微。如在以华人为主的新加坡，建国之初，基于当时的国内外环境，新加坡政府以淡化、抑制国内多元民族的种族与文化认同为代价来建构新加坡人的国家认同。在此国策下推行"去中国化"政策，致使中华语言文化和华文教育遭受严重的冲击。尽管从 20 世纪 70 年代末新加坡政府开始展开一场声势浩大的保"根"运动，但根据 2013 年的一项调查显示，新加坡华裔儿童使用中文的频率有下降趋势。在家中与父母用中文沟通的幼儿仅占 40%；[②]在泰国、缅甸、菲律宾等国家，由于华族人口比例偏低以及其他种种原因，当地土生华人绝大多数都不能用华语交流。[③]归根到底，华语在海外的传承最终要视华人自身保持本民族语言和文化的热情

---

① ［澳］王赓武著，姚南译：《〈东南亚与华人〉王赓武教授论文选集》，中国友谊出版公司，1987 年，第 199 页。

② 《新加坡华族儿童用华语频率下降》，（新加坡）《联合早报》2013 年 9 月 16 日。

③ 曹云华：《海外侨情观察》（2014—2015），暨南大学出版社，2015 年，第 51 页。

及需求程度而定。但新加坡华族学生对于华语的喜欢度仅为 38.9%，认为华语最有用的华族学生仅有 13.7%，而认为英语最有用的高达 67.67%。① 在印尼，目前华人的华文根底并不深厚，学习兴趣也不浓。华文报纸存在着"读者少、办报人少和经费少"的问题，印尼《龙阳日报》《新生日报》《世界日报》等已相继停办。即便是上述"汉语热"也仅仅是一种趋势，不仅程度有限，并且其对汉语的学习也主要为商业目的所驱使，我们不能由此夸大他们对中国或中国文化的情感。

除对中国和中国文化的整体认同不够外，华侨华人还可能对中国企业、中国企业文化等方面存在着认同差异。如由于中外政治背景和经济运作模式不同，华侨华人企业与中方企业多少都存在着距离感，相互信任不够，以至于侨资企业在中国投资的过程中除与侨眷、侨属企业合作外，与一般中国企业合作的不多。近年来侨企特别是经营较好的侨企在股权结构上有逐渐向独资或绝对控股转变的趋势。如 2003 年"全国百家明星侨资企业"获奖企业中，独资企业 46 家，绝对控股企业 92 家；2006 年"全国百家明星侨资企业"获奖企业中，独资企业 64 家，绝对控股企业 93 家。② 而在中国企业"走出去"过程中，双方均缺少相互联系和合作的主动性，合作的不多。

华侨华人内部的认同差异决定了华侨华人对于中国所倡导的 21 世纪"海丝之路"的态度和立场可能会有所不同，尤其是当华人必须在所在国与中国之间做出选择时更是如此。

（二）利益不合

共同的利益是双方合作的基石。由于各自利益不同，华侨华人也可能选择不与中国合作。如学者潘一宁提出，尽管人们都认识到华侨华人对中国企业"走出去"的积极意义，但在实践中，广东中小企业在"走出去"过程中对华侨华人或华商网络作用的利用明显不足，更多的企业仍然是靠自己摸

---

① 陈玉清、黄明：《新加坡双语教育与华人语言习惯和态度的变迁》《集美大学学报》2012 年第 2 期，第 57 页。

② 《侨资企业数据库的开发与应用研究》课题组：《侨资企业数据库的开发与应用研究》，2009 年 1 月，第 184 页。

索。① 这其中部分原因是：在向所在国"引进"中国企业时，华侨华人首先要考虑中国企业的到来对于他们自身利益是共赢还是竞争的问题。华侨华人在侨居国中小加工制造业方面具有一定的比较优势，而中国是加工制造业大国，在纺织、食品、家具、建材、电子、电器等轻型设备的制造方面显现出较强的竞争力。因此，中国中小加工制造业到东南亚投资办厂，难免会引起当地华侨华人对市场的忧虑，这也会导致他们采取观望、谨慎的态度而不是积极提供协助。不仅如此，由于华侨华人在当地有更多的利益谋求，因此他们可能选择与当地企业合作，毕竟当地企业更可能帮他们获得市场和社会资源、帮他们疏通与势力集团的关系、处理危机等。

同理，在政治层面，华人有时也面临着国家认同和族裔认同之间的选择，且最终多以国家利益为先。如虽然菲律宾总统阿基诺三世具有华人血统，2011 年到中国访问期间还专程前往其闽南祖籍地，并说这是他到中国"最成功的事"，但是他的一言一行都是以菲律宾国家利益为最终的考量，包括与中国的公开对抗。在前总统阿罗约执政时曾任"总统中国事务特使"、现任菲律宾华社最高领导机构"菲华商联总会"名誉理事长的黄呈辉也表示："作为菲籍华人，菲律宾是我们安身立命之地．中国是我们的祖籍国与故乡，我们希望祖籍国与菲律宾永远和好，万一不幸双方发生战争，华人必须表态。在无所选择之时我们只好站在菲律宾这边。"②

在文化层面，当他们必须在当地文化与中华文化之间做出选择时，他们也可能基于实在利益考虑而选择融入当地文化，而不是传承中华文化。如近几十年到海外寻求发展的新移民，为了更好地生存发展，他们必须学习当地的语言、文字，适应当地的生活方式，接受当地主流社会的思维方式和价值观。因此，对他们而言，"取新"比"守旧"更迫切。如在美国，不少原本不信教的华人新移民也归依基督教。这其中的原因很多，一些人是因为信仰，一些人则是迫于现实压力。因为加入教会是新移民迅速了解当地社会主流思想，提升自己社会融入度的一个有效途径。正如来自天津的大陆新移民陈军所言："在美国的文化中，圣经好像已成为每个人生活的一部分，信教

---

① 潘一宁：《广东企业"走进东南亚"的主要挑战与华侨华人的作用》，《华侨华人历史研究》2015 年第 1 期，第 19 页。

② 黄栋星、谷棣：《菲 200 万华人扎根主流社会》，《环球时报》2012 年 5 月 30 日。

也是入乡随俗的一种表现。"加州州立大学华人教授林连连也表示:"华人如果不信教,西人也不会仇视他,但是,如果这名华人是一个基督教徒,那么西人将会更加信任他。"[①] 类似的例子还在华文教育方面体现。有调查显示,欧美华人新生代虽在国籍上已是当地人,但由于历史原因,他们感到被边缘化,因此迫切希望融入主流社会、远离华人圈,其结果是越来越多的土生华裔游离出华文教育。[②] 追根究底,这中间也主要是利益考量。反思中国文化,在海外,除汉语对于一些人的就业有所帮助外,一般意义上的中华文化并不能为海外华人进一步融入当地社会、提升自身社会地位提供太多帮助,这也使华侨华人传承中华文化缺乏动力。即便那些入读华校的人,不少也是遵从家长意愿被动学习。毕竟,对于一般华侨华人而言,文化传承远远不及生存发展重要。况且,在文教方面中国与华侨华人也存在一些冲突。如近年来,中国在海外开办"孔子学院"或者其他文化教育机构,在生源上也可能与海外华文学校形成竞争,从而对其发展造成一定的冲击。

不仅如此,近些年在华侨华人与中国的合作过程中,也存在着一些对华侨华人权益保护不周之处,有损双方的互信基础。如尽管这些年来,我国已转变思路和立场,从"中国本位"到"华侨华人本位",在相应的经济合作关系中强调"共赢",但这一转型并未彻底实现。前述侵犯华侨华人投资权益,侵吞侨捐资产、任意改变侨捐用途的事情,让华侨华人对侨乡政府和民众已不那么信任。

而且,"海丝之路"建设对于华侨华人也有一定的风险。有学者指出,"海丝之路"建设的核心机制——亚投行中国高额的出资难免会让人产生中国操控亚投行的联想,这也将大大增加华侨华人在国外解释中国"海丝之路"和平战略时的难度和压力。如果将来亚投行实施的具体项目出了问题,当地民众也更容易将矛头对准中国,将怨气转移到当地华侨华人身上,给华侨华人造成不利影响。[③] 不仅如此,具体的投资项目也存在种种风险。如长

---

① 黎静、马碧雯、欧阳伏:《一个特殊的华人群体——华人宗教组织》,《侨务工作研究》2007年第1期,http://qwgzyj.gqb.gov.cn/hwzh/134/824.shtml.

② 袁素华、郑卓睿:《试析欧美华裔新生代文化身份认同的困惑》,《湖北社会科学》2009年第8期,第109—111页。

③ 王子昌:《"一带一路"战略与华侨华人的逻辑连接》,《东南亚研究》2015年第3期,第14页。

期以来，中国国内企业对外投资的重点是能源、资源领域，但这些项目往往容易招致当地地方保护主义者的反对，从而不利于华侨华人的参与。此外，在 21 世纪"海丝之路"建设规划中，港口等基础设施建设具有投资周期长、回报率低和风险大的特点，海外华侨华人参与其中难免也会有所顾虑。

总之，基于种种现实考虑，华侨华人也可能会对"海丝之路"建设敬而远之，或者只是有限参与。

二、能力有限

华侨华人自身实力有限，可能导致其在 21 世纪"海丝之路"建设中有心无力。这种能力体现在经济实力、政治地位、文化发展等多个方面，下面将逐一进行分析。

（一）经济能量有限

华侨华人各项资源中，经济实力是最值得称道的，但即便如此，其经济实力和经济发展也存在着诸多不如人意之处。

首先是华人经济发展严重受制于所在国政策和外在环境。华人经济因是当地国经济的一部分，因此必然受到所在国经济政策以及大的经济环境限制。前者自不必说，后者以东南亚地区为例，近年来，尽管东南亚国家华侨华人经济发展迅速，但其发展过程并非一帆风顺。1997 年东南亚金融危机给泰国、菲律宾、印尼、马来西亚等国造成巨大冲击，其中印尼因此陷入有史以来最严重的经济衰退。在这次金融危机中，华商资产也大幅缩水。如在经历了 7 个月的危机后，东盟五国（新加坡、泰国、菲律宾、印尼、马来西亚）华人 16 个大企业集团的资产由 603.4 亿骤减到 302.98 亿美元，缩减了 49.8%。[①] 损失大者如林天宝的森布纳集团，资产缩水竟达 93%，从 22.27 亿

---

① 陈永、游筱群：《东盟国家华侨华人经济发展新特点》，《侨务工作研究》2004 年第 1 期，http://qwgzyj.gqb.gov.cn/hwzh/116/651.shtml。

美元直线下滑到 1.62 亿美元。^①在华人经济实力排名方面，1996 年东盟五国华商总体财富实力超过港台及其他地区华商总体财富实力，但金融危机后被港台及其他地区华商反超。就在这些华商企业奋力转型，逐渐走出困境之时，全球金融危机又在 2008 年不期而至。这次危机对华人企业集团的打击是伤筋动骨式的，金融、地产和进出口贸易等行业首当其冲，从事中餐等传统行业的海外华人同样未能幸免。到 2013 年，东盟五国华商超级富豪财富总额为 2717 亿美元，仍未恢复到 1996 年的水平。这一年，东盟五国华商财富份额共为 45.1%，不及港台之 46.9%。^②即便到今天，这次金融危机也还没有完全结束，世界经济仍然存在很多不确定因素，这也使华侨华人经济发展前途未卜。

其次是发展不平衡。这种不平衡主要体现在区域和行业两方面。以区域而言，东南亚地区华商经济实力较为雄厚，而欧美华商实力则相对薄弱。不仅如此，在东南亚内部，20 世纪 90 年代以后华侨华人经济的发展也极不平衡，高速增长的主要是新加坡、泰国、马来西亚等国的华侨华人经济，这得益于这些国家在此期间的迅猛发展；菲律宾、印尼等国的华侨华人经济发展次之；而缅甸、越南、老挝、柬埔寨等国长期奉行排斥、歧视华侨华人的政策，华人经济发展缓慢。也因此，东南亚各国华人经济在该国经济中所处的地位各有不同。新加坡华人经济是该国国民经济的重要组成部分，华资企业遍布各个经济领域，在多元化的经济结构中占有举足轻重的作用；菲律宾华人经济涉足领域广泛，且形成了一批与国际接轨的跨国集团公司，对该国经济有重要的影响；印尼有一批生产、经营、管理并与国际接轨的大集团公司，华人经济是该国经济的重要组成部分，在该国经济重建中起了重要作用；泰国华商是泰国的重要经济支柱，并形成盘谷银行、正大（卜蜂）集团等一批跨国跨行业的大型企业集团。相比之下，老挝、越南华人经济大部分都是小本经营，规模有限，在当地的经济地位也十分有限，也几乎不具备向海外投资的能力。

---

① 原晶晶、杨晓强：《印度尼西亚华人及其资本发展现状》，《东南亚纵横》2011 年第 6 期，第 80 页。

② 《外华商财富区域格局逆转 东盟五国华商被超越》，2014-12-23，http://minqw. fjsen.com/2014-12/23/content_15442034.htm.

在产业方面，长期以来，华侨华人的产业结构就不太合理，过分集中于制造业、餐饮业、商业等传统行业，高新产业发展不足（新加坡除外）。这种传统行业科技附加值低，经济效益不高，前景不容乐观。如在印尼，当地华人企业进入华商500强的数量和总市值逐年递减。在特殊时期，如在2008年开始的金融危机中，这些传统企业更是深受其害。因此，在后危机时期，华人产业普遍面临着产业升级和转型问题。此外，华侨华人产业尤为集中的问题还导致了同质化竞争。如阿根廷首都布宜诺斯艾利斯总人口不到300万，却有4000多家华人超市，平均每700人就有一家超市。从事相同或相近行业，容易造成互相倾轧，无序竞争。如欧美数万家中餐馆竞争惨烈，多以降低品质与价格来维持生计，致使信誉和利润双双受损，生存环境恶化。一个可喜的现象是，2008年金融危机之后，海外华人已意识到问题的严重性并试图进行改变，一些企业正在进行经营方向和结构的战略重组。如印尼三林集团将业务分布由原来在菲律宾占总资产的75%转变为菲律宾占50%、印尼占37%、泰国占6%、中国和香港占7%。泰国卜蜂集团为巩固在海外的核心业务，减少非主营项目，将已在纽约上市的易初中国摩托车公司的股权部分出售等。[①] 同时，一些华人大企业集团也在进行经营方向的调整。如马来西亚杨忠礼机构开始进军高科技产业，斥资3亿马元成立杨忠礼E-solutions有限公司，并收购了两家网络公司，与德国西门子在马来西亚的子公司进行策略联盟，开展电子商务服务业务；丰隆集团下属的香港道亨银行还推出了移动电话银行和网上股票交易现场，并计划开展全面网上银行服务。这种战略调整和重组，对华人经济转型无疑是有利的。当然，这毕竟只是个别现象，华商传统产业的现代化转型还任重道远。

除区域、行业发展不平衡外，对于不同的华人个体而言，其经济发展水平也是参差不齐的。事实上，不是所有华人都是巨商，甚至不是所有华人都富有，许多华人，如印尼西加里曼丹岛山口洋（Singkawang）、西爪哇岛万丹当克朗（Tanggerang）等地方的华人还很贫穷。

再次是发展中面临各种深层次问题。这方面的问题除上述产业结构过分集中，科技含量不高外，也存在着管理亟待转型、资金分散、规模经济

---

① 陈永、游筱群：《东盟国家华侨华人经济发展新特点》，《侨务工作研究》2004年第1期，http://qwgzyj.gqb.gov.cn/hwzh/116/651.shtml.

发展不够等问题。如前所述，受浓厚的血缘、乡缘观念影响，华人经济家族经营的现象比较普遍。家族经营在企业发展初期对于筹措资金、增强内部凝聚力等方面具有一定的优势，但随着企业的发展，缺乏人才、缺少科学、民主管理等问题也逐渐暴露出来。如20世纪90年代，华商谢建隆之子经营苏玛银行不善以致破产，使得家族被迫放弃印尼最大汽车集团和最大上市公司"阿斯特拉国际"的控制权就是典型的负面案例。总之，随着华商第二、三代的相继接班，如何改变企业传统的管理模式使之符合现代企业的要求，已经成为新一代华商必须面对的问题。除管理问题外，目前华商企业多数尚属中小型企业，规模不大，资金筹措困难仍是困扰企业发展的重要因素，在金融危机的情况下尤其如此。如2012年印尼中央统计局的经济普查数据显示，51.5%的小型企业和个体工商户发展遇到资金和销售渠道不畅等困难；大中企业中，也有31.8%的企业遇到以资金不足为主的发展障碍。[①]类似的问题同样困扰着华人企业。此外，原住民企业集团的竞争也不容忽视。如在印尼，由军政官僚第二代所率领的少壮派企业集团，可以运用各种天时地利的优势从多方面不断增强其企业竞争实力，对华人企业形成竞争。

总之，不仅华侨华人经济本身存在种种不足，在发展过程中也存在各种外来竞争和诸多不确定因素，因此对华侨华人经济能量也不宜高估。

（二）政治影响有限

长期以来，重商轻政成为制约海外华人发展的重要因素。一旦所在国社会矛盾激化，华侨华人就成为首当其冲的受害者，不论是20世纪，还是近期印尼、菲律宾、柬埔寨、越南、缅甸等国出现的反华、排华事件都证明这一点。而目前整体来看，如今海外华人的经济成就与其政治地位并不相称，华人政治地位普遍不高，和当地民族融合程度不够，这使得华侨华人的海外发展之路充满崎岖险阻。

---

① 原晶晶、杨晓强：《印度尼西亚华人及其资本发展现状》，《东南亚纵横》2011年第6期，第82页。

1. 政治地位整体不高

如今海外华人的政治发展有比较大的地区差别，在欧美发达国家里，华人有宽松的政治环境，但缺乏政治权利的参与和诉求，被主流社会边缘化；在中国周边国家里，华人虽然已经构成了所在国民族的一部分，但由于历史原因一直受到国家民族主义制约，依附于主体民族而生存；在一般发展中国家里，由于所在国的政治与经济环境不稳定，华侨华人除了商业利益以外，大多无更多的利益追求，甚至不愿意成为当地民族。因此，整体而言，海外华人的政治地位不高，影响不大。

东南亚各国是华人参政最为踊跃的国家，但由于各国政治、历史传统及华人自身情况不同，华人参政差异较大。大致可以分成三类：第一类，华人享有充分政治权利并主导政治，如新加坡华人；第二类，华人与当地民族关系比较融洽，有较大的参政空间，包括泰国、马来西亚等国；第三类，伴随着各国政治民主化、现代化进程，华人参政环境逐步好转。[①] 如今在泰国，华人为官者不胜枚举，历届总理和内阁部长中有很多是华裔；在马来西亚，华人从政并取得成功也不是什么新闻；相比之下，印尼华人对当地政治的影响则弱得多。印尼华人也曾积极参与当地政治，早在1918年便有土生华人参加荷殖政府的国民参议会。到1938年，在荷印各级议会中，华人议员已达228名，占全体议员总数的9.1%。[②] 不过，在1965年"9·30"事件后，政府不仅禁止华人开展政治活动，也拒绝华人参与政事，从1965年到1998年数十年间，没有一个华人进入内阁。1998年后虽也有一两位华人入阁，但势单力薄，影响有限。多年来华人议员也是寥寥无几，对印尼政治和政府几乎没有什么影响。所以，印尼华人虽然较为富裕，可至今为止其政治地位仍有待改善和提高，可以称之为"富裕的弱势群体"。而在缅甸，至今为止公民还被分为若干等级，政府在法律上并没有给予华人以原住民的身份，部分华人甚至没有身份证，其政治地位可想而知。

在美国和加拿大，随着华人人数的迅速增长，越来越多的华人政治精英

---

① 曹云华等：《2011年世界侨情：特点与趋势》，《侨务工作研究》2012年第3期，http://qwgzyj.gqb.gov.cn/hwzh/166/2039.shtml。

② 梁康生等主编：《华侨历史论丛》（第七辑），福建华侨历史学会，1991年，第20、26页。

跻身政坛，普通华人参与选举的意识也在逐渐增强。虽然如此，但从目前现状来看，作为少数族裔，北美华人的政治影响整体仍然有限。在欧洲，华人一直被当地社会看成是"经济上的强者"和"政治上的侏儒"。近年来虽然一批华社有识之士积极动员华人参政议政，但目前华人对住在国的政治以及社会事务仍然较少参与，这使得华人权益无法获得有效的保障和维护。

华人政治地位不高有一些客观、外在的原因，如一些国家对华人根深蒂固的偏见，以及一些国家的原住民优先政策或思潮，致使华人长期排除在政治圈之外。典型如 2015 年 8 月 17 日成立的印尼原住民党（Partai Priboemi），该党对外公开宣称其使命是使原住民在自己的国土上成为主人，印尼民族只能由原住民各种族构成。该党还敦促印尼国会立法，限制非原住民（包括华人）的权利，包括其政治权利、土地使用权以及囤积人民生活必需品的权利，印尼原住民党极端的排外色彩引起了印尼国内华族的担忧。事实上，在印尼，华人政治地位低下被认为是理所当然的事情。相反，一旦华人政治地位提升则会使一些人心理不平衡，指责华人控制当地经济，还要进入政治领域。也因此，2007 年 12 月印尼西加里曼丹省省会坤甸市发生了马来人冲击华人社区事件。观察人士认为，此次骚乱可能与华裔黄汉山高票当选西加里曼丹省行政首长有关。其他一些客观原因也导致华人参政不易，如由于文化和语言的隔阂，华人参政存在事实上的困难；在东南亚某些国家，由于政治制度的限制，华人尚缺乏强有力的华人政治团体。如印尼对族群政治较为敏感，华人组建政党被认为是一种历史的倒退，甚至有撕裂族群之嫌；[1] 当地主流媒体的优势地位导致华人竞争不力。在海外华人参政过程中，华人社团、华人选票以及华文媒体是推动华人参政向前发展的"三大法宝"。但在竞选过程中，竞争对手可能会利用主流媒体来助阵或刻意夸大华人参政者的缺点。由于华文媒体无法与主流媒体抗衡，华人参政者要经受更多的负面批评，导致竞选不力。华人社团在这方面也有一些责任，如由于不少华人社团在政治方面没有太大的抱负，因而对华人在政治方面的发动和争取不够。已有的华人政党普遍存在着规模小、领导资历浅、内部分歧大、组织涣散等缺点，这些缺点在印尼华人政党和马来西亚华人政党身上均有表现。此

---

① 周南京等编译：《印度尼西亚排华问题（资料汇编）》，北京大学亚太研究中心，1998年，第 446 页。

外，一些华人遇到问题习惯通过社团进行解决，也使得在直接参政议政方面少了一些积极性。这些均制约了其参政的实际效果。

除此之外，华人自身也存在着一些主观方面的问题，典型如参政意识、融入意识普遍不强的问题。发展至今，一些地方的华人参政意识仍较为淡薄。如在缅甸，华人仍主要关注经济，坚持"在商言商"的信条，对政治没有太大抱负。在欧洲，虽然华人人数逐渐增多，但是相对于其他族裔而言，华人投票率仍然偏低，投票热情有待提高。如在西班牙，华人群体普遍重商轻政，很少关注和参与政治及当地社会活动；英国华人参政也才刚刚起步，有 1/3 的适龄华人选民不去做选民登记，被认为是最不过问政治的少数民族。[①] 华人参政意识不强的原因是多方面的，与华人的移民目的、价值观、对当地政治了解程度及当地政治开放度等均有关，尤其是与移民目的直接相关。一般而言，华人移民主要是为了谋生或经商赢利，并非是要在当地政治上有所作为。这就决定了，中国移民在海外的利益追求主要是在经济方面，对于政治无论是当地政治还是中国政治，他们一般不会产生太大的兴趣。在欧洲，"多干活、少说话、免是非"是华人的普遍处事原则，也因此，华人表现出了强烈的"政治冷感"。从就业取向上看，82.4% 的美籍华人在私营部门工作，而在政府部门工作的仅为 14.1%。这种情况在东南亚各国也大致如此。长期以来，东南亚华人的职业取向是经商和从事各种经济活动，参军、做警察和当公务员从来就不是东南亚各国华人的最佳选择。[②] 而当地政治开放度不够也将大大挫伤了华人参政的积极性，并由此促成华人的政治冷漠态度。无论如何，华人参政意识不强，某种程度上也意味着华人对改善其政治地位的努力程度不够，但倘若安于现状，则将一切照旧；倘若积极争取，则可能会在组织或争取华人政党、参与投票等方面有更好的表现。

当然，外部原因和内在原因是可能相互影响的，如当地的政治生态可能会对华人参政意愿造成影响，而华人参政实践也可能改变当地的政治生态。

---

① 王晓萍、刘宏：《欧洲华侨华人与当地社会关系：社会融合·经济发展·政治参与》，中山大学出版社，2011 年，第 228—230 页。

② 曹云华等：《2011 年世界侨情：特点与趋势》，《侨务工作研究》2012 年第 3 期，http://qwgzyj.gqb.gov.cn/hwzh/166/2039.shtml.

如今，要突破外界的阻挠和自身的种种问题，华人不可能一蹴而就，这就注定了华人参政之路必将"困难重重"。

2. 民族融合程度不够

在与当地民族关系正常化的情况下，华侨华人才可能顺利发展，也才可能充分、有效地开展与中国各方面的合作。因此，华族与当地民族融合程度十分重要。

但目前，华人与侨居国其他民族的融合情况仍千差万别，整体上仍有待进一步改善。在东南亚国家中，新加坡、泰国是华人融入当地社会最为彻底，被当地民族同化程度最高的。在新加坡，华人甚至不认为自己是"华人"，而认同自己是"新加坡人"；在泰国，华人在政治、经济、文化乃至生活方式的各个方面都已经基本融入了泰国主流社会；而在印尼，民族融合远未实现。一些极端势力认为华人是印尼"贫富悬殊的罪魁祸首、朋党主义的帮凶以及民族融合的绊脚石"，他们反对取消针对华人的歧视性禁令。1998年印尼排华就与极端势力有关，这次排华在印尼华人心中留下了难以忘却的印象，不少人至今还心有余悸。2000年时虽然97%的华侨已经加入印尼籍，成为华人，也有67.3%的华人表示在印尼社会遭遇重大困难时，将选择留在印尼，与当地人一起共克难关。但是，当被问及他们在印尼生活的感受时，只有19.6%的华人认为很好，75.6%的华人认为一般或感觉受到歧视。[①]之后，经过10多年民族平等政策的实施，印尼华人处境有所改善，但印尼排华思想根深蒂固，在短期内难以彻底消除。实践中，在大学、政府机关或军队中，华人录取和晋级的机会都非常小。而普通印尼华人一般都有印尼和中国两个姓名，在日常生活里使用中国姓名，但在户籍登记和身份证上使用印尼姓名，从而避免在与政府打交道时，受到歧视和刁难。可见，时至今日，印尼华人仍未完全得到公平待遇；马来西亚是一个以马来人、华人和印度人等三大族群为主的国家，华人占有近1/4的人口比例。自从1957年马来西亚独立以后，由于涉及马来人和华人关系的一些重大问题，如马来人特权、华文教育的发展方向、"新经济政策"的族群倾向等问题没有得到根本解决，

---

① 温北炎：《关于印尼华人融入当地主流社会的问卷调查》，《东南亚研究》2002年第2期，第4—5页。

两大族群的争论和磨擦从来就没有停止过。20 世纪 90 年代以来，马华关系虽然相对缓和，但是围绕着华人的教育权、就职权、语言教学等问题的争论与冲突也仍在继续。最近一段时间以来，从 2015 年 7 月 12 日刘蝶广场事件到 2015 年 8 月 31 日"净选盟"集会，马来西亚马华两族关系日益尖锐，有继续恶化的趋势；在缅甸，长期以来实行大缅族主义，对少数民族区别对待。缅甸政府公开承认的少数民族有 135 个，其中不包括"汉族"，很多华人难以拿到象征缅甸公民身份的"粉卡"，在就业、升学等方面受到不同待遇。

民族融合还可以体现在经济、文化等多方面。在经济方面，虽然华人经济已经成为当地国民经济的重要组成部分，并且与当地土著经济的合作也得到较快发展，但东南亚不少国家也长期存在着原住民经济与华人经济之间的矛盾，在一些敏感时期还演变为排华冲突。相比经济融入，华人文化融入就更是一个长期的过程。许多华人特别是新移民，不管其职业、地位和经济状况如何，大都有一个共同而深刻的感受：那就是凭着中国人特有的勤奋、节俭和聪明才智实现经济上从一无所有到丰衣足食只是时间问题，但精神文化上要与当地主流文化相互认同却大多举步维艰。[①]

这其中原因，既有历史成因，也有现实原因；既有侨居国政府、土著民族的原因，也有华人自身原因。就历史原因而言，一方面，受历史上各侨居国的排华思潮和排华运动的影响，中国移民在侨居地很难获得归属感，从而客观上为近代华侨民族主义的产生创造了条件，而华侨民族主义的生成又成为土著民族进一步排华的借口。另一方面，二战以前西方殖民主义者为了达到在殖民地"分而治之"的目的，在经济上利用华侨作为中介商以掠夺当地资源，在舆论上又散布"华侨经济是殖民经济结构的组成部分"，以分化当地的民族关系，从而在当地土著民族与华人之间造成了一定的民族隔阂。而就现实原因而言，各侨居国社会问题的突出助长了当地民族的排华心态。如今，一些侨居国社会矛盾突显，贫困问题、失业问题，尤其是贫富差距进一步扩大，容易造成严重的社会骚乱。由于华人在当地是比较富裕的群体，因此这个时候华人通常就是替罪羊，成为转移矛盾的视线。

---

① 刘为杰：《海外华人新移民对中华文化的传承状态及对策分析》，《侨务工作研究》2008 年第 1 期，http://qwgzyj.gqb.gov.cn/yjytt/140/1070.shtml.

而侨居国民族政策对各国华侨华人的处境影响甚大。目前各国政府的华侨华人政策主要有三种：即基本平等宽容政策、存在不同的限制政策以及倾向于拒绝和排斥政策。一般来说，当地民族占绝对优势，华侨华人融合程度比较高的国家，对华侨华人大多采取较为平等宽容的政策，如欧美国家、毛里求斯等非洲国家；华侨华人的人口比例较大，在经济上拥有一定优势，可能影响到原住民利益的国家，对华侨华人实施不同程度的限制政策，如东南亚国家（新加坡除外）；华侨华人人数较多，但出于传统的排外、地域限制和民族特性等因素影响，对华侨华人采取比较严厉的限制排斥政策，如韩国、日本等国。① 除第一类国家外，其他两类均对当地华侨华人有所限制，无疑这影响到华侨华人的融入。而奉行哪类民族政策，除取决于对华侨华人的现实需要外，也受到侨居国的执政传统、民族认识等因素的影响。一些土著族群存在着狭隘的民族主义思想，人为地将华人与当地民族对立起来，不能公平地对待华人对当地发展所起的作用，华侨华人聚居的东南亚国家就比较典型。受"民族中心主义"的影响，二战后，新生的东南亚民族国家大多并未给予华人与土著族群平等的公民地位和待遇。这种差别对待造成了族群间的紧张关系，如马来西亚政府 20 世纪 70 年代实施的刻意保护土著民族的族群经济政策遭到华人社会的强烈抗议和抵制，族群关系也深受影响。特别是新经济政策实施的前期，"华马之间的关系已绷得很紧，华社普遍上都有不满的情绪"。② 尽管 20 世纪 90 年代以来政府对华人政策放宽，马华两族关系也因此大有改善，但华人和马来人不同的法律地位并未改变，长期困扰华人社会的诸多难题也仍然没有得到解决。因此，华人和马来人的矛盾和磨擦依然不可避免，并将继续影响着马华两族关系和马来西亚社会的发展。在印尼，原住民优先主义也在土著民族心目中扎根。至今仍有 42% 的人认为华裔不应该勉强进入他们不该进入的领域。③ 如虽然现在印尼政府允许华人公开庆祝农历春节，并将其定为全国公休假日。但是仍有 32.13% 的人认为

① 李鸿阶、廖萌：《华侨华人与住在国经济融合》，《侨务工作研究》2009 年第 5 期，http://qwgzyj.gqb.gov.cn/yjytt/150/1520.shtml.

② 廖小健：《马来西亚华人经济：政策、发展与影响》，"互动与创新多维视野下的华侨华人研究"论文集，广州，2009 年，第 150 页。

③ 徐长恩：《印尼华人融入主流社会研究——1998 年五月暴乱以来的印尼华人问题辨析》，暨南大学 2008 年硕士学位论文，第 58 页。

华人太多要求庆祝自己节日的权利。[①]2008 年 2 月 17 日，西加里曼丹省首府坤甸市当局更是下令，禁止在春节和元宵节举行华人民俗表演。虽引起华裔族群抗议，但马来族群则表示"誓死捍卫这项命令"。[②]可见，当地土著族群仍然未从心底里认同华人。而侨居国民众对华人的刻板印象或者是根深蒂固的偏见也影响到族群和谐和华人的生存状态。陈国明教授曾举例分析由于刻板印象造成的中西方文化误解："西方人一向把中国看作是一个神秘的国度……长久以来对华人这种高深莫测的形象建立以后，也就习以为常了，认为华人与他们毫无相似之处。[③]无疑这种思维定势会阻碍西方人士与华人之间的有效沟通，对于族群和谐是不利的。

勿庸置疑的是，华人自身也有一定的原因。这中间存在着客观因素，如前所述，不同类型的文化影响到文化之间的相互沟通，进而也客观上影响到民族融合。整体而言，中国文化属于含蓄型文化，而欧美文化则属于直白型文化，文化差异较大。因此，海外华侨华人在欧美国家容易出现程度不同的文化沟通困难。而基于文化类型的差异，西方国家的华侨华人会更难融入当地主流社会。

此外，一些华人自身的生活态度和生存方式也影响到他们与当地民族的融合。如由于语言障碍、保守性格或者基于宗教信仰、生活习惯等方面的差异，一部分华人恪守相对封闭保守的生活方式，平时只与宗亲、乡亲和亲戚朋友交往，没有或很少和当地其他民族进行交往，从而自觉不自觉地形成一个以地缘、血缘关系为纽带的生活和社交圈。这种自成圈子的封闭状况，不利于和其他民族之间的了解和民族关系的融洽。作为外来者，华人更应主动、积极地打破这个圈子而不是固守这种圈子。而一些华人不能入乡随俗也影响到民族和谐。华人进入当地生活，就应该在遵守当地法律法规的同时，尊重当地民俗和宗教传统，而现实生活中，华人不能完全做到这点。近年来，各地华人因跳广场舞不断遭到其他族裔的投诉与抗议就是明证。当然，

---

① 徐长恩：《印尼华人融入主流社会研究——1998 年五月暴乱以来的印尼华人问题辨析》，暨南大学 2008 年硕士学位论文，第 58 页。

② 《印尼坤甸市禁止元宵节舞龙舞狮 华裔抗议》，2008-02-18，http://blog.sina.com.cn/s/blog_4a523c4c01008mjs.html.

③ 王颖：《海外华侨华人在中华文化国际传播过程中的问题探析》，《教育教学论坛》2014 年第 45 期，第 6 页。

个别华人的不检点行为以及炫富行为也引起了当地人的反感。

总之，虽然海外华人的境遇已今非昔比，但由于种种主客观原因，华人与当地民族的族群关系还有待进一步改善。从目前来看，由于一些侨居国歧视华人的观念根深蒂固，各国排华成因又极为复杂，因此，华人完全融入当地主流民族仍将是一个漫长的过程。

（三）文化发展不足

华侨华人要在当地真正立足，除经济、政治要均衡发展外，文化也要齐头并进，否则对于保全华人经济、政治地位不利。如上述没有华文媒体的有效参与，华人参政就较难成就。而目前，华人文化整体上是发展不足的，这里主要从华文教育和华文媒体两方面加以说明。

1. 华文教育发展艰难

华文教育是传承中华文化、增强中华民族凝聚力的重要途径，在当前"汉语热"、华文教育事业得到一定发展的背景下，也要正视华文教育发展面临的困难和挑战。

从宏观层面看，目前不仅整体发展程度不够，而且由于不同国家的政治政策环境、教育文化背景以及华侨华人规模、实力等方面有所不同，各国华文教育发展也不均衡。除东南亚地区有全日制华校外，其他地区的华校多为业余性质，一般在周末、课后或暑期租借当地学校教室或华人社团场所上课。而东南亚内部华文学校发展也是不均衡的，其中马来西亚建立了从小学到大学的完整华文教育体系。而在缅甸，华文教育还没有得到政府的支持，缅甸华人多以佛教之名开办各种补习班开展教学。整体来看，东南亚地区有规模的华校不多，教学水平也参差不齐。不仅如此，因为各种因素的影响，海外华文教育（包括中文教育）发展也并非一帆风顺。如自2014年以来，美国的几所大学以及瑞典斯德哥尔摩大学陆续关闭了当地的孔子学院，汉语学习在海外的发展不容乐观。况且，在重商化的全球大背景和各地因势利导的政策导向下，华文教育的重心也转向于汉语言学习，其中华文化蕴涵则有所减弱。

从微观层面看，华文教育也存在种种问题。在经费方面，除少数国家给予一定津贴外，海外华校主要靠华人社团捐赠以及学费收入勉强维持。而捐赠极不稳定，常常也入不敷出，导致学校设施简陋，教学和实验仪器奇缺，最终造成师生流失严重，极大程度地影响了教学质量和教学秩序。目前，华校经费不足的现象极为普遍。如当前 30 多所欧洲温籍华校大多采用租赁形式获得学校场地，而租赁学校场地本身存在着诸多问题，如场地租赁合同到期、无法自主制定开学时间等，从而严重影响了华校规模的扩大与发展。①经费不足也导致师资队伍极不稳定，倘若教师没有对华文教育的真心热爱，很难长期坚持，而且学校在教师管理上也缺乏束缚力。因此这又衍生出华校的师资匮乏问题和质量问题。虽然近年中国派出大批华文教师及志愿者赴海外任教，但师资仍有较大缺口。如印尼雅加达华文教育协调机构主席蔡昌杰 2014 年 8 月 6 日称，印尼学习汉语的人数连年增长，汉语教师供不应求。②此外，华文教师的素质也差强人意，亟待提高。部分教师没有华文教育专业背景，有些人仅是在中国突击学习数月便匆匆上任。东南亚一些华文学校还存在教师年龄偏大、所受教育程度偏低的现象，欧美澳等发达国家的华校教师则多由新移民或留学生担任，学历相对较高，但有汉语教学经验者仅是少数。根据对意大利温籍华校的调查，教师队伍里最多的是留学生和国内出来多年的老教师，其中拥有中文教师资格证的不到半数。

缺乏本土化教材和统一的教学语言也是华文教育发展中的难题。目前海外华文教材有两类：一类是由中国大陆、港台及新加坡等地出版的教材。一般当地老华校多采用台湾教材，而大陆新移民办的华校则使用大陆教材；二是由当地教育机构或华文教师自编或改编的教材。因此各地华校教材极不统一，最重要的是真正适合本土需求的并不多，部分教材存在着内容滞后、形式单调的问题，无法吸引华裔青年。如虽然泰国华文学校使用的课本多为国务院侨办推荐的《汉语》教材，但华校仍希望能够拥有更适应自身教学实际的本土化教材。不少国家尝试自编或改编华文教材，但教材质量上难以保证，也缺乏统一性。如目前柬埔寨各华校初中教材"五花

---

① 叶斌斌：《新时期海外温籍华校的转型之路》，《侨务工作研究》2012 年第 4 期，http://qwgzyj.gqb.gov.cn/hwjy/167/2075.shtml.

② 《印尼华文教育需要更多汉语教师》，2014-08-06，http://news.xinhuanet.com/world/2014-08/06/c_1111966835.htm.

八门",既有由柬文翻译过来的教材,也有马来西亚和中国大陆、台湾的教材,大部分不适合柬埔寨国情,与华文教育相关的参考书、辅助教材和资料更为缺乏。这种现状无疑会对华文教育的发展造成负面影响。在语言应用上,虽然汉语普通话在海外华人社会中运用日趋广泛,但方言尤其是粤语、闽南话仍是多数华人的主要交际语言,因此,在华文教学上,简、繁汉字、汉语拼音和注音符号以及普通话和方言并存的局面给海外华校的教学和交流带来一些困扰。

目前,华文教育在生源上也存在问题。由于不少华校并未纳入当地国民教育体系,属私立、补习性质,因此其授课时间可能与当地教育机构存在冲突,也可能因此而加大学生压力,造成一部分学生流失。更重要的是,华校毕业学生与当地教育系统之间的学制衔接问题,以及因当地语言或主流语言掌握得不好而遭遇就业难问题。如柬埔寨华校毕业的学生,毕业证书由柬埔寨政府教育部门签发,但不承认学历,不能参加柬校的升学统考。且华校每学期须对学生收取一定的学费,这一点有别于柬文学校的免费教育。而在就业方面,学习中文除了在金边对就业有所帮助外,在其他省的帮助不大;又如在缅甸,虽然伴随着近年来中缅经贸关系的不断发展,中文的商业价值也不断提升,但仍无法与英语相比。特别是在下缅甸,由于缺乏足够的语言使用环境,学习中文的经济价值不明显。而懂得英文不仅好在当地就业,而且出去留学也方便。所以,当地华文教育生源困难问题比较突出。

不仅如此,在当前形势下,除教材、师资等"老问题"尚未解决外,一些新情况、新挑战又接踵而至,使华文教育更形艰难。与20世纪五六十年代相比,如今华文教育的对象和教学环境已大不相同,对多数土生华裔而言,华语已不是其第一语言。中文难学及缺乏实用性常使他们失去学习的兴趣和动力,学习汉语多年仍不会听说读写者也比比皆是。而非华裔学生的加入也给华校教学带来了挑战。另外,目前华文教育的网络教学发展较为缓慢,至今为止大部分海外华文教育机构仍没有自己的网站。已有的海外华文教育网站发展水平也参差不齐,其中由商业公司运营的网站技术水平相对较高,而由社团运营的网站技术较为落后,未提供在线教学资源。总之,由于华文教育的受众情况千差万别,对华文教育的期待也越来越高,致使现有教师教学水平和教学手段难以满足要求,华文教育转型显得尤为重要。

2. 华文媒体发展不足

华文媒体可谓是海外华人的"谏言堂"。一方面，它代表广大华人向外界，尤其是向居住国政府和民众反映华人社区的想法和建议；另一方面，居住国和中国政府也可以凭藉海外华文媒体，掌握华人民意的走向及其对居住国和中国政治、经济、社会、民主发展等议题的看法和意见。同时，海外华文媒体还是沟通中国与世界的重要推动力量，对于中华文化的海外传承意义也十分重要。但目前无论是传统的华文媒体还是新媒体均存在一些问题。在东南亚一些国家，由于真正懂华文的人太少，华文报业生存与发展面临许多困难。如印尼虽然有华侨华人 1000 万以上，但懂华文并能读懂华文报刊的只有几万人，想要发展新读者非常困难。虽然印尼政府自 2000 年 1 月放宽华人文化政策以后，短时间内曾出现过 10 多种华文报刊，但不久就有《新生日报》和《和平日报》两家报纸停刊。2007 年 3 月，颇具影响的《世界日报》也宣布停刊。这些报纸停刊的主要原因是读者少、销量小，难以持续经营。① 之后，在金融危机和新媒体的冲击下，华文报刊的发展更是不容乐观。一些华文媒体也积极应对新技术革命带来的冲击，开始转型升级。如在网络资源的竞争下，台湾《中央日报》《中时晚报》等传统报纸均停刊，后以网络版形式重新面世。英国当地有十几份华文报纸，现在很多都面临着受众萎缩、广告收入下滑的困境，也在尝试新媒体运作。② 但传统媒体向新媒体转型需要三个条件：渠道、内容和技术，而这三者如今大部分传统华文传媒都难以齐全，因此华文传媒的转型显得异常艰难。而新媒体也面临着技术、经验不足和当地主流媒体的挑战等问题。

华人文化方面的如此困境，与侨居国文化传统、文化教育政策等外在因素均有一定的关系。一般而言，生活在文化环境宽松、对外来文化包容性较强国家和地区的华人，在传承中华文化方面就有比较自由的环境和较大的伸展空间；而生活在对外来文化包容性较差、甚至由于历史恩怨和现实利益冲突而对华人和中华文化在当地的存在和发展都比较敏感的国家，华人就只能

---

① 郭招金：《世界华文传媒的发展现状与态势》，《侨务工作研究》2007 年第 5 期，http://qwgzyj.gqb.gov.cn/hwzh/138/983.shtml.

② 吕文宝：《"社区化"是海外华文新媒体必由之路》，《人民日报海外版》2015 年 05 月 29 日，第 10 版。

十分谨慎地在有限的时空范围内汲取中华文化资源，基本谈不上弘扬。而所在国具体的文化教育政策更是对华人文化教育事业的发展影响甚大，东南亚华文教育的发展沿革充分体现了这一点。如由于独立后新加坡政府将英语教育作为促进经济发展和缓和族群冲突的重要工具，在教育上偏重英文，导致新加坡华文教育衰微，华文水平下降。东南亚地区唯一的一所华文大学——新加坡南洋大学也被迫改用英语为教学媒介，1980年与新加坡大学合并，成为新加坡国立大学；在泰国，由于华文教育一度受到政府的限制和打压，现存的华文学校不多，师资也相对缺乏。因此，第三代以后的华人子女一般都是在泰文学校受教育，较少机会接触到汉语，他们对中华传统文化的感知多局限于家族保留的传统；在印尼，由于苏哈托时期（1967—1998）全面取缔了华文教育，致使到1990年时，"只有5.42％的华人能流利地谈、写中文和讲华语，35.65％的华人能听懂（被动的）一些华语，38.75％的华人只认得一、两句中文，20.15％的华人一点都不懂。"[1] 目前，各国政府逐渐改变以往单元独尊的观念，转为采取更为多元、包容的政策，在此背景下，各国出现了适合华文教育发展的土壤和气候，各地华校出现了良好的发展势头。但与此同时，有些国家对华文教育的态度尚不明朗，华文教育还未纳入其教育体系之内，华文学校的生存和发展仍面临法律与制度层面的困难。如缅甸的华文教育至今仍未取得合法地位，所有华文学校都没有向政府正式注册，军政府对华文教育仅持默认、观望态度，这使得缅甸华文教育的发展充满着许多不确定因素。一些国家虽然承认华文教育的法律地位，但并未纳入当地公立教育体系之内，因此经常会发生两种教育体系之间的冲突。如柬埔寨政府要求所有的柬文学校由半日制改为全日制，这一法令的实施将使得利用当地柬文国民学校的时间空隙办起来的半日制华校生存空间受到严重挤压。又如马来西亚华校，虽然其学校的规模、教学水平堪称海外华文教育的楷模，但也面临着一些困难和挑战。尤其是2013年马来西亚政府颁布的《2013—2015教育发展大蓝图》，规定所有幼儿园必须采用教育部学前教育课程并最终以马来语为教学媒介语，大幅度增加华族小学马来语教学时间，剥夺华族小学的董事会主权等，使马来西亚华族小学正逐步被边缘化，生源也在逐年

---

① 蔡仁龙：《试论印尼华侨、华人的认同转向》，《南洋问题研究》1991年第3期，第6页。

递减。始终受制于当地政府政策使得中华文化的海外生存与发展具有脆弱性和不稳定性。

除侨居国因素外，中国文化"走出去"的状况会对华侨华人传承中华文化的自信心和积极性造成影响，而华侨华人融入当地的迫切愿望也会降低他们传承中华文化的主动性和积极性。如今，在很多国家，中华文化的传承主要靠当地华人社会对中文、中餐、中国传统节日、中国伦理道德等中华特色文化的自发性坚持，而这缺乏强有力的法律保护、有效的机构运作和必要的资金保障，其生存处于自生自灭状态。即便有心传承，在主流文化巨大影响之下，海外华人也需要付出更多努力。为了激活这种气氛，需要中国本土的中华文化"走出去"，扩大中华文化的海外影响力，激起海外华侨华人群体的向心力和认同感。但如前所述，在中国文化"走出去"的过程中，也存在着因语言和文化障碍停留在表面，片面追求规模、速度和轰动效应，缺乏与时俱进的"文化精品"等这样或那样的问题，无法满足华侨华人对祖（籍）国文化了解和传播的需要。最终正如华人问题研究专家王赓武所言：在历史上，中国文化对东南亚贡献良多，但在近代以来，中国在东南亚的文化影响力很弱，远远不如欧美和日本，甚至也不及印度。

（四）华社和谐问题

华社和谐与否影响到华社的综合实力，从而影响到华侨华人在 21 世纪"海丝之路"中的可能贡献。

而目前，华社内部确实存在种种影响和谐的因素：一是华社内部联系不够紧密，影响合力的形成。由于缺乏相织或组织不力，一些国家华侨华人之间不仅新侨彼此联系不多，而且新、老侨之间，也几乎没有什么联系，这种分散的状态自然影响到华社的凝聚力和战斗力。不仅如此，作为华侨华人的组织者，侨团力量也有待进一步整合。如有的国家和平统一促进会就有两个，和平统一促进会内部就不"统一"。而据 2009 年相关研究成果显示，海外仅温州籍侨团就有 227 个之多。① 不同类型的侨团之间缺乏经常的沟通和

---

① 《国务院侨办报告称海外侨团内耗严重损害华人形象》，2009-12-18，http://www.china.com.cn/policy/txt/2009-12/18/content_19088060.htm.

交流，各自为阵，力量分散；一些功能相似的华人社团，则因存在事实上的竞争关系，也隔阂重重，较少合作。个别侨团尤其是那些因内部冲突而裂变出来的社团之间还互相诋毁，恶性竞争，这些无疑影响了华侨华人整体实力的提升，影响了华人的整体形象。

　　二是一些侨团自身建设亟待加强。这突出表现在以下几个方面：（1）一些侨团在组织和管理上保持传统形式，小团体、个人色彩浓厚，导致社团凝聚力不强，内部矛盾重重。尤其在社团人数不断增加以及换届时，容易激发矛盾。如据加拿大《星星生活周报》2004年11月24日报道，温哥华一个大陆新侨社团在理事会换届时对会长一职争执不休，结果各路人马分别在卑诗和亚省以同样名称注册一社团，分庭对立。（2）侨团领导人青黄不接问题。不少传统侨团的领导人已年岁已高，但华裔新生代由于对当地文化和政治认同感较强，对服务华侨华人社团没有兴趣，因而导致后继乏人。2004年4月，法国潮州会馆会长选举因无人参选而一度陷于难产，后来该会耆宿蔡汉忠挺身而出，才使群龙无首局面最终得以避免。（3）侨领能力不强问题。一些华人社团领导人难孚众望，在当地华侨华人中影响力不强，造成一些社团处于名存实亡的状态。如在马来西亚，全国近9000家华人社团，有1/3处于冬眠状态。①

　　三是两岸关系隔离了华侨华人社会，导致侨社内部不和谐。华侨华人与国民党的渊源颇深，联系较早，在1949年以前这种联系也是十分密切的。这主要是因为1949年前国民政府是中国唯一的合法政府，对海外侨社也有较多动员和支持，而且国民党还在海外侨社中建立支部发展党员，因而其时华侨华人对国民党和国民政府是比较认同的。相对而言，海外华侨华人与中国共产党的联系较迟，关系也远没有如国民党那般紧密和普遍。1949年中华人民共和国的成立，使华侨华人与国共两党的关系转变为华侨华人与两岸的关系。因两岸政权的对立，此后两岸侨务就处于对立、竞争状态。2008年台湾国民党重新上台之后，虽然提出"侨务休兵"和"大侨社"的侨务理念，但至今为止，两岸争取侨心的某些做法及两岸政治分歧仍然在某种程度上分离了海外华侨华人社会，无形之中让海外华社分成亲大陆和亲台湾两大

---

　　①《马来西亚华人社团近9000个1/3处于"冬眠状态"》，见暨南大学图书馆华侨华人文献信息中心编：《侨情简报》2013年第6期。

阵营。可见，两岸之间的争斗最终折损了华人社会的整体实力。

两岸侨务争夺不仅导致海外侨社不统一，也影响到其他各项具体侨务工作。如两岸各自大张旗鼓地发展华文教育，有时还将政治纠纷引入其中，这就使华文教育处于一种不统一的状态。即便如今政治纷争已经淡去，但由来已久的纷争传统仍然对各地华文教育的发展造成影响。如二战后，缅甸华文教育曾是国共两党激烈争夺的领域，如今缅甸华侨华人的左右之争已渐渐消失，由左右两派创办的华文学校也逐渐趋向中立、立足当地，但是，多年积累下来的办学传统仍旧造就了缅甸华校各自不同的风格。目前缅甸华校使用的教材主要有两种，第一种是台湾编写的繁体教材，第二种是大陆编写的简体教材。双方在教学目的、方式上也有所不同。尤其是在华文教育的性质是语文教育还是语言教育的问题上立场不同，使用大陆教材的华校是第二语言教育的语言教学，采用台湾教材的华校是使用母语教育的语文教学。无疑这影响了缅甸华文教育的整体发展。

当然，侨社和谐问题还有很多，如经济结构趋同导致华人内部竞争激烈，华人与当地民族交流沟通问题等，因前面已有所论及，这里就不再重复。

（五）海外安全隐患

近年来，所罗门选举引发的排华事件，西班牙针对华商的"烧鞋事件"，2014年5月越南排华事件等，这些事例无一不在警示我们，目前部分国家和地区华侨华人安全问题仍然突出。结归起来，华侨华人面临的安全风险主要有以下几类：（1）地区冲突与恐怖活动构成的威胁；（2）由经济利益冲突而导致的伤害案件；（3）带有种族歧视与排华性质的民事伤害案件；（4）针对中国人的非法行政案件；（5）非法移民伤害事件；（6）意外伤害事件，如交通意外、自然灾害等。

造成上述安全风险的原因是多方面的，有一些是客观和外在的，主要是华侨华人居住国的问题，如所在国经济政治形势、社会治安及贫富分化问题等。一般而言，一国经济形势好、政局稳定，其社会矛盾也往往容易被掩盖和忽略；而当一国经济形势不好、政局不稳定，就可能引发各种社会矛盾，甚至动乱。这些均不是华侨华人所能控制和改变的。但也有一些客观因素与华侨华人有关，如伴随着中国商品及华侨华人在世界各地的增多，华侨华人与世界各族群因利益和生存空间而产生的摩擦必然会增多。如近年来，随着中非关系的日益密切，赴非经商的华侨华人日益增多，中国商品也随之大量销往非洲。巨大的贸易逆差让当地工商组织不满，而廉价的中国商品和大量的华人商贩对当地的纺织业和贸易业特别是零售业构成了一定威胁，从而引发了一些摩擦和矛盾，这些摩擦和矛盾经过部分西方媒体的恶意扭曲与煽风点火后就愈演愈烈，从而为在非华侨华人的安全埋下诸多隐患。

此外，也有一些是华人主观方面的问题，典型如华人形象问题，主要是部分海外华侨华人不自律、不尊重当地民俗法纪等问题。近年来定居海外的华侨华人增长很快，其中一些人抱着临时"做客"心态，对所在国的风俗习惯和法律法规一无所知，再加上对自身的行为不加约束，因而经常会出现有损当地风俗的行为，招致当地人的反感，一些非法、违规经营问题更是对整个华侨华人形象及其生存环境造成恶劣的影响。如一些华人不尊重当地民俗，在穆斯林国家卖酒，经营色情场所，巧取豪夺教会土地建娱乐中心等，冒犯了居住国社会民族宗教习俗；又如在经商过程中，一些华商存在以次充好、偷逃税款、雇佣黑工等不良行为，在当地造成很坏的影响，不仅给所涉华商企业造成损失，也对华侨华人整体生存发展环境产生影响；再如部分华侨华人不注意自身形象，比较典型的是唐人街普遍存在的脏乱现象以及个别华人在公共场所的不文明言行等；此外，在社会贫富差距悬殊情况下，一些华人的奢侈炫富行为客观上刺激了一部分人对华人整体的敌意。而华侨华人不注重与当地民族沟通、交流，对当地回馈不够也影响到华人的整体形象。如在中非两国交往中，当地百姓对在非华人就有不少怨言，主要是：很多华人不说当地语言，很少与当地居民交流；在投资兴业过程中，在非华人挤占了原住民的生存空间，改变了原住民的生活环境，却少雇佣当地员工，对当地社会事业关心不够，因此招致当地人的反感。此外，华侨华人忍气吞声的保守个性和自己族群的不团结，也使他们成为待宰的"羔羊"。一旦出事，身边的华人多明哲保身，当事人也往往采取息事宁人的态度，不敢抗争，这就使华人群体容易成为下一次攻击的对象。

华侨华人在海外的安全问题不仅关乎华侨华人在海外的财产和人身安全，而且直接关乎其发展信心和发展未来。也就是说，对华侨华人的现有实力和未来实力均会产生重大影响。

总之，在21世纪"海丝之路"的建设过程中，虽然中国与华侨华人的合作还有很多提升的空间，但同时我们也应看到，从当前的现实出发，既存在不利于华侨华人参与的外在原因，也存在不利于华侨华人参与的内部因素。如何化阻力为动力，更好地发挥华侨华人在 21 世纪"海丝之路"建设中的积极作用是对中国各级政府智慧的重大考验。

第八章　进一步推动华侨华人参与
新"海丝之路"建设的策略研究

如前所述，华侨华人在 21 世纪"海丝之路"中有其独特的优势，也可能在其中发挥重要的作用。但这并不代表华侨华人就必然会起到上述作用。不管是长期居留在外的华侨，还是已为他国国民的华人，在"海丝之路"重建过程中，都只能是自愿、自主参与，不能勉强，更不能强迫。因此，要充分发挥华侨华人在 21"海丝之路"建设中的作用，既需要华侨华人进一步把握形势、抓住机遇，又需要让华侨华人意识到参与其中是有利无害的。因此，我们不仅需要加大宣传力度，而且更应该积极创造条件，充分调动华侨华人参与其中的积极性，提升其参与能力。

第一节　改善华侨华人的生存环境

虽然国际因素和侨居国的因素均非我们所能掌控，但通过中国方面的相关努力仍可能起到缓和或优化的效果，从而使华侨华人的生存环境得以改善。

一、积极推广中国和平发展理念

随着中国改革开放的深入和综合国力的提升，一些东南亚国家对中国的疑惧心理也相应上升，"中国威胁论"在东南亚地区有所抬头。这中间既与历史因素有关，又与各方现实政治经济关系中凸显的政治认同差异、经济竞争、领海岛礁纠纷等一系列问题有关；既与后冷战时期亚太国际秩序变革引发的权力结构变动以及与此相关的西方话语渲染有关，又与国际社会对中国发展模式的了解还非常贫乏有关。因此，我们需要从多个方面来积极应对。

针对所谓"中国威胁论"，首先我们要摆明我们的态度和立场，即中国一如既往地奉行和平发展理念，不会对任何一个国家造成威胁。我国外交政策的主要目标是争取和平的国际环境和更多的发展机会，而不是要称霸。2013 年 10 月 3 日中国国家主席习近平在印尼国会演讲时用"5 个坚持"，即坚持讲信修睦、坚持合作共赢、坚持守望相助、坚持心心相印、坚持开放包容，全面阐述中国对印尼和东盟的睦邻友好政策。[①] 这种睦邻友好政策是当前和今后我国处理和周边国家外关关系的基本原则。我们还应通过各种渠道对"中国威胁论"的各种版本，耐心加以说服。如针对所谓"文化输出"的论调，我们应澄清中国没有文化扩张的意图，发展华文教育也不存在意识形态输出的问题，就像中国人学习英文一样，我们办华文教育是让中国走向世界，让世界了解中国，增进中外各方面的交流合作。又如针对那种认为 21 世纪"一带一路"战略是中国版的"马歇尔计划"的说法，中国应通过各种途径说明，中国提出的"一带一路"战略与美国当年的马歇尔计划虽在运用本国财力和资源去带动别国经济发展方面存在一些相似性，但两者本质区别在于当年"马歇尔计划"是冷战大背景下美国对付以苏联为首的东方阵营的一种战略手段，而如今"一带一路"战略则没有意识形态和全球战略竞争方面的考虑。同时，"马歇尔计划"主要是美国单方面的援助，但"一带一路"战略更多的是一种合作共建模式，需要沿线其他国家一道努力共建。总之，中国倡导的"一带一路"建设，致力于各国共同发展，没有更多的政治诉求。

此外，在解释和说明的过程中，我们需要更多借重民间的力量来进行。

---

① 《中国东盟打造新"海上丝绸之路"》，《南京日报》2013 年 10 月 4 日，第 A01 版。

长期以来，我国在理念与实践中均偏重传统官方外交，忽视民间外交机制。但在目前错综复杂的国际环境中，相比传统的政府外交或官方外交，民间外交显得格外重要，民间的解释和争辩，在一些敏感问题上效果往往比官方渠道更为有效。当然，长期以来强政府、弱社会的格局导致我国民间组织发展不足，也缺乏公共外交的经验。今后，我们需要更多地培育民间力量，更多地借助民间力量在包括华侨华人的力量开展公共外交，常态性地传递我国和平发展理念。但是在运用华侨华人开展公共外交时，也要特别注意方式方法。如从理性的角度出发或换位思考一下，与许多华侨华人在侨居国打着横幅、喊着口号，挥舞着五星红旗表达其爱国激情相比，英国华侨华人戴着口罩，举着西藏"3·14"动乱真相和北京"人文奥运"的图板，无声地站在BBC广播大楼和国会前表示抗议的方式似乎更能体现和平发展的理念。与前者引起的冲突相比，后者吸引了众多英国民众的伫足观看。[①] 显然，这种无声抗议方式更能为西方主流社会所接受，效果也更加明显。

文化外交相比政治外交更具柔性，也有利于他国民众了解中国。中华文化博大精深，有"和为贵""己所不欲，勿施于人"的价值取向，有"和而不同""厚德载物"的宽大胸襟，这也使中国人历来酷爱和平并具备宽容的文化心态。基于这一文化传统，中国历来主张在多样化的发展中实现人类的共同繁荣。因此，我们要主动广开文化外交渠道，增进中国与各国民众的文化交往，让世界人民对中华文化和中国人思维有所了解，从而最终理解中国所作所为，理解中国发展模式及最终目的。

此外，也应强调的是，要摆明我们的立场，关键还是要靠事实说话。"靠事实说话"指的是在平时交往及相关事态的处理上，中国要和各方平等相处，不自大自傲，不以经济实力、军事实力压人。对于那些与我国在某些方面存在争议的国家，我们也要本着求同存异的理念，力争用和平协商的方式解决争端，兼顾各方权益，寻求合作和共同发展的契机。实践中，2014年仁爱礁的冲突导致中菲两国关系恶化，也使东盟国家对中国现阶段地区战略设计产生疑虑，不利于21世纪"海丝之路"倡议的推广。此外，中国要以更积极的姿态融入世界，在融入中树立中国良好的外交形象、展现中国和平发展的理念，树立他国与中国合作的信心。

---

① 范如松著：《侨务工作的理论与实践》，世界知识出版社，2012年，第125页。

总之，通过各方力量、各种渠道，让中国和平发展的理念为世界人民所知晓，破解"中国威胁论"的恶劣影响，既能给中国营造一个良好的国际发展空间，也能使华侨华人在当地更好地发展。

二、异中求同，打造更多的合作空间

合作有利于增进彼此间的了解，进而改善相互关系。近年来，随着中国入世和改革开放步伐的加快，中国与世界特别是与东盟和亚太地区的合作关系进一步密切，相互依存度日益提高。而这反过来又促进了中外关系的良性发展。今后，我们可以继续从实践中着手，不断增进中外间的合作空间，在合作中增进相互间的了解和友谊。而为了增进合作，我们须抱着求同存异的立场，从易到难，以点带面、逐步推进，最终实现广泛区域内的深化合作。

具体而言，今后继续扩大中外经贸合作也是可行的。如前所述，在技术、资金、资源、人才等方面，中国与"海丝"沿线各国均有各自的优势，经贸合作仍有不少上升的空间，如中国与东南亚国家的基础设施建设合作就大有可为。而中国企业方面也有这种意愿。根据新加坡大华银行调查显示，中国有六成企业计划对外投资，且首选东南亚地区。[①]各方可以秉承互利共赢的想法，暂时搁置政治和安全猜忌，积极参与到包括交通、通讯、网络、口岸、信息化等方面的基础设施建设，在此基础上，促进经贸其他领域的合作发展。而且，恰当的经贸合作方式还可以化解一些困扰各方经贸交往进一步扩大的难题。如在东盟，我们可以进一步了解东盟国家的贸易通商需求，秉承环境友好与利益均沾的原则，进口东盟优势产品如农产品，同时将国内一些制造业外移，通过在地化投资减少出口，缩小贸易逆差。而经贸关系的推进，虽然不能理所当然地促进政治互信和安全互信，但至少能使各方在经济上成为一个命运共同体，再因为经济利益的息息相关，从而在政治安全上相互妥协。

当然，合作不仅仅局限于经贸领域。人文交流与商贸交流并进，是古代

---

① 黄茂兴、贾学凯：《"21世纪海上丝绸之路"的空间范围、战略特征与发展愿景展愿景》，《东南学术》2015年第4期，第74页。

丝绸之路留给我们的宝贵遗产。如今"海丝"沿线各国政治制度差异较大，宗教文化不同，因此也应将人文交流作为 21 世纪"海丝之路"建设的一项重要内容，积极开展中外民间外交以及文化、科教等领域友好合作，让命运共同体意识在沿线国家落地生根。如前所述，在这方面，各方也有一些共识，如妈祖作为"海丝之路"的文化标识得到了全世界的认可，郑和文化也得到东南亚一些国家的认同。而各方基于商业利益的需要，也有进一步增进了解和合作的动机，这就使中外加强文化交流和合作具备了一定的可行性。今后，我们要进一步挖掘沿线各国共同拥有、认同并推崇的历史与文化资源，进一步扩大中外文化领域的交流与合作，巩固和扩大我国同周边国家关系长远发展的社会和民意基础。

政治和安全层面因关乎各国切身利益，是较难整合的领域，但仍可能淡化或低调处理，如努力淡化意识形态分歧，积极寻求共同的看法和共同的利益。对于有争议的海上争端，我国需要承认和正视争议所在，从维护中外关系的全局来看待这些问题，坚持和平协商解决，同时倡导和平利用和合作开发海洋资源，用互惠互利和共同发展来消弭分歧，控制争端。

总之，在经济、文化等领域，中外各方既有阻碍进一步合作的分歧和差异，也有已有的合作基础和进一步扩大合作的可能。实践中，我们应异中求同，并秉承先易后难的原则，逐步扩大合作。

三、处理好与大国的关系

由于一些大国对一些丝路沿线国家的政策影响较大，因此要处理好与这些国家的关系就必须先处理好与这些大国的关系。

这其中最主要的就是美国，美国对丝路沿线核心区的东亚、东南亚各国均有着极强的影响力。而中美之间，由于社会制度、文化传统、价值观念的差异，再加上现实中存在一定的利益冲突，双方政治互信至今尚未建立。按照西方传统"国强必霸"的惯性思维，"一带一路"是中国欲与西方世界重新划分势力范围、试图冲击现行国际政治经济机制的表现。因此，2015 年年初，奥巴马在国情咨文里面强调：中国正在全球经济最有活力的地方、地区来制定自己的国际经济规则和秩序，并且确立这个地区的秩序，这是美国所不能接受的。① 这一定程度上反映了美国对中国和平崛起的担忧。为了促进中美关系的良性发展，首先我们需要加大对美公共外交的力度，让美国了解中国和平发展的立场，了解中国真实的国情民意，减轻美国对我国的成见和敌意。其次，我们也要加强与美国的交流和合作。虽然两国各方面差异甚大，但我们仍然可以找到中美之间的相通之处，如两国在促进世界和平和民主，促进全球经济发展和生态平衡等方面有着共同的愿望，加强这些方面的交流合作将有助于两国关系的缓和。即使从差异较大的文化方面看，中美之间也有一些共同点。如美国人对孔子也十分敬重，并将其思想中的精华视作普世价值加以吸取。2009 年 10 月美国国会众议院通过了一项纪念孔子诞辰的第 784 号决议案，该决议案特别赞赏孔子创立的哲学思想和孔子思想中的一些重要价值观。因此，只要细心发掘，我们仍然可以找出中美之间的许多相似或相通之处，并以此推进交流，在交流中增进了解，增加友谊和合作。对于争议较大的具体事项，则应秉承和平协商的方式解决。

一些区域大国如印度对新"海丝之路"的影响很大。如南亚地区很多国家都希望与中国发展经贸关系，但却担心被印度解读为帮助中国推进和实施"珍珠岛链战略"，因此有些畏手畏脚或裹足不前。印度与中国存在陆上领土纠纷，也颇为关注自己的地缘政治利益。中国要重建"海丝之路"进入印度洋，必然会引起印度的关注。因此要妥善处理中印关系，主要是要处理好中印地缘政治的竞争与合作问题。如今中印两国同为发展中大国，均需要和平发展的国际环境，因此短期之内两国爆发大规模冲突的可能性不大。而且双方在基础设施建设、能源、产业等方面存在着合作的可能，彼此也都有着庞大的市场，对对方而言均具有一定的吸引力。因此，中国走向印度洋如果能照顾到印度的地缘政治利益，就可能找到较大的合作空间。

总之，一些沿线大国以及一些对沿线国家有着重要影响的区域外大国，由于历史原因或现实利益关系，与中国存在各种竞争和冲突，因此，处理和他们的关系要十分谨慎。总的原则是以交流促理解，以合作促支持。在操作环节，除官方交流互动外，民间力量包括海外侨胞的力量也可以运用起来，通过多方努力，争取当地政界和民间更多的理解和支持，为中国与这些大国

① 李向阳：《参加亚投行是给一带一路投票》，2015-04-17，http://zh.cn.nikkei.com/columnviewpoint/viewpoint/13985-20150417.html.

关系的良性发展辅平道路。

值得一提的是，21世纪"海丝之路"是开放的，对所有有意愿、有能力加入其中的国家和地区开放。因此倘若有朝一日，当中国与一些区域外大国之间原则上的纷争已烟消云散，那么这些国家也是可以参与进来的。

四、妥善处理与侨居国的关系

历史经验告诉我们：凡是侨居国与中国关系友好时期，华侨华人的生存环境也相对较好；凡是两国关系交恶时期，华侨华人的生存环境就变得艰难。而华侨华人在两国交往中作用的大小，也随着两国关系的演变而起起落落。因此，新"海丝之路"建设中中国与华侨华人的合作程度在很大程度上取决于其所在国与中国的关系及其对"海丝之路"的认可和参与程度。

目前，对于"海丝之路"建设中中国与华侨华人的合作而言，侨居国障碍因素首先是对中国发展目标的不信任，其次是对华侨华人的不信任。对于前者，中国政府应妥善处理与侨居国的关系，通过与侨居国的良性互动消除彼此之间不必要的误解，增进彼此间的友谊。否则，不仅不能实现与当地华侨华人的合作，反而可能使当地华侨华人处于尴尬甚至危险的境地。具体而言，要做好以下几方面的工作。

首先要继续实施睦邻友好的外交政策。21世纪丝路沿线国家不少是中国的邻国，这些邻国恰好也是华侨华人主要集中之地，因此双方的睦邻友好关系不仅直接影响到当地华侨华人的工作和生活，而且对"海丝之路"建设倡议的顺利推进也具有极为重要的意义。目前中国与邻国推进21世纪"海丝之路"建设的最大障碍在于缺乏互信。为此，我们应继续坚持与邻为善、以邻为伴的周边外交方针，贯彻睦邻、安邻、富邻的对外友好政策，努力使中国发展惠及周边国家和人民，树立一个友善、负责任的邻国形象。南海争端是中国与邻国关系的短板，解决南海问题对于改进中国与侨居国关系、推进"海丝之路"战略的顺利实施具有现实的紧迫性。鉴于目前各方主张差异甚大，短期之内各方搁置争议、共同开发仍是一种较为可行的方法。同时，2015年8月3日中国外长王毅提出的"五个坚持"，即坚持维护南海的和平稳定，坚持通过谈判协商和平解决争议，坚持通过规则机制管控好分歧，坚持维护南海的航行和飞越自由，坚持通过合作实现互利共赢，也是我们要坚守的基本立场。

其次要积极运用各种对话机制。例如，中国与东盟 11 国共同举办的中国—东盟博览会，至 2016 年已举办 13 届，它不仅拥有贸易和投资服务功能，同时也是中国与东盟间政治对话的重要平台，有利于中国与东盟国家的相互沟通，为"海丝之路"建设寻求共识。除了这种长效的对话机制外，与侨居国为协商某些问题而建立的临时对话机制也要用好用足。此外，由于一些侨居国受大国影响明显，一些则本身政局不稳，因此必要时还要主动创建一些对话机制，以便为所在国华侨华人争取一个良好的生存和发展环境。

再次是加强各方面的交流合作，这既是为了增进与侨居国之间的友谊，也是给进一步发挥华侨华人的作用提供平台。如广泛开展侨务公共外交。公共外交的目标，从根本上看是要培养对一个国家的好感，对该国国家利益的理解以及对其政策的支持。[①] 侨务公共外交的主体是华侨华人，他们了解侨居国政治、民主生态，也通过和侨居国民众朝夕相处熟悉了和他们打交道的模式和技巧，当然也以自己的言行举止潜移默化地影响着他国公民对中国和中华民族的观感。而且，华侨华人关心中国的成长与进步，知晓国外公共舆论的运作规则，因而是向世界解释和宣传中国最好的"民间大使"。不过，目前我国侨务公共外交还只有初步规划，缺少具体方针政策。今后，仍需结合我国国情、侨情和外交战略的要求，制定一份包括战略目标、战略资源、战略布局等在内的侨务公共外交总体战略。在此基础上，并针对不同侨居国或区域的政治经济特点和侨情特点，制定出国别或区域侨务公共外交规划，以增强侨务公共外交的效果。除了这种宏观布局外，今后我们还要重点做好以下几方面工作：（1）注重借助华文媒体客观介绍中国国情、国策，在国外民众中释疑解惑。华文媒体与中国有许多天然联系，它们了解中国，也能够全面准确地"说明中国"，因而对于传递中国和平发展理念很有帮助。（2）借助重点侨团以及重要华裔人士，增进中外间相互了解和信任。海外重要华裔人士、重点侨团在当地根基深厚，人脉资源丰富，对当地社会特别是政界和

---

① Antony J.Blinken, "Winning the War of Ideas," The Washington Quarterly, 25：2 Spring, 2002, pp.101–104.

舆论界也有着广泛影响力。通过他们以稳妥的方式开展对住在国政界、智库、主流媒体的公关游说工作，消除住在国高层及社会民众对中国发展道路的误解。（3）注重利用区域性尤其是世界性的华商大会等平台，传递中国和平发展、共促经济繁荣的愿望，增加各方合作的信心。而要做到上述几点，我们需要坚持"走出去"和"请进来"相结合，努力做好重要侨界人士、重点侨团的联络工作，深化他们对中国国情、发展道路和内外政策的了解和认知程度。

对于后者，为了帮助华侨华人早日获得当地主流社会的信任，改善华侨华人的生存环境，我们要妥善处理中国与华侨华人的关系，在运用华侨华人力量时兼顾所在国的利益，做到中国、华侨华人、所在国三方共赢。具体而言：

第一，在制定对外政策和处理对外关系时，更多地兼顾华侨华人的利益。要将侨务工作与外交工作结合起来，把维护和拓展华侨华人的利益作为对当地国家政策的一个重要组成部分，为他们在海外创造一个宽松的生存发展环境。

第二，应利用多种方式推动侨居国实行有利于华侨华人的政策。这些方式，包括舆论宣传、利益引导等多个方面。如我们应该从宣传上引导所在国正确看待华侨华人与中国的关系，将之视为普遍移民与其祖籍国关系中的一种。事实上，华侨华人只不过是世界移民的一个组成部分，中国侨务工作也只是世界侨务工作体系中的一个分支。据初步统计，目前已建立官方机构，不同程度地开展侨务工作的国家已达 70 多个。[①] 不仅如此，我们也应重点宣传，东南亚各民族间在经济上存在的不平衡是由历史造成的，如今具有雄厚实力的华侨华人既是中国的宝贵资源，更是侨居国的宝贵资源。而侨居国华人政策的优劣对侨居国能否很好地运用这一资源影响至深，如果侨居国政府对华人采取歧视政策，不仅会造成族群关系紧张，而且也会影响到当地经济发展和社会稳定。因此，侨居国政府应本着民族团结的精神，努力淡化民族差异，尊重华人的平等发展权利，与华人齐心协力，共同推动本国的发展。当然，我们也可以利用与侨居国的良好关系，或者通过发展这种良好关系去实现。如通过增进与侨居国的经贸关系，加强政府间的沟通交流等来推动侨

---

① 陈奕平：《美国"国际侨民接触"战略及对我国侨务政策的启示》，《东南亚研究》2012 年第 2 期，第 93 页。

居国实行较为缓和的华人政策。

第三，要谨慎开展侨务工作。在这方面，先要严格区分华侨和华人。华侨与华人虽然同为侨务工作对象，但因其与中国的法律联系不同，与中国的权利义务关系也不一样。作为中国公民，华侨有责任维护中国国家利益，有义务为促进祖国和住在国的发展，为祖国和居住国的友好合作发挥积极的作用。而作为外国公民的华人自然应效忠所在国，为所在国国家利益尽责。因此，对待华侨华人，我们在政策上应该有所区别。对待华人，我们的政策是鼓励其积极融入当地主流社会，为当地经济建设和社会发展多做贡献，同时为增进当地与中国之间的友好合作关系发挥桥梁作用。即便是这种鼓励行为，也应在十分谨慎的基础上进行。我们应正视华人这些年来身份地位的一些变化，如由"华侨"变成"华人"，再由"华人"变成完全的"当地人"，注意到大部分华人已逐渐融入当地，在政治上已普遍认同于居住国，经济上也已成为所在国民族经济的一部分。这样，未来中国与华人的关系将由过去"血亲"关系逐渐转变成为中国与侨居国民间友好合作关系的一部分。因此，我们在鼓励华人对祖籍国发挥有利作用的同时，也要设身处地为他们着想，尊重他们的生存方式，尊重他们的各种选择。在具体侨务工作中，如我们在海外开展华人工作时，要争取得到当地政府的同意，在公开、合法的情况下开展。有些时候，只要我们与华人接触，不论具体意图是什么，都可能招致侨居国的猜忌。因此，我们要尽可能减少与华人的大面积接触，尤其是官方与华人的大面积接触。对于需要在当地开展的工作，以及针对华人的一些工作，应尽可能征得当地政府的同意。如我们开展华文教育要与住在国政府和当地教育部门多沟通，争取得到他们的支持与理解。事实上，在这方面，我们已经有一些尝试和经验。如在我国驻外使领馆的协调配合下，国务院侨办特别注意加强与一些国家政府教育部门的合作，目前已与加拿大、印度尼西亚、菲律宾、澳大利亚、朝鲜等国的教育主管部门初步建立了沟通合作机制，此举既加强了与侨居国主流教育部门的沟通与联系，也为海外华文教育的长期健康发展提供政策保证。今后仍需在更广区域和领域内加强这一工作。

我们尤其应该避免侨务工作对海外华侨华人产生负面影响。正如台湾学者所指出的，中国的某些做法"欲企图重新勾起海外华人的大中华民族主义，除了引发华人内心的矛盾情结外，亦会引发东南亚各国对中国的不信任"。① 因此，我国侨务政策应保持一贯的谨慎，尤其是在东南亚国家。在相关举措中，也应多加注意。如在侨务外宣工作中，要注意相关措辞，并低调处理华人的对华投资、捐赠等，这对他们而言也是一种善意的保护。一些专门针对华侨华人的招商引资、演出、论坛等活动也要低调行事，不宜过于招摇，以免引起当地政府和民众的猜忌。

当然，我们也应看到，侨居国对华人的歧视及华人与当前主要土著民族的矛盾由来已久，因此问题的解决不可能一蹴而成。关键是各方都能够把整体利益放在首位，努力消除相互间的偏见与隔阂，以换取侨居国社会的和谐发展。

第二节　营造良好的合作环境

这里主要强调中国方面的因素，这些因素主要包括：（1）中国国际地位和国际形象。中国国际地位的高低和国际形象的好坏影响到华侨华人对中国发展环境好坏的判断，进而影响到华侨华人与中国合作的信心。（2）中国侨务政策和侨务工作的成效。这直接关乎华侨华人与中国合作的政策条件，也影响到华侨华人对中国的态度和情感。（3）中国国内政治经济发展状况。这些既影响到华侨华人与中国合作的信心，也是华侨华人与中国合作的市场环境和实体基础，关系到合作的成败。为推动华侨华人与中国的合作，我们可以从上述各方面着手，努力营造良好的合作环境。

一、努力提升中国综合实力

中国综合实力的高低影响到华侨华人与中国合作的信心。因此，我们要

---

① 陈鸿瑜：《东南亚会成为中国文化霸权下的俘虏吗？》，http://www.peaceforum.org.tw/onweb.jsp?webno=33333332:4&webitem_no=1523.

立足于中国现实，努力提升中国综合实力，为华侨华人与中国合作营造良好的氛围和基础。

（一）改善中国国际形象

近年来，中国非常注重国际形象，也力图扩大在国际上的影响力，为此开展的工作也已经相当广泛，但影响力仍不够。其原因，除软实力建设难以一蹴而就，以及西方国家对我国的成见根深蒂固一时难以完全扭转等因素之外，也与我国工作方式、方法有一定的关系。如我国对民间力量一贯不太重视，但实际上鉴于中外政治互信的缺失，无论是在国情社情的传递方面，还是在误解的消除方面，民间的述说和解释往往比官方渠道更为有效。因此，我们需要采取一种政府主导、社会各界多元参与的应对战略。同时，我国的公共外交目前整体上呈现出明显的防御性特征。在西方国家掌握舆论主导权的大背景下，通常都是西方国家挑头对中国的内政外交横加指责，随后，中国相关部门及媒体等出面反驳、澄清，显得非常被动。在这方面，我们可能需要转变观念，关口前移，防患于未燃，更多地借助民间力量常态性地传递我国和平发展理念，帮助外界客观认识中国的国情民意，提升中国的国际形象。

实践中，不少对中国的负面形象是由西方媒体的不实报道造成的，但媒体作为一种传播平台既可造就误解，也可消除误解。目前，由于对中国官方媒体的宣传，外国政府和民众始终怀有戒心，而土生土长的华文媒体则较少这种敏感性。因此，我们应善于"借船出海"，进一步加强与海外华文传媒的交流与合作，建立起国内媒体和华文媒体的互动机制，借助华文媒体客观介绍中国国情、国策，在国外民众中释疑解惑。不仅如此，在一些与我国关系较好的国家，还要重视与海外主流媒体的交流与合作，并通过海外媒体，把一个真实亲善的中国展示给世人。如在非洲，华文媒体发展不足，使得中国在非洲话语权严重缺失。一方面，对西方媒体的恶意批评与歪曲不能做出及时有力的回应，另一方面中国人在非洲的贡献和善举也未能及时报道，得不到非洲民众的了解和认可。将来，我们可以利用中非关系较好的现实，加强中非媒体合作，借助当地主流媒体对在非华人的贡献和善举多加宣传，以改善在非华人与当地族群的关系，塑造中国的正面形象。

　　加强文化交流也十分必要。一方面，一些误解是由文化差异导致的；另一方面，文化因为不直接涉及政治，敏感度低，且因新鲜可吸引不少人的眼球，因而值得推广。实践中，不少外国友人就是通过对中国历史、文化、艺术的了解而逐渐爱上中国的。因此，加强中外文化交流，促进不同文化背景下民众之间的相互了解，对中国形象的改善有一定的好处。在这方面，首先要畅通民间文化交流渠道；其次也要主动开展对外文化交流，积极开展对外文化传播。在目前中国文化影响力整体较弱的情况下，开展对外文化传播要有"精品"意识，以品牌来塑造和传递中国国家形象。近年来，国务院侨办"文化中国"品牌的打造就较为成功，不少外国人就是通过这个平台了解中国，认识中国的。今后，不仅要将这一活动继续做强、做精，将之机制化，而且还要打造更多的文化精品，进一步扩大中华文化的国际影响力。与此同时，我们还应积极发掘地方文化资源，推动地方优秀文化项目"走出去"。在此过程中，我们不仅要借助民间文化力量，而且要借助海外华侨华人文艺团体的力量，寻求与他们的合作与交流，鼓励华侨华人将中华文化呈现给当地主流社会。再次，我们也要更多地了解国外优秀文化成果，一方面让中华文化在借鉴中成长，另一方面也可以更多了解国外文化传统及他国民众的思维和处事方式。知己知彼，才能减少误解和消除误解。

　　虽然两国民众交往的加深并不必然导致两国民间关系和谐程度的加深。如中韩建交以来，两国政府交往和经济合作方面日益密切，两国民众来往也更加频繁，然而民众之间的友好感情没有得到相应的强化，反而变得更为冷淡，甚至厌恶。[①] 这种现状与两国经济互为依存的现实背道而驰。但是一般意义上而言，由于不少对中国的误解是基于对中国不了解而造成的，因而更多的民间交往互动有助于中外民众间的相互了解。《中国国家形象全球调查报告2013》调查显示，有访华经历的海外民众对中国文化、经济、政治、外交、军事、科技和媒体的了解程度至少高出无此经历者一倍。在给中国整体印象打分时，有访华经历者给出平均6.16分，而未有此经历者则仅给予5.47分。到过中国的海外民众认为中国对国际事务负责任、爱好和平、社会

――――――――――
　　① 《韩国国民对中国的傲慢与偏见为何总误读中国》，《国际先驱导报》2010年5月28日。

安定的比重均比未到过中国者高出 10 个百分点。①这说明民间交往互动的重要性。

由于华侨华人主要生活、工作在海外，与海外民众直接接触，因此华侨华人既是中国形象的承载者，也是中国形象的塑造者。海外侨胞在海外的一言一行，对中国的形象都有着直接的影响。也正因为如此，我们要引导侨胞构建和谐侨社，同时积极融入当地社会，当好中国形象的代言人。

当然，无论是哪种方式，都要注意具体的方式方法和作用的力度、广度等。如在文化交流方面，虽然文化是软实力，但也不可以无所顾忌地对外传播或输出，否则就可能被理解成"文化入侵"。另外，文化传播也要立足民间，减少政府参与、淡化官方色彩。这是世界各国为减少别国误解和疑虑而采取的普遍做法。政府部门应进一步转变职能，重点从体制和机制上解除制约文化国际传播的枷锁和藩篱，充分挖掘中国民间及海外华侨华人的潜力，让他们在中外文化交流中发挥更大的作用。又如在借用华侨华人力量方面，由于华侨华人目前仍是一个较为敏感的话题，因此如何利用海外华侨华人提升中国国际形象方面仍然需要策略，尤其需要制定针对不同国别华侨华人的工作策略。

（二）深化改革，提升中国经济竞争力

金融危机之后，中国经济虽表现得较为坚挺，但也有不少内在矛盾需要突破，否则改革难以深入，高速增长的态势难以持续。

从宏观层面看，首先要进一步深化改革和扩大开放。目前，我国在经济体制以及对外开放方面跟现代市场经济之间还存在一定的差距。比如在经济体制方面，一些组织、制度方面的问题已成为进一步改革的障碍，而一些领域的不开放或不够开放也成为中外合作的重要束缚因素。今后，要继续深化包括资源配置方式、组织形式、所有制结构、分配制度和政府经济职能等方面的体制改革，使我国经济进一步与世界经济接轨。另外，在对外开放方面，也仍需进一步扩大开放领域，提升开放水平，为 21 世纪"海丝之路"

---

① 中国外文局对外传播研究中心课题组：《中国国家形象全球调查报告 2013》,《对外传播》2014 年第 1 期，第 24—26 页。

的建设创造条件。其次，中国经济发展也面临着一些深层次问题，典型如产业分布和结构不均衡、产业层次不高问题就比较突出，对中国产业的健康、持续发展均有不利的影响。

从微观层面看，企业是经济发展的重要推手，其发展程度直接关乎中国经济发展的未来。而如今，无论是"走出去"的企业，还是扎根国内的企业都均有这样或那样的问题。凭心而论，"走出去"的民营企业是中国民营企业的佼佼者，但即便是这些企业，其规模、结构、竞争力等也仍待进一步提升和优化。从规模上看，这些企业大多是中小型企业，具有一定规模和核心竞争力的大型企业少之又少；从结构上看，商品和劳务输出多，投资也限于加工、制造等初级层次，高新技术产业投资少；从竞争力来看，相当部分企业靠的仍然是价格和廉价劳动力优势，缺乏核心竞争力，这在国际化经营中又受反倾销等条款制约，难以发挥较大作用，发展后劲不足。此外，"走出去"的企业多各自为阵，相互之间缺乏联系和合作，无法在资本、技术、市场、信息以及生产等资源上实现共享与互补，甚至内部过度竞争。① 因此，中国企业不仅需要通过调整产业结构、提高创新能力、改革内部管理等提升自身竞争力，而且需要树立全局观念和长远意识，在"走出去"的过程中结伴而行，齐心协力，共同推动中国企业整体竞争力和影响力。

（三）加强投资软环境建设

"软环境"是相对于"硬环境"而言的一个概念，它是指物质条件以外的诸如政策、文化、制度、法律、思想观念等外部因素和条件的总和。软环境的建设对于吸引外资外智十分重要。而目前，在投资环境方面，中国的硬环境正日臻完善，但在软环境建设方面却相对滞后。尤其是在体制机制、政策法规及政府服务能力和态度等方面还不尽如人意，外商对此也颇有微词。

针对这种情况，应多管齐下，进一步完善投资软环境建设。一方面，相关部门应趁着中国深化改革的契机，推进相关管理机制和体制的创新，完善

---

① 江苏省侨办：《关于侨务工作服务"走出去"战略的调研报告》，《侨务工作研究》2013 年第 2 期，http://qwgzyj.gqb.gov.cn/dyzs/171/2246.shtml.

相关政策。如在华侨华人回国创业方面，要营造宽松的创业环境，充分发挥人才效能。众所周知，留住人才的关键不仅仅在于物质待遇，还在于有一个人尽其才的创业环境。因而有必要营造一个公平、公开的产业环境，并为之提供较为完善的配备政策。如人才基地建设要坚持改革创新，努力消除不必要的政策壁垒；在科研领域，要勇于改革不合理的管理机制和服务机制，与国际人才管理机制接轨。总之，要使整个制度环境和体制环境有利于科技人才创造力的发挥，有利于其人生价值观的实现。另一方面，也应优化政府职能，不断提升政府服务能力和服务水平。具体而言，一要转变观念，积极打造服务型政府；二要规范职能部门的权责，要落实责任；三要精细服务，让海外资金、人才"引得进、留得住，发展得好"；四要切实做好依法维护侨权侨益工作。

当然，软环境的建设涉及到政策、体制、传统等方方面面的关系，因而是一个复杂且艰难的过程。而且，软环境的建设决非一劳永逸，而是需要与时俱进，不断创新，持续进行。

二、完善合作战略与合作机制

（一）制作长远的合作战略

21世纪"海丝之路"建设是今后中国一段时期内的长远规划和战略目标。侨务工作是服从和服务于一个国家经济社会发展的战略规划的，因此开展侨务工作必须从全局的视野和战略的高度出发，拟定一份在较长时期内有利于华侨华人共同参与"海丝之路"建设的大战略。从"海丝之路"各方共建的战略全局来思考，在侨务工作战略中应包含以下几方面重点工作：一是引导海外华侨华人和境内侨资企业积极参与我国区域发展战略，投资中西部地区。在此基础上，做好"以侨引侨，以侨引外"的工作。二是鼓励侨商抓住机遇，大力发展现代服务业和高新技术企业。三是利用侨务资源推动中国企业"走出去"。广大侨胞具有熟悉中国和住在国各方面情况的优势，在海外建立了良好的人脉关系和商务网络，在中国企业"走出去"过程中能帮助国内企业快速、准确地制定切实可行的市场战略计划，避免盲目投资。四是积极引导华侨华人参与"海丝之路"的国际合作项目，做好示范和带头作用。

在制定侨务工作战略时，要真正立足于"华侨华人本位"，如此才能使侨务工作战略变成侨务合作战略。以往历代中国的华侨华人政策，虽因中国国内情况不同及执政者对华侨华人认识的不同而有所差异，但整体而言均以中国国家利益为重，缺少对华侨华人的真实关爱，因而都可归结为"中国本位"。但实际上，海外华人已经是外国公民，他们与中国的关系已由早期的从属关系变为平等合作的关系，在这种背景下，我们不能要求他们完全认同中国的政治、国家利益甚至语言文化，更不能要求他们无私无偿地为中国奉献，我们只能在尊重他们自身利益的基础上，引导他们认同自身族群身份，并在互利互惠的基础上开展与中国的合作。我们必须认清这种现状，在制定侨务工作战略时，从有利于华侨华人的生存和发展出发，通过服务赢得侨心。当务之急是要最大限度地帮助华侨华人解决在当地的发展问题，使他们更好地融入当地社会，得到当地社会的承认。在此前提下，再考虑侨务工作"为国服务"的目标，在不影响华侨华人与居住国关系的情况下，因势利导，与他们开展多渠道、多层次的联系与合作。

同时，在完善合作的长远战略时，要确保战略的积极性、长远性和差异性。积极性，指的是要提前谋划，主动出击。如要制定积极的侨务政策，支持和引导华侨华人与中国的合作，尤其是对于侨务工作服务"走出去"战略要有更积极的规划。近年来，侨务部门在发挥侨务工作优势服务"走出去"过程中，存在被动应对、零敲碎打的现象，往往是企业找上门求助，侨办才积极协助，没有主动掌握海外侨情发展情况，也未能及时向一些"走出去"的企业提供信息服务和推介引导。而且，在已有的案例中，侨务部门协助大型国企"走出去"较多，协助一般民企"走出去"较少。但国企具有一定的政府背景，加之财大业大，小国对此很敏感。相反，具备一定实力的民企"走出去"，就可以有效规避这些政治风险。但目前针对中国民企"走出去"的服务较少。今后这方面工作要加强，要为服务"走出去"制定一个具体的工作计划和服务机制。又如在侨务工作对象上，要更加积极。当前，中国留学生和劳务输出人员还不是侨务工作的对象。但事实上，留学生群体回国比例不高，他们是将来引进侨智的重要来源。2011年1月全国科技大会上公布的"2010年度国家科学技术奖励"显示，国家自然科学奖获奖项目的第一完成人中有 56.7% 是海外回国人员，国家发明奖和科技进步奖项目中，这一比例也达到 37.9%。[①] 因此，无论是从人才竞争还是从侨务工作的可持续发展来看，侨务部门都应将留学生群体纳入工作对象，呵护和引导他们的成长。

长远性是指制定侨务战略时要兼顾好当前与长远的关系，更多地从长远的眼光来看问题。侨务工作是党和国家的一项长期重要工作，关注的是长远利益，需要用长远的眼光来看待问题和思考问题，不能过于强调眼前利益和近期利益。当前，侨务工作的主要任务是要引导、支持、帮助华侨华人参与到"海丝之路"这一惠及中国和沿线周边国家的事业当中去。为此，既要充分发挥华侨华人的能量和优势，又要切实做好涵养侨务资源的工作，使工作能够可持续发展。

差异性是指侨务工作规划不能一刀切，要因地制宜、区别对待。不同国家和地区，不仅政治、经济、文化环境不同，华侨华人的整体实力存在差异，而且其对华态度和华人政策也千差万别。比如在东南亚一些国家，华侨华人问题就比较敏感，而且一些国家与中国还有积怨，开展侨务工作时应特别谨慎；而在丝路沿线的一些欧洲国家，因奉行多元文化主义，在政治上更加包容和自信，同时其国内又不存在严重的民族问题，因而其族群政策更加宽容，部分国家甚至鼓励和动用华侨华人来加强所在国与中国的关系；一些与中国关系较好的亚洲和非洲国家，侨务工作也有更大的活动空间。基于此，可以在制定国家整体侨务发展战略的同时，制订相应的地区甚至国别侨务工作战略。这种差异性甚至还可体现在不同的华侨华人群体身上，如华裔新生代从小接受的是居住国教育，在政治和情感上均认同居住国，与中国没有太多的联系及太深的感情。近年来，虽然他们也经常组团到中国观光寻根，但总体而言，这种活动多带有旅游的成分，他们对侨乡可能充满好奇和新鲜感，但与侨乡建立长期联系的可能性不大。他们对中国的帮助，更可能是投资，而不是老侨民的侨汇或捐赠；而刚出国不久的新移民对侨乡仍然十分眷恋，侨汇以及日常联系较为频繁，但因其经济实力还不雄厚，故大规模的投资兴教及办厂还有待时日。因此，对他们的策略也应该有所不同。

---

① 李优树：《海外华侨华人助推中国经济转型的独特优势及路径依赖》，《侨务工作研究》2013 年第 3 期，http://qwgzyj.gqb.gov.cn/yjjytt/172/2283.shtml.

（二）完善合作机制

建立切实可行的合作机制，是"海丝之路"建设中扩大与华侨华人的合作，有效发挥华侨华人作用的重要基础。

首先，要创新合作模式。目前，华侨华人与中国的合作还以资金、智力支持居多，形式比较单一，并且主要集中于经贸领域。但实际上，华侨华人在经济、政治、文化、社会服务等方面均有其独特的资源和经验，与中国合作的方式可以更加多样和宽泛。今后，在"海丝之路"建设过程中，要创设形式多样的合作形式，通过产业、资金、平台等方式的对接，进一步发挥华商在基础设施建设、交通运输、人员开发、融资方面的优势，为"海丝之路"沿线国家和地区推进产业合作提供资金、技术交流、产业对接等方面的支持；同时也可以创设一些实体渠道和虚拟平台，充分发挥华侨华人在政策沟通、文化交流、社会网络等方面的优势，为"海丝之路"各方广泛、顺利参与奠定基础与创设条件。在微观层面，各合作领域也可继续创新合作模式。如在投资领域，可进一步放宽准入门类和门槛，创新招商引资模式；在侨智方面，在引进人才回国服务的同时，也要在海外大力启用侨智。如中资企业在"走出去"的过程中，要在当地招聘大量合适的华侨华人人才，借助他们开拓市场，开展面向当地社会的公关活动等。

其次，要加强与华侨华人的联动机制，尤其是要强化常态性的民间交往机制，包括海内外民间组织、个人和民营企业的交流机制。目前，一般情况下，与华侨华人的沟通、交流主要由相关部门来负责进行，民间常态性的交流较为缺乏。这就导致即使是我们关注较多的"走出去"战略，一些华侨华人虽拥有自身拥有的商业资源，掌握一定的项目商机，并愿意与中国企业交流合作，但不知道哪些中国企业计划到其侨居国投资，又不知道通过哪些渠道可以寻找适合的中国企业作为合作伙伴。而有意到海外投资的中国企业，不知道可以寻求哪些华侨华人的帮助，更缺乏相应的联系渠道。鉴于这种信息不畅的现状，相关部门应尽快加强相应的数据库建设，促进信息对接，为"海丝之路"沿线国家和地区的华侨华人与中国民间资本的合作提供便利。当然，这种常态性信息沟通机制不应局限于经贸领域，文化教育和社会领域也应更多涵盖，应加强国内文化教育机构、媒体甚至社会组织与海外华侨华人相应群体之间的联系，加强双方在信息、人员等方面的交流与合作。

第三，要搭建更多合作平台。近年来，相关机构搭建的合作平台已越来越多，但也存在各种不平衡现象。如以"引进来"的贸易洽谈和侨智运用平台为多，而缺少"走出去"的常态化、深层次的合作交流平台；以经贸领域合作平台居多，其他领域合作平台关注不够等。因此，今后在继续沿用并拓展现有平台价值外，还有必要搭建更为全面和宽泛的合作平台，可以将现有合作平台细分，也可以重新搭建一些新的合作平台。如在文化交流领域，既可借助国家相关部委开展的国家文化年、中国文化节、"感知中国"、"舌尖上的中国"等品牌活动平台，又可大力挖掘地方和民间文化交流平台，加强与国外文化机构的合作，不断拓展对外文化交流渠道，搭建各种形式的中外文化交流平台。在搭建过程中，可以更多地利用海内外华侨华人社团、华人媒体、侨领等的资源。如可以充分发挥中国侨商投资协会和各地侨商组织的作用，利用其已建构的区域性华商网络，促进华侨华人与中国在海内外的经贸合作。又如随着留学人数的大幅增长，留学人员成立的社团组织也日趋活跃，至 2006 年，与我驻外使领馆建立联系的海外留学人员社团组织约有2300 多个。[①] 我们可以合理运用这些平台，大力引进侨智。

第四，要确立一些合作的基本原则。（1）自愿原则。虽然我们希望在"海丝之路"建设过程中扩大与华侨华人的合作，并借此来扩大与侨居国的合作，但能否实现最终还是视华侨华人的意愿而定，可以引导，不能强迫。即便是对于华侨也是如此，由于他们长期生活在国外，政治观念、宗教信仰等方面可能与国内公民存在差异，我们不能一厢情愿地把主观设想强加于他们身上。而且，从务实的角度来看，海外华人作为住在国民族的重要组成部分，其生存和发展必须扎根于当地。即便对远赴异国他乡发展的华侨而言，在当地的生存发展永远是第一位的。因此，在寻求与华侨华人的合作时，我们应尊重华侨华人的选择。倘若他们基于种种考虑而拒绝和我们合作，对此我们也应该表示理解。（2）互利共赢原则。即在实现中国国家利益时使华侨华人、居住国多方受益。在全球化时代，华侨华人在华投资或与中国企业在海外合作，虽然多了一层祖（籍）国的关系，但大多数情况下还是遵循市场规则，尤其是经济合作更是符合市场经济规律。也唯有如此，这种关系才能

[①] 程希：《改革开放 30 年来我国留学人员工作情况概述》，《侨务工作研究》2009 年第 1 期，http://qwgzyj.gqb.gov.cn/qwhg/146/1348.shtml.

长久。事实上，如果仅仅是单方面利用华侨华人资源，而未能使华侨华人的安全和经济利益得到有效的保障，最终将可能失去这一资源。同时，在华侨华人话题仍然敏感的今天，若未考虑和照顾到华侨华人所在国的利益，那么华侨华人因素可能难以发挥有效的作用，甚至可能成为"中国威胁论"新的诠释。因此，在"海丝"建设中，我们既要运用华侨华人的力量，又要充分照顾到华侨华人及其所在国政府和其他族群的利益。总而言之，在合作过程中，要寻求一种中国——华侨华人——居住国多元受益的利益分配模式。当各方利益难以协调时，要力求在矛盾中寻求各种利益之间的平衡。（3）谨慎原则。虽然经过几十年的发展，长期以来在国家关系主导下的华侨华人问题进入了一个平稳发展时期，但我们也应看到，华人与当地民族矛盾远未消失，近年频发的经济纠纷和袭击华侨华人商店的事件就是明证。与此同时，随着中国经济的快速发展，一些国家特别是周边国家对中国崛起产生疑虑甚至是恐惧，对在此过程中华侨华人与中国的接触也特别敏感。如近年来，随着中国与印尼官方经贸关系的增加，印尼华人社会与中国的关系也日益密切，仅 2011 年就有 138 个大陆代表团访问印尼，这些代表团往往绕过印尼政府直接寻找华人企业或华人社团。印尼一些学者认为，这种现象难免会造成当地政府的一些忧虑。[①]因此，在"海丝之路"建设当中，我们与华侨华人的合作要十分谨慎，要尽力淡化"大中华"思想宣传，避免侨居国对华侨华人再生误解。另外，在制定政策时要正确处理中国、华侨华人、居住国的关系，不能犯历史上的"中国中心主义"错误，而是必须充分考虑华侨华人所在国的背景，多换位思考，尽可能不让华侨华人为难。

最后，要建立风险防范机制。如前所述，在"海丝之路"建设过程中，华侨华人与中国的合作可能会遭遇一些风险，给华侨华人和中国带来困扰或损失。因此，一方面我们对华侨华人在"海丝之路"中与中国的合作充满期待，另一方面我们又需要在操作和技术层面进行冷思考，需要组建专门的队伍，进行不同国别、层面、不同领域的合作风险评估，并有针对性地建立起一整套风险防范机制，以防患于未然。

---

① 刘宏：《中国的崛起与东南亚华人社会——机会、变数和挑战》。林忠强等编：《2012年第一届马来西亚华人研究双年会论文集》，华社研究中心，2013 年，第 54 页。

（三）拟定合作思路

从当前实际情况出发，对于与华侨华人的合作思路，可作如下思考。

1. 公开合法，以间接合作为主

如前所述，华侨华人至今为止仍是一个较为敏感的话题，这就提醒我们在"海丝之路"建设中，要尽可能让华侨华人以当地居民的身份参与到当地与中国的合作项目中，这可视为一种与中国的间接合作。在与华侨华人直接合作时，也要公开、透明，切忌授人以柄。比如在合作发展华文教育时，切忌意识形态化和过分民族主义化。

2. 直接合作以民间合作为主

由于在开展海外侨务工作时，官方身份比较敏感，因此应以民间合作为主。比如在印尼，2012 年一些中国官员访问印尼时对当地华人社会民族认同感的强调，就使印尼部分主流报刊认为中国"企图影响绝大部分已归化为公民的华人向心力"。其中《时代报》批评许多华人社团与中国使馆走得太近，甚至主张为了印尼民族的利益及民族建设，理应"解散和禁止华人团体"[①]。虽然上述观点只代表了印尼少数人的想法，但值得警惕。因此，开展与华侨华人的合作时，要多以民间面孔示人，尽量减少以"侨办"或"侨联"名义与当地华人接触或开展"涉华"活动，扶助或资助当地华人的相关措施也应避免以官方名义进行。在以官方名义进行相关活动时，也要加强和当地主流族群和主流媒体的交往和接触，避免只和当地华社打交道。

3. 阶段性推进合作

21 世纪"海丝之路"建设进展顺利的话，将是一个长期的过程。因此与华侨华人的合作也将是一个长期的过程。从目前阶段来看，由于合作才刚刚开始，各方积极性尚未充分调动起来，因此与华侨华人的合作也不可能全面展开，主要还是一种经济领域的合作；而待合作进入巩固阶段、各国积极

---

① 余歌沧：《印尼〈时代报〉刊文要求解散和禁止华人社团》，《联合早报》2012 年 5 月 21 日。

全面参与之时，与华侨华人的合作也可以放得更开一点，合作领域、合作方式均可以更多元一点。

4. 兼顾重点与一般

广义而论，所有华侨华人都是合作的对象，但从实践层面看，6000 万华侨华人积极参与并不现实，发动其参与也由于精力有限，不可能一一顾及，只能于一般中有所侧重。如华侨华人社团植根于华人社区，各自代表一部分华侨华人，侨领对其社团成员更是具有较强的号召力和影响力，因此侨团尤其是侨领就是我们合作的重点发展对象了。除了侨领外，那些政治上有地位、社会上有影响、经济上有实力、专业上有造诣的华侨华人也是相关部门重点联谊、团结和合作的对象。目前，对于这部分群体中的政治、经济、科技类人士我们已比较重视，但文化、社会等各界人士的工作还需加强。此外，由于"海丝之路"建设是一个长期的过程，因此我们也要更加重视对新移民、华人新生代和留学生的合作发动工作。其中新移民不仅综合素质高于传统移民，更重要的是，新移民在中国出生成长，更愿意与中国保持比较密切的联系，因此是我们合作的重点对象。当然，针对 21 世纪"海丝之路"建设，合作的重点可能还包括重点区域、重点领域与华侨华人的合作，如当下重点区域放在东南亚，重点领域放在共建海上支点、重要港口、能源资源开发等经济项目，努力实现这些区域和领域华侨华人与"海丝"建设的项目对接。

当然，在抓重点的同时，也应顾及一般，要避免因关注度不同而引发华社内部的不和。如在 2015 年东莞举行的海外侨团中青年骨干研习班上，马来西亚某侨团负责人便直言，国内相关部门将新社团视为"亲儿子"，在财力、物力上予以优厚支持，而老侨团则被看成是"干儿子"，得不到国内相关部门的支持。[①] 可见，对侨团的区别对待，已影响到侨社内部的团结和一些侨团对中国政府的看法。在"海丝之路"建设过程中，要尽可能避免出现类似情况，只要有意愿参与合作的华侨华人，应一视同仁。即使有竞争，也应公平、公开进行。

---

① 张应进、莫光木：《海外侨团与 21 世纪"海上丝绸之路"经贸合作》，《"华侨华人与海上丝绸之路"研讨会论文集》，厦门，2015 年，第 103 页。

三、进一步做好侨务工作

（一）加强侨情调查和理论研究

要充分发挥华侨华人的作用，必须对现有侨务资源有所掌握，而这就需要进行细致、全面的侨情调查，及时掌握侨务动态。如为了有效开展侨务公共外交，需要收集以华侨华人为主的非政府组织、面向主流社会的公共媒体、一些对当代中国感兴趣的学者和社会活动家的资料，从而为侨务公共外交的决策和施行提供全面的资讯；又如为开展华文教育工作，需要了解海外华校的问题及需求，当地政府的态度及其对华校的政策等，这些都需要调研。

目前，一些省市已启动了侨情调查和相关的侨务资源数据库建设。如2005年福建省政府在全省范围内开展重点侨情调查，在此基础上，2007年福建省侨办着手建设福建省侨情资料数据库，至2010年3月共录入各种侨情资料45153条。之后，又不断完善和更新侨情资料数据库，积极推进侨情资料数据库与省市县（重点侨县）联网，并进一步规范侨情资料数据库的管理。而广东省侨办也在2000年～2002年间开展省内、外省侨务工作大调研后，2003年之后又启动了大规模的海外侨情调研工程。而与此相关的侨情信息库也正在不断完善当中。与此同时，四川、云南、浙江、江苏、上海、湖南等省市也启动了相应的侨情调查和侨情资源库建设。但整体而言，目前各地侨情调查，尤其是侨情数据库的建设还比较滞后，已经建立的侨情数据库也还存在一些问题：（1）条块分割，缺乏宏观管理。由于没有事先统筹规划，一些隶属关系不同、工作侧重不同的机构和部门各自为政，纷纷建库，造成数据库结构单一、规模小、信息重叠，浪费了有关资源。（2）标准化程度不高。由于建设中各自为政，没有统一的建库标准，数据库结构设计也只考虑局部需求，互不兼容，这就给数据交流共享带来诸多困难。（3）内容交叉。如"留学归国人员资源库"与"归侨情况资源库"之间就明显存在交叉关系。（4）海外侨务资源统计比较缺乏。（5）缺乏共享平台。目前已建成的侨务资源数据库大都只在本单位或局域网范围使用，大大降低了信息使用效率。

基于此，我们需要对国内外侨务资源进行全面而细致的调研工作。为避免重复建设，这一工作可由有关部门牵头，统筹开展。且由于华侨华人社会呈动态变化，因此侨情调查需持续进行，相关数据需要经常更新。在此基础上，需要采取比较统一的标准，建立一个较为全面且能各方共享的侨务信息数据库及其子库，为国家决策和学界研究提供参考。

至于侨务研究，其意义主要在于为侨务政策和措施的制定提供参考。随着时代的发展，一些研究工作者也顺应时势，将自己的研究方向与国家需要结合起来。如随着"一带一路"的提出，不少高校纷纷组建丝绸之路研究院，试图通过对相关问题的研究，为"一带一路"的顺利发展提供智力支持。但整体来看，目前相关研究仍然跟不上侨务工作发展的需要。如目前对侨务公共外交的研究还刚刚起步，许多问题如侨务公共外交的对象、目标、渠道、方法及评估等问题还处于摸索和探讨当中，值得我们进一步研究。因此，今后仍要大力培育和整合相关研究力量，鼓励和引导海内外专家学者参与华侨华人研究。在具体研究时，要尽量把华侨华人研究与当代中国的发展和国家利益结合起来，既要认真总结古今中外侨务工作的成功经验和典型范例，又要从现实需求出发，进一步探索和把握侨务工作的规律，提高侨务工作的理论和实践水平；既要研究侨务工作的一般理论问题，又要结合国际格局变化来研究华侨华人面临的新问题，准确分析和把握侨务工作面临的新形势，最终给侨务工作提供有效指导。

（二）完善侨务政策

华侨华人是否参与"海丝之路"建设，归根到底还是一种市场自主行为，政府所能做的主要是提供政策引导、法律环境和各种便利。这里主要就侨务政策进行讨论。

众所周知，侨务政策的有无与优劣与否直接影响到海外侨民对祖（籍）国的态度和情感，最终影响到侨胞能否"为国服务"。近年来，为完善侨务政策，我国相关部门已经做了许多探索和研究，一些政策也能根据时代需要适时更新和完善。虽然如此，但我国侨务政策也还存在一些不足之处。如在制度层面上，我国宪法明确规定保护华侨的权益，一些有条件的地方也先后制定了保护华侨权益的规章，如《浙江省华侨权益保障暂行规定》《广东省华侨权益保护条例》《南京市华侨归侨侨眷权益保护办法》等，但目前国家层面还没有保护华侨权益的专门立法，而地方法规覆盖面小，内容体系也还不够完整；又如近年来侨界修改归侨法的呼声日渐高涨，其修改内容涵盖明确追究法律责任的惩罚性条款、增强可操作性，为确定留学归国人员等新归侨身份提供依据，增加鼓励华侨包括高层次人才回国创业的内容等多个方面；[①] 再如华侨回国参政权的讨论也由来已久，虽然 1982 年《选举法》明文规定："旅居国外的中华人民共和国公民在县级以下人民代表大会代表选举期间在国内的，可以参加原籍地或者出国前居住地的选举"。但如果华侨没有回原籍地工作或创业，要求他们回到原籍地或者出国前居住地进行登记、选举，无疑是不现实的。这就致使 1982 年《选举法》中海外华侨的参政规定长期停留于文本，少有实践个案，因此仍然需要在可操作性上加以完善。20 世纪 90 年代以来，海外华侨华人应邀列席"两会"是拓宽华侨参政渠道的有益尝试，但这一做法在各省市并未普及。而且"列席"也主要是在各级"政协"，在各级人大除广东省外很少看到"海外代表"。再者，相对于数千万华侨华人而言，每年列席"两会"的海外委员、代表名额也不多，其中分给华侨的名额就更少。而且，正如 2014 年列席侨胞蔡迪华所言，侨胞列席全国政协会议的时间有限，希望能够与政协系统建立起长期联系，以便于更好地进行沟通交流。[②] 类似的还有华侨回国定居问题，条件仍然较为严苛，程序也比较复杂。此外，双重国籍的事实存在也有损《国籍法》的权威。对于这些需要在制度上完善的问题，国务院侨办主任裘援平也明确表态，将推动华侨权益立法工作，研究修订归侨侨眷权益保护法及其实施办法，支持有立法权的地区开展侨务立法先行先试。[③]

具体政策方面，如可以尽快制定支持和鼓励华侨华人协助中国企业"走出去"的各项优惠政策，尤其是税收、检验检疫、进出境通关以及配套金融服务、投资保险保障等方面的政策支持；在人才引进方面，当前我国对引进海外高层次留学人才范围的界定较为明确，但相关政策过分强调年龄（自然

---

① 《两会侨界代表委员关注"归侨法"呼吁二次修订》，2015-03-15，http://www.gqb.gov.cn/news/2015/0315/35258.shtml.

② 勇广：《心系桑梓谋发展 凝聚圆梦正能量——海内外侨界积极评价 2014 年全国两会》，《侨务工作研究》2014 年第 2 期，http://qwgzyj.gqb.gov.cn/bqch/177/2440.shtml.

③ 裘援平：《推进侨务工作法治建设 维护侨胞权益》，2015-03-07，http://www.chinanews.com/hr/2015/03-07/7110058.shtml.

科学 45 岁以下、社会科学 50 岁以下），这就势必将一些具有丰富工作经验又卓有成就的海外人才拒之门外。建议有关部门适当放宽年龄限制，争取吸引更多海外高层次人才来华工作。此外，"引智"的对象也可从局限于海外高层次华裔专业人才，扩展至在华跨国公司高层中的"海归"人才；对华侨华人来华投资创业，可以在积极落实现有政策的基础上，深入研究和制定完善以下几项政策措施：一是进一步放宽华侨华人多次往返签证和居留的限制条件，简化行政审批流程；二是提供更为公开、公平的创业政策，进一步开放创业领域，降低准入门槛；三是要有严格的知识产权保护制度；四是可以有选择性地实施一定的优惠政策。如对于一些特殊产业，要有相应的创业扶持政策和财税金融政策，帮助企业解决创业初期融资难的问题。政府也可协同银行给予一批有发展潜力、有市场前景，并对本地经济发展有重大贡献的高新技术企业以贷款贴息的支持等。

当然，在完善侨务政策时，也有一些需要注意的问题：（1）法律法规一致性问题。要使侨务法规政策与国家宪法、部门行政法规等相互协调与衔接，否则会导致侨务法规政策无法贯彻落实，最终失信于侨。（2）与相关部门统筹协调的问题。无论是华侨华人还是归侨侨眷，其权益保护涉及领域广泛，需要相关部门的共同参与，否则实施时仍然难以真正落实。因此，在侨务法规政策的修订过程中，应及时与相关政府部门沟通和协调，相互配合，相互支持。（3）正确处理"保护权益"和"适当适度"问题。在出台涉侨"保护权益"和"适当照顾"政策时，要顺应国力民心，要坚持因地制宜，从实际出发，使"需要"和"可能"尽量接近一致。如在制定涉侨社会保障、就业创业、扶贫济困等政策时，既要兼顾国家、集体（单位）、"侨"三者的利益，也应充分考虑社会其他群体的心理承受力，不能一味"照顾""有求必应"。否则，即使有政策，在实际中也难以操作。目前可以借鉴针对其他社会特殊群体的政策制定相关的涉"侨"政策，这样既照顾了"侨"的特点，又不至于另开"口子"引起"攀比"，也易为社会各界所理解和接受。①

---

① 邓超：《新时期对"保护权益"和"适当照顾"问题的几点思考》，《侨务工作研究》2005 年第 2 期，http://qwgzyj.gqb.gov.cn/yjytt/123/191.shtml.

（三）切实维护华侨华人合法权益

华侨华人的合法权益是多方面的，既有国内合法权益，也有国外合法权益；既有政治方面的，如华侨国内参政权、回国定居权等，也有经济、文化、社会方面的，如投资捐赠权益维护、社会事务参与权等。而其合法权益受侵既有国外因素，也有中国国内因素及其自身因素。其中每一种因素又包含众多原因，如中国国内因素，既可能因为不够重视，也可能因为政策不够健全，或因为政策执行不够到位等，因而是比较复杂的。

目前，华侨华人合法权益的国内外保护方面均存在一些问题。如在中国国内，在侨智引进方面，一些部门办事拖拉，有利益的事情争相管理，无利益时又相互推诿，致使回国创业人员办事无门；有的创业企业看好了当地的优惠政策，回来后却无法全部兑现，从而极大地影响了相关人员的创业热情。而近年来，随着华侨华人在华投资创业的增多，侨资企业合法权益受到侵害的案例也屡见不鲜，严重伤害了侨胞的感情，影响了地方政府的声誉。在国外，近年来随着我国对外交流、合作的增加，各种涉侨案件不断。据外交部统计，近年来每年在海外发生的中国公民权益受侵案件达30000起，数目之多，涉及范围之广是空前的。

要让华侨华人心甘情愿投入"海丝之路"建设当中，需要中国政府切实"为侨服务"。因此，首先我们要从思想上高度重视华侨华人权益保护问题，当前尤其要重视侨资侨智引进工作中的合法权益保护问题，要形成"投资我欢迎、困难我扶持、生活我保障、权益我保护"的整套理念，并将之贯彻落实到实践中。其次要完善华侨华人合法权益保护方面的法规政策，使侨胞享有更加稳定的发展环境和更加公平的竞争机会。再次，相关部门要形成排难解纷的有效机制和网络，切实维护华侨华人的海内外合法权益。如要在各级侨办设立"侨商投诉协调中心"等类似机构，配备高素质的工作人员，及时妥善处理侨商投诉；继续推动各地侨办成立"为侨资企业服务法律顾问团"，充分发挥其在解决涉侨经济纠纷中的作用；要建立与侨企与侨智常态化、制度化的沟通和联系工作机制，及时将最新政策法规传递给侨企侨智，了解他们的所思所需，并及时为其帮难解困；推动侨商组织的建立和完善，充分发挥侨商组织的沟通、协调功能；要建立侨务部门与相关机构的常态性协调磋商机制，以保证涉侨案件得到公正、及时处理。最后，相关部门要根据时代发展的需要，切实提高为侨服务水平，加大为侨服务力度。

海外华侨的保护问题，虽然较难周全，但也可以提前预防和尽力维护。在这方面，一要加强出国培训工作，培训内容包括学习前往国相关法律法规，介绍前往国的政局、经济形势、风俗习惯以及安全常识等。根据《南方周末》"中国人海外安全报告"，中国人海外安全问题许多是由于中国劳务输出人员和新移民不谙输入国的风俗和禁忌引起的。[①] 因此，如果事先对之进行教育、培训和引导，一些华侨海外安全事件就可以避免。二是相关部门要通过网络、报刊等及时发布"出国特别提醒"和领事新闻，在海外侨胞中持续性地开展文明教育和安全教育，使当地华侨知晓常用的救助渠道和救助方式。三是加强领事及外交保护。除应在对外政策中加大对华侨的保护与支持力度外，也应进一步加强与居住国政府的沟通与合作，尽快建立起一种协同保护机制。此外，中国相关机构也要提高其快速处理涉侨安全事件的能力。四是协助建立和加强民间保护机制。利用海外华侨华人资源丰富且社会网络发达的优势，通过当地侨团和侨领，动员相关力量，为侨胞提供及时救助。

（四）创新侨务工作思路和方法

经过数十年经营，我国侨务系统形成了自己独特的一套工作思路和方法。当然，随着侨情和形势的新变化，一些思路和方法也需要不断创新或加强。

1.加强"大侨务"理念

"海丝之路"建设包括基础设施互联互通、产业投资、资源开发、金融合作、人文交流、生态保护等众多领域，涉及多个职能部门。因此，倘若各方各自为阵，缺乏统筹和良性沟通，相关工作就很难顺利开展。正因为如此，"大侨务"的眼界和理念就十分重要。所谓"大侨务"，就是要站在民族和国家利益的高度，超越部门和地域的狭隘眼光，整合调动各方面资源和力量，广泛开展各领域交流活动，共同做好华侨华人工作。"大侨务"侧重强调以下三方面内容：（1）打破地域、籍贯做大侨务；（2）打破框框做大侨

---

① 范如松著：《侨务工作的理论与实践》，世界知识出版社，2012年，第124页。

务，加强统筹协调，跳出狭义"侨务工作"做侨务工作；（3）打破狭隘思路做大侨务，侨务工作涉及政治、经济、文化、社会等方面，任何一方面均不可偏废。[①]其要旨在于侨务资源共享和侨务工作社会化。

要实施"大侨务"战略，首要的问题是整合。要形成一种机制，既能发挥相关机构的各自优势，又能实现资源共享、行为配合，形成大侨务工作格局。具体而言，一是通过上下联动，整合利用侨务系统资源，使整个侨务系统能够协调一致行动。二要整合利用行政资源，争取相关单位的支持，尤其是一些工作性质比较接近的行政部门，本着"优势互补，资源共享"的原则，共同把相关工作做好。三是开展横向交流协作，整合利用兄弟省市资源和海内外资源。要打破"封闭"保守观念，牢固树立几千万海外侨胞是全国各地共享资源的"大侨务"观念，经常开展与兄弟省市侨务工作的交流，建立起一种相互间信息共享和联系协作机制。进一步延伸开来，要加强与海外侨校、侨团、华文媒体的交往，用好国内、国外两种侨务资源，内外结合，以提高侨务工作的效能。整合离不开统筹协调，近年来在海外主要华人聚居区经常出现国内几个部门同时组织的文化项目在当地"撞车"的现象，这也突显了目前我国文化交流工作中协调之不足。近年来，在地方各级党委和政府的重视下，各地陆续建立起各类侨务工作协调机制。主要有四种形式：（1）"五侨"联席会议制度。即人大侨委、政府侨办、政协港澳台侨委、致公党和侨联之间自发建立的一种相互联系沟通的机制。（2）侨务工作联席会议制度。一般由省政府分管领导牵头召集、有关政府职能部门参加。（3）外事工作领导小组。主要由省（区、市）委主要领导任组长，党委、政府相关职能部门参加。常为一些外事、侨务合署办公的省区所运用。（4）专项工作协调机制。[②]这几种协调机制各有利弊，需因地制宜，综合运用。

其次是要充分利用民间资源。侨务工作社会化曾经困扰侨务部门多年，如今一般认为，侨务工作社会化是侨务工作发展的必然，侨务工作需要统筹国内与国外、官方与民间、中央与地方等众多方面的资源，如此才能形成侨

---

① 范如松著：《侨务工作的理论与实践》，世界知识出版社，2012年，第36页。

② 姚秀芝、何文格、严武龙：《关于建立侨务工作协调机制的研究》，《侨务工作研究》2007年第3期，http://qwgzyj.gqb.gov.cn/dyzs/136/901.shtml.

务工作的强大合力。而从目前情况看，我国侨务工作的群众基础还不够广泛。要在侨务领域实现官民并举，一是相关部门应放下过去那种大包大揽的思路，树立官民并举的观念。一些领域如侨务公共外交还要采取政府搭台、民间唱戏的做法，赋予智库、大学、媒体、企业、社会组织等以适当的外交职能，广辟蹊径，更大范围内发挥华侨华人这一特殊群体在外交中的作用。二是要加大侨务动员和相关知识宣传。目前国内各界对"什么是侨务工作""为什么要开展侨务工作"的认识不是很到位，参与度也不高，"圈内热，圈外冷"的现象还较普遍。因此，要加大侨务宣传，充分调动社会力量参与侨务工作的积极性，而后进行必要的整合和引导，扩大侨务工作的群众基础。

2. 善用新媒体、新科技

当今世界，网络等新兴媒体已经成为公众交流沟通的重要方式。但至今为止，我国侨务工作中依然偏重于传统媒体，新媒体的应用有限，这明显跟不上形势，也影响了相关工作的实际效果。今后，我们应该积极应对新技术革命，充分利用新媒体，加强侨务工作网络建设，搭建海内外华人的信息共享平台和互动平台，给更多华侨华人提供一个更加"常态化"和"平民化"的参与舞台。在这方面，黑龙江省做出了榜样。2015 年 10 月 12 日，该省外事侨务办公室和中国新闻社黑龙江分社联合搭建的"丝路带华商联盟"微信公众平台开启，该平台旨在为全球华商参加对俄合作与"一带一路"建设提供助力。同时，该省外事侨务办公室还建立了"丝路带华商联盟微信群"，以加强侨商互动。

3. 解放思想，不断探索侨务工作新方式

虽然在长期的实践中，我国侨务工作已形成了自己的思路并积累了一些成功的经验，但因世情、国情、侨情的不断变化，今后侨务工作的思路和方法仍需不断创新。如在人才引进方面，需要转变一些传统观念。由于现代高科技企业和科研机构的管理和研发工作，往往不是个人力量所能独立完成的，因此，必须改变传统的人才引进模式，以项目带动人才引进，支持人才团队的引进。同时，引智方式也要真正实现从"回国服务"到"为国服务"的转变。目前我国引进侨智，多停留在"引进来"这个层面

上，形式比较单一。留学人员能够回来工作，这当然是我们最期待的。但是，国外良好的事业发展前景和生活环境是绝大多数海外侨胞所不愿意放弃的，因此，我们必须转换观念，但求所用，不求所有，除了长期回国工作外，还可以鼓励他们通过项目合作、短期兼职、考察讲学、担任业务顾问等多种方式"为国服务"，最大限度地发挥海外华侨华人专业人才的作用。此外，我们还要让侨务工作更加制度化、常态化。长期以来，我国侨务工作运动化的趋势比较明显，这种方式可能取得一时的突出成效，但难以持续。从长远来看，侨务工作还是要有规划，要形成制度，把工作做稳做实。总之，我们要在侨务实践中不断改进服务方式，在实践中摸索并总结出一些侨务工作的好经验。

4. 借鉴国外成功经验

国际移民问题由来已久，相应的经验也比较丰富，值得我们借鉴。如在侨务公共外交领域，以色列开展对美公共外交的一些具体做法值得我们学习，有学者将之归结为四点：一是目标比较明确；二是符合美国习惯。以色列注重用美国人的思维方式提出建议，以获得美国公众的支持。具体的工作措施也比较符合美国人的口味，容易获取支持。三是组织比较严密，并注意协调和沟通，加强彼此的合作和分工。四是官民并举，以民为重。①这些经验对我们开展侨务工作有直接的指导作用。其中以民为重，注重组织协调已如前所述，符合美国习惯即采用顾客需求导向也十分关键。长期以来，在侨务工作中，我们往往倾向于采取我们习惯的方式来进行侨务宣传或开展华文教育，较少顾及受众的感受和喜好，但实际上从效果而言，后者才更关键，因此我们需要更多地因地制宜、因人制宜，采取受众喜闻乐见的方式来开展侨务工作。

总之，我们既要提升我国的综合实力，以优化与华侨华人合作的外部环境，又要完善合作思路，为合作的持续和高效提供保障，还要继续做好侨务工作，以进一步争取侨心，稳定侨心，保证合作的可持续。

---

① 赵可金著：《公共外交的理论与实践》，上海辞书出版社，2007年，第338—339页。

第三节　提升华侨华人参与积极性和参与能力

实力，是华侨华人与中国合作的基础；利益，是华侨华人与中国合作的根本动力；与中国不可分割的身份联系，是华侨华人与中国合作的精神纽带。因此，要提升华侨华人参与 21 世纪"海丝之路"建设的积极性需要从利益刺激和身份认同两方面着手，而提升华侨华人参与能力，则需要从提升华侨华人自身实力着手。

一、调动华侨华人参与积极性

（一）夯实基础，提升华侨华人对中国的认同感

华侨华人对中国的情感认同与政策认同，是侨务资源被动员起来的前提与基础。而且，要想通过华侨华人来影响他国公众、提升中国在他国公众心目中的形象，首先就要提升中国在华侨华人心目中的形象，确保华侨华人对我国政策的信任。

虽然华侨华人都在一定程度上与中国有着这样或那样的联系，但并不代表他们就必然会认同中国。即便是对于华侨而言，相对于国内普通民众，华侨华人也具有相对的独立性和不可控性。有学者视华侨华人于中国侨务公共外交的态度将华侨华人群体分为顺意群体、中立群体和逆意群体三部分。顺意群体是指对中国公共外交持赞赏、支持和认同态度的华侨华人群体。他们愿意接触、了解有关中国政策、议题的最新情况，赞同中国的政策，并在行动上热情宣传、主动配合公共外交项目的执行；中立群体是对中国奉行的政策、采取的行动持中立态度或尚未表态或态度不明确的公众；逆意群体是对有关中国的问题抱有一种负面的甚至反感的态度，在中国公共外交活动中不合作甚至起阻碍作用的群体。[①] 这表明华侨华人对中国的态度和立场存在着

---

① 欧亚、欧丽：《侨务公共外交中华侨华人角色的三重性分析》，《"华侨华人与中国周边公共外交"研讨会论文集》，厦门，2014 年，第 189 页。

较大的差异性。我们必须承认并正视华侨华人中逆意群体的存在，并通过我们的努力工作争取将他们转化为中立群体，甚至是顺意群体。总之，要想让海外华侨华人自愿自觉地与中国合作，甚至于"为中国服务"，需要一些前提条件。比如，华侨华人自身具备中华文化的自信和自觉，或者通过相关部门的努力获得这种自信和自觉，认同中国文化；中国的侨务政策和侨务工作令他们信服；华侨华人对中国各项政策了解并理解等。

因此，对于我国而言，若想激起华侨华人与中国合作的主观愿望和信心，首先要立足于"为侨服务"。要适应侨情发展变化，不断完善涉侨政策法规，关心侨胞生存发展状况，倾听华侨华人合理诉求，着力解决涉侨突出问题，维护侨胞正当合法权益，使广大侨胞感受到祖（籍）国的温暖和关爱。

其次，对于那些与中国无直接关联的华侨华人，也要广泛联系，通过请进来、走出去，增进他们对中国及中国政策的了解，密切他们同中国的联系。我们通常所说的"以侨为桥"，就是要通过华侨华人的渠道准确地向西方传播我们的声音。而这需要先让华侨华人懂得我们的所思所想，理解我们的立场观点，然后再通过他们自己的语言传播我们的声音，解释我们的立场。现在海外相当一部分华侨华人是愿意充当这种"桥梁"作用的，但他们未必都能透彻了解中国的形势、立场和相关政策。因此要加强与华侨华人的沟通，要建立常态化和制度化的双向沟通交流机制，多倾听海外华侨华人的心声，增进彼此之间的情感。在这方面，侨乡地方政府可以大有作为。改革开放之后，侨乡各级政府总是想方设法唤起海外乡亲已经"搁浅"或逐渐"淡忘"的乡情。每当海外乡亲回乡探亲祭祖时，侨乡的领导们便会登门拜访，向他们介绍家乡的发展情况，与他们商议家乡的发展。为了恢复与华侨华人的关系，出访海外乡亲所在地也成为侨乡地方政府及相关部门的重要工作之一。通过经常性的你来我往，有助于双方建立联系和培养相互间的信任，也有利于唤醒海外乡亲对家乡的感情和责任意识。

再次，华文教育因为受众面广，且对于凝聚侨心、传播中华文化意义重大，因而可以说是增强侨胞认同重要的途径之一。目前，华文教育突出的问题在于华文教育与所在国教育体制接轨问题，缺少本土化教材，以及由于资金短缺造成大多数华文学校设施落后和师资承续出现问题。此外，各国发展不均衡、实用化等现象也愈来愈明显。对此中国方面也有一定的责任，尤其是在汉语国际推广与海外华文教育资源配置方面存在严重的不平衡，致使华文教育越来越多地呈现出实用化的倾向，这在很大程度上影响了中华文化的海外传承。因此，我们要从促进侨务资源可持续发展的高度出发，把加强华文教育作为一项长期的战略任务来抓，切实提升华文教育的整体发展水平。具体而言，可从以下几方面着手推进：制定华文教育的长远发展规划，加强与"国家海外华文教育工作联席会议"各成员单位和"国家汉语国际推广领导小组办公室"的沟通与协作，统筹兼顾，为海外华文教育的发展争取更多的帮助；加强与华文教育所在国政府教育部门的交流沟通，争取获得当地政府和社会民众的理解与支持，逐步形成多层次、多形式的华文教育合作机制；切合当地实际需求，将华文教育与职业教育结合起来；规范和推进华文师资培训工作，立足于在当地培养华文教师；因地制宜地编定海外华文教材。可以改变过去单纯由中方编写的做法，尝试由中国国内相关院校与当地华文教育机构合作编写，以解决教材"本土化"问题。此外，还应丰富文化类教材和教辅资料，提升华裔青少年的学习兴趣；建立海内外学校互动机制，资源共享、优势互补，促进海外华文教育均衡发展；加强华文教育网站建设，以新科技手段为华文教育提供更加便利的学习平台，等等。当然，在助推过程中，我们一定要考虑到各国特殊的政治和社会历史环境，因地制宜，避免恶化华文教育发展环境。

第四，加强文化交流和文化宣传活动。文化交流有利于培育海外侨胞对中国的认同。因此，我们要搭建更多的文化交流合作平台，并加强中华文化海外传承和传播方面的统筹协调工作；以广大侨胞喜闻乐见的方式开展丰富多彩、富有民族特色的文化交流活动，"走出去"为海外侨胞办文化展览、文艺演出、传授技艺等，"请进来"开展中华文化海外优秀成果回国"大省亲"或联合会演等，以此来展示中华文化的无穷魅力，同时密切海内外同胞之间的感情和联系；要加强侨乡文化研究，办好侨刊乡讯，挖掘和宣传侨乡名人，进行侨批展览等，以此来激起海内外同胞的共同记忆，增进友谊交往；要办好国内涉侨的报纸、杂志、影视、网络，加强与世界各地华文媒体通力合作；要鼓励和支持更多的海外华侨华人文化社团踊跃加入到传承、弘扬中华优秀文化的队伍中来，支持海外侨胞举办全球和地区性中华文化交流合作活动。

第五，委以责任或适当表彰华侨华人对于调动华侨华人与中国合作的积极性也颇为有效。赋予华侨华人某种职责，对他们而言既是一种荣誉也是一种信任，不仅有利于发挥他们在某些方面的优势，还有利于调动这一群体的责任心和使命感。近年来国务院侨办设立的专家咨询委员中就包括海外华侨华人专家，他们的任务包括对涉及侨务工作发展全局性、战略性的重大问题开展调查研究，并提出有关意见和建议；为侨务政策、法规的制定等建言献策；向国务院侨办提供咨询报告，及时反馈侨务方面的最新情况。这是一项很好的尝试。

而通过褒扬先进，也可以增进这部分华侨华人对中国的情感，并激励更多的华侨华人与华合作意识。在这方面，全国各个层次均有一些尝试，如国务院侨办设立的华侨华人专业人士"杰出创业奖"，北京市华侨华人"京华奖"，以及福建、广东、海南、浙江等地为表彰和奖励在当地经济社会发展中做出突出贡献的华侨华人、归侨侨眷和港澳同胞而设立的各种荣誉称号等，不少地方在表彰方面还积累了一些可供借鉴的经验。今后，可在更广领域、以更多形式开展这项工作。

总之，在"海丝之路"的背景之下，一方面，要正视并尊重华侨华人的政治、文化和社会差异性；另一方面，又要综合运用各种手段，动用各方面力量，不断增强他们对中国的深入了解和情感依托，提升他们作为中华民族成员及对与中国合作的自豪感和自信心。

（二）增进利益契合

利益契合是扩大华侨华人与中国合作的基本动力。在"海丝之路"建设过程中，唯有使华侨华人成为"海丝之路"建设的受益者，才能进一步扩大华侨华人与中国合作的空间。而且，利益契合还能促进认同。根据温特的建构主义理论，身份包含利益。没有利益，身份（认同）就失去了动机力量；客观利益是需求和功能要求。[①]华侨华人能否自觉扮演中国海外利益的承载者与拓展者角色，很大程度上取决于该群体在同中国的经济文化互动中对自我利益的认知和满足。换言之，当中国与海外华侨华人群体在互动中能

---

① ［美］亚历山大·温特著，秦亚青译：《国际政治的社会理论》，上海人民出版社，2000年，第289—290页。

够发现和拓展相互间的共同利益，那么中国的海外利益将得到华侨华人群体的维护与配合。总之，为了调动广大侨胞与中国共建"海丝之路"的信心和决心，我们要拿出最大的诚意，创造更多与华侨华人互利共赢的机会，拓展"海丝之路"建设中与华侨华人的合作空间。

侨务经济科技工作既是为国家和地方发展大局服务，也是实现"为侨服务"的重要途径。当务之急是要将海外华商自身事业发展同"海丝之路"建设结合起来，引导他们把握中国发展和中外合作的机遇，将促进中国经济社会发展和促进其自身事业发展有机结合起来。而事实上，"海丝之路"建设可为华侨华人带来很多市场机遇，比如参与基础设施建设，发展贸易、服务业以及开拓休闲旅游市场等。

实施"海外人才为国服务计划"，既实现了国家对紧急人才的需求，又实现了海外人才个人发展的需要，因而也是合作双赢的重要内容。对此，相关部门必须通过前期调研，既熟悉海外高层次人才资源状况，又了解国内有关部门对人才的需求，而后通过联谊、引导和服务，实现资源与需求的有效对接。如在中国企业"走出去"的过程中，相关部门要充分利用我国海外华侨华人和留学人员众多的优势，推动法律、会计、商务等各类华侨华人中介机构的组建工作，为欲"走出去"的中国企业提供各类服务；或以海外华侨华人、留学生等技术人才为主组建海外投资咨询服务中心，帮助中国企业聘请当地华侨华人作为投资、金融、税务等方面的顾问，以便能够较好地融入当地。

在"海丝之路"建设中，除了经济上的互利双赢外，从长远来看其他方面也是可以实现互利双赢的，如华文教育、华文媒体既是中华文化传承和传播的需要，也关乎一部分海外华侨华人的生计和发展，因此也是双赢的体现。对此，应予以大力帮助。具体措施中，如2004年以来，国务院侨办就启动了"本土化"教材的编写工作，而华文教材的"本土化"显然有利于华侨华人更快地融入当地。今后，还应从教材编写、师资培训等方面加大对华文教育的支持力度。此外，中国在海外办校也应更多地依托华文学校来进行。当然，为了避开政治敏感性，可以采取民间合作的方式来进行。海外华文媒体，不仅能传播中华文化，还能帮助中国向外界释疑解惑，因此也要更多地通过民间合作的方式合作发展。

又如中华文化"走出去"既可以增强中华文化影响力，又在一定程度上满足华侨华人的精神需要，因而也是双赢之事。值得注意的是，在实施中华文化"走出去"战略的过程中，随着时代的发展，各国民众和海外华侨华人对中华文化的了解和欣赏需求也会相应发生一些变化。因此，"走出去"的文化精品也需要在形式、内容上经常更新，既要甄选具有浓郁民族特色的文化精品，又要注意甄选适合当地受众口味的文化精品，要考虑受众的审美观和接受能力。在这方面，广大侨胞长期生活在海外，熟悉中外文化，了解当地民众的思维方式和审美情趣，因此，在向海外派出文艺团体、举办文艺活动之前，要悉心听取派往国侨胞和华侨华人社团的意见和建议，对传播的文化内容、形式及时调整。这样，既可使我们的传播活动更加"适销对路"，也可以更好地呈现中华优秀文化的最新成果。

（三）加强对"海丝之路"的宣传

由于历史原因，华侨华人主要集中在"海丝之路"沿岸地带。因此，"海丝之路"建设与海外华侨华人社会的发展息息相关。况且，如前所述，在21世纪"海丝之路"建设中，华侨华人有融通中外的优势，对中国和侨居国国情和需要均有一定程度的了解，可以找到中国与所在国发展战略的结合点。但目前并非所有华侨华人对21世纪"海丝之路"都有同等程度的了解和主动参与意识，一些华侨华人对"海丝之路"建设还是一知半解甚至闻所未闻。在此情况下，希望调动他们参与"海丝之路"的积极性，甚至希望通过他们向所在国民众去倡导共建"海丝之路"就无从谈起。因此需要针对海外华侨华人做好21世纪"海丝之路"建设的推介和引导工作，增强华侨华人的参与意识。

宣传的渠道应该是多方面的，由于世界各地华侨华人对信息的获取主要来源于当地的华文媒体，因此在宣传中应重视华文媒体的作用。目前，国务院侨办已通过举办第八届世界华文传媒论坛、海外华文媒体高级研修班等活动，组织华文媒体深入"一带一路"建设重点省份实地采访，增进其对"一带一路"的理解和支持。今后还要加强与华文媒体的合作，使新"海丝之路"建设的相关信息及时、准确地传递给华侨华人。在宣传中要着重对21世纪"海丝之路"建设的中方设想、华侨华人的机遇和可能起到的作用等进行宣传。要通过宣传让侨胞在"海丝之路"建设中找到参与的结合点，达成更多共识。

但另一方面，由于对华侨华人的宣传不可避免地会引起当地社会的关注，因此，在宣传中，既要突显"海丝之路"的基本精神，又要谨慎，且注意宣传策略。（1）宣传时有所区分。首先是要区分支持者和反对者，不加选择的一致宣传可能适得其反。对于那些对"海丝之路"建设持不同意见者，应做耐心细致的工作，争取在"海丝之路"建设中推进海外华人社会的团结。其次要区分华侨和华人。虽然在21世纪"海丝之路"建设中，华侨华人在与中国合作方面可能发挥同等作用，但华人始终已加入当地国籍，在"海丝之路"建设中首先考虑的是当地国的利益和态度。因此在宣传时对于华侨和华人应有所区分，对待华人应该谨慎宣传，决不能一厢情愿。再次要区分地域和国度。比如在东南亚地区，华人问题比较敏感，当地民族对华人的"海丝"热情会比较反感，因此不宜过分公开强调华侨华人的作用，那样很容易引人误解，可能引起负面影响，给华人造成困扰。（2）选择对象重点宣传。由于大张旗鼓的海外宣传可能引起侨居国的不满，甚至可能会给华侨华人带来一些不必要的困扰，因此可以有选择性地对一些侨界精英或在一些重点侨团、侨媒中进行适度宣传。尤其是华侨华人精英往往能在社会引起巨大的"跟随效应"，因此对这些"意见领袖"进行重点攻关，可以起到事半功倍的效果。对于一般华侨华人的宣传而言，在不同国度也可以选择不同的宣传对象。如在欧美地区主要做留学生和新华侨华人的工作，这是因为在欧美地区聚集了大量华裔高新技术人才和社会精英，而且欧美地区尤其是欧洲华人社会以第一代新移民为主，他们中来自中国大陆的移民与中国有较多感情上的交集和共鸣，因此争取这一部分人与中国的合作较为可行和有效。而在东南亚地区，则主要做好老华侨以及一些以开拓商机、从事经贸的新华侨的工作。因为相较而言，前者不仅事业有成，而且对中国尚有一定的好感，后者则从情感和经济利益出发可能对与中国的合作更有兴趣。（3）注重宣传技巧。如马来西亚的民族问题相当敏感，因此在马来西亚进行宣传时，要避免出现华侨华人是我们的"软实力"之类的表述，选择用"中外沟通的桥梁""中外文化交流的和平使者"这样的表述更能为当地政府和民众所接受。当然，更多的应以双方经贸合作的实际利益为号召，并争取马来西亚政府和马来人的支持。（4）要注意宣传力度、时机、方式和内容等。如鉴于中国周边环境复杂，我们既要加大宣传力度，又不能太过张扬。要把握宣传节奏，不能操之过急；可以利用华侨华人返回祖（籍）国之际进行宣传；为了增强宣传的效果，有关部门可以针对外界关注的热点和疑点问题，组织海外侨胞实地参访和交流，鼓励他们通过所见所闻，向当地主流社会全面、真实地介绍中国和"海丝之路"的相关主张；在宣传内容上，要注重强调 21 世纪"海丝之路"建设中的自愿、平等参与，及其互利、共赢宗旨。通过这些宣传，打消各方对中国倡导 21 世纪"海丝之路"的疑虑，塑造共同的心理基础。

宣传之余，我们还可以邀请海外华人社团、各界精英代表和意见领袖为"海丝之路"建言献策，借助华人社团和华人精英在政治改革、社区管理以及跨国经营等方面的资源和经验，促进 21 世纪"海丝之路"建设框架的日臻完善。

二、提升华侨华人的参与能力

（一）在合作中推进华侨华人事业的发展

在合作中推进华侨华人事业的发展是"为国服务"和"为侨服务"的有效结合。目前，我们已在各方面与华侨华人建立了合作关系，相关部门也正在通过开展一系列活动，帮助侨胞在"一带一路"建设中找到自身事业发展的结合点。如为引导海外华人、华商更好助力"一带一路"战略，国务院侨办 2015 年不仅在博鳌亚洲论坛框架内举办了华商领袖与华人智库圆桌会，还举办了首届"世界华侨华人工商大会"，这对于构建全球华商合作机制，引导全球华商共享中国发展机遇等均有积极意义。今后还需进一步挖掘新的合作渠道，深化合作关系，尤其是在海外的合作更要大力推进。如在开展一些对外援助项目时，我们可以选择一些与华侨华人合作推进，这对于提升他们在当地的社会声誉也有一定的帮助。

平台促进合作，现在我们已有不少针对华侨华人与留学生群体的交流合作平台。如"中国留学人员广州科技交流会""华商企业科技创新合作交流会""华侨华人创业发展洽谈会""海外华侨华人高新科技洽谈会"、东盟华商会以及一些世界性、区域性的华侨华人社团年会等，这些均已成为各方相互了解、合作的重要平台。但整体来看，目前这些与华侨华人的交流合作平台主要还属于"引进来"的贸易洽谈性质，"走出去"还缺乏常态化、高层次的交流平台。因此，今后不仅要充分发挥已有平台的作用，实现海外侨胞和"海丝之路"建设项目的对接和落地；还要搭建更多平台，尤其是"走出去"投资洽谈和沟通交流的相关平台，推动华侨华人与中国企业的海外合作。为此，中国政府、中国企业及行业协会要主动加强与华商企业、国际华商组织的交流与合作，建立多种形式的合作机制。在华商组织方面，以往，我们和海外华侨华人地缘组织联系较多，与海外华侨华人业缘组织联系不够，但事实上，如今大部分业缘组织为散居各国的华侨华人提供了广泛联谊和经营往来的宽阔平台，其促进经济联系的功能也比较突出。因此，我们要主动加强与此类华侨华人组织的联系，在促进交流的同时寻找合作机会。除这种常态性的平台建设外，也可以多开展一些以华侨华人与"海丝之路"战略为主题的论坛活动，吸收各方关注和参与。

为了增加合作成功机率，要做好相关人员的咨询、培训和辅导等服务工作。近年来，各级侨办对来华投资创业的华侨华人主要采取了两种做法：一是组织"中国投资创业政策咨询报告团"上门服务，为华侨华人到中国投资创业提供咨询；二是举办"华侨华人专业人士回国创业研习班"，为专业人士回国创业提供培训和辅导。今后，不仅要继续坚持这方面的工作，还要加大对其创业过程中的相关服务和扶助工作。不仅如此，对于欲与华侨华人进行海外合作的中国企业也应有更多的培训和辅导工作。

一些合作也体现在对华侨华人的帮扶当中。毕竟不是所有的华侨华人在海外都生存、发展得很好，一些华侨华人还需要我们帮扶。我们要更多地关注华侨华人海外生存现状的变化，在对外发展中帮助华侨华人脱贫致富。尤其是华侨作为中国公民的一份子，理应享受党和国家富民政策的好处。当然，对华侨华人的帮扶决不是大包大揽，而是通过我们的帮助使他们走上自我发展、自我提高的道路。如根据不同地域、不同人群的需要，有计划地通过当地的华侨华人社团开展针对中下阶层华侨华人生存技能的培训，帮助华侨华人提高业务技能，拓展就业渠道；根据他们的实际情况，海外中资企业在用工方面予以优先照顾等等。事实上，在帮扶海外华侨华人方面，我国已有积极规划，2014年国务院侨办提出了八项惠侨计划，包括加强侨团建设、建立华助中心、加快华教发展、促进中餐繁荣、体现中医关怀、扩大文化交流、扶助侨胞事业、提供信息服务等，这些均是直接为侨服务的。这种帮扶不仅有利于华侨华人事业的发展，而且在帮扶中也实现了与华侨华人的合作，通过帮扶还为将来与他们的合作奠定了感情和实力基础。

除经济层面外，我们也可以在其他领域扩大与华侨华人的合作。如在文化层面，一方面，我们可以为海外中华文化传承提供一些力所能及的帮助。如可以协助华人开展中国传统节庆活动以及一些有关中国饮食、中医、戏曲、武术及各种传统习俗的嘉年华活动，在当地社会展现中国文化的魅力。另一方面，也邀请华人文化团体来华观摩、交流、培训，提升海内外中华文化水平。在教育方面，也可以建立海内外学校互动机制，促进各方共建共赢。如温州市侨办开展的海内外学校"结对帮扶"活动，仅 2011 年就有 25对 32 所海内外学校建立友好关系，并已形成师资互派和学生互访的常态机制，有力推动了温州与海外华文教育界的合作与共同发展。[①]

总之，通过扩大与华侨华人的合作，既可能实现华侨华人事业的发展，也可能因此进一步增强其在"海丝之路"建设中与中国合作的能力和意愿，因而是一种良性循环。

（二）涵养侨务资源，整合侨社力量

华侨华人实力除可以在合作中培育外，也应该在平时注重涵养，如此才能实现侨务资源的可持续发展。涵养侨务资源的手段多种多样，如加强联谊，拓展侨务资源网络；加强侨社建设，提高华侨华人组织化程度；加大华文教育支持力度，提升民族凝聚力；支持海外华文媒体发展，扩大其舆论影响力；做好青年侨领培养工作，确保侨务资源可持续发展；护侨爱侨，充分调动侨胞"为国服务"积极性；给海外华侨提供制度性的参政议政渠道，更好地赢得侨心等，这些都是涵养侨务资源的有效手段。

值得一提的是，涵养侨务资源并不是一味地强调中国方面更多的扶持，实际上，在相关问题上，中国方面更多的应是引导或提供一些规范，过多地参与不仅不利于侨务资源的自身成长，对中外关系也可能造成一些困扰。如

---

① 叶斌斌：《新时期海外温籍华校的转型之路》，《侨务工作研究》2012 年第 4 期，http://qwgzyj.gqb.gov.cn/hwjy/167/2075.shtml.

对华文教育的大力扶持虽然有利于增强中国文化的国际影响力，但这些扶持从长远来看并不利于培育华文教育的自我发展能力，在敏感国家还容易授人以柄。因此，这仍只是一种权宜之计。从长远来看，我们更要着力于鼓励华文学校借鉴市场运作模式，在管理模式、办学方式、教学形式和内容等方面进行创新，调动各方面资源和力量，着力于提高华文教育质量和华文学校在当地的美誉度。在华文媒体方面也是如此。我们既要通过加强合作，提供信息、经验等支持其成长，还要鼓励华文媒体自身创办双语刊物、网站，加强传播能力建设，更要鼓励华文媒体与当地主流媒体对话交流，扩大在华人社会的覆盖面和对主流社会的影响力。

与此同时，华侨华人能力还需要整合。正如王赓武先生所认为的，"由于家庭与教育背景、职业、居住地点、与中国和其他华人社会的联系的程度以及对中国大陆和台湾的看法等因素的影响，华人之间会有很大的不同。"[①]不仅如此，目前海外华侨华人还存在着相互联系不多、凝聚力不强，各社团间各自为阵甚至相互拆台，经济上恶性竞争等现象，这极大地影响了侨界的和谐和整体战斗力。要改变上述现况，相关部门对侨界的引导和整合必不可少。

要整合侨界力量，首先有必要加强华人之间的相互交往，构建多层面的华人互动网络。华人互动网络的形成不仅有利于增强华人的凝聚力，而且通过信息、资源共享，能够加强华人族群共同应对世界性和地域性经济和政治危机的能力，还有利于促进华侨华人与中国的交流。但如今的华人互动网络除了经济层面的华商网络外，其他方面并无大的建树。因此，有必要在现有华商网络的基础上，加强各国华人族群的交往，构建一个更为完整的华人网络。在这方面，需要华人社团、华文媒体的大力倡导和推动。此外，华文教育也因聚集了大批来自不同地区、不同家庭背景的华裔学生，因而也在一定程度上促进了这些华裔群体之间的沟通与理解。更进一步，华文教育也可能唤醒某些华人群体的民族意识，而这对进一步促进华人社会的团结也是有利的。

其次，要引导华人经济和谐发展。目前海外侨胞从事行业较为集中，这

---

① 刘宏、黄坚立：《海外华人研究的大视野与新方向》，（新加坡）八方文化企业公司，2002年，第73页。

就导致同胞间竞争现象比较激烈，甚至还存在恶性竞争的现象。今后，应加强对华侨华人产业发展和资金流向的引导，鼓励华人产业转型。同时，还可引导华侨华人企业合作或联合，实现规模效益，共同发展。此外，也应引导华人行业协会充分发挥其规范和协调作用。

再次，加强侨团建设，整合侨团力量。海外华侨华人社团作为侨社的组织者与领导者，是华侨华人融入当地、联络情感、传递信息、互帮互助的重要平台。如何处理好海外华侨华人社团内部、社团之间、华社与当地社会之间的和谐关系，是侨团建设需要高度重视的问题。就侨团自身而言，改革和创新是海外华侨华人社团的根本出路。首先，向现代社团组织转变，使其更加专业化、规范化、现代化，是传统华人社团发展的方向。对此，新加坡学者潘国驹认为，华社首先应建立一套民主、健全的现代化管理制度，让会员可以参与决策和发挥个人才能。[①] 其次，华人社团要勇于吐故纳新，尤其是注意吸收新移民、新力量，并在吸纳与团结的基础上发展。再次，要促进华人社团间的联系和联合。增强华侨华人社团间的联系有利于华人社团取长补短，共同发展。而社团间的联合在某种程度上取决于华人社团自身发展的需要，取决于华人社团的自主和自愿。因此，既需要积极推动，也需要逐渐推进，不能一厢情愿，太过急躁可能违背相关团体的意愿，其结果只能是适得其反。相关社团可以先通过联合举办一些活动，加强相互间的交流和联系，打破"各自为政"局面。在此基础上，再进行社团整合，可以尝试着在保持组织相对独立的情况下进行。在此过程中，可以多发挥"世界华侨华人社团联谊大会"等的平台作用，积极引导海外侨社加强团结。最后，侨团要力促华人社会扩大与当地主流社会的交往，友善对待他族居民，增进彼此之间的友好感情。这对于改善华人族群的生存环境是有帮助的。

第四，要整合侨界其他资源。如加强华校与华校之间的交流和合作，取长补短，相互提高；还可以合理规划各地华校布局，把邻近的微型华校合并，这样有利于增强华校资源，节省管理费用，更好地发展。又如加强华文媒体之间的合作等。此外，在协同方面，两岸也有不少提升的空间。目前两岸在海外各有自身的资源和优势，若能抛开政治分歧，以侨界整体利益为

---

① 《新加坡学者：华人社团要发展需全面现代化》，2004-03-09，http://www.chinaqw.com/node2/node116/node117/node163/node820/node821/userobject6ai157264.html.

重，是可能形成较大的合力的。

总之，要围绕促进华侨华人社会团结这条主线，通过适当整合，通过有效涵养，在现有基础上发展壮大侨界实力，提升海外华侨华人与中国合作的能力。

（三）继续鼓励侨胞融入当地主流社会

融入当地是为了改善华侨华人的生存和发展环境。由于目前整体而言华侨华人在海外融入仍然不够彻底，一些地区华侨华人"候鸟"和"过客"心态仍然存在，融入观念不强，因此有必要继续鼓励华侨华人积极融入当地主流社会。

当然，民族融合不是一个简单的话题，也不仅仅是侨胞单方面努力就能实现的事情。但无论如何，作为一个外来群体，为自己长远的生存和发展考虑，华侨华人应在这方面抱积极主动的态度。只要在当地一天，就要遵守当地法律法规，尊重当地民俗，与当地民众和平相处。对于华人则更是如此，既然已经加入了所在国的国籍，是所在国的公民，就应该努力认同这个国家，将自身的前途命运和所在国的前途命运紧紧地联系在一起。不仅如此，从现实的角度出发，作为主权国家的少数民族（新加坡除外），他们已无可能从祖籍国那里得到更多实质性的保护，而自我保护的最好办法便是融入当地社会，并力求成为所在国有价值的族群。只有这样，华侨华人才能与居住国其他民族关系融洽，也才能在不断提升自身经济实力的同时，提高自身的政治、社会地位。

有了这种积极心态之后，华侨华人就应该从各方面着手，努力融入当地。没有政治力量保护的经济地位随时可能崩溃，因此，广大华人在继续关注自身经济事业的同时，也应增强公民意识和参政意识，积极参与住在国的政治活动。可以通过积极投票表达心声，也可以直接竞选参政；可以组建或整合华人政党积极参政，也可以通过资助当地候选人等手段，间接扩大华人对国家政策的影响力；平时也要积极参与当地社区事务以及种种维权活动。当然，在东南亚等华人问题由来已久的国家，由于长期受到殖民统治、冷战以及原住民优先主义等历史因素和现实政策的影响，当地民族对华人也正经历着一个由不认同到认同的艰难转变过程，因此华人在维护自身民族权利时，不宜过于急躁，而应循序渐进，这样既可以照顾原住民的感情，避免民族政策的反弹，又能维护华人的基本民族权利。

华侨华人融入所在国经济的方式和途径可以多种多样。为了促进经济融合，华侨华人要主动把自己的经济发展前途和当地民族经济的发展前途紧密地联系在一起。在投资行业方面，要以所在国政策导向为指引，更多地发展政府鼓励发展的领域；在投资方式上，加强与当地企业的联系和合作，做到与当地土著经济利益共享，实现互利双赢发展。目前浙江义乌在"走出去"战略中主要发展批发环节，而把产品流通环节让给当地人经营。通过适当让利，不仅可以回避矛盾，而且可以形成竞争优势，在现阶段不失为中国商品打开当地市场的一种可行方法；在经营管理上，要遵守当地法律法规以及行会标准，依法纳税，诚信经营；在员工方面，要充分雇用和培训本地员工，为当地居民提供尽可能多的就业和发展机会。总之，要让当地土著民众认为，华人企业发展与他们的实在利益息息相关，从而减少他们的排斥心理。

在教育文化领域，海外华校应立足本地，争取得到所在国政府的认可，纳入当地国民教育体系当中。近年来，在华文教育应保持其"独立性"还是应与当地教育"兼容"、融入当地教育体系这一问题上，大家基本已达成共识，认为融入当地的教育体系有利于华文教育的长远发展。因为倘若华文学校保持"独立"，不被纳入国民教育体系，不仅在经费、生源等方面难以保证，而且在特殊时期还可能会被打压甚至被取缔，这已为历史所证明。因此，华文学校要谋求发展，必先谋求生存，必须要有合法的生存空间和安全的发展环境，而将华文学校融入当地的国民教育体系就是一种明智的选择，有利于海外华校的健康、平稳发展。现在，越来越多的海外华校正在争取获得所在国政府的认可，但能否被纳入当地国民教育体系主要取决于华校的教育质量。因此，华文学校要更新办学理念、加强自身管理，调整教学内容、改变教学方法，提高办学质量，提升自身的竞争力。同时，华校也要积极、主动与主流教育体系联络，争取得到其支持。总之，使华文教育"本土化"和"高质化"，更好地适应当地国民教育的需要，应该是华文教育在居住国能够长期生存发展的必要条件，也是华文教育取得当地政府认可和支持的重要前提。此外，华人还要积极学习当地语言和历史，尊重当地文化和宗教，这些对于增进彼此间的理解与互信，减少隔阂是有好处的。

在社会生活领域，侨胞要多走出相对封闭的"唐人街"，抛弃自我孤立心态，加强与住在国主流社会的沟通和合作，与当地民众和谐相处；要洁身自爱，树立海外华人文明形象；要更多地履行社会责任，帮助当地政府积极解决贫困等突出的社会问题，为促进当地经济社会发展多做贡献。尤其是当地华人企业，更要积极参与当地社区与社会的公益事业，主动回馈当地社会。对于一般华人，也可以鼓励其更多地参与社区服务，多做义工，培育其社会责任意识。总之，华侨华人要通过各个领域的积极努力，尤其是积极参加当地的各项建设，为繁荣当地做出更大贡献。使当地的主体民族逐渐意识到华侨华人虽是移民，但并非匆匆过客，而是本地人口中之重要成员，从而与之建立和谐的共存关系。

当然，不同群体融入当地的难易程度和路径是不同的，一般而言，精英移民因为有语言和技能优势，在当地面临的可能是如何更好发展的问题。在融入方面，他们不仅适应能力强，而且为了自己的事业发展，他们往往更主动地融入主流社会，因此融入进程往往比较快，主要经历着"对异国文化的好奇与抵触→入乡随俗→积极参与→谋求发展→做出贡献"的发展过程。[①]而非精英移民，进入住在国首先面临的是生存问题，并大多通过互助方式，找到谋生场所和谋生方式；再经过一段较长时间的适应，待生活更有保障之后，才会有意无意地借鉴当地社会做法，逐步调适自己的行为和价值准则，向主流社会靠拢，以取得更大的发展机会。而这一进程通常也比较漫长，过程也比较曲折。

是否愿意融入当地，能否融入当地，关键在于华侨华人。作为祖籍国，我们能做的是要动员侨团、华文媒体等可能力量从理论和现实角度多作宣传、引导，帮助他们转变和调整心态，给他们融入当地社会支招或给予适当的支持。比如在改变华人整体形象方面，既可以通过加强行前培训，使侨胞对前往国家基本的法律法规、风俗习惯、文明礼仪等有所了解；又可以运用使领馆、华文媒体、侨团等多方力量，引导海外侨胞遵守住在国法律，尊重当地社会民族宗教习俗，依法、文明经商，多参与当地公益事业，充分展现华侨华人"守法诚信、举止文明、关爱社会、团结和谐"新形象。目前，鉴于华人经济诚信问题突出，不仅影响到华人的形象，也影响到整个华人事业

---

① 李鸿阶、廖萌：《华侨华人与住在国经济融合》，《侨务工作研究》2009年第5期，http://qwgzyj.gqb.gov.cn/yjjytt/150/1520.shtml。

的发展。因此，需要大力引导和规范华人的经济行为，重塑华人经济形象。

总之，能否顺利融入当地，既关乎侨胞的长期生存与发展，也关乎中华民族海外形象。对于"海丝之路"建设而言，也关乎华侨华人自身参与实力。因此，要鼓励和引导侨社在加强内部团结协作的基础上，积极融入当地，努力提升海外侨社的凝聚力和影响力。

（四）完善海外华人风险预警机制

完善海外华人风险预警机制是为了更好地保护华侨华人海外利益。而华侨华人的海外利益可以分为两类：一类是生存利益，指华侨华人生命和财产的安全；另一类是发展利益，指华侨华人在海外如何更好地工作与发展。两类利益中，生存利益是首要的，生存利益得不到保障，发展利益就无从谈起。而如前所述，目前无论是生存利益还是发展利益，海外华侨华人均面临一些威胁。

为了避免今后再出现类似威胁，我们首先应从源头上寻找和根除产生安全威胁的缘由。而如前所述，各种安全问题的原因极其复杂，有些是客观原因，是华侨华人难以控制的，有些则是华侨华人自身原因。对于海外华侨华人自身的不道德、不守法以及自己族群的不和谐所引发的安全问题，我们应积极反思，及时改正，防止再出现类似事件。在这个问题上，既需要中外政府相关机构和侨团的引导，也需要华侨华人的自觉参与。海外华侨华人要把"融入当地社会"作为有助于其生存和发展的首要任务来看待，严格遵守当地的法律法规，尊重当地的民风习俗，多顾及其他族群的利益，多回馈当地社会，树立华侨华人良好形象。

此外，华侨华人也要加强自我保护意识和自我保护能力建设。目前，社会上一些人对华人根深蒂固的偏见一时难以完全转变，一些侨居地社会贫富悬殊还在扩大，加上种族主义和宗教极端势力的煽动，很容易造成排华事件。因此，华侨华人要有忧患意识，应居安思危。无论是在当地求学、旅游，还是在当地经商、务工，在注意自己言行的同时，均要具备一些基本安全常识，要了解前往国的法律救助方式以及中国使领馆所能提供的各种救助，以备不时之需。在能力建设方面，从预防的角度出发，要借助海外华商和社团，搭建海外发展的风险预警及沟通平台；要加强与住在国政府部门，尤其是与移民、警察、税务、卫生、就业、保险等相关部门的联系和沟通，减少华社与住在国政府的矛盾与误会，防患于未然；要改变"政冷经热"现象，积极参与当地政治，避免被边缘化。而一旦安全问题出现，华侨华人要改变忍气吞声、息事宁人的保守个性，团结起来，通过合法渠道维护自身合法权益，才不会被他族视为可以任人宰割的"羔羊"；要加强与国际人权组织的联系，善于利用现行国际法和国际规章制度中的相关条款来保护自己；而且，由于一些冲击并非专门针对华侨华人，因此要加强与住在国其他移民群体的联系与协作，共同争取移民的正当、合法权益。

为了完善海外华侨华人的风险预警机制，除了需要华侨华人个体的自觉参与外，还需要社会各方面的配合和努力。在这方面，应充分发挥侨社"三宝"的功能。如海外华文媒体可经常进行"海外文明"和"海外安全"方面的宣传教育，积极营造"树立海外中国公民文明形象"的舆论氛围，媒体还可对某些不文明的行为进行舆论监督；对一些安全事件和权益侵害案件进行剖析，协助调查，以提高海外华侨华人的法律意识和自我安全保护意识，推进案件的顺利解决。海外侨团对当地国家的情况比较了解，又愿意为当地华侨华人服务，因此在华侨华人安全问题上可以发挥政府机构无法起到的作用，且可以避免一些敏感问题。具体而言，一方面，侨团要积极引导华人自律，自觉遵守当地法律和民风习俗，积极回馈社会，低调生活，避免不必要的争端。在这方面，西班牙华人协会2009年8月曾联合当地华侨华人团体召开专题座谈会，就"海外文明"和"海外安全"两大主题展开讨论，会后发出倡议书，号召侨胞们做文明中国人。这种做法值得推广。另一方面，侨团也可协助中国政府建立华侨华人风险预警机制。一旦发生突发事件，侨务部门可以通过当地侨团和侨领，动员相关力量，预防华侨华人安全问题的升级，并妥善处理善后问题，为侨胞提供及时的救助。

相关部门和团体还可以职合学界，加强对移民安全问题的研究，尤其要加强对那些华侨华人主要聚居国的政治、经济、文化状况和华人政策的研究，定期发布世界各国政治经济风险报告，增强国人的风险意识，引导华侨华人合理选择，将风险降至最低。

总之，华侨华人实力既要立足于现状，又要不满足于现状；既要保存实力，又要发展实力。为此，中国政府及相关部门既要提供力所能及的帮助，又要大力引导华侨华人自强、自立，双管齐下，使华侨华人实力得以不断充实和优化。

结 语

华侨是历史上"海丝之路"的积极参与者和建设者，并通过"海丝之路"积累了可观的经济实力和社会资本，形成了支持祖籍国和侨居国建设的独特路径和模式。

21世纪"海丝之路"建设借用历史上"海丝之路"的符号及其和平共赢的价值内核，既符合中国长期发展的需要，也有利于相关国家的发展，有助于培育中国与相关国家的政治互信。与此同时，21世纪"海丝之路"沿线各国恰好也是华侨华人的聚集区和经济利益最为集中之处，因此"海丝之路"能否顺利推进对于华侨华人的生存和发展也有重要的影响。与此同时，沿线各国华侨华人尤其是东南亚华侨华人移居历史悠久，他们熟悉住在国的社会、法律、文化环境与风土人情，已经较好地融入当地社会，并拥有雄厚的经济技术实力、成熟的生产营销网络、广泛的政界商界人脉。不仅如此，他们中的一些人对中国的国情民意比较了解，在语言文化方面更是具有得天独厚的优势，因而是连接中国与周边国家的天然桥梁和纽带。而"海丝之路"建设的关键在于五"通"，也就是政策沟通、设施联通、贸易畅通、资金融通和民心相通。在这些方面，华侨华人无疑具有独特的优势。也正因为如此，我们对华侨华人寄予厚望，希望他们在21世纪海上丝绸之路建设中发挥建设性作用。具体而言，希望他们在构建政治互信中发挥释疑解惑作用，在双边经贸合作中发挥桥梁纽带作用，在区域经济发展中发挥牵线搭桥作用，在中外文化交流中发挥融合发展作用。

如今，基于自身发展的需要及侨居国、中国等相关因素的推动，华侨华人存在着发挥上述种种作用的动力，这使得他们与中国共建21世纪"海丝之路"存在可能，但与此同时，共建"海丝之路"于他们而言也存在种种阻力和顾虑，在深化合作中也存在能力上的欠缺。毕竟，海外华侨华人大多只是当地国家的一个少数族群，在一些国家，华侨华人还受到歧视，经济政治活动受到限制，一些国家对华侨华人与中国的各方面联系也比较在意。在这些国家对 21 世纪"海丝之路"建设仍抱有疑虑的情况下，他们对于"海丝之路"建设也不得不保持低调，与中国的相关合作也十分谨慎。因此，要让华侨华人更有效地在 21 世纪"海丝之路"建设中发挥作用，不仅需要华侨华人进一步认清使命和机遇，更需要中国方面有所作为，积极创造条件，充分调动华侨华人参与其中的积极性，提升其参与能力。最终通过华侨华人的示范和推动，扩大 21 世纪"海丝之路"的建设成效。

当然，强调华侨华人的作用并不是否认其他群体的功能和重要性。归根到底，21 世纪"海丝之路"建设的推展及其成效最终还是取决于沿线政府和民众的认可和参与程度，中国政府应努力做好他们的工作，获得他们的认同，而不能本末倒置。否则不仅不能依靠华侨华人拓展中国海外利益，反而可能使他们处于尴尬甚至危险的境地。

参考书目

一、外交资料

1. Antony J.Blinken，"*Winning the War of Ideas*，"The Washington Quarterly，25：2 Spring，2002.

2. John Crawfurd，*Journal of an Embassy from the Governor-General of India to the Courts of Siam and cochin-china*，vol.2.

3. John Anderson，*English Intercourse with Siam in the Seventeenth Century*，London：Kegan Paul，Trench，Trubner and Co.，1890.

4. MAP Meilink-Roelofsz：*Asian Trade and European Influence*，Springer.

5. ［澳］王赓武：《东南亚与华人——王赓武教授论文选集》，姚南译，中国友谊出版公司，1987年。

6. ［马］林水檺、骆静山：《马来西亚华人史》，马来西亚留台校友会联合总会，1984年。

7. ［马］林水檺等合编：《马来西亚华人史新编》（第二册），马来西亚中华大会堂总会，1998年。

8. ［马］骆静山编：《马来西亚华人问题论丛》，玻璃市州广东公会奖助学金委员会，1983年。

9. ［美］亚历山大·温特：《国际政治的社会理论》，秦亚青译，上海人民出版社，2000。

10.［美］约翰·F·卡迪著：《东南亚历史发展》（上册），姚楠、马宁译，上海译文出版社，1988年。

二、中文著作

1. 巴素：《东南亚之华侨》，郭湘章译，台北中正书局，1974 年。

2. 陈碧笙：《世界华侨华人简史》，厦门大学出版社，1991 年。

3. 陈高华、吴泰、郭松义：《海上丝绸之路》，海洋出版社，1991 年。

4. 陈瀚笙：《华工出国史料汇编》第 1 辑，中华书局，1985 年。

5. 陈里特：《中国海外移民史》，上海中华书局，1946 年。

6. 陈燕玲：《闽南文化概要》，厦门大学出版社，2013 年。

7. 陈炎：《海上丝绸之路与中外文化交流》，北京大学出版社，1996 年。

8. 范如松：《侨务工作的理论与实践》，世界知识出版社，2012 年。

9. 管文虎：《国家形象论》，成都科技大学出版社，2000 年。

10. 国务院侨办侨务干部学校：《华侨华人概述》，九州出版社，2005 年。

11. 海外侨情观察编委会：《海外侨情观察 2014—2015》，暨南大学出版社，2015 年。

11. 华侨志编纂委员会：《华侨志》（总志），台湾海外出版社，1956 年。

12. 黄昆章：《澳大利亚华侨华人史》，广东高等教育出版社，1998 年。

13. 黄马金：《妈祖研究与民间信仰》，福建汀州妈祖文化交流协会，1996 年。

14. 黄枝连：《东南亚华族社会发展论》，上海社会科学院出版社，1992 年。

15. 蒋永敬：《华侨开国革命史料》，台湾正中书局，1977 年

16. 孔远志：《中国印度尼西亚文化交流》，北京大学出版社，1999 年。

17. 廖小健：《战后马来西亚族群关系》，暨南大学出版社，2012 年。

18. 廖小健：《战后各国华侨华人政策》，暨南大学出版社，1996 年。

19. 林元辉、张应龙：《新加坡马来西亚华侨史》，广东高等教育出版社，2008 年。

20. 梁康生等：《华侨历史论丛》（第七辑），福建华侨历史学会，1991 年。

21. 李长傅：《中国殖民史》，上海书店，1984 年。

22. 李鸿阶：《华侨华人经济新论》，福建人民出版社，2002 年。

23. 李学民、黄昆章：《印尼华侨史》，广东高等教育出版社，1987 年。

24. 林金枝、庄为玑：《近代华侨投资国内企业资料选辑》（福建卷），福建人民出版社，1985 年。

25. 林金枝：《华侨华人与中国革命和建设》，福建人民出版社，1993 年。

26. 林锡星：《中缅友好关系研究》，暨南大学出版社，2000 年。

27. 林延清、李梦芝等：《五千年中外文化交流史》，世界知识出版社，2002 年。

28. 林勇：《华侨华人与国际移民研究报告》（2015），光明日报出版社，2016 年。

29. 刘伯骥：《美国华侨史》（续编），台北黎明文化事业有限公司，1981 年。

30. 龙登高、张洎君：《海外华商在中国》，中华工商联合出版社，2014 年。

31. 马欢著，冯承钧校注：《瀛涯胜览校注》，中华书局，1955 年。

32. 钱江、纪宗安主编：《世界华侨华人研究》第二辑，暨南大学出版社，2009 年。

33.《侨资企业数据库的开发与应用研究》课题组：《侨资企业数据库的开发与应用研究》，2009 年 1 月。

34. 任贵祥、赵红英：《华侨华人与国共关系》，武汉出版社，1999 年。

35. 沈云龙主编：《近代中国史料丛刊续编》第二十五辑《宣统己酉大政记》第 16—18 册，文海出版社 1964 年。

36. 石沧金著：《马来西亚华人社团研究》，中国华侨出版社，2005 年。

37. 石汉荣：《探解中国侨务》，中国评论学术出版社，2004 年。

38. 世界华商经济年鉴编辑委员会：《世界华商经济年鉴》（1997—1998 年），企业管理出版社，1998 年。

39. 田汝康：《17—19 世纪中叶中国帆船在东南亚洲》，上海人民出版社，1957 年。

40. 王晓萍、刘宏：《欧洲华侨华人与当地社会关系：社会融合·经济发展·政治参与》，中山大学出版社，2011 年。

41. 吴潮：《浙江籍海外人士研究》，学林出版社，2003 年。

42. 吴凤斌：《东南亚华侨通史》，福建人民出版社，1994 年。

43. 巫乐华：《南洋华侨史话》，商务印书馆，1997 年。

44. 许云樵：《南洋史》（上卷），新加坡星洲世界书局，1961 年。

45. 薛福成：《出使四国日记》，湖南人民出版社，1981 年。

46. 薛君度、曹云华主编：《战后东南亚华人社会变迁》，中国华侨出版社，1999 年。

47. 亦汝成编：《中国近代铁路史资料》，中华书局，1963年。

48. 詹冠群：《历史与现实》，海峡文艺出版社，2008年。

49. 张廷玉：《明史·安南》卷三二一，中华书局，1974年。

50. 张应龙：《华侨华人与新中国》，暨南大学出版社，2009年。

51. 赵可金：《公共外交的理论与实践》，上海辞书出版社，2007年

52. 郑良树：《马来西亚华文教育发展史》（第三分册），马来西亚华校教师会总会，2001年。

53. 中国第二历史档案馆：《中华民国档案资料汇编》，江苏古籍出版社，1998、1999年。

54. 中国侨务通论课题组：《中国侨务通论》（试用版），暨南大学出版社，2012年。

55. 中国银行泉州分行行史编委会：《闽南侨批史纪述》，厦门大学出版社，1996年。

56. 中共中央统一战线工作部：《统战政策文件汇编》（1—4册），中共中央统一战线工作部，1958年。

57. 中外关系史学会：《中外关系史译丛》第3辑，上海译文出版社，1986年。

58. 中央研究院历史语言研究所：《明清史料》庚编，第六本，中央研究院历史语言研究所，1960年。

59. 周南京等：《印度尼西亚排华问题（资料汇编）》，北京大学亚太研究中心，1998年。

60. 周南京：《华侨华人百科全书·教育科技卷》，中国华侨出版社，1999年。

61. 周一良：《中外文化交流史》，河南人民出版社，1987年。

62. 朱杰勤：《东南亚华侨史》（外一种），中华书局，2008年。

63. 祝秀侠：《华侨名人传》，台湾中华文化出版社，台北中华文化出版社，1955年。

64. 庄国土：《华侨华人与中国的关系》，广东高等教育出版社，2001年。

65. 庄国土：《中国封建政府的华侨政策》，厦门大学出版社，1989年。

66. 庄国土、黄猷、方雄普：《世纪之交的海外华人》（上册），福建人民出版社，1998年。

三、论文集

1.《第九届中国世界民族学会会员代表大会暨学术讨论会论文集》（上册），上海，2010 年。

2.《"华侨华人与中国周边公共外交"研讨会论文集》，厦门，2014。

3.《建设 21 世纪海上丝绸之路学术研讨会论文汇编》，泉州，2014 年。

4. 林立群：《"跨越海洋　海上丝绸之路与世界文明进程"国际学术论坛文选》，浙江大学出版社，2012 年。

5. 林忠强等：《2012 年第一届马来西亚华人研究双年会论文集》，华社研究中心，2013 年。

6.《"'一带一路'与海外华人"国际学术研讨会论文集》，漳州，2016 年。

7.《中国中外关系史学会 2015 年年会：华侨与中外关系史论文集》，北京，2015 年。

四、论文

1. 蔡仁龙：《福建侨办教育发展初探》，《华侨历史论丛》1986 年第 3 期。

2. 蔡仁龙：《试论印尼华侨、华人的认同转向》，《南洋问题研究》1991 年第 3 期。

3. 陈春圃：《一年来的中国侨务》，《民族杂志》1935 年第 1 期。

4. 陈炎：《略论海上"丝绸之路"》，《历史研究》1982 年第 3 期。

5. 陈晓律、叶璐：《中国构建海上丝绸之路的两个节点：马来西亚与泰国》，《南京政治学院学报》2015 年第 1 期。

6. 陈衍德：《菲律宾华人在中华文化传播中扮演的角色》，《海交史研究》2012 年第 2 期。

7. 陈奕平：《美国"国际侨民接触"战略及对我国侨务政策的启示》，《东南亚研究》2012 年第 2 期。

8. 陈永、游筱群：《东盟国家华侨华人经济发展新特点》，《侨务工作研究》2004 年第 1 期。

9. 程希:《改革开放 30 年来我国留学人员工作情况概述》,《侨务工作研究》2009 年第 1 期。

10. 崔岳:《大力拓展华文教育　促进华社和谐发展》,《侨务工作研究》2007 年第 6 期。

11. 邓超:《新时期对"保护权益"和"适当照顾"问题的几点思考》,《侨务工作研究》2005 年第 2 期,

12. 董彦等:《三解 21 世纪"海丝"之路》,《今日中国》2015 年第 3 期。

13. 范宏伟:《缅甸华文教育的现状与前景》,《东南亚研究》2006 年第 6 期。

14. 福建省侨办、省社科院联合课题组:《海外侨商在福建投资的现状、问题及对策调研综述》,《侨务工作研究》2010 年第 3 期。

15. 何亚非:《海上丝绸之路与华商经济》,《侨务工作研究》2014 年第 2 期。

16. 耿红卫:《海外华文教育的演进历程简论》,《民族教育研究》2009 年第 1 期。

17. 郭招金:《世界华文传媒的发展现状与态势》,《侨务工作研究》2007 年第 5 期。

18. 黄晓坚:《中泰民间关系的演进:以隆都镇为视域的研究》,《华侨大学学报（哲学社会科学版）》,2013 年第 3 期。

19. 黄滋生:《试论菲化运动对华人社会的客观正面影响》,《华侨华人历史研究》1993 年第 4 期。

20. 江苏省侨办:《关于侨务工作服务"走出去"战略的调研报告》,《侨务工作研究》2013 年第 2 期。

21. 姜永仁:《缅甸华侨华人与缅甸社会与文化的融合》,《东南亚》2003 年第 4 期。

22. 金正昆、孙冰冰:《海外华侨华人参与:当代中国侨务公共外交路径研究》,《社科纵横》2012 年第 11 期。

23. 孔建勋、赵姝岚:《大国在泰国的国家形象:基于亚洲民主动态调查的跨国比较》,《华侨大学学报》（哲学社会科学版）2013 年第 2 期。

24. 李鸿阶:《郑和下西洋对中国海外移民生存和发展的影响》,《侨务工作研究》2005 年第 4 期。

25. 李鸿阶：《CAFTA 发展与华商作用研究》，《侨务工作研究》2005 年第 6 期

26. 李洁：《东南亚华人政治经济地位的差异及其原因》，《八桂侨刊》2008 年第 1 期。

27. 李全寿：《印尼华侨教育史》，《南洋学报》1959 年第 1 期。

28. 李章鹏：《二十世纪二三十年代南洋华侨在地观念发绪及其动因初探》，《华侨华人历史研究》2013 年第 4 期。

29. 廖大珂：《海上丝绸之路与华侨》，《海交史研究》，2015 年第 1 期。

30. 廖小健：《华人投资中国与大马经济发展》，《东南亚研究》1996 年第 1 期。

31. 廖小健：《跨世纪的马来西亚华人文化》，《东南亚研究》1998 年第 1 期。

32. 廖小健：《马来西亚国家利益与对华政策转变》，《南洋问题研究》2006 年第 3 期。

33. 林奋之：《马来西亚华人社团的新特点》，《东南亚纵横》2008 年第 3 期。

34. 林逢春：《海外华人新移民对崛起的中国国家形象认知———以华人新移民的中国认同为视角》，《湖北社会科学》2013 年第 9 期。

35. 林逢春、隆德新：《崛起中的中国与海外高端新移民的趋同利益探析——兼论中国侨务公共外交的因应策略》，《青海社会科学》2014 年第 2 期。

36. 林金枝：《近代华侨投资国内企业史的几个问题》，《近代史研究》1980 年第 1 期。

37. 林蒲田：《海外华文教育溯源》，《海外华文教育》2000 年第 1 期。

38. 林晓东：《试论华侨华人和港澳同胞对祖国大陆的投资及其法律保护》，《华侨华人历史研究》2000 年第 2 期。

39. 林勇：《释放华侨华人能量　促进海上丝绸之路建设》，《福建理论学习》2014 年第 7 期。

40. 李海峰：《充分发挥侨务工作在弘扬中华文化中的作用》，《求是》2012 年第 8 期

41. 李鸿阶、廖萌：《华侨华人与住在国经济融合》，《侨务工作研究》2009 年第 5 期。

42. 李优树：《海外华侨华人助推中国经济转型的独特优势及路径依赖》，《侨务工作研究》2013 年第 3 期。

43. 刘宏：《海外华人与崛起的中国：历史性、国家与国际关系》，《开放时代》2010 年第 8 期。

44. 刘景松：《海外华人经济的现状和发展趋势》，《国际论坛》2001 年第 2 期。

45. 刘晓斌：《论东南亚华人文化的现状与前景》，《华侨华人历史研究》1995 年第 3 期。

46. 刘艺、张科：《21 世纪初海外人才回流潮现象解析》，《湖湘论坛》2009 年第 5 期。

47. 卢兴盛：《中国对缅甸的投资与援助：基于调查问卷结果的分析》，《南亚研究》2014 年第 1 期。

48. 马兴中：《华侨华文教育的回顾与前瞻》，《暨南学报（哲学社会科学版）》1999 年第 2 期。

49. 龙登高、赵亮、丁骞：《海外华商投资中国大陆：阶段性特征与发展趋势》，《华侨华人历史研究》2008 年第 2 期。

50. 龙永行：《17—19 世纪越南华侨的移居活动与影响》，《东南亚研究》1997 年第 6 期。

51. 潘一宁：《广东企业"走进东南亚"的主要挑战与华侨华人的作用》，《华侨华人历史研究》2015 年第 1 期。

52. 邱普艳：《越南华侨社会的形成与发展》，《东南亚南亚研究》2012 年第 1 期。

53. 邱文福：《未来华侨华人在中国与东南亚关系中的地位和作用》，《东南亚纵横》1996 年第 2 期。

54. 裘援平：《华侨华人与中国梦》，《侨务工作研究》2014 年第 2 期。

55. 全毅、汪洁、刘婉婷：《21 世纪海上丝绸之路的战略构想与建设方略》，《国际贸易》2014 年第 8 期。

56. 史志宏：《明及清前期保守主义的海外贸易政策》，《中国经济史研究》2004 年第 2 期。

57. 施雪琴：《华侨与侨乡政治：20 世纪二三十年代菲律宾闽侨与救乡运动研究》，《华侨华人历史研究》1999 年第 2 期。

58. 施雪琴：《郑和形象建构与中国—东南亚国家关系发展》，《海南师范大学学报》（社会科学版）2011 年第 5 期。

59. 施雪琴：《早期东南亚华人资本：历史机遇与现代世界体系理论》，《华侨华人历史研究》2000 年第 3 期。

60. 施雪琴：《华侨华人与中国在东南亚的公共外交：回顾与展望》，《创新》2013 年第 1 期。

61. 孙敬鑫：《"一带一路"建设面临的国际舆论环境》，《当代世界》2015 年第 4 期。

62. 孙谦：《中华传统文化与华侨华人经济》，《华侨华人历史研究》1993 年第 4 期。

63. 唐嘉弘、张建华；《海上丝绸之路疏证》，《南方文物》1997 年第 2 期。

64. 唐礼智、黄如良：《海外华商网络分析及启示》，《福建论坛》（人文社会科学版）2007 年第 10 期。

65. 王键：《建设 21 世纪海上丝绸之路　开创两岸关系新局面》，《现代台湾研究》2014 年第 5—6 期。

66. 王颖：《海外华侨华人在中华文化国际传播过程中的问题探析》，《教育教学论坛》2014 年第 45 期。

67. 王望波：《八十年代以来菲律宾政府的华侨华人政策对华人经济的影响》，《华侨华人历史研究》1996 年第 2 期。

68. 王元林：《海外华侨华人与侨乡关系演变的特点》，《暨南学报》（哲学社会科学版）2001 年第 4 期。

69. 王子昌：《"一带一路"战略与华侨华人的逻辑连接》，《东南亚研究》2015 年第 3 期。

70. 温北炎：《印尼华人融入当地主流社会的现状、挑战和发展趋势》，《东南亚研究》2008 年第 4 期。

71. 温北炎：《印尼华人应居安思危之我见》，《东南亚研究》2006 年第 5 期。

72. 杨海：《"海归"创业融资的现状、问题和对策》，《中国社会科学院研究生院学报》2008 年。

73. 姚秀芝、何文格、严武龙：《关于建立侨务工作协调机制的研究》，《侨务工作研究》2007 年第 3 期。

74. 尤建设：《阮氏政权时期华侨华人对越南社会经济发展的贡献》，《东南亚研究》2005 年第 4 期。

75. 游仲勋：《中国经济的发展和华侨华人经济结构的变化》，《南洋资料译丛》2002 年第 3 期。

76. 余密林：《对建设 21 世纪海上丝绸之路的若干思考》，《发展研究》2015 年第 2 期。

77. 原晶晶、杨晓强：《印度尼西亚华人及其资本发展现状》，《东南亚纵横》2011 年第 6 期。

78. 袁素华、郑卓睿：《试析欧美华裔新生代文化身份认同的困惑》，《湖北社会科学》2009 年第 8 期。

79. 吴光耀：《明代市民反"海禁"斗争述略》，《江汉大学学报》（社会科学版）1984 年第 3 期。

80. 赵春晨：《关于"海上丝绸之路"概念及其历史下限的考察》，《学术研究》2002 年第 7 期。

81. 赵健：《华侨华人：建设 21 世纪海上丝绸之路的独特力量》，《玉林师范学院学报》2015 年第 3 期。

82. 周海金：《在非华人生存状况及其与当地族群关系》，《侨务工作研究》2014 年第 2 期。

83. 庄国土等：《华侨华人分布状况和发展趋势》，《侨务工作研究》2010 年第 4 期。

84. 庄礼伟：《国际关系中的东南亚华人》，《东南亚研究》1999 年第 2 期。